Klimaneutral Verlag
ClimatePartner.com/53585-1805-1001

Selbstverpflichtung zum nachhaltigen Publizieren
Nicht nur publizistisch, sondern auch als Unternehmen setzt sich der oekom verlag konsequent für Nachhaltigkeit ein. Bei Ausstattung und Produktion der Publikationen orientieren wir uns an höchsten ökologischen Kriterien.

Dieses Buch wurde auf 100 % Recyclingpapier, zertifiziert mit dem FSC®-Siegel und dem Blauen Engel (RAL-UZ 14), gedruckt. Auch für den Karton des Umschlags wurde ein Papier, das FSC®-ausgezeichnet ist, gewählt. Alle durch diese Publikation verursachten CO_2-Emissionen werden durch Investitionen in ein Gold-Standard-Projekt kompensiert. Die Mehrkosten hierfür trägt der Verlag.

Mehr Informationen finden Sie hinten im Buch und unter:
http://www.oekom.de/allgemeine-verlagsinformationen/nachhaltiger-verlag.html

Bibliografische Information der Deutschen Nationalbibliothek:
Die Deutsche Nationalbibliothek verzeichnet diese Publikation in der Deutschen Nationalbibliografie; detaillierte bibliografische Daten sind im Internet über http://dnb.d-nb.de abrufbar.

© 2020 oekom verlag München
Gesellschaft für ökologische Kommunikation mbH
Waltherstraße 29, 80337 München

Layout und Satz: Reihs Satzstudio, Lohmar
Lektorat: Boris Heczko
Korrektorat: Maike Specht
Umschlaggestaltung: Mirjam Höschl, oekom verlag
Umschlagabbildung: © Halfpoint/Shutterstock
Druck: BoschDruck Solutions GmbH, Ergolding

Alle Rechte vorbehalten
Printed in Germany
ISBN 978-3-96238-188-2

RECYCLED
Papier aus Recyclingmaterial
FSC
www.fsc.org FSC® C011862

Christian Zeller

Revolution für das Klima

*Warum wir eine ökosozialistische
Alternative brauchen*

Inhalt

1 Die Klimabewegung stellt grundlegende Fragen 7

2 Klimaerhitzung abwenden —
radikale Antworten sind realistisch 15
  2.1 Die Erwärmung auf 1,5 Grad Celsius begrenzen 15
  2.2 Sofortiger und radikaler Kurswechsel 20
  2.3 Zwei Wege ins Verderben 21
  2.4 Die Herausforderung 23
  2.5 Gang in die Barbarei oder ökosozialistische Alternative 25

3 Ökosozialistische Grundlagen und Perspektiven 27
  3.1 Gesellschaftlicher Stoffwechsel mit der Natur durch Arbeit 28
  3.2 Klassenverhältnis: Ausbeutung von Lohnarbeit 33
  3.3 Geschlechterverhältnisse 37
  3.4 Gesellschaft-Natur-Verhältnisse: Arbeit, Produktivkräfte und Energie 41
  3.5 Das historische Scheitern der ArbeiterInnenbewegung 45
  3.6 Das historische Scheitern der bürokratischen Kommandowirtschaften 49
  3.7 Ökosozialistische Versuche 52
  3.8 Netze der ökologischen Solidarität in den Betrieben spannen 62
  3.9 Herausforderungen für eine ökosozialistische Alternative 65

4 Gesellschaftliche Aneignung und gleiche Rechte für alle 71
  4.1 Das Notwendige möglich machen — ein ökosozialistisches
      Dringlichkeitsprogramm entwickeln 72
  4.2 Gleiche demokratische, soziale und kulturelle Rechte für alle 76
  4.3 Überwindung geschlechtsspezifischer Diskriminierung und Arbeitsteilung . 80

5 Umbau der Produktion 82
  5.1 Radikale Abrüstung als erster Schritt zur Infragestellung der Armeen 83
  5.2 Aufbau eines dezentralen Systems erneuerbarer Energien 85
  5.3 Ökologischer Umbau der industriellen Produktion 94
  5.4 Ökologischer Umbau der Landwirtschaft 110
  5.5 Von der radikalen Verkürzung der Arbeitszeit zur Umverteilung
      der gesellschaftlich notwendigen Arbeit 116

6 Umbau der Städte und Ausbau der gesellschaftlichen Infrastruktur 122
   6.1 Mobilität für alle in einer autofreien Gesellschaft 122
   6.2 Gutes Wohnen und kurze Wege: vom Recht auf Stadt zur urbanen Revolution 132
   6.3 Soziale Infrastruktur und Sicherheit für alle 139

7 Umbau der Finanzierung 149
   7.1 Öffentliche Finanzen zur gesellschaftlichen Umverteilung des Reichtums und Finanzierung des Umbaus 149
   7.2 Finanzinstitutionen im Dienste des gesellschaftlichen und ökologischen Umbaus 158

8 Solidarische Verbindungen von lokal bis global 164
   8.1 Ökosozialistische Orientierung gegen die EU 165
   8.2 Klimagerechtigkeit – globale Solidarität 169

9 Gesellschaftliche Aneignung, Staat und Planung 178
   9.1 Die Herausforderung des Gemeineigentums 179
   9.2 Gesellschaftliche Aneignung der Produktion 182
   9.3 Die Herausforderung der Wissenschaft und der Technologieentwicklung . 190
   9.4 Die Herausforderung des Staates 193
   9.5 Sozialökologische Reformen und ökosozialistischer Umbruch 203
   9.6 Die Herausforderung der Planung 210

10 Kluft überwinden – erfinden, herausfordern und organisieren 218
   10.1 Eine neue Phase einleiten! 218
   10.2 Sich in sozialen Bewegungen organisieren und eine plurale Bewegung der Lohnabhängigen entwickeln 220
   10.3 Die Klimabewegung stark machen 223

Literatur 227

1 Die Klimabewegung stellt grundlegende Fragen

Die weltumspannende Klimabewegung hat seit Herbst 2018 in vielen Ländern die politischen Verhältnisse verändert und einen Bewusstseinswandel in weiten Teilen der Bevölkerung ausgelöst. Die Erderhitzung und ihre katastrophalen gesellschaftlichen Konsequenzen sind zentrales Thema der politischen Auseinandersetzung geworden. Das ist ein beachtlicher Erfolg.

Die Corona-Pandemie hat im Frühjahr 2020 die Erderhitzung vorerst in den Hintergrund gedrückt. Die vielen Sterbefälle lösen Beklemmung aus. Viele Menschen erfahren die Covid-19-Erkrankung als unmittelbare Bedrohung ihres Lebens. Die Wirtschaftskrise stellt das wirtschaftliche Überleben von Millionen von Menschen infrage. Die Erderhitzung bleibt jedoch die größte Herausforderung für die Weltgesellschaft. Fortan sind Klimakrise, Gesundheitskrise und Wirtschaftskrise gemeinsam zu erfassen und mit radikalen Antworten zu begegnen.

Es gibt eine unmittelbare Parallele zwischen der Erderhitzung und der Corona-Pandemie. Die meisten Regierungen stellten sich der Corona-Pandemie ausgesprochen zögerlich entgegen und ließen damit eine massive Zunahme der Erkrankungen und Sterbefälle zu. Mit ihrer anfänglichen Ignoranz, dann Zögerlichkeit und schließlich Einseitigkeit in ihren Strategien handeln sie ähnlich interessengebunden wie gegenüber der Herausforderung der Erderhitzung. Nun verdichten sich die Klimakrise, die Gesundheitskrise und die Wirtschaftskrise zu einer Gemengelage, die dringender als je zuvor nach einer radikalen Alternative ruft. Wichtiger als je zuvor ist es, diese Krisen in ihrem Zusammenhang zu verstehen und umfassende Antworten zu entwickeln.

Die internationale Klimabewegung antwortet auf den zerstörerischen Kurs der etablierten politischen Kräfte gegenüber der Erderhitzung. Auf der Klimakonferenz 2009 in Kopenhagen (COP 15), die ergebnislos im Fiasko endete, trat die Klimabewegung erstmals mit einer großen internationalen Mobilisierung in Erscheinung. In Deutschland wurde der Kohleausstieg zur vereinigenden Forderung. Die Bewegung setzte mit einer Kombination aus kontinuierlicher Basisarbeit, direkter Besetzungs- und Blockadeaktionen, Massendemonstrationen und breiter Bündnispolitik einen Teilverzicht auf weitere Braunkohleförderung durch. Das ist ein erster Erfolg, reicht aber bei Weitem nicht, um den erforderlichen Umbau des Energiesystems durchzusetzen. Eine Wende in der Klimapolitik vermochte die Bewegung noch nirgendwo durchzusetzen. Die Regierungen der Welt haben auf der Weltklimakonferenz in Madrid vom Dezember 2019 eindrücklich bewiesen, dass sie die Treibhausgasemissionen nur so weit senken wollen, wie das die Wettbewerbsfähigkeit der großen Konzerne in ihrem Land nicht schmälert.

Die Klimabewegung ist vielfältig und pluralistisch. Die neuen Bewegungen wie *Fridays for Future* und *Klimastreik* fokussieren sich auf die Forderung nach sofortigen Maßnahmen zur Begrenzung der durchschnittlichen globalen Erwärmung auf 1,5 Grad Celsius im Vergleich zur vorindustriellen Zeit, und zwar unter Berücksichtigung globaler Klimagerechtigkeit. Damit orientieren sie sich an den vagen Formulierungen der Pariser Klimakonferenz vom Dezember 2015 und am 1,5-Grad-Celsius-Bericht des Weltklimarats der Vereinten Nationen *(Intergovernmental Panel on Climate Change IPCC)* vom Oktober 2018 (IPCC 2018). Die genannten Bewegungen richten sich mit dieser Forderung an die Regierungen. Bislang haben diese allerdings keinen Willen gezeigt, entsprechend zu handeln.

Die Einschätzung, dass die Regierungen das Problem lösen könnten, wenn sie nur wollten, ist weit verbreitet. Auch Vorstellungen des individuellen Konsumverzichts sind in der Bewegung stark vertreten. Viele in der Klimabewegung aktive Menschen unterschätzen, wie umfassend die wirtschaftlichen und gesellschaftlichen Umwälzungen sein müssen, um die Klimaerwärmung wirklich zu begrenzen. Im Rahmen der kapitalistischen Zwänge sind diese unmöglich. Ein grüner Kapitalismus ist ein Widerspruch in sich, eine Illusion, worauf ich in einem anderen Buch hinweise (Zeller 2020). Die kapitalistische Produktionsweise beruht darauf, dass Unternehmen Kapital akkumulieren und Profite erzielen müssen, und zwar unter dem Zwang der Konkurrenz. Das heißt, der Kapitalismus beruht zwingend auf Wachstum und damit auch auf einem steigenden Ressourcenverbrauch.

Der IPCC warnt seit seiner Einsetzung 1988 vor den Auswirkungen des Klimawandels. Die Regierungen haben auf ihren Klimakonferenzen zwar Absichtserklärungen und Vereinbarungen zur Senkung der Treibhausgasemissionen beschlossen, und etliche Regierungen haben in ihren Ländern entsprechende Pläne verabschiedet. Doch die konkreten Maßnahmen sind ungenügend, zielen gar in die falsche Richtung oder bleiben unwirksam. Trotz aller Warnungen und Vereinbarungen nehmen die Treibhausgasemissionen weltweit zu. 2018 und 2019 haben sie neue Höchststände erreicht. Die meisten Länder erfüllen nicht einmal ihre eigenen, komplett ungenügenden Ziele zur Senkung der Emissionen. Die Regierungen ignorieren noch immer die Konsequenzen der steigenden Treibhausgasemissionen und scheinen auf Technologien zu vertrauen, die es noch gar nicht gibt und potenziell hochgradig gefährlich sind. Die kommenden Jahre sind entscheidend. Gelingt es der internationalen Klimabewegung im Verbund mit anderen Bewegungen und den Gewerkschaften, wirksame Maßnahmen gegen die Erderwärmung durchzusetzen? Ein Scheitern in dieser Kraftprobe brächte katastrophale Konsequenzen für Millionen von Menschen mit sich.

Die sich beschleunigende Erderhitzung ist die umfassendste und ernsthafteste Krise der Menschheit in ihrer gesamten Geschichte. Doch die heraufziehenden Klimakatastrophen sind nur ein Aspekt der weltumspannenden ökologischen Krise. Die sich rasch reduzierende Biodiversität und das sechste Massenaussterben[1] von Lebewesen sind ebenso gefährliche Prozesse, die das bisherige menschliche Leben gefährden. Diese ökologische Krise ist Ausdruck des Widerspruchs zwischen den *planetaren Grenzen* des Wachstums (Rockström et al. 2009; Mahnkopf 2014; Steffen et al. 2015) und der endlosen Akkumulationsdynamik des Kapitals.

Dieser Widerspruch bildet einen wichtigen Ausgangspunkt des vorliegenden Buches. Ich gehe davon aus, dass die Erderhitzung und die ökologischen Herausforderungen fortan alle gesellschaftlichen Auseinandersetzungen überformen werden. Beispielsweise haben eine radikale Arbeitszeitverkürzung und eine gut ausgebaute gesellschaftliche Infrastruktur weitreichende Konsequenzen auf den gesellschaftlichen Stoffwechsel mit der Natur. Jede Auseinandersetzung über diesen Stoffwechsel ist zugleich eine Auseinandersetzung über die Organisation der Produktion, der Zirkulation und des Konsums von Waren sowie des reproduktiven Alltagslebens der Menschen. Dieser auf Karl Marx zurückgehende Befund zieht sich als Leitgedanke durch das ganze Buch.

Die Forderung, die Erwärmung weltweit auf 1,5 Grad Celsius zu begrenzen, ist angemessen, aber abstrakt. Was braucht es, um sie durchzusetzen? Welche konkreten Maßnahmen sind erforderlich? Wie kann es gelingen, die Lohnabhängigen[2],

---

[1] Im Laufe der Erdgeschichte wurde das Leben in den letzten 500 Millionen Jahren fünfmal nahezu ausgelöscht. Klimatische Veränderungen, extreme Eiszeiten, Vulkanausbrüche und ein riesiger Meteoriteneinschlag führten jeweils zum Aussterben vieler Arten. Nun zeichnet sich ein sechstes Massensterben ab, allerdings eines, für das wir Menschen verantwortlich sind (Ceballos et al. 2015).

[2] Als *Lohnabhängige* bezeichne ich alle Menschen, die gezwungen sind, ihre Arbeitskraft unter mehr oder weniger prekären Bedingungen gegen einen Lohn oder eine andere Form der Bezahlung zu verkaufen. Dazu zählen ArbeiterInnen, Angestellte, prekär Beschäftigte, Arbeitslose, RentnerInnen, Studierende, vom Einkommen ihrer PartnerInnen lebende Menschen sowie KleinunternehmerInnen. Allen diesen Menschen ist gemeinsam, dass sie nicht von ihren Kapitalerträgen leben können. Sie alle leben von ihrem Lohn, dem Lohn eines Familienmitglieds oder der Rente, die durch frühere Lohnarbeit erarbeitet wurde. Der Begriff *Lohnabhängige* bezeichnet also eine objektive gesellschaftliche Rolle, unabhängig davon, welchem Milieu oder welcher Schicht sich bestimmte Lohnabhängige selbst zurechnen. Das sind in den reichen Ländern Europas jeweils um die 90 Prozent der Bevölkerung. Ich betone diese Gemeinsamkeit bewusst. Denn um politisch und gesellschaftlich relevant zu werden, sind in aller Unterschiedlichkeit auch gemeinsame Interessen zu artikulieren. Das gilt in der Frage der Bekämpfung der Klimaerwärmung noch mehr als in allen anderen Fragen.

die Bauern und Bäuerinnen, die Frauen und die Jungen für greifbare und nachvollziehbare Umbauschritte zu mobilisieren? Wie lässt sich die politische Auseinandersetzung gegen die VertreterInnen der Kapitalinteressen und die Regierungen gewinnen? Hier setzt das vorliegende Buch an.

Meine zentrale These lautet: Die Hauptforderung der Klimabewegung – die Erwärmung auf 1,5 Grad Celsius zu begrenzen – ist nur verwirklichbar, wenn in den wichtigsten kapitalistischen Ländern einschließlich China radikale industrielle Rück- und Umbauprogramme umgesetzt werden. Das ist allerdings unter den gegebenen Machtverhältnissen und ohne Bruch mit der kapitalistischen Profit- und Konkurrenzlogik nicht erreichbar. Die großen Konzerne werden nicht bereit sein, ihr mit den fossilen Energieträgern verbundenes Kapital entwerten zu lassen.

Genau darum drückt das »1,5-Grad-Celsius-Ziel« eine implizite Radikalität aus. Mit dieser Forderung rüttelt die Klimabewegung an den Grundfesten unserer Gesellschaft und der kapitalistischen Produktionsweise, ohne sich dieser Tragweite bewusst zu sein. Damit steht die Bewegung vor einer grundlegenden doppelten strategischen Herausforderung. Einerseits ist es notwendig, ein radikales Programm für den gesellschaftlichen Umbau weiter Teile der Produktion, des Transports, des Finanzsektors und der Reproduktionstätigkeiten zu konzipieren. Anderseits ist dieses Programm so zu gestalten, dass es dem Bewusstseinsstand breiter Teile der Bevölkerung Rechnung trägt. Doch genau zwischen den Erfordernissen radikaler Maßnahmen und dem Bewusstsein eines Großteils der Menschen in den frühindustrialisierten kapitalistischen Gesellschaften klafft eine riesige Lücke. Diese zu schließen ist entscheidend dafür, ob es gelingt, die Klimaerwärmung wirklich zu begrenzen.

Das im vorliegenden Buch zur Diskussion gestellte ökosozialistische Umbauprogramm präsentiert Vorschläge für die grundlegende Umgestaltung der Produktion, der Zirkulation und der Reproduktion. Ein derartiges Programm lässt sich allerdings nur dann durchsetzen, wenn es gelingt, die hierfür erforderlichen politischen Kräfteverhältnisse zu schaffen. Darum beginnen die programmatischen Ausführungen jeweils mit Forderungen, die an der alltagsweltlichen Erfahrung vieler Menschen ansetzen und zugleich eine weiterführende und letztlich systemüberwindende Dynamik einschließen.

Entscheidend für die gesellschaftliche Verbreiterung der Klimabewegung ist es, die sozialen Anliegen der Lohnabhängigen, insbesondere jener in den unteren Einkommensklassen, ernst zu nehmen. Wenn es den Herrschenden gelingt, ihre Klimapolitik mit einem Angriff gegen soziale Errungenschaften und die Lebensqualität großer Teile der Lohnabhängigen zu verbinden – genau das ist das Programm der sogenannten *Green Economy* –, dann ist die Niederlage kaum mehr abzuwenden. Darum sind die Ziele der guten Arbeit und des guten Lebens für alle, einer umfassenden sozialen Infrastruktur und der Dekarbonisierung der gesamten Produktion, Zirkulation und Reproduktion konzeptionell und praktisch untrennbar miteinander verwoben.

Viele DemonstrantInnen rufen regelmäßig den Spruch »System Change, not Climate Change!«. Dennoch existiert ein antikapitalistisches Bewusstsein nur ansatzweise in der Klimabewegung. Weder hier noch bei Gewerkschaften und auch nicht bei antikapitalistischen Organisationen ist ein Verständnis über die Reichweite und das Ausmaß der erforderlichen industriellen Reorganisation, des gesellschaftlichen Um- und Rückbaus sowie des Verzichts auf große Bereiche der Produktionsinfrastruktur und der Warenwelt der kapitalistischen Gesellschaften vorhanden. Nach zwei Generationen herrschender neoliberaler Alternativlosigkeit gilt es gesellschaftliche Alternativen zunächst wieder radikal neu zu denken.

Wie sich eine konsequente ökologische Perspektive mit einer ebenso radikalen gesellschaftlichen Perspektive zur Stärkung der sozialen Infrastruktur und der Sozialversicherungen, der Rechte der MigrantInnen, der Geschlechtergerechtigkeit sowie vor allem der Lohnabhängigen in ihrem Wunsch nach guter Arbeit und guten Löhnen und mehr freier Zeit verbinden lassen, bleibt zu entwickeln. Zu dieser Klärung möchte ich mit diesem Buch beitragen.

Die Debatten über die Orientierung der Klimabewegung und eine wirksame Klimapolitik entwickeln sich rasch. Die Perspektiven eines grünen Kapitalismus und eines Green New Deal werden breit diskutiert. Mein Buch schließt an die Debatten über die Kritik der imperialen Lebensweise (Brand und Wissen 2017), den Green New Deal (Altvater 2011; Klein 2019), das Plädoyer für einen Neosozialismus (Dörre und Schickert 2019) und eine radikalökologische Wachstumskritik (Kern 2019) an. Ich will mit meinem Buch in diese Debatten eingreifen und eine ökosozialistische Alternative präsentieren.

Dabei knüpfe ich an den Arbeiten von Tanuro (2015a), Löwy (2016) und Wallis (2018) an. Mittlerweile diskutieren Personen und Organisationen unterschiedlicher Herkunft über eine weltweite ökosozialistische Perspektive. Das Ende Januar 2020 gegründete *Global Ecosocialist Network* (globalecosocialistnetwork.net) will diese Diskussionen vorantreiben. Die TeilnehmerInnen einer ökosozialistischen Konferenz am 26. bis 28. Juni 2020 in Basel erarbeiten eine europäische Umbauperspektive (eco-soc.net). Mit der hier präsentierten programmatischen Orientierung will ich zu diesen Diskussionen beitragen.

Ich erkläre an dieser Stelle kurz, was ich unter *Ökosozialismus* verstehe. Eine eingehendere Erklärung des Begriffs folgt in Kapitel 3. Die kapitalistische Produktionsweise beruht gleichermaßen auf der Ausbeutung von Arbeit, der patriarchalen Unterdrückung und Diskriminierung von Frauen und der Plünderung der Natur.

Ausbeutung und Unterdrückung haben immer eine ökologische Dimension. Jede ökologische Zerstörung betrifft die Menschen ausgesprochen ungleich. Wohlhabende können sich den Konsequenzen von Umweltzerstörungen viel eher entziehen als Arme. Reiche Regionen können durch die Erderhitzung bewirkte Katastrophen eher eindämmen als arme Regionen mit schlechter Infrastruktur. Jeder Produktionsprozess, Transportvorgang und jede Konsumhandlung ist immer auch ein Stoffwechselprozess des Menschen mit der Natur, aufgrund der globalen Produktionssysteme oftmals sogar im Weltmaßstab. Die Klimaerwärmung und die damit einhergehenden Katastrophen zeugen davon, dass die kapitalistische Produktionsweise diesen gesellschaftlichen Stoffwechsel mit der Natur in einer Weise verletzt hat, dass das Überleben von Millionen von Menschen bereits in einigen Jahrzehnten gefährdet sein wird.

Das Ziel, die Klimaerwärmung auf 1,5 bis 2 Grad Celsius gegenüber der vorindustriellen Zeit zu begrenzen, erfordert einen historisch einmaligen Um- und Rückbau großer Teile des gesamten produktiven Apparats unserer Gesellschaften. Wir brauchen eine Gesellschaft, die weniger und anders produziert, weniger transportiert, mehr Sorge für die Menschen und die Natur trägt, den gesamten Reichtum teilt und gemeinsam entscheidet. Das ist nur möglich, wenn wir mit dem kapitalistischen Zwang der Akkumulation von immer mehr Kapital und der Maximierung des Profits brechen, das heißt die kapitalistische Produktionsweise infrage stellen. In diesem Sinne ist die Macht des Kapitals über Produktion und Reproduktion zu beenden. Das bedeutet, dass sich die Ausgebeuteten und Unterdrückten in einem Prozess der Selbstermächtigung der wirtschaftlichen und politischen Macht der bürgerlichen Klasse erfolgreich entgegenstellen und diese beenden. ÖkosozialistInnen wollen die kapitalistische Produktionsweise überwinden. Sie sind sich bewusst, dass die gesellschaftlichen Herausforderungen zugleich ökologische sind und ökologische Herausforderung zugleich gesellschaftliche sind.

Eine ökosozialistische Umwälzung der Gesellschaft zielt auf die demokratische gesellschaftliche Aneignung der Produktion, der Transportinfrastruktur und einen massiven Ausbau der gesellschaftlichen Infrastruktur, die weitgehend gratis anzubieten ist. Nur auf diese Weise lässt sich die Gesellschaft auf demokratische Weise sozial gerecht und ökologisch verträglich organisieren. Zentrales Ziel einer ökosozialistischen Alternative ist die gerechte Teilung der gesellschaftlichen notwendigen Arbeitszeit, und zwar der entlohnten und nicht entlohnten Arbeitszeit. Die ökosozialistische Perspektive lotet Möglichkeiten einer solidarischen Lebensweise und umfassenden sozialen Emanzipation aus.

Die Orientierung auf eine ökosozialistische Alternative berücksichtigt, dass die klassische Arbeiterbewegung historisch darin gescheitert ist, die Emanzipation der Ausgebeuteten und Unterdrückten unter Berücksichtigung der ökologischen

Schranken voranzutreiben. In diesem Sinne bedeutet »ökosozialistisch« auch eine Verpflichtung, die programmatischen Grundlagen ständig zu überdenken und zu überarbeiten.

Mit diesem Buch will ich dazu anregen, konkrete politische Perspektiven zu entwickeln, die *erstens* die enorme Lücke zwischen den erforderlichen Maßnahmen gegen die Klimaerwärmung und dem Bewusstseinsstand breiter Teile der arbeitenden Klassen schließen und *zweitens* die sozialen und ökologischen Anliegen in einem ökosozialistischen Übergangsprogramm verschmelzen.

Kapitel 2 stellt die wesentlichen Entwicklungspfade des IPCC vor und argumentiert, dass nur das radikalste Szenario P1 eine sinnvolle und erträgliche Entwicklung vorsieht. Um diesem Pfad zu folgen, müssen allerdings die Treibhausgasemissionen bis 2030 weltweit um etwa 60 Prozent gesenkt werden und bis zum Jahr 2050 auf netto null sinken. Anschließend muss die Erde sogar mehr CO_2 absorbieren, als sie ausstößt. Das sind Anforderungen, die im Rahmen des kapitalistischen Zwangs der Kapitalakkumulation nicht zu erfüllen sind, sondern einen ökosozialistischen Umbruch erfordern. Diese zentrale These begründe ich an anderer Stelle (Zeller 2020). Im vorliegenden Buch stelle ich die Grundlagen einer ökosozialistischen Alternative vor und überlege, welche strategischen Schritte die Klimabewegung zusammen mit den Gewerkschaften und anderen sozialen Bewegungen gehen muss, um einen antikapitalistischen Bruch einzuleiten.

In *Kapitel 3* skizziere ich Grundlagen einer ökosozialistischen Orientierung. Das Marx'sche Verständnis des gesellschaftlichen Stoffwechsels mit der Natur bietet einen zentralen ökosozialistischen Ausgangspunkt. Allerdings hat die klassische Arbeiterbewegung in Bezug auf die ökologischen Herausforderungen kläglich versagt. Die bürokratischen Diktaturen in der Sowjetunion, in China und den Ländern in ihrem Einflussbereich waren für immense ökologische Zerstörungen verantwortlich, die jene in den kapitalistischen Staaten teilweise sogar übertrafen. Seit den 1980er-Jahren sind unterschiedliche ökosozialistische Ansätze entstanden, die wichtige Erfahrungen und Bausteine für eine aktuelle und dringend erforderliche ökosozialistische Umgestaltung bieten.

Auf dieser Grundlage entwerfe ich in den *Kapiteln 4 bis 8* ein ökosozialistisches Umbauprogramm. Dieses beruht auf der Erkenntnis, dass die Erwärmung nur bei einem Bruch mit den kapitalistischen Zwängen der Profitmaximierung unter Konkurrenzbedingungen auf 1,5 Grad Celsius begrenzbar ist. Ausgehend von den derzeit bestehenden Kräfteverhältnissen und dem Bewusstseinsstand breiter Teile der arbeitenden Bevölkerung, zeigen die konkreten Vorschläge, wie dieser Bruch vorangetrieben und organisiert werden kann. Ich schlage konkrete Schritte für den Umbau der Produktion, Zirkulation und weitgehende Veränderungen im Bereich der Reproduktion vor. Dabei steht, wie ich in Kapitel 4 darlege, immer die Orientierung auf eine demokratische gesellschaftliche Aneignung im Vordergrund.

Kapitel 5 entwirft eine umfassende industrielle Umbauperspektive. Die Neugestaltung der Mobilität sowie der Stadt- und Raumentwicklung und der massive Ausbau der gesellschaftlichen Infrastruktur sind Gegenstand des *Kapitels 6*. Der industrielle Umbau erfordert eine angemessene Finanzierung. *Kapitel 7* skizziert die Perspektive der gesellschaftlichen Aneignung des Finanzsektors. *Kapitel 8* hebt explizit die zwingend gebotene internationale Dimension dieses Programms hervor. Die für die einzelnen Bereiche vorgeschlagenen Sofortmaßnahmen sind im Rahmen der kapitalistischen Produktionsweise realisierbar.

Doch diese Vorschläge in ihrer Gesamtheit und die weiteren, in einem Verständnis der umfassenden gesellschaftlichen Aneignung unterbreiteten Perspektiven durchbrechen die Grenzen des herrschenden Systems. Ein ökosozialistischer Umbruch steht vor der Herausforderung, das Eigentum an Produktionsmitteln, die Rolle des Staates und die Erfordernisse wirtschaftlicher Planung zu überdenken. Diese Erwägungen sind Gegenstand von *Kapitel 9*. Schließlich formuliere ich in *Kapitel 10* einige Hinweise zur konkreten Stärkung der Klimabewegung. Dazu gehört die Notwendigkeit, einen antikapitalistischen Bruch zu popularisieren, um die Bedingungen zu schaffen, Elemente des vorgestellten Programms durchzusetzen. Ich argumentiere hier auch, warum zur Verwirklichung des ökosozialistischen Programms eine organisierte ökosozialistische Kraft aufzubauen ist.

2 Klimaerhitzung abwenden – radikale Antworten sind realistisch

Den Herrschenden und ihren Regierungen sind die durch die Emission von Treibhausgasen verursachte Erderwärmung und der damit zusammenhängende Klimawandel seit vielen Jahrzehnten bekannt. Davon zeugen die lange Reihe internationaler Konferenzen seit Ende der 1970er-Jahre, die Gründung des *Intergovernmental Panel on Climate Change* (IPCC) durch die *World Meteorological Organization* (WMO) sowie das *United Nations Environment Programme* (UNEP) von 1988. Die politischen und gesellschaftlichen Ergebnisse dieser Konferenzen kommen allerdings nicht einmal ansatzweise in die Nähe dessen, was die Erkenntnisse erfordern. Die Gründe dieser Kluft sind in der Funktionsweise der kapitalistischen Gesellschaft und in der Rolle der Regierungen im internationalen Wettbewerb zu sehen (mehr dazu in Zeller 2020). Um die Kluft zwischen Erkenntnissen und fehlenden Konsequenzen zu verdeutlichen, stelle ich in diesem Kapitel kurz die Szenarien des sogenannten 1,5-Grad-Celsius-Berichts des IPCC vom Oktober 2018 vor.

2.1 Die Erwärmung auf 1,5 Grad Celsius begrenzen

Szenarien der Klimaerwärmung

Die Erderwärmung kann nur mit Maßnahmen begrenzt werden, die rasch und radikal in die bestehenden Produktions-, Transport- und Konsumstrukturen eingreifen. Die Radikalität der durchzuführenden Transformation geht aus dem IPCC-Sonderbericht über maximale Erwärmung von 1,5 Grad Celsius hervor. Der Weltklimarat IPCC *(Intergovernmental Panel on Climate Change)* hat mit seinem 1,5-Grad-Celsius-Bericht im Oktober 2018 die Weltöffentlichkeit und vor allem die Regierungen daran erinnert, dass unverzüglich energisch gehandelt werden muss. Der Bericht vergleicht vier mögliche Szenarien zur Emissionsreduzierung (siehe Abbildung 2.1) (IPCC 2018). Er entstand aufgrund des Drucks der Regierungen der am stärksten betroffenen Länder. Doch sein Ergebnis ist Ausdruck eines Aushandlungsprozesses mit den Regierungen der mächtigen Länder. Die Szenarien des IPCC sind bereits Ergebnis politischer Kompromisse. Sie beinhalten keine politischen Maßnahmen und Gesetze, die dazu dienen würden, die Emis-

Die Eigenschaften von vier Modellpfaden des IPCC

Die Grafiken und Tabelle illustrieren, wie unterschiedliche Strategien zur Reduktion von Treibhausgasemissionen dazu beitragen, einem bestimmten Pfad, der die globale Erwärmung ohne oder mit geringer Überschreitung auf 1,5 Grad Celsius begrenzt, zu folgen.

Alle Pfade gehen von funktionierenden Märkten aus und sehen keine sozioökonomischen Strukturreformen vor. Alle Pfade beinhalten eine massive Zunahme der weiterhin höchst unsicheren und teuren Kernenergie. Alle Pfade beinhalten die Entnahme von Kohlendioxid (CDR — *carbon dioxide removal*). Allerdings variiert der Umfang je nach Pfad wie auch die relativen Beiträge von Bioenergie mit Kohlendioxidabscheidung und -speicherung (BECCS) und der Entnahme durch den Sektor Landwirtschaft, Forstwirtschaft und andere Landnutzung (AFOLU). Nur der Pfad 1 schließt die unsicheren und in ihrer Wirkung nur ungenügend erforschten Technologien der Kohlendioxidabscheidung und -speicherung (CCS — *carbon capture and storage*) und BECCS aus. Diese Annahmen haben Auswirkungen auf die Emissionen und andere Pfadeigenschaften. Die Pfade 2, 3 und 4 beinhalten eine deutliche temporäre Überschreitung des 1,5-Grad-Celsius-Ziels und darum auch einen massiven Einsatz von CCS-Technologien. Das ist komplett unverantwortlich und kommt einer Wette auf unsichere, unerprobte und potenziell höchst gefährliche Technologien gleich (IPCC 2018: S. 18).

● Fossile Brennstoffe und Industrie   ● AFOLU   ○ BECCS
Milliarden Tonnen CO_2 pro Jahr (Gt CO_2/Jahr)

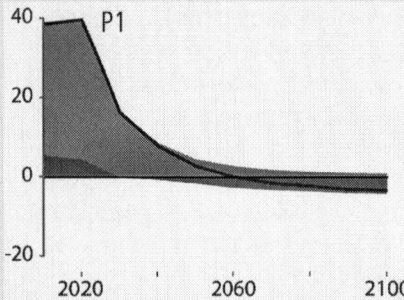

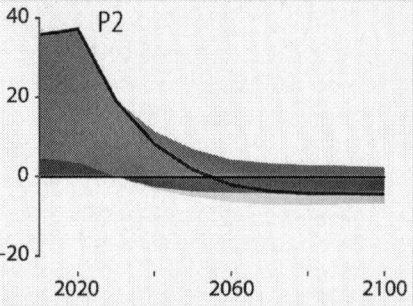

P1: Ein Szenario, in dem soziale, gewerbliche und technologische Innovationen zu geringerem Energiebedarf bis 2050 führen, während die Lebensstandards steigen, insbesondere im globalen Süden. Ein reduzierter Energiesektor ermöglicht eine schnelle Dekarbonisierung der Energieversorgung. Aufforstung wird als einzige CDR-Option berücksichtigt; weder fossile Brennstoffe mit CCS noch BECCS werden angewandt.

P2: Ein Szenario mit einem breiten Fokus auf Nachhaltigkeit, einschließlich Energieintensität, Entwicklung, wirtschaftlicher Annäherung und internationaler Zusammenarbeit sowie auf einer Verlagerung hin zu nachhaltigen und gesunden Konsummustern, Niedrig-CO_2-Technologieinnovation und gut bewirtschafteten Landsystemen mit begrenzter Akzeptanz von BECCS.

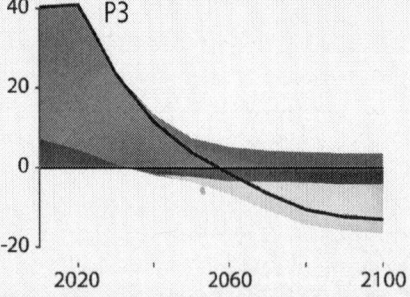

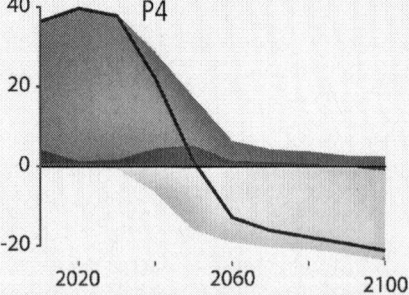

P3: Ein Mittelwegszenario, in dem gesellschaftliche sowie technologische Entwicklung historischen Mustern folgen. Emissionsminderungen werden hauptsächlich durch Änderungen der Art der Energie- und Produktherstellung erzielt und weniger durch Nachfragerückgänge.

P4: Ein ressourcen- und energieintensives Szenario, in dem Wirtschaftswachstum und Globalisierung zu weitverbreiteter Aneignung treibhausgasintensiver Lebensstile führen, einschließlich einem hohen Bedarf an Kraftstoffen für den Verkehr und Erzeugnissen aus Tierhaltung. Emissionsminderungen werden hauptsächlich mit technologischen Mitteln erzielt, wobei durch den Einsatz von BECCS stark von CDR-Methoden Gebrauch gemacht wird.

Globale Indikatoren	Pfadklassifikation			
	Pfad 1	Pfad 2	Pfad 3	Pfad 4
	Keine/geringe Überschreitung des 1,5-°C-Ziels	Keine/geringe Überschreitung des 1,5-°C-Ziels	Keine/geringe Überschreitung des 1,5-°C-Ziels	Hohe Überschreitung des 1,5-°C-Ziels
CO_2-Emissionsänderung in 2030 (% über 2010)	-58	-47	-41	4
in 2050 (% über 2010)	-93	-95	-91	-97
Kyoto-THG-Emissionen* in 2030 (% über 2010)	-50	-49	-35	-2
in 2050 (% über 2010)	-82	-89	-78	-80
Endenergiebedarf** in 2030	-15	-5	17	39
in 2050 (% über 2010)	-32	2	21	44
Anteil Erneuerbare an Stromversorgung in 2030 (%)	60	58	48	25
in 2050 (%)	77	81	63	70
Primärenergie aus Kohle in 2030 (% über 2010)	-78	-61	-75	-59
in 2050 (% über 2010)	-97	-77	-73	-97
Primärenergie aus Öl in 2030 (% über 2010)	-37	-13	-3	86
in 2050 (% über 2010)	-87	-50	-81	-32
Primärenergie aus Gas in 2030 (% über 2010)	-25	-20	33	37
in 2050 (% über 2010)	-74	-53	21	-48
Primärenergie aus Kernenergie in 2030 (% über 2010)	59	83	98	106
in 2050 (% über 2010)	150	98	501	468
Primärenergie aus Biomasse in 2030 (% über 2010)	-11	0	36	-1
in 2050 (% über 2010)	-16	49	121	418
Primärenergie aus Erneuerbaren (ohne Biomasse) in 2030 (% über 2010)	430	470	315	110
in 2050 (% über 2010)	833	1327	878	1137
Kumulatives CCS bis 2100 (Gt CO_2)	0	348	687	1218
davon BECCS (Gt CO_2)	0	151	414	1191
Landfläche für Bioenergieanbau in 2050 (Mio. ha)	22	93	283	724
CH_4-Emissionen aus Landwirtschaft in 2030 (% über 2010)	-24	-48	1	14
in 2050 (% über 2010)	-33	-69	-23	2
N_2O-Emissionen aus Landwirtschaft in 2030 (% über 2010)	5	-26	15	3
in 2050 (% über 2010)	6	-26	0	39

Die Indikatorenauswahl erfolgte für die Darstellung globaler Trends, die im 1,5-Grad-Celsius-Bericht des IPCC (2018) identifiziert wurden. Die nationalen und sektoralen Eigenschaften können folglich wesentlich von diesen globalen Trends abweichen.

* Kyoto-Gas-Emissionen beruhen auf dem relativen Treibhauspotenzial oder CO_2-Äquivalent einer chemischen Verbindung. Das ist eine Maßzahl für den relativen Beitrag einer chemischen Verbindung zum Treibhauseffekt über einen Zeitraum von 100 Jahren (Zweiter Sachstandsbericht des IPCC).

** Änderungen des Energiebedarfs stehen im Zusammenhang mit Verbesserungen der Energieeffizienz und Verhaltensänderungen.

Quelle: IPCC (2018: S. 18).

sionen genügend zu reduzieren. Dennoch ist es sinnvoll, diesen IPCC-Bericht als Ausgangspunkt für eine grundlegende Kritik der herrschenden Klimapolitik zu nehmen (vgl. Gauche Anticapitaliste 2019).

Das einzig angemessene Szenario, das Szenario P1, sieht vor, die globale Erwärmung in diesem Jahrhundert auf maximal 1,5 Grad Celsius zu begrenzen. Um dieses Ziel mit einer Chance von 50 Prozent zu erreichen (wer steigt in ein Flugzeug ein, das nur mit einer Wahrscheinlichkeit von 50 Prozent ankommt?), ist es notwendig, einem dreistufigen Pfad zu folgen (IPCC 2018: S. 18):

1. Die globalen Nettoemissionen von CO_2 müssen weltweit bis 2030 um 58 Prozent gegenüber 2010 sinken.
2. Sie müssen anschließend bis 2050 um 93 Prozent gegenüber 2010, also auf eigentlich null, sinken.
3. Von 2050 bis 2100 müssen die Emissionen negativ bleiben. Das heißt, es ist mehr CO_2 aus der Atmosphäre zu entfernen, als wir ausstoßen.

Der Bericht geht in allen Modellpfaden davon aus, dass ab dem Jahr 2050 massiv Technologien eingesetzt werden, die der Atmosphäre CO_2 entziehen. Um die globale Erwärmung auf 1,5 Grad Celsius zu begrenzen, müssten gemäß Modellpfad P1 durch Landwirtschaft, Forstwirtschaft und andere Landnutzung (AFOLU *Agriculture, Forestry and Other Land Use*) große Mengen an CO_2 der Atmosphäre entnommen werden. Die Modellpfade P2, P3 und P4 beinhalten eine spätere und weniger massive Reduktion der CO_2-Emissionen und damit die Notwendigkeit, in immer umfassenderem Ausmaß CDR-Technologien *(Carbon Dioxide Removal)* beziehungsweise NETs *(Negative Emissions Technologies)* einzusetzen, um ab spätestens 2050 der Atmosphäre mehr CO_2 zu entziehen als in sie zu emittieren. Diese Modellpfade beinhalten eine zeitweilige Erwärmung von mehr als 1,5 Grad Celsius. Zu diesen CDR-Technologien zählen neben AFOLU auch *Direct Air Capture* (Herausfiltern von CO_2 aus der Umgebungsluft) und Bioenergie mit Kohlendioxidabscheidung und -speicherung (*Bioenergy with Carbon Capture and Storage* BECCS). Auch die meisten 2-Grad-Szenarien sehen diesen Technologieeinsatz vor (Leahy 2019). Diese Technologien sind unausgereift, unsicher und mit unabsehbaren Risiken verbunden. Ihre Wirksamkeit ist unbekannt, und ihre massenhafte Anwendbarkeit wäre mit enormen geopolitischen Konsequenzen verbunden. Alle vier Szenarien beinhalten zudem eine massiv verstärkte Nutzung der Kernenergie.

Die Szenarien P2, P3 und P4 zeigen: Je weiter man sich vom Pfad 1 entfernt, desto größer wird das Risiko, dass die Erwärmung 1,5 Grad Celsius überschreitet und nur durch die Entfernung von CO_2 aus der Atmosphäre mithilfe von *negativen Emissionstechnologien* (NETs) korrigiert werden könnte. Der Grad des NET-Einsatzes zeigt das Ausmaß unserer Unfähigkeit, die Zwangsjacke der kapitalistischen

Akkumulation abzustreifen. Unter der wahrscheinlich illusorischen Annahme, dass diese Technologien die Katastrophe verhindern würden, die bei einer Erwärmung von mehr als 2 oder gar bereits 1,5 Grad Celsius droht, würde der grundlegende Antagonismus der kapitalistischen Produktionsweise zwischen Akkumulation des Kapitals und Naturzerstörung später unweigerlich in noch schärferer Form hervorbrechen (Zeller 2020). Deshalb befinden wir uns nicht in einer »Krise«, wir stehen vielmehr vor einer Entscheidung über den Fortgang der Zivilisation.

Zum Begriff »negative Emissionen«

Um die vier genannten Szenarien im 1,5-Grad-Celsius-Bericht zu verstehen, ist es wichtig zu wissen, was »negative Nettoemissionen« sind. Sie bedeuten, dass global mehr CO_2 absorbiert als emittiert wird. Die »CO_2-Netto-Emissionen« ergeben sich durch die Subtraktion der CO_2-Entnahmen von den CO_2-Emissionen. CO_2-Absorptionen erfolgen in erster Linie durch natürliche Prozesse: Grüne Pflanzen ernähren sich von CO_2 aus der Luft, und CO_2 löst sich auf natürliche Weise in Wasser. Damit wird derzeit etwa die Hälfte der 40 Gigatonnen der jährlichen anthropogenen CO_2-Emissionen aus der Atmosphäre entfernt. Die »globalen Netto-Emissionen« liegen daher bei etwa 20 Gigatonnen pro Jahr.[3] Um sie bis 2050 auf null zu reduzieren, konzentriert sich das IPCC-Szenario P1 auf die mögliche Intensivierung dieser natürlichen Mechanismen, insbesondere durch Aufforstung und bessere Bodenbewirtschaftung. Würden wir es dabei belassen und die negativen Emissionstechnologien (NETs) verbieten, müssten wir allerdings konsequent den kapitalistischen Wettlauf um Profite unterbinden. Der IPCC schließt diese Möglichkeit jedoch aus. Das hat er in seinem fünften Bericht klar und deutlich festgehalten: »Die Klimamodelle gehen von einer voll funktionsfähigen Marktwirtschaft und wettbewerbsfähigen Marktmechanismen aus« (IPCC 2014: S. 422).[4] Der IPCC macht damit deutlich, dass er gesellschaftliche und politische

---

3 Allerdings sind auch die Emissionen der anderen Treibhausgase zu berücksichtigen (sie werden im Kohlenstoffbudget nicht gezählt). Zu beachten ist, dass die Absorption von CO_2 durch die Ökosysteme aufgrund der Erwärmung kleiner zu werden droht, insbesondere weil warmes Wasser weniger CO_2 löst als kaltes Wasser.

4 In der Beschreibung der allgemeinen Modellannahmen schreiben die AutorInnen der Working Group III des 5. Sachstandsberichts *Mitigation of Climate Change* von 2014: »The models use economics as the basis for decision making. This may be implemented in a variety of ways, but it fundamentally implies that the models tend toward the goal of minimizing the aggregate economic costs of achieving mitigation outcomes, unless they are specifically constrained to behave otherwise. In this sense, the scenarios tend towards normative, economics-focused descriptions of the future. The models typically assume fully functioning markets and competitive market behavior, meaning that factors such as non-market transactions, information asymmetries, and market power influencing decisions are not effectively represented.« (IPCC 2014: S. 422)

Dynamiken ausblendet und sich in das enge Korsett der neoklassischen Mainstreamwirtschaftswissenschaft einpfercht. Darum spricht sich der IPCC für eine technologische Flucht nach vorne aus. Die *negativen Emissionstechnologien* (NET) sind allerdings mit großen Ungewissheiten, Unsicherheiten sowie unverantwortlichen und unangemessenen Risiken verbunden. Die Konsequenzen eines Fehlschlags können potenziell katastrophal sein (Lamontagne et al. 2019; Leahy 2019). Dennoch stützen sich die Regierungen auf diese fiktiven negativen Emissionstechnologien mit ihren unbekannten Wirkungen.

Die ausgereifteste der negativen Emissionstechnologien ist die Bioenergie mit Kohlendioxidabscheidung und -speicherung (*Bioenergy with Carbon Capture and Sequestration* – BECCS). Diese besteht darin, fossile Brennstoffe durch Biomasse zu ersetzen und aus der Verbrennung entstehendes CO_2 in tiefen geologischen Schichten zu speichern. Da grüne Pflanzen durch die Aufnahme von CO_2 wachsen, wird erwartet, dass BECCS im Laufe der Zeit die atmosphärische Konzentration dieses Gases verringert. Neben der Tatsache, dass die Dichtigkeit geologischer Lagerstätten ungewiss ist, erfordert diese »Lösung«, um überhaupt eine signifikante Wirkung zu erzielen, dass sehr große Flächen für die industrielle Produktion von Bioenergie genutzt würden. Dieser Flächenverbrauch entspräche etwa einem Sechstel der gegenwärtigen Dauerbewirtschaftungsflächen (Schrader 2018). Eine derartige industrielle Produktion von Biomasse auf Plantagen würde den ohnehin schon erheblichen Druck, den die Agrartreibstoffe bereits auf die Biodiversität und die Nahrungspflanzen ausüben, gefährlich verstärken. Daher sind alle Anstrengungen zu unternehmen, um BECCS zu vermeiden. Sollten diese Technologien dennoch realisiert werden, um katastrophale Entwicklungen zu vermeiden, müssen sie streng begrenzt werden. Auf jeden Fall ist es absolut notwendig, sich auf die größt- und schnellstmögliche Reduzierung der Emissionen zu konzentrieren.

2.2 Sofortiger und radikaler Kurswechsel

Eine ForscherInnengruppe hat unter restriktiveren und realistischeren Annahmen[5] ein Szenario vorgestellt, das uns zum sofortigen und radikalen Handeln verpflichtet (Lamontagne et al. 2019). Diese Gruppe hat aus 5,2 Millionen möglichen Zukunftsszenarien für das Erdklima mögliche Reduktionsziele des CO_2-Ausstoßes

---

5 »Die Ausgaben zur Reduzierung der Emissionen betragen pro Jahr maximal drei Prozent des Bruttoweltprodukts; es werden keine Technologien und kein Geo-Engineering eingesetzt, um CO_2 aus der Atmosphäre zu ziehen; und der globale Temperaturanstieg würde bei einer Verdoppelung der CO_2-Menge in der Atmosphäre mindestens den Mittelwert erreichen. Letztgenannte Einschränkung bezieht sich auf die sogenannte Klimasensitivität, die beschreibt, wie stark sich die Erde erwärmen wird, wenn der Atmosphäre CO_2 zugeführt wird.« (Leahy 2019)

ermittelt. Ihr Befund ist hart und ernüchternd: Der weltweite CO_2-Ausstoß ist bereits bis zum Jahr 2030 auf null zu reduzieren, um bis 2100 die 2-Grad-Celsius-Grenze nicht zu überschreiten. Damit kommt diese ForscherInnengruppe zu einem wesentlich erschreckenderen Ergebnis als der IPCC, der die Schwelle zu Netto-null-Emissionen auf das Jahr 2050 setzt. Den 2-Grad-Celsius-Zielwert hat die Klimakonferenz in Paris festgelegt, um die ohnehin bereits schlimmen Folgen des Klimawandels zu begrenzen. Wobei bereits ab einer Erwärmung von 1,5 Grad Celsius selbstverstärkende Dynamiken zu erwarten sind.

Stephen Leahy schrieb in *National Geographic*: »Wenn alle Länder ihre Ziele und Versprechen einhalten, die sie während der Pariser Klimaabkommens 2015 verkündeten, werden die Emissionen trotzdem weiter zunehmen und bis 2030 einen neuen Spitzenwert erreichen. Damit befände sich die Welt auf direktem Kurs in eine Zukunft, in der wir bis 2100 einen mittleren globalen Temperaturanstieg von 3,3 °C verzeichnen würden.« (Leahy 2019)

Die Regierungen unternehmen allerdings nichts, um das 1,5-bis-2-Grad-Celsius-Ziel zu erreichen. Auf der Madrider Klimakonferenz im Dezember 2019 stellten sie abermals diese Blockadehaltung zur Schau. Doch die Regierungen beschließen nicht nur ungenügende Klimaschutzpläne, sie kommen nicht einmal ihren eigenen komplett ungenügenden Beschlüssen nach. Seit 2016 steigen die weltweiten Treibhausgasemissionen wieder an. Gegenwärtig belaufen sie sich auf mehr als 40 Gigatonnen pro Jahr. Lassen wir die Regierungen und Konzerne weitermachen, nähern wir uns katastrophalen Zuständen (Leahy 2019). Selbst wenn die Regierungen ihre Pläne zur Emissionssenkung umsetzen würden, stiege laut Internationaler Energieagentur *(stated policies scenario)* der Energieverbrauch bis 2040 jährlich um 1 Prozent. Die Erdölnachfrage werde erst in den 2030er-Jahren abflachen (IEA 2019: S. 1). Mit den zeitlich und räumlich viel verdichteter auftretenden Covid-19-Erkrankungen legten die meisten Regierungen anfänglich dieselbe Ignoranz an den Tag, bis es zu spät war und die Corona-Pandemie sich explosionsartig ausbreitete.

2.3 Zwei Wege ins Verderben

Die größt- und schnellstmögliche Reduktion der Treibhausgasemissionen ist die zentrale gesellschaftliche Herausforderung. Genau diese Notwendigkeit kollidiert allerdings mit den Zwängen des Profits und der Konkurrenz. Die herrschenden Klassen und ihre Parteien weigern sich, diese Zwänge zu überwinden.

Die kapitalistische Produktionsweise entstand auf der Grundlage fossiler Brennstoffe. Auch die weitere Entwicklung basiert auf der Extraktion von Kohle, Öl und Gas (Altvater 2010: S. 138 f.; Malm 2016: S. 11 f., 16; Zeller 2020). Da die Regierungen seit dem »Erdgipfel« in Rio de Janeiro 1992 fast nichts unternahmen, stiegen die Emissionen weiter an. Die größt- und schnellstmögliche Reduzierung der Emissionen würde daher zwangsläufig die rasche Entwertung einer riesigen Kapitalmenge, die mit den fossilen Energieträgern verbunden ist, zur Folge haben. Für die Energiekonzerne stellen ihre Reserven von Kohle, Öl und Gas Kapital dar, das sie profitabel verwerten wollen. Auf dieses Kapital werden sie freiwillig nicht verzichten. Darum stellen sich die wichtigsten Sektoren des Kapitals dieser Entwertung mit aller Kraft entgegen.

Innerhalb der herrschenden Klasse lassen sich zwei Haupttendenzen feststellen: Auf der einen Seite stehen der US-Präsident Trump, der brasilianische Präsident Bolsonaro, die Regierung Australiens, das Regime in Saudi-Arabien, die Regierung in Polen und einige andere. Sie verweigern sich jeder Einschränkung der fossilen Industrien. Auf der anderen Seite befinden sich die FürsprecherInnen des »grünen Kapitalismus«. Sie widersetzen sich einer zu abrupten Entwertung des Kapitals, das auf der Entnahme und Verarbeitung von fossilen Energieträgern beruht. Zugleich wollen sie Klimaschutz mit dem kapitalistischen Profitstreben unter Konkurrenzbedingungen in Einklang bringen. Zu dieser Richtung zählen die konservativen, liberalen, sozialdemokratischen und grünen Regierungen in den europäischen Ländern. Sie plädieren für eine Politik, die de facto dem P4 oder im Falle der Grünen allenfalls dem Pfad P3 entspricht. Diese Entwicklungspfade zu verfolgen ginge mit dem massiven Einsatz von BECCS, einer »zeitweisen« Überschreitung von 1,5 Grad Celsius Erwärmung und einer Abkühlung des Planeten in der zweiten Hälfte des Jahrhunderts einher. Die FürsprecherInnen dieser Politik meinen, dass sich die Temperatur der Erde so leicht einstellen ließe wie die ihres komfortablen »intelligenten Hauses«. Die erste Position ist schlicht kriminell. Doch auch die zweite Position ist nur unwesentlich besser, und zwar aus drei Gründen:

- Niemand weiß, ob die in Betracht gezogenen BECCS- und anderen Technologien tatsächlich und dauerhaft genug Kohlenstoff aus der Atmosphäre entfernen werden, um nach Überschreitung des Schwellenwerts von 1,5 Grad Celsius Erwärmung wieder auf diesen zurückzukehren.

- Niemand weiß, wie sich die wahrscheinlich perversen Auswirkungen von BECCS und anderen technischen »Lösungen« insbesondere auf die Biodiversität und die Ernährung der Weltbevölkerung vermeiden lassen.

- Der Erderwärmung ist ein nicht lineares Phänomen. Die Wahrscheinlichkeit, dass sogenannte Kipppunkte eine unkontrollierbare Eigendynamik auslösen, nimmt nach einer Erwärmung um mehr als 1,5 Grad Celsius deutlich zu. Damit steigt auch das Risiko unvorhersehbarer Ereignisse mit irreversiblen Folgen während der »temporären Temperaturüberschreitung« stark an. So würde der Zusammenbruch der gigantischen Thwaites- oder Tottengletscher in der Antarktis dazu führen, dass der Meeresspiegel um drei bis sechs Meter anstiege.

Beide »Strategien« der Herrschenden und ihrer Regierungen sind darauf ausgerichtet, die Verwertungsbedingungen für das Kapital zu erhalten und neue Felder für lukrative Investitionen zu erschließen. Sie ordnen die Klimapolitik der Wettbewerbsfähigkeit der großen Konzerne in ihren Staaten unter. Beide Antworten führen in ein gesellschaftliches Desaster.

2.4 Die Herausforderung

Es muss alles getan werden, um die CO_2-Emissionen so stark zu reduzieren, dass der Emissionspfad dem Szenario P1 entspricht. Allerdings sind wichtige Modellannahmen wie die massive Steigerung der Atomenergie um 59 Prozent bis 2030 und 150 Prozent bis 2050 gegenüber 2010 und der Verzicht auf Maßnahmen, die der kapitalistischen Profit- und Konkurrenzlogik widersprechen, explizit abzulehnen. Auf diesen Minimalkonsens sollte sich die internationale Klimabewegung verständigen. Allerdings müssen wir bedenken, was das konkret bedeutet. Dazu sind die folgenden Sachverhalte zu berücksichtigen (Tanuro 2020: S. 46):

- Die CO_2-Emissionen machen 76 Prozent der anthropogenen Treibhausgasemissionen aus (IPCC 2015: S. 46).
- Von 2009 bis 2018 stammten die menschlichen CO_2-Emissionen zu 42 Prozent aus Kohle, 34 Prozent aus Öl, 19 Prozent aus Erdgas, 5 Prozent aus Zement und Abfackelung. Vor allem die mit dem steigenden Verkehr verbundenen Emissionen aus Öl haben ständig zugenommen (Peters et al. 2019).
- Mehr als 80 Prozent des Energiebedarfs der Menschheit werden durch den Einsatz fossiler Brennstoffe gedeckt (ExxonMobil 2018: S. 12).
- Das fossile Energiesystem ist mit erneuerbaren Energien weitgehend inkompatibel. Darum muss es so schnell wie möglich abgebaut werden, unabhängig davon, ob die Anlagen rentabel sind oder nicht.
- Der Ersatz der Anlagen des fossilen Energiesystems würde 15 bis 20 Billionen US-Dollar verschlingen, was rund einem Fünftel des weltweiten BIP entspräche (UN 2011: S. 53). Hinzu kommen noch die Vermögenswerte, die aus fossilen Brennstoffreserven bestehen, die aber zu 90 Prozent unter dem Boden verbleiben müssen (Tanuro 2020: S. 46).
- Die jüngsten Anlagen für fossile Brennstoffe befinden sich in den sogenannten aufstrebenden Ländern (insbesondere in China, Indien, Brasilien) und in peri-

pheren abhängigen Ländern, die nicht die historischen Hauptverursacher des Klimawandels sind.

◆ Die 1992 in Rio verabschiedete Rahmenkonvention der Vereinten Nationen über Klimaänderungen fordert – zu Recht –, dass jedes Land gemäß seiner historischen Verantwortung und Fähigkeiten zur Rettung des Klimas beitragen muss. Die UN-Rahmenkonvention bezeichnet diesen Aspekt der Gerechtigkeit zwischen den frühindustrialisierten Metropolenländern, den aufstrebenden Ländern und den peripheren Ländern als das »Prinzip der gemeinsamen, aber differenzierten Verantwortung«.

◆ Die erneuerbaren Energien reichen aus, um den menschlichen Bedarf zu decken,[6] aber die Technologien, die für den Umbau des Energiesystems benötigt werden, sind ressourcenintensiver als fossile Technologien: Für die Herstellung einer Maschine, die fähig ist, eine erneuerbare Kilowattstunde zu generieren, braucht es mindestens zehnmal mehr Metalle als für den Bau einer Maschine, die in der Lage ist, eine fossile Kilowattstunde zu erzeugen. Der Abbau dieser Metalle verbraucht allerdings viel Energie und Wasser und erzeugt viel Abfall, da sie im Erz nur in geringer Konzentration vorkommen.

In Anbetracht dieser Sachverhalte ist offensichtlich, dass sogar das ungenügende Szenario P1 eine gigantische Herausforderung darstellt, nicht nur aus technischer und konzeptioneller Sicht, sondern vor allem auf der Ebene der für den globalen Ausgleich erforderlichen Koordination. Schließlich ist das »Prinzip der gemeinsamen, aber differenzierten Verantwortung« der globalen Klimagerechtigkeit zu respektieren. Daraus ergeben sich folgende Schritte des energetischen Umbaus.

◆ Es sind große Investitionen in den Aufbau eines neuen globalen Energiesystems zu tätigen, das zu 100 Prozent auf erneuerbaren Energien basiert.

◆ Für dieses Projekt ist Energie zu verwenden, die immer noch zu mehr als 80 Prozent aus fossilen Brennstoffen besteht und somit CO_2 emittiert. Ein Teil dieser Energie muss bei der Gewinnung und Veredelung seltener Metalle und seltener Erden eingesetzt werden, die für das Funktionieren der »grünen« Technologien unerlässlich sind.

---

6 Allerdings ist die Aussage abhängig davon, wie hoch der menschliche Bedarf weltweit eingeschätzt wird, und zwar unter Bedingungen gleicher Rechte für Energieverbrauch. Nur in Bezug auf flüssige und gasförmige Treibstoffe stellte Ted Trainer fest, dass es unmöglich sei, mehr als einen kleinen Teil der Nachfrage nach diesen durch Treibstoffe aus Biomasse zu decken (Trainer 2007: S. 91). Der Anbau von Energiepflanzen steht weltweit in Konkurrenz um Flächen zur Nahrungsmittelproduktion (Trainer 2013, 2010). Die Biomasse ist die einzige erneuerbare Energiequelle, die genutzt werden kann, um direkt flüssige oder gasförmige Treibstoffe in der Form von Ethanol für Benzin oder Methanol für Biodiesel herzustellen.

- Das alles muss innerhalb des Rahmens der oben genannten drastischen Verringerung der globalen Netto-CO_2-Emissionen geschehen, also einer 58-Prozent-Reduktion zwischen 2020 und 2030 und einer kompletten Reduktion der CO_2-Emissionen bis 2050.

Die hier zusammengefassten Transformationsziele sind angesichts der zeitlichen Erfordernisse und physischen Einschränkungen nur mit einem radikalen antikapitalistischen Gesamtprogramm erreichbar. Es geht nicht nur darum, die Produktion ökologisch umzubauen und zu planen. Sie muss auch drastisch reduziert werden, um den Energieverbrauch herunterzufahren. Ohne erhebliche Reduktion der Produktion wird es nicht möglich sein, zwei wesentlichen Anforderungen gerecht zu werden. *Erstens* sind die durch den Aufbau des neuen Systems der erneuerbaren Energien entstehenden Emissionen zu kompensieren. *Zweitens* ist das Recht der Menschen in den peripheren und sich industrialisierenden Ländern zu respektieren, sich weiterzuentwickeln und dabei jene fossilen Energieträger zu verwenden, die der Menschheit im globalen CO_2-Emissionsbudget noch verbleiben, um die Erwärmung auf 1,5 Grad Celsius zu begrenzen. Ohne Ausgleich zwischen diesen beiden Emissionsursachen ist es völlig unmöglich, bei der Reduzierung der globalen Nettoemissionen um 58 Prozent bis 2030, 100 Prozent bis 2050 und sogar um mehr als 100 Prozent (also Nettoabsorption von CO_2) in der zweiten Hälfte des Jahrhunderts in der Spur zu bleiben. Selbst mit der vom IPCC befürworteten Hypothese einer Reduzierung der Emissionen um 45 Prozent bis 2030 ist das Problem unlösbar, wenn wir nicht mit der kapitalistischen Profit- und Konkurrenzlogik brechen.

2.5 Gang in die Barbarei oder ökosozialistische Alternative

Die kapitalistische Produktionsweise wird ob der ihr eigenen Widersprüche nicht zusammenbrechen (Harvey 2014). Ganz im Gegenteil: Die kapitalistische Produktions- und Herrschaftsweise wird überleben und sich anpassen, dabei allerdings auf immer barbarischere Herrschaftsmechanismen zurückgreifen (Zeller 2020). Die kapitalistische Produktionsweise kann nur noch fortbestehen, indem sie einer zunehmend größeren Zahl von Menschen die Chancen auf Selbstverwirklichung entzieht, deren Lebensbedingungen verschlechtert oder gar deren unmittelbare physische Existenz infrage stellt.

Die kapitalistische Gesellschaftsordnung tendiert dazu, alle gesellschaftlichen Beziehungen zu kommerzialisieren und in Waren umzuwandeln. Seitdem das Finanzkapital ab den späten 1970er-Jahren zunehmend das Kommando über die Prozesse der Kapitalakkumulation – also die industrielle Produktion, die Bereitstellung von Infrastruktur und über die private Verschuldung sogar den Konsum –

übernommen hat, schreiten die Ausbeutung der Arbeit und die Plünderung der Natur weltweit noch schrankenloser voran (Chesnais 2016).
Kapital beruht auf der Einsaugung von Arbeit und Natur. Es ordnet die sozialen Bedürfnisse dem Diktat des *Shareholder Value* und des Profits der Konzerne unter. Die Konzentration von immer größerem Reichtum in den Händen eines immer geringeren Teils der Weltbevölkerung schreitet voran. Der Kapitalismus beinhaltet die Zerstörung von gesellschaftlichen Beziehungen und natürlichen Ressourcen. Auch ein grün angestrichener Kapitalismus beruht aufgrund des Zwangs zur Kapitalakkumulation und Profiterzielung unter Konkurrenzbedingungen weiterhin auf der Ausbeutung der Menschen und dem Raubbau an der Natur (Zeller 2020).

Die ökologischen Zerstörungen bringen gesellschaftliche Zerstörung hervor. Die physische Reproduktion einer steigenden Anzahl von Menschen, vor allem in den peripheren abhängigen Ländern, ist nicht mehr gewährleistet (Chesnais und Serfati 2004). Die durch die Klimaerwärmung hervorgerufenen gesellschaftlichen Katastrophen heben diesen normalen »kapitalistischen Gang der Dinge« auf eine neue Ebene. Die von Rosa Luxemburg so brutal formulierte Alternative gilt heute in abgewandelter Form im Weltmaßstab: Ökosozialismus oder Barbarei.

Solange das Kapital über die Investitionen in der Gesellschaft entscheidet und letztlich die politischen Prozesse weitgehend prägt, bleibt der erforderliche ökologische Umbau der Produktion, der Zirkulation von Waren, Kapital und Menschen sowie des Konsums unmöglich. Um die Klimaerwärmung wirklich auf 1,5 bis 2 Grad Celsius zu begrenzen, ist rasch mit der kapitalistischen Akkumulation des Kapitals zu brechen, ganz besonders in Europa, in Nordamerika, in Russland und China. Daher muss jede realistische Strategie der gesellschaftlichen und ökologischen Transformation der Gesellschaft die bestehende Macht- und Eigentumsordnung grundsätzlich herausfordern.

Dazu ist eine radikale Ausweitung der demokratischen Teilhabe erforderlich. Verbinden wir die Demokratisierung der Wirtschaft mit der Infragestellung des Privateigentums an strategischen Produktionsmitteln und der Selbstorganisation der Lohnabhängigen, führt uns das zur gesellschaftlichen Aneignung in einer Perspektive der Emanzipation aller Ausgebeuteten und Unterdrückten. Die organisierten Lohnabhängigen in ihrer ganzen Vielfalt und Unterschiedlichkeit nehmen eine unabdingbare Rolle in den Bewegungen zur Überwindung der kapitalistischen Produktions- und Herrschaftsweise ein.

In den Kapiteln 4 bis 9 skizziere ich in einer globalen Perspektive ein ökosozialistisches Umbauprogramm für die Gesellschaften Europas. Das nun folgende Kapitel widme ich einigen grundsätzlichen Überlegungen über die Fundamente einer ökosozialistischen Alternative.

3 Ökosozialistische Grundlagen und Perspektiven

Die Naturzerstörung und die Erderwärmung werfen grundsätzliche Fragen über das Verhältnis der kapitalistischen Produktionsweise zur Natur auf. Die kapitalistische Produktionsweise beruht auf drei miteinander zusammenhängenden gesellschaftlichen Verhältnissen. *Erstens* eignet sich das Kapital unbezahlte Mehrarbeit in Form der Ausbeutung der Lohnarbeit an. *Zweitens* können die Lohnarbeitenden nur arbeiten, wenn sie aufgezogen, gebildet, ernährt, gepflegt und umsorgt werden. Es braucht also auch jene, welche die Lohnabhängigen reproduzieren. Das sind zumeist Frauen. *Drittens* beruht der ganze Verwertungsprozess des Kapitals auf der Plünderung der Natur. Die Ausbeutung der Lohnarbeit und der Reproduktionsarbeit sowie der Raubbau an der Natur gehen zwingend miteinander einher. Eine Umwälzung der Gesellschaft hin zu Emanzipation und sozialer Befreiung muss mit der Überwindung dieser Verhältnisse einhergehen.

In diesem Kapitel erörtere ich zunächst, wie jeder Produktions- und Wertschöpfungsprozess zugleich ein gesellschaftlicher Stoffwechselprozess mit der Natur ist. Dann skizziere ich die wesentlichen gesellschaftlichen Verhältnisse in der kapitalistischen Produktionsweise.

Auch die ArbeiterInnenbewegung und jene Regimes, die sich sozialistisch nannten, haben gegenüber den ökologischen Herausforderungen komplett und kläglich versagt. Das ist zu bedenken, bevor eine ökosozialistische Perspektive entworfen wird.

Schließlich skizziere ich einige Grundprinzipien einer ökosozialistischen Orientierung. Auf dieser Grundlage stellen die nachfolgenden Kapitel meine Vorschläge für eine konkrete ökosozialistische Übergangsstrategie vor.

3.1 Gesellschaftlicher Stoffwechsel mit der Natur durch Arbeit

Die Nutzung und Einverleibung von Natur für wirtschaftliche Zwecke – die Umwandlung ihrer Erzeugnisse in Waren – sind augenscheinliche Prozesse. Ein Steinbruch, eine Mine, ein Bauernhof, ein Fischerboot oder ein Staudamm sind Orte, wo Materialien der Natur in Waren umgewandelt werden. Waren sind Dinge oder Dienstleistungen, die auf einem Markt gehandelt werden.

Grundsätzlich stützt sich jeder wirtschaftliche Prozess auf die Umwandlung von Natur. Jeder Produktionsprozess ist Stoffwechsel mit der Natur und produziert zugleich Natur. Alle Waren, einfache und durch Produktionsprozesse umgeformte Stoffe unterschiedlicher Komplexität wie Trinkwasser, Lebensmittel, Kleider, Fahrzeuge, Treibstoffe, Maschinen, Computer und Software, entspringen der Verarbeitung natürlicher Ressourcen und benötigen Energie. Eine Ware beruht auf der Extraktion, der Umwandlung und dem Handel von Substanzen, die menschliche Gesellschaften auf der Erde gefunden haben. Das können geologische Ablagerungen, Lebensformen, Wasser und Bestandteile der Atmosphäre der Erde sein. Der gesellschaftliche Stoffwechsel mit der Natur beruht auf einem Materialfluss physischer, chemischer und biologischer Substanzen – von der Extraktion über die Produktion und den Gebrauch oder Verbrauch bis zur Ablagerung des Abfalls in Senken. Auch Dienstleistungen wie ein Haarschnitt, die Versorgung durch eine Ärztin oder die Erstellung einer Versicherungspolice sind von Material- und Energieflüssen abhängig. Alle wirtschaftlichen Tätigkeiten stützen sich auf die Natur als Inputquelle von Materialien und Energie zur Produktion sowie als Senke von Outputs der Produktion und umgewandelter Energie.

Gesellschaftlicher Stoffwechsel mit der Natur

Die Trennungslinie zwischen Natur und Gesellschaft ist allerdings unscharf. Denn wir Menschen produzieren und verändern die Natur, und zwar jeweils auf spezifische Weise, je nachdem, wie wir gesellschaftlich organisiert sind. Zugleich beruht die Gesellschaft notwendigerweise auf der Transformation von Natur. Die Gesellschaft ist ihrerseits Teil der Natur. Beide sind aber keineswegs identisch. Vielmehr ist die Natur vermittelt durch die Gesellschaft, und die Gesellschaft ist vermittelt durch die Natur. Karl Marx fasste diese Vermittlung genauer mit dem naturwissenschaftlich geprägten Begriff des Stoffwechsels, wobei der Arbeitsprozess die Triebkraft dieser Stoffwechselinteraktion ist (Marx 1867: S. 192).

Im Laufe einiger Tausend Jahre menschlicher Entwicklung haben sich die Menschen zunehmend komplexes Wissen angeeignet, die Arbeitsteilung weiter vertieft und eine Trennung von den materiellen Grundlagen ihres Überlebens vorangetrieben. Mit der Durchsetzung der kapitalistischen Produktionsweise und der Entstehung urbaner Industrie- und Dienstleistungsgesellschaften verstärkte sich diese Trennung weiter. Im Zuge der Ausdehnung der Warenproduktion und des Kapitals entstand auch der Anreiz, die Natur zu messen und zu bewerten. Die Werkzeuge, um die Natur umzuformen und zu nutzen, wurden verfeinert. Die Ergebnisse der Natur werden in der kapitalistischen Produktionsweise auf eine spezifische Weise angeeignet, bearbeitet und bewertet, also zu Waren umgeformt. Diese Trennung von Natur und Gesellschaft wirft sowohl für das Verständnis des Verhältnisses zwischen Gesellschaft und Natur als auch für die Organisation des Stoffwechsels mit der Natur wichtige Fragen auf (Coe et al. 2007: S. 162).

Zunächst ist festzuhalten, dass die Menschen selbst ein Teil der Natur sind. Unsere Körper sind Produkte und zugleich Teilnehmer des komplexen Ökosystems des Lebens auf der Erde. Die durch die Natur gegebene und zugleich gesellschaftlich hergestellte Arbeitskraft ist unabdingbar für den Prozess der Umformung natürlicher Substanzen zu einfachen und komplexen Waren. Schließlich tendiert die kapitalistische Produktionsweise dazu, alles aus der Natur mit Eigentumsrechten einzuzäunen und zur Ware zu machen: Wasser, Holz, Mineralien, Tiere und Teile von menschlichen Körpern wie Organe, Gene und Blut.

Dann stellen wir fest, dass alles, was wir normalerweise Natur nennen – Saatgut, Getreidefelder, Obstbäume, Wälder, Flüsse –, letztlich Ergebnis wirtschaftlicher Prozesse ist. All diese Dinge sind durch die Bedürfnisse und die Logik des jeweils in der Geschichte und in einem Gebiet vorherrschenden wirtschaftlichen Systems produziert worden. Aus dieser Perspektive ist etwa die kalifornische Landwirtschaft nicht Resultat günstiger Böden oder eines günstigen Klimas, sondern mehr Ergebnis der intensiven kapitalistischen Agrarwirtschaft (Walker 2004). So wie die Menschen und ihre Arbeitskraft Ergebnisse der Natur sind, so produzieren die Menschen mit ihrer Arbeitskraft die Natur. Daraus ergibt sich eine Frage von großer gesellschaftlicher Bedeutung: Wie produzieren menschliche Gesellschaften die Natur, und wer kontrolliert diese Produktion der Natur in kapitalistischen Gesellschaften? (Smith 1984: S. 63)

Natur bietet stofflichen Reichtum, Arbeit schafft Wert

Die Natur produziert selbst keine Waren und bildet keine Werte. Erst menschliche Arbeit identifiziert, isoliert und formt die Bestandteile der Natur, bringt sie zum Austausch auf den Markt und fügt ihnen hiermit Wert zu. Unser Reichtum oder, präziser, unser stofflicher Reichtum entsteht nur durch die Beteiligung der Natur, aber es ist allein die Arbeit, die Wert schafft. Die Natur ist durchaus schöpferisch produktiv, das unterstreicht die Evolution der Arten seit Jahrmillionen. Doch die natürlichen Schöpfungen sind von Natur aus keine Waren, sie werden erst durch menschliches Zutun, durch menschliche Arbeit isoliert und umgeformt und als Waren auf den Markt gebracht. Daher ist die Natur nicht wertproduktiv. »Die Arbeit hingegen ist produktiv, denn sie verändert in ihrem Tätigsein sich und die Natur; und sie ist – in einer kapitalistischen Gesellschaft – wertproduktiv« (Altvater 1997: S. 251). »Die natürlichen Ressourcen erlangen nur eventuell durch den Einsatz der menschlichen Arbeit einen wirtschaftlichen Wert. Das tief unter dem Grund der Ozeane liegende Erdöl hat nicht den geringsten wirtschaftlichen Wert, wenn es unzugänglich bleibt oder wenn man es nicht suchen geht« (Harribey 2011: S. 30).

Nun stellt sich die Frage, warum jeder Wertschöpfungsprozess in der kapitalistischen Produktionsweise zugleich ein Stoffwechselprozess ist. Eine ökologisch sensible, politische Ökonomie muss Wertveränderungen und Naturveränderungen gleichermaßen verstehen. Die von Karl Marx inspirierte Kritik der politischen Ökonomie kennt im Unterschied zur klassischen und neoklassischen Ökonomie die Bedeutung von Raum und Zeit für ökonomische Prozesse. Sie verortet Formen der Vergesellschaftung und die abstrakten Marktprozesse im räumlichen und zeitlichen Koordinatensystem der menschlichen Geschichte und der Naturgeschichte (Altvater 1997: S. 247).

Marx lieferte in seiner Kritik der politischen Ökonomie mit seinem Verständnis der Verdoppelung ökonomischer Prozesse einen wichtigen Beitrag zu einer umfassenden ökonomischen Sichtweise. Die einzelne Ware weist einen Doppelcharakter auf. Sie ist Gebrauchswert mit ihrem spezifischen Nutzen für KäuferInnen, zum Beispiel als Nahrungsmittel, Bekleidung oder Energie. Zugleich ist sie erarbeiteter Wert, der sich als Tauschwert auf dem Markt im Austausch mit anderen Waren oder mit einem Geldwert realisiert. Bei der Produktion von Gebrauchswerten transformieren die ArbeiterInnen Stoffe und Energien. Der Gebrauchswert ist Resultat der Umformung von Natur, der Auseinandersetzung des Menschen mit der organischen und anorganischen Natur, um ihr Erzeugnisse abzuringen, mit denen menschliche Bedürfnisse befriedigt werden können. Zugleich wird das Material, das die Natur bereitstellt, in Schadstoffe verwandelt, die als Abfall, Abwasser und Abluft die Sphären der Erde belasten, gesundheitliche Leiden hervorrufen können und sogar die Existenz vieler Menschen infrage stellen können.

Die Arbeit, die diese Ware herstellt, weist ebenfalls einen Doppelcharakter auf, sie ist konkrete Arbeit und abstrakte gesellschaftliche Arbeit. Marx sah im Doppelcharakter der Arbeit den »Springpunkt, um den sich das Verständnis der politischen Ökonomie dreht« (Marx 1867: S. 56). Diese Kategorie der Verdoppelung eröffnet nun die Möglichkeit, ökonomische Prozesse als Transformationen von Wert (also Wertbildungsprozess und Verwertungsprozess) durch abstrakte Arbeit und zugleich als Transformationsprozess von Stoffen und Energien (Arbeitsprozess und Stoffwechsel zwischen Mensch und Natur) durch konkrete Arbeit zu begreifen.[7]

Der Arbeitsprozess entspricht also einem Stoffwechsel des Menschen mit der Natur (Marx 1867: S. 192).[8] Durch Arbeit wird Naturstoff zum Gebrauchswert umgeformt, dieser wird als Ware auf den Markt geworfen, um in Geld verwandelt zu werden. »Der Gebrauchswert entsteht also durch Herstellung von Ordnung [...] und dadurch, dass die geordnete Materie oder Energie ein menschliches Bedürfnis befriedigt« (Altvater 1997: S. 250). Der Gebrauchswert ist zugleich Träger von Wert, allerdings kann nichts im ökonomischen Sinne wertvoll sein, das nicht irgendeinen Gebrauchswert besitzt und somit ein nützliches Ding zur Befriedigung von menschlichen Bedürfnissen ist.

Dieser von Marx erkannte Doppelcharakter der Ware und der Arbeit bietet uns einen Ansatzpunkt, die wertmäßige und stoffliche Seite der Produktion im selben Zug zu erkennen. Auf der einen Seite haben wir Wert, Verwertung und Geld, auf der anderen Seite sind die Bedingungen der Produktion und der Arbeit, die stofflichen Charakteristika der Produktion, die Energieversorgung, das Klima zu beachten. Während die Neoklassik die Natur ökonomisiert, ermöglicht es eine kritische politische Ökonomie, die Produktion von Werten mit den Gesetzmäßigkeiten der Natur zu verknüpfen. Die Arbeit erfolgt nie unabhängig vom Potenzial der Natur, Reichtümer zu generieren. Die Natur hat gemäß diesem Ansatz also einen Gebrauchswert, der mit keinem ökonomischen Wert messbar und vergleichbar ist: Die natürlich genannten Ressourcen entsprechen *einem Reichtum*, aber sie haben keinen inneren monetären Wert (Harribey 2011: S. 30).

Die Menschen eignen sich Naturstoffe an und bearbeiten diese mit produktiver Arbeit als einer gesellschaftlich organisierten zweckgerichteten Tätigkeit, um konkrete Gebrauchswerte für unterschiedliche gesellschaftliche Zwecke herzustellen.

---

7 Das Verständnis des Doppelcharakters der Arbeit ermöglicht diesen Brückenschlag. Denn Arbeit ist *erstens* Wertbildnerin, aber *zweitens* »eine spezielle, zweckmäßig produktive Tätigkeit, die besondere Naturstoffe besonderen menschlichen Bedürfnissen assimiliert« (Marx 1867: S. 57). »Als Bildnerin von Gebrauchswerten, als nützliche Arbeit, ist die Arbeit daher eine von allen Gesellschaftsformen unabhängige Existenzbedingung des Menschen, ewige Naturnotwendigkeit, um den Stoffwechsel zwischen Mensch und Natur, also das menschliche Leben zu vermitteln [...] der Mensch kann in seiner Produktion nur verfahren, wie die Natur selbst, das heißt nur die Formen der Stoffe ändern« (Marx 1867: S. 57).

8 »Die Arbeit ist zunächst ein Prozeß zwischen Mensch und Natur, ein Prozeß, worin der Mensch seinen Stoffwechsel mit der Natur durch seine eigne Tat vermittelt, regelt und kontrolliert. Er tritt dem Naturstoff selbst als eine Naturmacht gegenüber. Die seiner Leiblichkeit angehörigen Naturkräfte, Arme und Beine, Kopf und Hand, setzt er in Bewegung, um sich den Naturstoff in einer für sein eignes Leben brauchbaren Form anzueignen. Indem er durch diese Bewegung auf die Natur außer ihm wirkt und sie verändert, verändert er zugleich seine eigne Natur. Er entwickelt die in ihr schlummernden Potenzen und unterwirft das Spiel ihrer Kräfte seiner eignen Botmäßigkeit.« (Marx 1867: S. 192)

Durch ihre Arbeit transformieren sie Naturpotenziale in Wertgegenstände. Doch indem der Mensch die in der Natur »schlummernden Potenzen« erschließt, sich aneignet und bearbeitet, verändert er auch »seine eigene Natur«. Indem Menschen die Natur gestalten, verändern sie ihre Lebensbedingungen. Jede Stoffumwandlung schafft neue Bedingungen für die nachfolgenden Arbeitsprozesse. Allerdings tätigen die Menschen diese Arbeitsprozesse in spezifischen gesellschaftlichen und wirtschaftlichen Beziehungen und unter jeweils historisch und geografisch spezifischen institutionellen Regelungen (Kraemer 2008: S. 59 f.).

Dieser Stoffwechsel ist an die vorgegebenen Naturgesetze gebunden (Marx 1867: S. 58).[9] Im Rahmen dieses Stoffwechsels entnimmt der Mensch der Natur durch seine Arbeit Substanzen, formt diese um und gibt sie schließlich in ihrer gesellschaftlich veränderten Form wieder an die Natur ab beziehungsweise lagert sie als Schadstoffe ab. Diese können allerdings die Natur und damit auch den Menschen abermals verändern. Die Naturveränderungen finden in Raum und Zeit statt, sie sind irreversibel. Das gilt auch für die Verluste an Biodiversität, durch die der Gang und die Richtung der Evolution verändert werden (Altvater 2010: S. 19).

Altvater weist darauf hin, dass wirtschaftliche Prozesse nicht allein von betriebswirtschaftlichen Renditevorgaben gesteuert und durch Marktgesetze reguliert werden, sondern auch *Naturgesetzen* folgen und durch diese begrenzt sind. »Die Hauptsätze der Thermodynamik und die Gesetze der Evolution haben auch in der Wirtschaft Gültigkeit. Energie bleibt erhalten, aber einmal zur Leistung von Arbeit verwendet, kann sie kein zweites Mal dazu benutzt werden. Das Benzin im Tank wird verbrannt, wenn wir uns im Auto fortbewegen. Es verändert dadurch seine Aggregatform, verwandelt sich bei der Verbrennung zum Beispiel in CO_2, das zur Arbeitsleistung nicht mehr genutzt werden kann und obendrein wegen des Treibhauseffekts den Kollaps des globalen Klimasystems auslösen kann.« (Altvater 2010: S. 14)

Die angesichts der Klimaerwärmung entscheidende Frage ist nun, wie der Stoffwechsel des Menschen mit der Natur sich so gestalten lässt, dass der Schaden für die natürliche Umwelt und die Lebensbedingungen der Menschen und der künftigen Generationen möglichst gering gehalten werden kann. Marx konnte auf diese Frage selbstverständlich keine Antwort geben. Doch er formulierte einige Anhaltspunkte, über die wir weiter nachdenken müssen. Marx sah in der gemeinschaftlichen Kontrolle des Stoffwechsels und der Reichtümer des Gemeingutes

---

9 »Der Mensch kann in seiner Produktion nur verfahren, wie die Natur selbst, d. h. nur die Formen der Stoffe ändern. Noch mehr. In dieser Arbeit der Formung selbst wird er beständig unterstützt von Naturkräften. Arbeit ist also nicht die einzige Quelle der von ihr produzierten Gebrauchswerte, des stofflichen Reichtums. Die Arbeit ist sein Vater, wie William Petty sagt, und die Erde seine Mutter.« (Marx 1867: S. 58).

Erde die Perspektive, das »Reich der Freiheit« innerhalb der Grenzen der Naturnotwendigkeit auszudehnen.[10] Die Herausforderung besteht darin, Formen des menschlichen Stoffwechsels mit Natur zu entwickeln, die Produktion, Distribution und Konsumtion so zu organisieren, dass der Material- und Energiedurchsatz reduziert, fossile Energieträger durch erneuerbare Energieträger ersetzt und sowohl die Entnahme der Potenziale der Natur als auch die Ablagerung der transformierten Stoffe reduziert oder einigermaßen verträglich organisiert werden.

3.2 Klassenverhältnis: Ausbeutung von Lohnarbeit

Die kapitalistische Produktionsweise beruht darauf, dass Unternehmen Kapital akkumulieren und Profite erzielen müssen, und zwar unter dem Zwang der Konkurrenz. Damit sind eine erzwungene Wachstumsdynamik und ein steigender Ressourcenverbrauch verbunden. An dieser Stelle ist es angebracht, den Begriff *Kapital* zu bestimmen. Ich verstehe Kapital in einem dreifachen Sinne. *Erstens* ist Kapital eine Wertsumme, deren Zweck darin besteht, sich zu vermehren, also zu akkumulieren. *Zweitens* muss sich Kapital rastlos bewegen. Geld – Waren – mehr Geld, Geld – Waren – Arbeitskräfte + Produktionsmittel – neue Waren – mehr Geld. Kapital muss immer eingesetzt werden, um neue Waren herzustellen und diese zu einem höheren Preis zu verkaufen als die eingesetzten Inputs von Kapital und Arbeit. *Drittens* ist das Kapital ein gesellschaftliches Verhältnis. Das Kapital akkumuliert und bewegt sich nicht selbst. Es ist unsere lebendige Arbeit, die das Kapital einsetzt und bewegt. Ohne die eingesetzte und ausgebeutete Arbeit und ohne die geplünderte und in Wert gesetzte Natur wäre das Kapital buchstäblich nichts wert. Das Kapital muss deshalb die Arbeit und die Natur unterwerfen. Das Kapital beruht also einerseits auf der Ausbeutung der Arbeit und andererseits auf dem Raubbau an der Natur. Die Akkumulation von Kapital geschieht zugleich durch ökosystemische Prozesse, formt diese dabei um und stört sie. Energieflüsse, Veränderungen der Materialflüsse, teilweise irreversible Umweltverän-

---

10 Marx sah die Perspektive darin, dass »der vergesellschaftete Mensch, die assoziierten Produzenten, diesen ihren Stoffwechsel mit der Natur rationell regeln, unter ihre gemeinschaftliche Kontrolle bringen, statt von ihm als von einer blinden Macht beherrscht zu werden; ihn mit dem geringsten Kraftaufwand und unter den ihrer menschlichen Natur würdigsten und adäquatesten Bedingungen vollziehn« (Marx 1894: S. 828). Im Zusammenhang mit der Erläuterung der aus dem Grundeigentum an Boden erwachsenden Grundrente antwortet Marx: »Vom Standpunkt einer höhern ökonomischen Gesellschaftsformation wird das Privateigentum einzelner Individuen am Erdball ganz so abgeschmackt erscheinen wie das Privateigentum eines Menschen an einem andern Menschen. Selbst eine ganze Gesellschaft, eine Nation, ja alle gleichzeitigen Gesellschaften zusammengenommen, sind nicht Eigentümer der Erde. Sie sind nur ihre Besitzer, ihre Nutznießer, und haben sie als boni patres familias [gute Familienväter] den nachfolgenden Generationen verbessert zu hinterlassen.« (Marx 1894: S. 784).

derungen sind zusammen mit den gesellschaftlichen Prozessen zu denken. Die Zirkulation von Geld und Kapital geht mit ökologischen Veränderungen einher. Akkumulation des Kapitals und demnach Wirtschaftswachstum sind untrennbar mit der kapitalistischen Produktionsweise verbunden.

Der kapitalistische Produktionsprozess ist von zwei Kennzeichen geprägt. *Erstens* arbeiten die Lohnabhängigen unter der Kontrolle der KapitaleigentümerInnen. Die Arbeitskraft gehört für die Dauer des Arbeitsvertrags dem Unternehmen. Wer als Lohnabhängige/r ihre/seine Arbeitskraft als Ware anbietet und einem Unternehmen verkauft, muss akzeptieren, dass das Unternehmen die Arbeit dirigiert und sich die Ergebnisse der Arbeit aneignet. *Zweitens* gehört die Arbeitsleistung für die Dauer des Arbeitsvertrags somit dem Unternehmen und nicht dem/der ArbeiterIn. Das gilt auch für geistige und intellektuelle Arbeit, deren Ergebnisse sich das Unternehmen in Form von Patenten und anderen Formen geistigen Eigentums aneignet. Diese beiden Bedingungen trennen Lohnabhängige sowohl von den Arbeitsmitteln und Werkzeugen als auch von den Ergebnissen ihrer Arbeit. Diese beiden Bedingungen ermöglichen dem Kapitaleigner auch, die Produktion so zu organisieren, dass er sich einen Mehrwert aneignen kann. Aus diesem Mehrwert kann er dann Profit erzielen.

Wie entsteht nun dieser Mehrwert? Das Unternehmen kauft die Waren zu ihrem Wert und verkauft die produzierten Waren ebenfalls zu ihrem Wert und kann »dennoch am Ende des Prozesses mehr Wert herausziehn, als er hineinwarf« (Marx 1867: S. 181). Eine Lohnabhängige produziert mit dem Einsatz ihrer Arbeitskraft an einem Tag unter normalen Bedingungen einen bestimmten Wert. Dieser Wert ist allerdings höher als der Wert ihrer Arbeitskraft, also die Wertsumme, welche die Arbeitskraft durchschnittlich zur täglichen Reproduktion benötigt. Diese Differenz ist der Mehrwert. Der Wert der Arbeitskraft entspricht ihren Reproduktionskosten. Die am Arbeitsmarkt ausgehandelte oder erzwungene Höhe der Löhne schwankt um den Wert der Arbeitskraft. Der Ursprung des Mehrwerts liegt also darin, dass ein Unterschied besteht zwischen dem Wert der Waren, die ein/e Lohnabhängige/r herstellt, und dem Wert der Waren, die er/sie für seinen/ihren Unterhalt braucht. Lohnabhängige erhalten für ihre dem Kapitaleigner zur Verfügung gestellte Arbeitskraft weniger an Wert, als sie durch ihre Arbeit selbst produzieren.

Die kapitalistische Gesellschaft ist in gesellschaftliche Klassen gespalten. Die Zugehörigkeit einer Person zu einer Klasse ist durch die Rolle bestimmt, die sie im Produktions- und Reproduktionsprozess der Gesellschaft einnimmt. Karl Marx bestimmte den Begriff *Klasse* aus dem Eigentum an Produktionsmitteln, der Kontrolle über den Arbeitsprozess und schließlich der Aneignung des Mehrprodukts.

In kapitalistischen Produktionsverhältnissen sind das Privateigentum an Produktionsmitteln und die Kontrolle über den Produktionsprozess (also auch den

Arbeitsprozess) zur Aneignung von Mehrwert von zentraler Bedeutung. Im Kern der Klassenverhältnisse ist die Ausbeutung also jener Prozess, durch den die Mehrarbeit von den direkten Produzenten angeeignet und den herrschenden Klassen zugeführt wird (Sayer und Walker 1992: S. 20).

Die kapitalistische Gesellschaft beruht auf bestimmten Eigentumsverhältnissen. Auf der einen Seite ist das Eigentum an den meisten Produktionsmitteln bei einem kleinen Teil der Gesellschaft konzentriert. Die Kapitaleigentümer beziehungsweise Kapitalisten verfügen über so große Mengen an Kapital, dass sie nicht mehr gezwungen sind, ihre eigene Arbeitskraft zu verkaufen. Sie organisieren als Eigentümer eines Unternehmens den Produktionsprozess oder lassen diesen als Eigentümer von Wertpapieren durch Manager organisieren.

Auf der anderen Seite sind die Lohnabhängigen in doppeltem Sinne frei. Sie sind persönlich unabhängig und zugleich frei von eigenen Produktionsmitteln. Daher sind sie ökonomisch und gesellschaftlich abhängig und gezwungen, ihre Arbeitskraft zu verkaufen, um mit dem Lohn ihren Lebensunterhalt zu bestreiten. Zur Klasse der Lohnabhängigen zählen also diejenigen, die als Lohnabhängige arbeiten und gezwungen sind, ihre Arbeitskraft gegen Lohn auf dem Arbeitsmarkt anzubieten und einem Unternehmen oder einem staatlichen Betrieb zu verkaufen. Dieser Begriff schließt Kopf- und HandarbeiterInnen ebenso ein wie Kader in mittleren Positionen. Die Lohnabhängigen produzieren unter dem Kommando der Produktionsmitteleigentümer oder den von ihnen beauftragten Kadern und Managern einen Mehrwert, den sich die Kapitaleigentümer aneignen.

Diese rein ökonomische Bestimmung einer Klasse ist sinnvoll, um die allgemeinen Strukturen und Prozesse zu erkennen. Doch um die gesellschaftlichen, politischen und kulturellen Dynamiken einer Gesellschaft zu verstehen, ist ein feineres Analyseinstrumentarium erforderlich. Weder die KapitalistInnen noch die Lohnabhängigen sind homogene Klassen. Beide differenzieren sich je nach zeitlichen und räumlichen Bedingungen in zahlreiche weitere Formationen und Fraktionen. Zudem sind die Bezeichnungen *Lohnabhängige* und *Kapitaleigentümer* nicht formal zu verstehen. KleinstunternehmerInnen können wir zu den Lohnabhängigen zählen, während hohe Manager so viel verdienen und so viele Wertpapiere besitzen, dass sie längst nicht mehr vom Lohn abhängig sind.

Unterschiedlichste gesellschaftliche Tätigkeiten und Berufe finden sich auch bei den Lohnabhängigen. Die einen sind ziemlich privilegiert, die anderen arbeiten und leben höchst prekär ohne feste Anstellung. Die einen kommandieren die anderen am Arbeitsplatz umher. Daher überrascht es nicht, dass sich Lohnabhängige auch gesellschaftlich und politisch sehr unterschiedlich artikulieren und unterschiedliche Parteien wählen. Das bedeutet nicht, dass der Klassenbegriff hinfällig wurde, ganz im Gegenteil, er bleibt nützlich. Lohnabhängige sind strukturell nicht in der Lage, sich so viel Vermögen anzusparen, um sich von ihrem Dasein als Lohnabhängige zu verabschieden. Das Konzept der arbeitenden beziehungsweise lohnabhängigen Klasse ist mit anderen Konzepten wie beispielsweise der Arbeitsteilung und den Geschlechterverhältnissen zu verknüpfen (Sayer und Walker 1992).

Mit der Bestimmung der Klasse aus ihrer Rolle im gesellschaftlichen Produktions- und Reproduktionsprozess ist noch nichts darüber gesagt, ob sich die Angehörigen dieser ökonomisch charakterisierten Klasse selbst auch dieser Klasse zugehörig fühlen. Klasse und Ausbeutung sind wichtige analytische Kategorien, die jedoch für politische Mobilisierungen kaum taugen (Dörre 2019: S. 30). Marx versuchte mit dem Begriff der *Klasse für sich* diese wichtige gesellschaftliche und politische Komponente einzufangen (Marx 1847: S. 180 f.).[11] Ob die Masse der Besitzlosen oder Teile davon ein Klassenbewusstsein entwickeln, lässt sich ausdrücklich nicht ökonomisch bestimmen, sondern ist primär ein gesellschaftlicher und vor allem politischer Prozess. Die ganze bisherige kapitalistische Entwicklung war davon gekennzeichnet, dass sich die ökonomische und politische Bestimmung der Klassen kaum je entsprachen. Ob sich Menschen als Teil der vielfältigen lohnabhängigen Klasse verstehen, ist von zahlreichen gesellschaftlichen, politischen und kulturellen Prozessen und der Entwicklung der Arbeitsteilung abhängig. Im Zuge industrieller Restrukturierungen und des technologischen Wandels haben sich die Formen der Arbeitsteilung und auch die gewerkschaftlichen Kämpfe verändert. So verschwanden seit den 1970er-Jahren viele traditionelle männlich geprägte Bastionen der Arbeiterklasse und ihrer gewerkschaftlichen Organisationen. Zugleich entstanden mit neuen wirtschaftlichen Sektoren neue Berufsgruppen und neue Formen der Arbeitsteilung. So sind etwa im Gesundheitswesen, in der Betreuung von Kindern und alten Menschen und im Bildungswesen zahlreiche neue Arbeitsplätze entstanden, an denen mehrheitlich Frauen arbeiten. Die Klasse der Lohnabhängigen verändert also ständig ihr Gesicht. Darum ist es ein fruchtloses Unterfangen, die vielfältige Klasse der Lohnabhängigen in ökonomisch bestimmte Unterklassen zu unterteilen. Das ergibt politisch keinen Sinn.

Eine Klasse im gesellschaftlichen und politischen Sinne konstituiert sich erst durch Kämpfe, also durch Prozesse der Selbstermächtigung. Nur auf diese Weise

---

11 »Die ökonomischen Verhältnisse haben zuerst die Masse der Bevölkerung in Arbeiter verwandelt. Die Herrschaft des Kapitals hat für diese Masse eine gemeinsame Situation, gemeinsame Interessen geschaffen. So ist diese Masse bereits eine Klasse gegenüber dem Kapital, aber noch nicht für sich selbst. In dem Kampf [...] findet sich diese Masse zusammen, konstituiert sie sich als Klasse für sich selbst. Die Interessen, welche sie verteidigt, werden Klasseninteressen. Aber der Kampf von Klasse gegen Klasse ist ein politischer Kampf.« (Marx 1847: S. 180 f.) Marx verwendet den ihm oft zugeschriebenen Begriff der »Klasse an sich« nicht, sondern betont ausdrücklich die Vielfalt der »Masse« der Besitzlosen. Wenn »eine Menge einander unbekannter Leute« anfängt, sich in Koalitionen und Assoziationen zusammenzuschließen, beginnen sie sich als Klasse zu verstehen.

bilden sich Gemeinschaften der arbeitenden Klasse. Das Klassenbewusstsein entsteht durch Kämpfe. Das lässt sich in Frankreich seit dem Winter 2018/19 mit der Bewegung der Gelbwesten und verstärkt mit der großen Streikbewegung im Winter 2019/20 gegen die Rentenreform ersehen. Solange die Lohnabhängigen nicht ein Bewusstsein für ihre Klasse entwickeln, werden sie auch kaum die Belange ihrer Arbeitsbedingungen mit den Zielen einer konsequenten Klimapolitik im Bereich der Arbeitswelt verbinden. Nun ist herauszufinden und auszuprobieren, wie Lohnabhängige und alle Menschen ohne Kapital, indem sie sich aktiv für ihre Belange an Arbeitsplatz, Wohnort, Ausbildungsort und in der ganzen Gesellschaft – allerdings zugleich für wirksame Klimaschutzmaßnahmen – einsetzen, Klassenbewusstsein entwickeln können. Erst wenn es gelingt, die Mehrheit der Lohnabhängigen von radikalen Maßnahmen für den industriellen Umbau zu überzeugen, lassen sich die Treibhausgasemissionen substanziell senken.

3.3 Geschlechterverhältnisse

Die global ungleiche Verteilung von Reichtum ist direkt mit einer massiven Verarmung von Frauen verbunden. Die MilliardärInnen der Welt, gerade mal 2153 Personen, verfügten 2019 über mehr Reichtum als 4,6 Milliarden Menschen. Die reichsten 22 Männer der Welt sind reicher als alle Frauen Afrikas zusammen. Rund die Hälfte der Weltbevölkerung lebt unter der Armutsgrenze von 5,5 US-Dollar am Tag. Die ungleiche Entwicklung stützt sich auf ein sexistisches Ausbeutungssystem. AutorInnen einer Studie von Oxfam schätzen, dass Frauen und Mädchen, vor allem jene, die in Armut leben, insgesamt 12,5 Milliarden Stunden täglich Sorgearbeit und unzählige weitere Stunden für Armutslöhne leisten. Der monetäre Wert dieser unbezahlten durch Frauen ausgeübten Sorgearbeit würde sich auf mindestens 10,8 Billionen US-Dollar jährlich belaufen. Das wäre dreimal mehr als der Umsatz der Technologieindustrie weltweit. Die Erderwärmung wird diese wirtschaftlichen und geschlechtsspezifischen Ungleichheiten verschärfen. Es wird geschätzt, dass bereits im Jahr 2025 bis zu 2,4 Milliarden Menschen in Gebieten ohne genügend Wasser leben werden (Coffey et al. 2020: S. 9 ff.).

Die kapitalistische Gesellschaft weist spezifische Geschlechterverhältnisse auf. Frauen werden diskriminiert, sei es bei der entlohnten oder nicht entlohnten Arbeit, in der Familie, bei der Mutterschaft, in der Bildung, bei der sozialen Sicherheit, in der Präsenz im öffentlichen Raum sowie durch sexuelle Belästigung und Gewalt. Patriarchale und klassenspezifische Unterdrückungsmechanismen erfolgen miteinander verschränkt. Lohnabhängige und vom Lohn des Partners abhängige Frauen erfahren Ausbeutung und Unterdrückung auf eine spezifische Weise. Feministische Bewegungen und TheoretikerInnen betonen seit langer Zeit den Zusammenhang zwischen der Entwertung der reproduktiven Tätigkeiten und der gesellschaftlichen Diskriminierung der Frauen. Die kapitalistische Ausbeutung und die Unterdrückung der Frauen sind miteinander verknüpft.

Geschlechterverhältnisse strukturieren wie andere gesellschaftliche Verhältnisse die menschliche Interaktion, schaffen Positionen und Rollen, weisen Menschen diese Rollen zu und verteilen die Ressourcen unterschiedlich. Wie Klassenverhältnisse haben also auch Geschlechterverhältnisse ihre materiellen Praxen, institutionellen Rahmensetzungen und Formen des Bewusstseins. Sie sind ein kontinuierlicher Prozess, bei dem Institutionen und Ideologien aktiv und immer wieder von Neuem durch das alltägliche Handeln konstruiert werden, was wiederum auf die Verhältnisse zwischen den Geschlechtern zurückwirkt. Im Rahmen dieses Prozesses wachsen die Kinder auf und entwickeln sich als gesellschaftlich konstruierte Frauen und Männer, nicht einfach als naturgegebene weibliche und männliche Wesen.

Geschlechterverhältnisse sind Machtverhältnisse. Der Begriff *Patriarchat* bezeichnet die gesellschaftliche Macht von Männern über Frauen und geht mit Gewalt, Sexismus, Kindererziehung, Kontrolle über die Arbeit von Frauen und weiteren diskriminierenden Praxen einher. Das Patriarchat ist ein System, in dem Männer als stärker und höherwertig als Frauen angesehen werden. Ich konzentriere mich hier auf die geschlechtsspezifische Zuweisung von Arbeit, weil sie Ausdruck von Unterdrückung und Ausbeutung ist und den Stoffwechsel mit der Natur beeinflusst.

Die nicht entlohnte Arbeit ist zumeist unsichtbar und wird mehrheitlich von Frauen getätigt. Schlecht bis unbezahlte Sorge- und Pflegearbeit wird überwiegend von Frauen geleistet. Weltweit widmen die Frauen knapp fünf Stunden unbezahlter Arbeit am Tag, während es bei den Männern knapp zwei sind. Allerdings bestehen große Unterschiede zwischen den Ländern (Ferrant und Thim 2019: S. 6).

So leisten die Mexikanerinnen und Inderinnen 4,3 bis 5 Stunden mehr nicht entlohnte Arbeit als die Männer, während es bei den Frauen in Nordeuropa nur etwa 1 Stunde mehr ist. Die Frauen leisten generell mehr unbezahlte Arbeit als die Männer. Hier einige Zahlen der OECD (OECD.stat 2020):

- Deutschland: Frauen 242 Minuten, Männer 150 Minuten;
- Österreich: Frauen 269 Minuten, Männer 135 Minuten;
- Schweden: Frauen 220 Minuten, Männer 171 Minuten.
- Die Schweiz stellte der OECD keine diesbezüglichen Daten zur Verfügung.

Frauen in den peripheren und abhängigen Ländern leisten eine beträchtliche Arbeit, indem sie Wasser holen und bereitstellen, Brennholz suchen, Kleider waschen,

Mahlzeiten kochen. Das ist essenzielle reproduktive Arbeit. Gemäß einer Studie über die Zuteilung von bezahlten und nicht bezahlten Arbeiten in Äthiopien mit Daten aus dem Jahr 2005 mussten 71 Prozent der Frauen und 29 Prozent der Männer sich um Wasser kümmern. Die Frauen mussten dafür 7,3 Stunden und die Männer 5,8 Stunden in der Woche einsetzen. 92 Prozent der Frauen leisteten Haushaltsarbeit, und zwar im Schnitt fast 30 Stunden in der Woche, während nur 27 Prozent der Männer im Haushalt arbeiteten und hier 12 Stunden in der Woche übernahmen. Die in vielen abhängigen und armen Ländern übliche Arbeitsteilung führt dazu, dass Frauen auch insgesamt wesentlich mehr arbeiten als Männer (Robles 2010: S. 307 f.).

Unbezahlte Arbeit von Frauen ist zumeist begleitet von einer schlechten öffentlichen Infrastruktur. So hat der fehlende Zugang zu sauberer Energie zur Folge, dass weltweit rund drei Milliarden Menschen zumeist in den armen Ländern mit festen und flüssigen Treibstoffen kochen. Das schädigt die Gesundheit und zeigt sich in Atemwegserkrankungen, Lungenentzündungen und Krebs, geringem Geburtsgewicht, Herzproblemen und Grauem Star (UN Women 2018: S. 230). Diese Lebenssituation macht offensichtlich, dass viele Frauen auf der Welt, vor allem die Bäuerinnen in den peripheren Ländern Afrikas, Asiens und Lateinamerikas, auf spezifische Weise vom Klimawandel und von dessen Konsequenzen betroffen sind. Versiegen Wasserquellen und verschwinden Bäume, dann bedeutet das zunächst einmal mehr nicht bezahlte Arbeit für Frauen. Frauen sind stärker abhängig von klimasensitiven Lebensbedingungen. Sie haben weniger Möglichkeiten, auf Ressourcen wie Zugang zu Land, Ausbildung oder Kapital zurückzugreifen oder einem Rückgang der Produktivität zu entkommen (Oxfam 2015: S. 5; Pettengell 2015). Mit der Verknappung von trinkbarem Wasser wird der Druck auf Frauen und Mädchen zunehmen, die Haushalte und Familien mit Wasser zu versorgen (Coffey et al. 2020: S. 17).

Die nicht bezahlte Arbeit verbleibt im Haushalt und bleibt unsichtbar. Sie produziert allerdings Gebrauchswerte, die nötig sind, um die Menschen das ganze Leben lang zu ernähren, zu pflegen, zu erziehen und zu bilden. All diese Arbeiten sind nötig, um die Menschen zu erhalten, also zu reproduzieren. Diese Arbeiten sind auch eine Voraussetzung dafür, dass die Arbeitskräfte überhaupt irgendeiner Lohnarbeit, informellen Arbeiten oder auch selbstständiger Arbeit nachgehen können. Wenn die Arbeitenden all die Werte schaffen, wer stellt dann die Arbeitenden her?, fragt Tithi Bhattacharya (2017: S. 1). Es sind vorwiegend Frauen, die diese reproduktiven Tätigkeiten tätigen, und zwar außerhalb der kapitalistischen Produktion durch nicht entlohnte Arbeit in den Familien und Lebensgemeinschaften. Diese Reproduktion ist unabdingbar für die Schaffung von Waren, also von Werten, die auf den Märkten als Tauschwerte realisiert werden.

Die reproduktiven Arbeiten können in drei Kategorien unterteilt werden (Bhattacharya 2013). *Erstens* sind das die Aktivitäten, die die ArbeiterInnen außerhalb des Produktionsprozesses regenerieren. Dazu zählen Nahrung, Schlaf, Pflege, Sorge und Emotionen. *Zweitens* sind auch die Aktivitäten zu berücksichtigen, die jene Menschen regenerieren, die noch nicht oder nicht mehr im Erwerbsleben stehen, also Kinder, alte Menschen und Erwachsene, die aus unterschiedlichen Gründen nicht erwerbstätig sind. *Drittens* geht es auch um die Reproduktion der künftigen ArbeiterInnen, also die Geburt von Kindern.

Würden diese Arbeiten auch entlohnt, zeigte sich, wie wichtig diese gesellschaftliche Reproduktion für die ganze Gesellschaft ist. Da diese Arbeiten aber gratis geleistet werden, kann das Kapital die Reproduktion der Ware Arbeitskraft günstig halten. Der Staat verstärkt den Druck auf die Frauen, unbezahlte Arbeit zu leisten, wenn er mit Kürzungsprogrammen die Ausgaben für Kinderbetreuungs- und Pflegeeinrichtungen kürzt. Das Kapital restrukturiert nicht nur die Produktionsprozesse, um diese zu rationalisieren, es restrukturiert auch die gesellschaftliche Reproduktion, indem es sich die öffentlichen Dienste und die gesellschaftliche Infrastruktur als Geschäftsfelder erschließen will.

Die soziale Reproduktionstheorie zeigt, wie die Produktion von Gütern und Dienstleistungen und die Produktion des Lebens Teil eines gemeinsamen Prozesses sind. Sie postuliert, dass die Arbeit im Zentrum der Schaffung oder der Reproduktion der Gesellschaft als Ganzer steht (Bhattacharya 2017: S. 2 ff.). Eine theoretisch herausfordernde Frage lautet nun, wie die Produktion des Lebens und der Lohnabhängigen, die ihrerseits Werte produzieren, und der gesellschaftliche Stoffwechsel des Menschen mit der Natur durch Arbeit als gemeinsamer Prozess erfasst werden können. Die Arbeit trägt beziehungsweise vermittelt den gesellschaftlichen Stoffwechsel mit der Natur. Die unbezahlte Arbeit schafft die lohnabhängigen Arbeitenden, die die Werte produzieren, die sich als Tauschwerte auf den Märkten realisieren. Ihr produktiver Konsum durch ihre weitere Verarbeitung und ihr individueller Konsum durch die KonsumentInnen sind ebenfalls Aspekte des Stoffwechsels mit der Natur. Der individuelle Konsum fließt seinerseits wieder in die Reproduktion der Menschen ein. Da sich allerdings die Räume der Produktion anderswo befinden als die Räume der Reproduktion, ergibt sich eine zusätzliche Herausforderung, die räumlich unterschiedlich verorteten Tätigkeiten miteinander zu verbinden. Ein großer Teil unserer täglichen Mobilitätsbedürfnisse und -zwänge erwächst aus diesem Spannungsfeld.

Die ÖkosozialistInnen begnügen sich nicht mit der Sichtbarmachung eines Lohns für die reproduktiven Tätigkeiten und wollen die nicht entlohnte Arbeit auch nicht zur Ware machen. Mutterschaftslöhne, wie reaktionäre Kräfte sie fordern, von feministischen Strömungen vorgeschlagene Haushaltslöhne oder auch bedingungsloses Grundeinkommen verfestigen eher die Arbeitsteilung und tendieren dazu, die gesellschaftliche Reproduktion noch deutlicher den Frauen zuzuweisen. Die zunehmende Anstellung von Haushalts- und Pflegehilfen durch wohlhabende Haushalte macht diese reproduktive Arbeit, die oft von Migrantinnen geleistet wird, ebenfalls zur Ware. Diese Entwicklung führt nicht zu einer Aufwertung dieser Arbeiten, sondern ist häufig mit rassistischen Formen der Unterdrückung und Diskriminierung verknüpft.

Die Antwort liegt im massiven Ausbau der gesellschaftlichen Infrastruktur und der Vergemeinschaftung reproduktiver Tätigkeiten. Der Ausbau der gesellschaftlichen Infrastruktur reduziert die unbezahlte Arbeit von Frauen, ganz besonders in den armen Ländern (OECD 2019: S. 47 ff.). Ich werde diese Perspektive für den Ausbau der gesellschaftlichen Infrastruktur in Kapitel 6.3 konkretisieren.

Die Stellung der Frauen in der gesellschaftlichen Produktion und Reproduktion ist ein Grund, warum ökologische Kämpfe auch überwiegend weiblich geprägt sind. Ökologische und feministische Auseinandersetzungen überschneiden sich. Zugleich wächst die Einsicht, dass die kapitalistische Produktionsweise auf die Ausbeutung der unbezahlten Fürsorgearbeit und damit auf die spezifische Unterdrückung der Frau angewiesen ist. Die ökologische und die feministische Bewegung eint der Widerstand gegen dasselbe System. In einigen Teilen der Welt agieren diese Bewegungen bereits gemeinsam. Dieses Miteinander ist zu vertiefen.

3.4 Gesellschaft-Natur-Verhältnisse: Arbeit, Produktivkräfte und Energie

Die Arbeiten von Marx bieten unabdingbare Bausteine für ein kritisches Verständnis der Verhältnisse zwischen Gesellschaft und Natur. Elmar Altvater (u. a. 1997), Paul Burkett (1999), John Bellamy Foster (2009), Daniel Tanuro (2015a), Michael Löwy (2016) und jüngst Kohei Saito (2016) kommt das Verdienst zu, die Marx-Rezeption auf jeweils unterschiedliche Weise vom produktivistischen Ballast zu befreien und sein ökologisches Denken sichtbar zu machen. Schwer wiegt allerdings, dass die ArbeiterInnenbewegung und viele marxistische TheoretikerInnen die ökologischen Herausforderungen negiert oder nicht verstanden haben. Dies prägt auch ihre Haltung gegenüber den Impulsen der Umweltbewegungen in den 1960er- und 1970er-Jahren.

Mit dem Begriff der gesellschaftlichen Naturverhältnisse haben mehrere deutschsprachige AutorInnen das konstitutive Wechselverhältnis zwischen Natur und Gesellschaft untersucht (Görg 1999, 2003; Brand und Görg 2003). Die gesellschaftlichen Naturverhältnisse umfassen alle Praktiken, ökonomischen Zwänge und Anreize sowie die institutionellen und organisatorischen Formen, mit denen

Gesellschaften ihre Verhältnisse zur Natur regulieren und transformieren. Die AutorInnen untersuchten, wie sich die gesellschaftlichen Naturverhältnisse im Laufe unterschiedlicher Phasen der kapitalistischen Entwicklung veränderten, und loteten Spielräume für eine stärker nach sozialökologischen Kriterien organisierte Regulation der Naturverhältnisse im Rahmen der kapitalistischen Produktionsweise aus. Diese Debatte kann ich hier nicht aufgreifen. Ich fokussiere mich auf drei für eine ökosozialistische Orientierung zentrale Aspekte des Verhältnisses zwischen Gesellschaft und Natur: Arbeit, Produktivkraftentwicklung und Energie.

Zentralität der Arbeit

Entscheidend für das Verständnis des gesellschaftlichen Stoffwechsels mit der Natur ist, dass der Mensch durch seine konkrete Arbeit im Produktionsprozess diesen Stoffwechsel praktiziert. Dabei ist es unerheblich, ob die dabei erzeugten Waren materiell oder immateriell sind: Scheinbar immaterielle Dienstleistungen und Produkte wie Software verschlingen Naturstoff und Energie. Dieses Verständnis ist gerade für eine Diskursverschiebung in den gegenwärtigen Auseinandersetzungen über die Klimapolitik relevant.

Das Verständnis des gesellschaftlichen Stoffwechsels mit der Natur durch Arbeit beruht auf der Auffassung, dass der Mensch durch Arbeit seine Existenzbedingungen herstellt und laufend verändert. In diesem Sinne ist die Arbeit eine anthropologische Konstante, sie nimmt allerdings je nach der Form der notwendigen Existenzsicherung einen spezifischen gesellschaftlichen und historischen Charakter an. Harribey schreibt dazu: »Arbeit ist sowohl Faktor sozialer Integration als auch Faktor der Entfremdung. Einen dieser beiden Aspekte zu leugnen erscheint mir reduktionistisch und führt zu theoretischen und politischen Illusionen«, so etwa wenn ein »Ende der Arbeit« herbeigeredet wird oder auf eine »qualitative Vollbeschäftigung« verzichtet werden soll (Harribey 2011: S. 27).

Die Zentralität der Arbeit und somit auch der Arbeitsprozesse, Arbeitsbedingungen, Arbeitsverhältnisse, Arbeitszeit und Arbeitsinhalte im gesamten Prozess der Produktion und Reproduktion und somit auch im gesellschaftlichen Stoffwechsel mit der Natur ist in der Tat der entscheidende Aspekt einer ökosozialistischen Perspektive. Das ist gerade gegenwärtig ausdrücklich zu betonen. Denn in weiten Teilen der Klimabewegung und im öffentlichen Diskurs dominieren weiterhin individualistische Vorstellungen des Konsumverzichts und marktwirtschaftliche Vorschläge, die Treibhausgasemissionen zu besteuern, den ganzen produktiven Apparat aber nicht anzutasten. Diese Selbstbeschränkung ist zu überwinden.

Um den gesellschaftlichen Stoffwechsel mit der Natur durch Arbeit ökologisch und gerecht zu organisieren, muss die gesellschaftlich notwendige Arbeitszeit gerecht verteilt werden. Angesichts des erforderlichen Um- und Rückbaus bislang wichtiger Wirtschaftssektoren ist dieses Anliegen strategisch zentral für ein emanzipatorisches und ökologisches Gesellschaftsprojekt (siehe dazu die Ausführungen in Kapitel 5.5).

Kritik der Produktivkraftentwicklung

Die von Marx an einer oft zitierten Stelle[12] im Vorwort zur *Kritik der politischen Ökonomie* getroffene Aussage, wonach ab einem bestimmten Moment die Produktionsverhältnissen die Entwicklung der Produktivkräfte hemmen, hat in der Vergangenheit oft zu Missverständnissen geführt. Sie diente den sozialdemokratischen und stalinistischen Führungen der klassischen ArbeiterInnenbewegung und vor allem den bürokratischen Diktaturen in der UdSSR, China und den von ihnen abhängigen Regimes dazu, ihr produktivistisches Entwicklungsverständnis zu rechtfertigen, das auf dem Raubbau an der Natur, weiterer patriarchaler Unterdrückung der Frauen und der Einsaugung ihrer unbezahlten Reproduktionsarbeit und schließlich auch auf Ausbeutung der Lohnarbeit beruht.

Kohei Saito weist darauf hin, dass sich Marx im Zuge seiner Rezeption des Bodenchemikers Justus von Liebig ab 1865/66 bewusst von einem fortschrittsgläubigen Verständnis der technologischen und gesellschaftlichen Entwicklung verabschiedet habe und »eine wahrhaft kritische Theorie der nachhaltigen menschlichen Entwicklung« begründete (Saito 2016: S. 20). Marx hielt in seinen Ausführungen über die Grundrente kategorisch fest, dass jede menschliche Entwicklung unvermeidlich von zwei Schranken begrenzt sei: »Die Fruchtbarkeit der Natur bildet hier eine Grenze, einen Ausgangspunkt, eine Basis. Andrerseits bildet die Entwicklung der gesellschaftlichen Produktivkraft ihrer Arbeit die andre.« (Marx 1894: S. 648)

Die Arbeit gehört für Marx zum menschlichen Dasein und leistet zugleich die Vermittlung zwischen den Menschen und der Natur. Zugleich sind die Ressourcen endlich, weshalb eine endlose Steigerung der Arbeitsproduktivität nicht möglich ist. Zwar erweiterten sich mit den gewachsenen menschlichen Bedürfnissen auch die Produktivkräfte, um diese Bedürfnisse zu befriedigen. Doch Marx schränkt ein: »Die Freiheit in diesem Gebiet kann nur darin bestehn, daß der vergesellschaftete Mensch, die assoziierten Produzenten, diesen ihren Stoffwechsel mit der Natur ratio-

---

12 »Auf einer gewissen Stufe ihrer Entwicklung geraten die materiellen Produktivkräfte der Gesellschaft in Widerspruch mit den vorhandenen Produktionsverhältnissen oder, was nur ein juristischer Ausdruck dafür ist, mit den Eigentumsverhältnissen, innerhalb deren sie sich bisher bewegt hatten. Aus Entwicklungsformen der Produktivkräfte schlagen diese Verhältnisse in Fesseln derselben um. Es tritt dann eine Epoche sozialer Revolution ein.« (Marx 1859: S. 9)

nell regeln, unter ihre gemeinschaftliche Kontrolle bringen, statt von ihm als von einer blinden Macht beherrscht zu werden; ihn mit dem geringsten Kraftaufwand und unter den ihrer menschlichen Natur würdigsten und adäquatesten Bedingungen vollziehn.« (Marx 1894: S. 828) Die Grenzen der Natur bedeuten allerdings auch, dass die bisweilen zirkulierenden Vorstellungen einer Gesellschaft einer automatisierten und digitalisierten Welt, in der die Menschen auf Arbeit verzichten könnten, aus dem Reich abstrakter Utopien jenseits der materiellen Gegebenheiten stammen.

Energie in den Kontext des Kohlenstoffkreislaufs setzen

Die materielle Seite des Produzierens, der Zirkulation, des Transports und der Reproduktion der Arbeitskraft verlangt, dass wir Energie und Rohstoffe aus der Natur dem ökonomischen System zuführen. Ohne Energie würden alle ökonomischen Prozesse schnell zum Erliegen kommen.

Während die erneuerbaren Energieträger Ergebnis der fotosynthetischen Umwandlung des Sonnenlichts sind, sind die fossilen Energieträger ein fossilisiertes Erbe ebendieses fotosynthetischen Prozesses und folglich erschöpflich. Zwar verstand Marx, dass Technologien gesellschaftlich nicht neutral sind. Er unterschied vorindustrielle und industrielle, spezifisch kapitalistische Technologien (Marx 1867: S. 766). Wie deutlich Marx und Engels diese Unterscheidung bei den Energiequellen trafen, ist umstritten (Tanuro 2015a: S. 176 f.; Foster und Burkett 2016: S. 15–25). Dessen ungeachtet haben viele Strömungen, die sich auf den Marxismus berufen, nicht erkannt, dass Energieträger ganz unterschiedliche technologische und gesellschaftliche Entwicklungspfade mit sich bringen. Kernkraftwerke implizieren völlig andere Technologien und Sicherheitsapparate als dezentrale Photovoltaik und Windkraftanlagen.

Nicht nur die Durchsetzung der kapitalistischen Produktionsweise, sondern die gesamte Dynamik der Kapitalakkumulation war bis in die Gegenwart von der Dominanz fossiler Energieträger geprägt. Kohle, Öl und Gas werden in geeigneten Maschinen verbrannt, um physikalische Arbeit zu verrichten. Bei der Wandlung der Energieträger in Arbeitsenergie fallen Verbrennungsprodukte an. Diese werden in die Atmosphäre der Erde entlassen, wo sie den Treibhauseffekt bewirken. Die eingesetzten Maschinen zur Wandlung chemisch gebundener Energie in Arbeitsenergie dienen dazu, die Produktivität der Arbeit zu steigern. Das begann mit der Dampfmaschine und ihren Weiterentwicklungen, die Wärme in Bewegung transformierten. Später eröffneten Benzin- und Dieselmotor neue Möglichkeiten der Produktivitätssteigerung und Beschleunigung aller Prozesse. Das industrielle Maschinensystem wäre ohne diesen Übergang zu fossilen Energieträgern nicht möglich gewesen (Altvater 2006: S. 79 f.; 2010: S. 138 f.). Damit setzte sich eine fossile Ökonomie mit einer selbsterhaltenden Wachstumsdynamik durch, die sich auf den wachsenden Konsum von fossilen Treibstoffen stützt und damit auch ein anhaltendes Wachstum der Emissionen von CO_2 generiert (Malm 2016: S. 11 f., 16).

Auf dieser Grundlage konnten sich die kapitalistischen Gesellschaften bei der Arbeitsenergie unabhängig vom Strahlenfluss der Sonne machen. Das ermöglichte die räumliche Konzentration von Produktion und Reproduktion, die bessere Ausbeutung der Lohnarbeit und die Urbanisierung der Gesellschaft (Malm 2016). Es kam zu einer komplett neuen Strukturierung der Gesellschaft. Schließlich vermochte die kapitalistische Gesellschaft auf der Grundlage der Industrie und des Fossilismus alle anderen Gesellschaften, die sich auf einem anderen, nicht kapitalistischen Entwicklungsweg befanden, zu kolonisieren und zu integrieren (Altvater 2006: S. 78). Die Inwertsetzung von Erzeugnissen der Natur, also von Rohstoffen jeglicher Art, nahm dabei eine zentrale Rolle ein.

In einer ökosozialistischen Perspektive muss die lineare Vorstellung Ressource – Produkt – Nutzung – Abfall bei der Energieumwandlung aufgegeben werden. Wenn wir den gesellschaftlichen Stoffwechsel mit der Natur im Weltmaßstab denken und ihn mit einer globalen Emanzipation der Menschen von jeglicher Form der Ausbeutung und Unterdrückung verbinden, stehen wir gerade in Bezug auf die gerechte Energieversorgung vor einer monumentalen Herausforderung.

3.5 Das historische Scheitern der ArbeiterInnenbewegung

Nicht nur die herrschenden Klassen, das Kapital und die dominierenden Wirtschaftswissenschaften vertreten ein mechanistisches Verständnis der Natur. Auch in der ArbeiterInnenbewegung betrachtete man die Natur gewissermaßen als Maschine und den Menschen als Maschinenführer. Das Ziel, die Natur zu beherrschen, führt in die Irre. Mit dieser irrigen und instrumentalistischen Sichtweise ist es unmöglich, den gesellschaftlichen Stoffwechsel mit der Natur umsichtig zu organisieren und die Zerstörungen zu begrenzen (Tanuro 2015b). Die sozialdemokratischen Parteien und Gewerkschaften huldigen seit dem späten 19. Jahrhundert einem Produktivismus und einer Wachstumsideologie, um auf der Grundlage der Plünderung der Natur und der Ausbeutung der Menschen hier und in den imperialistisch dominierten Ländern den Wohlstand der hiesigen Lohnabhängigen zu steigern und die gesellschaftlichen Widersprüche zu übertünchen. Zudem – und das ist ebenfalls ein schwieriges Erbe – war die intellektuelle Produktion von MarxistInnen im 20. Jahrhundert durch das völlige Verschwinden des nachhaltigen Verständnisses des gesellschaftlichen Stoffwechsels gekennzeichnet. Stattdessen setzte sich das lineare produktivistische Schema durch. Die Mehrheit der ArbeiterInnenbewegung war nicht in der Lage, eine kritische Position zum individuellen Massenverkehr, zur Industrialisierung der Landwirtschaft und zu Kernkraftwerken zu entwickeln. Der ökologische und revolutionäre Gehalt des »gesellschaftlichen Stoffwechsels« ging verloren oder wurde marginalisiert (Tanuro 2011: S. 78 f.; 2015a: S. 178).

Die zu Beginn des 20. Jahrhunderts einsetzende Phase der ArbeiterInnenbewegung, die durch die sozialdemokratischen und traditionellen kommunistischen Organisationen geprägt wurde, klang im Laufe der 1980er-Jahre aus. Die Phase, die mit den starken sozialdemokratischen Arbeiterparteien im späten 19. Jahrhundert und schließlich mit der russischen Revolution ihren Anfang nahm, hat sich erschöpft. Beide historischen Strömungen der ArbeiterInnenbewegung – die sozialdemokratischen und die kommunistischen Parteien – bieten keine Anknüpfungspunkte für emanzipatorische ökosozialistische Gesellschaftsveränderungen. Beide Strömungen haben historisch auf ganzer Linie versagt, ganz besonders bei der Frage des gesellschaftlichen Verhältnisses zur Natur. Sowohl die sozialdemokratischen als auch die kommunistischen Parteien huldigten über ein Jahrhundert lang einem plumpen Glauben in technologischen Fortschritt und Produktivitätsgewinne.

Die Sozialdemokratie steht seit ihrer Zustimmung zu den Kriegskrediten des Ersten Weltkriegs im Jahr 1914 synonym für die Unterordnung der ArbeiterInnenklasse unter die Interessen der dominanten kapitalistischen Fraktionen. Schließlich haben sich nach dem Zweiten Weltkrieg in der Sozialdemokratie jene Kräfte durchgesetzt, die mit einer strukturellen Korrektur über Staatseingriffe und tarifvertragliche Vereinbarungen zwischen Arbeit und Kapital den Kapitalismus zu bändigen versuchen. Diese Orientierung stützte sich auf das »Goldene Zeitalter« mit der langen Aufschwungphase bis in die 1970er-Jahre hinein und auf ein spezifisches politisches Kräfteverhältnis. Durch die Krise und die bescheidenen Wachstumsraten seit den 1970er-Jahren, die neokonservative Offensive und die starke Zunahme internationaler Verflechtungen verengte sich der Spielraum für diese Politik. Zugleich verschob sich die soziale Basis der sozialdemokratischen Parteien hin zu eher privilegierten Lohnabhängigen. Die führenden Kreise der Sozialdemokratie und Gewerkschaftsbürokratie sind weitgehend in die ökonomische und politische Verwaltung des Kapitalismus integriert. Ihre Treue wird mit beträchtlichen materiellen und sozialen Privilegien und Leitungspositionen im Staat und großen Konzernen entschädigt. Ist die unmittelbare Politkarriere beendet, findet sich zumeist ein wohldotierter Job in einem (staatsnahen) Konzern oder die Chance auf eine lukrative Beratungstätigkeit für bestimmte Kapitalfraktionen. Das sozialliberale Führungspersonal hat sich mittlerweile weitgehend von der historischen sozialen Basis der klassischen Sozialdemokratie entfernt. Der rasante Mitgliederschwund, die wachsende Wahlabstinenz und die Wahl reaktionärer Parteien durch früher sozialdemokratisch wählende Lohnabhängige in vielen Ländern Europas sind Ausdruck dieses Niedergangs.

Die sozialdemokratischen Parteien sind seit Jahrzehnten Teil des herrschenden Systems. Sie haben sich zu Trägerinnen der Modernisierung der kapitalistischen Ausbeutung der Arbeit und der Plünderung der Natur transformiert. Sie haben mit ihrer Politik zu einer massiven Steigerung des Naturverbrauchs und der Naturzerstörung beigetragen. Diese Modernisierung der kapitalistischen Produktions- und Herrschaftsweise dient der Steigerung der Wettbewerbsfähigkeit in den jeweiligen Ländern. Die Sozialdemokratie sorgte sich darum, die sozialen Verwerfungen auf der Jagd nach Profit möglichst billig abzufedern. Sie bringt die sozialen und politischen Belange derer, die gezwungen sind, vom Verkauf ihrer Arbeitskraft zu leben, nicht mehr zum Ausdruck. So wie die sozialdemokratischen Parteien in den 1970er- und 1980er-Jahren sich lange Zeit für Atomkraftwerke eingesetzt haben, so ignorieren sie derzeit die Brisanz der Erderwärmung und deren katastrophale Konsequenzen. Sie sind dem kapitalistischen Produktivismus verhaftet.

Die sozialdemokratischen Parteien werden nicht in der Lage sein, eine der gesellschaftlichen und sozialen Situation angemessene programmatische Grundlage zu erarbeiten. Dies gelänge erst, wenn sie sich komplett vom Dogma der Wettbewerbsfähigkeit der heimischen Konzerne verabschieden würden. Doch das können sie sich nicht erlauben, weil sie auf Gedeih und Verderben in dieses System eingewoben sind. Sie sind nicht einmal in der Lage, ihre klassischen sozialdemokratischen Anliegen zu vertreten. Seit den 1980er-Jahren hat sich nirgendwo in Europa eine sozialdemokratische Partei tatkräftig an gesellschaftlichen Mobilisierungen für unmittelbare soziale Anliegen oder gegen die Zerstörung der Natur beteiligt. Die Labour Party mit Jeremy Corbyn ist aus spezifischen Gründen derzeit eine Ausnahme, die allerdings möglicherweise zu Ende geht.

Die kommunistischen Parteien haben bis heute das Desaster des Stalinismus nicht aufgearbeitet. Der Stalinismus, der sich im Zuge der Degenerierung der russischen Revolution durch eine Konterrevolution durchsetzte, brachte ein diktatorisches und verbrecherisches Regime hervor. Die stalinistischen und maoistischen Verbrechen waren nicht nur Fehler kommunistischer Parteien, sondern Ausdruck ihrer umfassenden Degenerierung zu autoritären und konterrevolutionären Kräften. Die Praxis der bürokratischen autoritären Regime und ihrer Unterstützer war das Gegenteil einer sozialistischen Befreiung. Sie vertraten jahrzehntelang ein äußerst mechanistisches Verständnis der technischen Beherrschung der Naturkräfte. Kommunistische Parteien sprachen sich im kapitalistischen Westen mit großer Verzögerung gegen Kernkraftwerke aus, begrüßten diese aber in den bürokratischen Diktaturen.

Dort, wo kommunistische Parteien gegenwärtig erfolgreich sind, kombinieren sie sozialdemokratische und populistische Konzepte auf der lokalen Ebene mit einem Festhalten an einer Weltanschauungsorthodoxie. Zumeist räumen sie den unmittelbaren sozialen Anliegen die Priorität gegenüber den ökologischen Problemen ein, anstatt diese als Einheit zu erkennen. Oftmals mündet das in eine Form paternalistischer Politik. Zur Selbsttätigkeit trägt das kaum bei. Lokale und kleinräumige Aufbauarbeit in den Bereichen Wohnen, regionaler Verkehr und Soziales ist sinnvoll, um die Lebensrealität der Menschen zu erkennen und sich politisch zu verankern. Die Beschränkung auf die lokale und regionale Ebene führt allerdings in eine strategische Sackgasse im Hinblick auf die globale Dimension der Klimakatastrophen und der ökologischen Krisen. Ein derartiger Lokalismus geht auch mit einer selbst gewählten Einschränkung des Nachdenkens darüber einher, wie wir die Gesellschaft solidarischer und ökologisch verträglich organisieren wollen. Es wäre ein Widerspruch in sich, eine antikapitalistische und ökosozialistische Strategie auf die lokale Ebene auszurichten.

Auch die Grünen Parteien, die in den 1980er-Jahren aus der Umwelt- und der Friedensbewegung entstanden sind, haben sich längst einer Modernisierung des Kapitalismus verschrieben. Sie stützen ihren ganzen Kurs auf die offensichtlich unhaltbare Behauptung, dass kapitalistisches Wachstum und Gewinnstreben mit einer ökologischen Wirtschaft vereinbar seien. Die Vorstellungen eines »grünen Kapitalismus« bleiben der Akkumulations- und Konkurrenzlogik verhaftet. Die Vorstellung, die ökologischen Herausforderungen mit marktwirtschaftlichen Mechanismen anpacken zu können, ist komplett illusorisch und schafft überdies neue gesellschaftliche und ökologische Probleme.

Einige dissidente libertär-sozialistische, revolutionär-sozialistische und anarchistische Strömungen der ArbeiterInnenbewegung beteiligten sich schon frühzeitig an Umweltbewegungen. Sie entwickelten dabei ein wesentlich kritischeres und reflektierteres Verhältnis zu den Belastungen der Natur, zum technologischen Fortschritt und zu den auf fossilen Energieträgern basierenden Produktivitätsgewinnen. Doch sie vermochten kaum je einen größeren gesellschaftlichen Einfluss zu erlangen. Dieses insgesamt ernüchternde Erbe der ArbeiterInnenbewegung stellt die emanzipatorischen und ökologisch-orientierten Kräfte vor die Herausforderung einer weitgehenden Neuorientierung und Neuformierung.

3.6 Das historische Scheitern der bürokratischen Kommandowirtschaften

Die Entwicklung der ArbeiterInnenbewegung ist auch mit dem historischen Scheitern der bürokratischen Kommandowirtschaften verbunden. Die Bilanz der ehemaligen UdSSR, Chinas und der Länder Osteuropas war ein Desaster, sowohl im Hinblick auf die menschliche Emanzipation als auch auf deren Stoffwechsel mit der Natur. Die stalinistisch-bürokratischen Diktaturen ahmten die kapitalistische Industrialisierung auf ihre despotische Weise nach und praktizierten ein Wachstumsmodell, das den kapitalistischen Raubbau an der Natur teilweise noch übertraf.

Die Austrocknung des Aralsees und die nukleare Verstrahlung im Zuge der Katastrophe von Tschernobyl 1986 sind allgemein bekannt. Die DDR und die ČSSR hielten bei den Pro-Kopf-Emissionen von Treibhausgasen den traurigen Weltrekord. Sie übertrafen sogar noch die USA und Australien, die größten Verschmutzer in der kapitalistischen Welt. Die bürokratischen Diktaturen betrieben ein solches Ausmaß der Zerstörung der Natur, dass der Begriff *Ökozid* angemessen ist (Obertreis 2012). Der Pro-Kopf-Verbrauch von Primärenergie in der DDR und der ČSSR übertraf jenen in der BRD um ein Viertel, die CO_2-Emissionen lagen um das Doppelte und die SO_2-(Schwefeldioxid-)Emissionen gar um das Zehnfache höher (Schatz 2016: S. 10). Hierfür waren die starke Nutzung der Braunkohle, die chemische Industrie und die stark industrialisierte Landwirtschaft verantwortlich.

Das Regime in der UdSSR war Ergebnis einer bürokratischen Konterrevolution, die sich bereits einige Jahre nach der Oktoberrevolution in den 1920er-Jahren durchsetzte und die revolutionären Errungenschaften ins Gegenteil verkehrte. Der erste mit Gewalt durchgepeitschte Fünfjahresplan 1929–1933 führte zu enormen Zerstörungen auf dem Land und einer unermesslichen Hungersnot, ganz besonders in der Ukraine. Im Zuge des Vormarschs der Roten Armee gegen Ende des Zweiten Weltkriegs wurde diese Form der bürokratischen Herrschaft in die Länder Osteuropas exportiert. In China schlug die maoistische Führung unterdessen einen eigenständigen Weg zur bürokratischen Diktatur ein, die mit dem *Großen Sprung nach vorn* von 1958 bis 1961 auch riesige Hungersnöte in Kauf nahm. Seit den 1980er-Jahren mutierte diese Diktatur in eine Form des durch die Staats- und Parteibürokratie geführten Kapitalismus.

Diese Herrschaftssysteme setzten eine spezifische Form des Produktivismus mit einem Prämiensystem durch, das die Manager der Staatsfirmen für die Erfüllung beziehungsweise Übererfüllung von Planvorgaben belohnte. Nach dieser Belohnung heischend, verbrauchten und verschwendeten die Manager die Rohstoffe, Vorprodukte und Energie pro Endprodukt. Da die Beschäftigten sich nicht demokratisch in die Planungs- und Produktionsprozesse einbringen konnten und die KonsumentInnen keine Wahlfreiheit hatten, mussten die Manager keine Konsequenzen befürchten. Weder Beschäftigte noch KonsumentInnen hatten die Freiheit der Kritik. Sie konnten nicht gegen die gesellschaftlichen und ökologischen Konsequenzen der naturzerstörenden Produktion demonstrieren.

Der kapitalistische Produktivismus und der bürokratische Produktivismus der Kommandowirtschaften zerstören die Natur gleichermaßen. Allerdings unterscheiden sich die hier zugrunde liegenden Mechanismen. Die Leitung eines kapitalistischen Unternehmens optimiert ständig den zur Produktion erforderlichen Ressourceninput und steigert den Output ihrer Produkte, um Marktanteile zu gewinnen. Das Urteil des Marktes gibt anschließend den Impuls, die Produktion zu steigern, zu drosseln und die Produktionsmethoden zu optimieren. Durch Größenvorteile lassen sich die Stückkosten reduzieren. Der kapitalistische Produktivismus ist also für das Unternehmen durchaus rational und entspricht den gesellschaftlichen Verhältnissen, die eben zur Akkumulation von Kapital anspornen. Der Fabrikdirektor in der ehemaligen UdSSR handelte individuell ebenfalls rational, um durch mehr Materialverbrauch höhere Prämien zu ergattern, doch der bürokratische Produktivismus des Prämiensystems erscheint insgesamt als irrationales Ergebnis eines bestimmten politischen Systems. Die Kommandowirtschaft folgte dem Wachstumszwang aufgrund der politischen Vorgaben, nicht wegen der ihr eigenen sachlich bedingten Logik.

Eine demokratische Planung unter Beteiligung der Beschäftigten und KonsumentInnen wäre in der Lage, tatsächlich entsprechend dem Bedarf zu produzieren. Die demokratische Teilhabe geriete aber sofort in Konflikt mit den Bereicherungspraktiken der Bürokratie. Da gerade diese demokratische Kontrolle nicht existierte, schuf die bürokratische Kommandowirtschaft den BürokratInnen materielle Anreize, damit sie überhaupt funktionieren konnte.

Allerdings reicht der Verweis auf die stalinistische Konterrevolution und die Existenz einer bürokratischen Herrschaftsklasse nicht aus, um den zerstörerischen Naturverbrauch dieser Gesellschaftssysteme zu erklären. Unter allen marxistischen Theoretikern erkannte Leo Trotzki am ehesten das Phänomen der Bürokratie (Trotzki 1936), doch die naturbedingten Grenzen der menschlichen Entwicklung ignorierte er komplett. Nach dem Ende des Bürgerkriegs in Russland veröffentlichte Trotzki 1923 ein utopisches Buch mit dem Titel »Literatur und Revolution«, in dem er ein buntes und vielfältiges demokratisches Bild der zukünftigen klassenlosen Gesellschaft zeichnete. Es wandte sich gegen die zunehmende Bürokratisierung im nachrevolutionären Russland. Zugleich frönte Trotzki einer weitreichenden technologischen Machbarkeitsvorstellung: »Die jetzige Lage der Berge und Flüsse, der Felder und Wiesen, Steppen, Wälder und Küsten kann man ja nicht als endgültig bezeichnen. [...] Wenn der Glaube einst versprach, Berge zu verrücken, so wird die Technik, die nichts ›auf Treu und Glauben‹ hinnimmt, tatsächlich Berge abtragen und verschieben. [...] Der Mensch wird sich mit der Umgruppierung der Berge und Flüsse befassen und wird die Natur ernstlich und wiederholt korrigieren. Schließlich wird er die Erde nach seinem Abbilde oder wenigstens nach seinem Geschmacke umgestalten. Wir haben keinen Grund zu befürchten, dass dieser Geschmack schlecht sein wird.« (Trotzki 1924) Paradoxerweise setzte später Stalin solche Veränderungen der Natur mit brachialer Gewalt um, als er gen Norden ins arktische Meer fließende Flüsse in die trockenen Gebiete nach Süden umleiten ließ.

Die zitierte Vision Trotzkis war gewiss eine Zuspitzung in einer Debatte, die in einem bestimmten historischen Kontext zu sehen ist. Doch auch Ernest Mandel, ein äußerst kreativer und offener Kopf und langjähriges Führungsmitglied der Vierten Internationale, traf zu einem Zeitpunkt, als er es besser hätte wissen müssen, Aussagen, die von einem völlig überhöhten technologischen Machbarkeitsglauben geprägt waren. Am Schluss seiner *Einführung in den Marxismus*, wo er die Überwindung der Entfremdung und den Emanzipationsprozess der Menschen in einer sozialistischen Gesellschaft skizziert, heißt es: »Die Menschheit wird ihre geografischen Lebensbedingungen und die Gestaltung des Erdballs meistern, sie wird das Klima verwandeln und die großen Wasserreserven verteilen und wird zugleich die Störung des ökologischen Gleichgewichts verhindern oder rückgängig machen.« (Mandel 1979: S. 219) Das zeigt, dass auch Marxisten, die sich den Zerstörungen der bürokratischen Diktaturen entgegenstellten, eine geradezu naiv anmutende Vorstellung über die Komplexität der Naturveränderungen hatten.

Karl Marx hatte eine weit vorsichtigere und angemessenere Vorstellung von den Produktivkräften, auch wenn sie aus ihren kapitalistischen Fesseln befreit werden sollten. Wesentlich hellsichtiger erkannte er, dass die Produktivkraftentwicklung erstens nicht neutral ist und zweitens zugleich auch Destruktivkräfte freisetzen kann (Bagarolo 1992: S. 25). Weit davon entfernt, über die wundersamen Fähigkeiten des sozialistischen Übermenschen zu fabulieren, konstatierte Marx, dass die Freiheit des Menschen sich im Rahmen eines vernünftigen Stoffwechsels mit der Natur bewege.

Der Raubbau und die Plünderung der Natur durch die bürokratischen Kommandowirtschaften sind offensichtlich. Doch das Problem liegt tiefer. Fast alle Strömungen der ArbeiterInnenbewegung haben mehr oder weniger versagt. Es gilt die theoretischen Konzepte zu überprüfen und zu erneuern, um die ökologischen und gesellschaftlichen Herausforderungen anzunehmen und ökosozialistisch zu beantworten (vgl. Tanuro 2015b).

3.7 Ökosozialistische Versuche

Umweltbewegung zwingt zu Neuorientierung

In der sozialistischen Tradition blieben ökologische Themen lange Zeit randständig. Das begann sich erst in den 1970er-Jahren mit dem Entstehen der Umweltbewegungen und der Bewegung gegen Atomkraftwerke zu ändern. Einige revolutionär-sozialistische Organisationen, libertäre und anarchistische Gruppierungen beteiligten sich früh an diesen Bewegungen. Die Umweltbewegung und andere soziale Bewegungen brachten seit den 1970er-Jahren neue Impulse in die gesellschaftspolitischen Debatten. Es wurde zunehmend offensichtlich, dass das kapitalistische Wachstum auch wachsende ökologische Problemen mit sich bringt. Viele DiskussionsteilnehmerInnen stellten neue Fragen oder rollten alte Fragen unter ökologischen Aspekten wieder neu auf.

Barry Commoner und Murray Bookchin, zwei US-amerikanische Autoren, verknüpften in den 1970er-Jahren ökologische Anliegen mit einer grundlegenden Kritik am Kapitalismus, ohne sich allerdings als ökosozialistisch zu bezeichnen. Barry Commoner erkannte früh die Schlüsselfrage der Energieversorgung und das Problem der fossilen Energieträger (Commoner 1976). Murray Bookchin, in seiner Jugend kurzzeitig Kommunist und zeitweise Mitarbeiter trotzkistischer Zeitschriften, wurde bald ein einflussreicher anarchistischer Theoretiker und wandte sich von marxistisch inspirierter Kritik an der politischen Ökonomie und Klassentheorie ab. Auf der Grundlage seiner Kritik an gesellschaftlichen Hierarchien plädierte er für dezentral organisierte Gemeinden.

Seit den späten 1980er-Jahren entwickelte sich eine stärker theoretisch fundierte Debatte. James Richard O'Connor, Joel Kovel, John Bellamy Foster und Paul Burkett entfachten eine lebhafte Auseinandersetzung über die Grundlagen einer ökosozialistischen Orientierung. Eine angemessene Würdigung dieser Arbeiten muss ich in einer anderen Publikation leisten. Hier verweise ich nur auf Christian Staches ausgezeichneten Überblick über die ökosozialistischen Diskussionen in Nordamerika (2019a, 2019b).

In der Bundesrepublik Deutschland wurde der Begriff *Ökosozialismus* Anfang der 1980er-Jahre in die politische Debatte eingeführt. Ossip K. Flechtheim, Jurist, Politikwissenschaftler und ehemaliger Hochschullehrer an der FU Berlin, veröffentlichte 1980 einen stark beachteten Artikel in der *Frankfurter Rundschau*. Flechtheim argumentierte, dass mit den Begriffen *Globalsozialismus*, *Humansozialismus* und eben *Ökosozialismus* die grundlegenden universellen humanitären und ökologischen Herausforderungen zu benennen seien. »Das Ernstnehmen der ökologischen Grenzen des technisch-wissenschaftlichen, industriellen und bevölkerungsmäßigen Wachstums ist ein Grund mehr für eine weitreichende Transformation unserer Technik und Wirtschaft von einer profitorientierten Massenverschleißveranstaltung zu einer Bedarfsdeckungsgesellschaft, die in wichtigen Punkten stabil und stellenweise sogar stationär sein wird.« (Flechtheim 1980)

Eine studentische Projektgruppe am Fachbereich Politikwissenschaft an der FU Berlin um Klaus-Jürgen Scherer und Fritz Vilmar legte 1983 einen umfangreichen Werkstattbericht mit zahlreichen Beiträgen vor, die sowohl unmittelbar politische als auch eher grundsätzlichere gesellschaftliche Themenstellungen bearbeiteten. Die Textsammlung widerspiegelt die verbreitete Suche nach neuen gesellschaftlichen Entwürfen jenseits der kapitalistischen Konzernherrschaft und der bürokratischen Diktaturen sowie neuen Strategien jenseits der beiden traditionellen (sozialdemokratischen und kommunistischen) Strömungen in der traditionellen ArbeiterInnenbewegung (Scherer und Vilmar 1983). Die HerausgeberInnen und AutorInnen verwendeten den Begriff *Ökosozialismus* in einem breiten Sinne und kennzeichneten auch sozialdemokratische Beiträge als ökosozialistisch, obwohl diese keineswegs eine antikapitalistische Perspektive aufwiesen. Verglichen mit der gegenwärtigen Situation, wurden die strategischen Optionen eingehender diskutiert, allerdings zumeist auf eine radikale Reformperspektive begrenzt. Diese Variante ökosozialistischer Diskussion war von der Einschätzung geprägt, der Kapitalismus ließe sich auf reformerischem Wege Schritt für Schritt überwinden. Auf der Basis der Erfahrungen der letzten vier Jahrzehnte hat sich diese Sicht als illusionär erwiesen. Der Staat und die Macht der transnationalen Konzerne wurden theoretisch kaum erfasst. Zugleich war die theoretische Fundierung des Gesellschaftsprojekts schmal.

Der antikapitalistische Flügel der Grünen Partei um die beiden Hamburger Thomas Ebermann und Rainer Trampert bezeichnete sich als ökosozialistisch. Ihre Grundlagen und ihre strategische Orientierung stellten sie in einem gemeinsamen Buch zur *Zukunft der Grünen* vor und bezeichneten dies als »ein realistisches Konzept für eine radikale Partei«. In einem Kapitel skizzierten sie ihre strategische Orientierung auf einen »ökologischen Sozialismus« und setzten sich dabei kritisch mit marxistischen AutorInnen auseinander, die der Ökologie eine zu eingeschränkte Beachtung widmeten (Ebermann und Trampert 1984).

Kurz darauf versammelten Klaus Jürgen Scherer und Fritz Vilmar (1986) mit ihrem Buch *Ökosozialismus? Rot-grüne Bündnispolitik* mehrere Diskussionsbeiträge zur Strategie linker Strömungen in der Grünen Partei, der SPD, den Gewerkschaften und den sozialen Bewegungen. Hier kamen auch AutorInnen zu Wort, die anders als Ebermann und Trampert das Bündnis mit SozialdemokratInnen suchten.

Rudolf Bahro, ehemaliger Oppositioneller in der DDR, veröffentlichte 1980 das Buch *Elemente einer neuen Politik. Zum Verständnis von Ökologie und Sozialis-*

mus. Darin argumentierte er für eine ökologische Erneuerung der sozialistischen Bewegung und versuchte die gesellschaftliche Alternative neu zu bestimmen. Nach seiner Übersiedelung in die BRD trat er der Grünen Partei bei. Er nahm zunehmend nicht nur kapitalismuskritische, sondern auch technik- und wachstumskritische und später esoterische Positionen ein und isolierte sich in der Debatte.

Der Philosoph und Politikwissenschaftler Frieder Otto Wolf beteiligte sich an Debatten in Deutschland und Europa mit Vorschlägen für eine ökosozialistische Orientierung. Dabei wirkte er auch in die Grüne Partei hinein, deren Mitglied er seit 1982 ist. 1989 publizierte er zusammen mit Pierre Juquin, der einige Jahre zuvor aus der französischen Kommunistischen Partei ausgetreten war, ein Manifest, das eine ökologisch-sozialistische Transformation, einen Dritten Weg jenseits von Kapitalismus und Stalinismus, forderte und den »Treibhauseffekt« klar benannte (Wolf und Juquin 1989). Von 1994 bis 1999 war er auch Mitglied des Europarlaments in der Fraktion Die Grünen. Wolf trat in späteren Texten für eine umfassende Orientierung ein, die auch die antikolonialen und antirassistischen Bewegungen in ein neues ökosozialistisches Projekt integriert (Wolf 2012: S. 351–353).

Winfried Wolf befruchtete ganz wesentlich die Kritik an der kapitalistischen Entwicklung des Transportsystems und der Mobilität. Sein 1986 publiziertes und 1991 erweitertes Standardwerk *Eisenbahn und Autowahn. Personen- und Gütertransport auf Schiene und Straße. Geschichte, Bilanz, Perspektiven* legte die Grundlage für eine antikapitalistische Kritik an der Autogesellschaft (Wolf 1991). Anderthalb Jahrzehnte später erneuerte er seine Fundamentalkritik mit *Verkehr. Umwelt. Klima. Die Globalisierung des Tempowahns* (Wolf 2007). Auf diese Argumentation kann die automobilkritische Diskussion heute nahtlos aufbauen. Derzeit warnt er vor dem Strategiewechsel der Automobilindustrie zu Elektroautomobilen und zeigt, dass die Weiterführung des motorisierten Individualverkehrs mit Elektroautos keineswegs nachhaltig ist, sondern massive ökologische und soziale Probleme hervorrufen wird (Wolf 2019). Zentraler Bestandteil einer gesellschaftlich und ökologisch nachhaltigen Verkehrspolitik sind ein massiver Ausbau der Bahn unter öffentlicher Kontrolle und eine Reduktion der gesamten Verkehrsleistung (Knierim und Wolf 2019).

Ökofeministische Impulse

Seit den 1970er-Jahren sind unterschiedliche ökofeministische Bewegungsansätze und Denkrichtungen entstanden. Ökofeministinnen stellten eine Beziehung zwischen der Zerstörung der Natur und der patriarchalen Herrschaft her. Daraus folgerten sie, dass die Verhältnisse zwischen den Geschlechtern grundlegend zu verändern seien, um die Zerstörung der Natur und die Entfremdung aufzuheben.

Ökofeminismus will nicht nur Ungerechtigkeit gegenüber Frauen und der Umwelt, sondern alle Formen gesellschaftlicher Ungerechtigkeit überwinden. Wichtig ist dabei die ganzheitliche Verbindung von Theorie und Praxis im Alltagsleben (Shiva et al. 2014: S. 13 f.). Im Laufe der Debatten bildete sich eine Vielfalt ökofeministischer Vorschläge und Strömungen heraus.

Die patriarchale Unterordnung der Frauen und die Ausbeutung der Natur sind laut ökofeministischen Autorinnen zwei Seiten einer Medaille und gehorchen einer gemeinsamen Logik: der Unterordnung des Lebens unter die Logik der Akkumulation des Kapitals. Herrero (2015) fordert eine Wirtschaft, die sowohl die gesellschaftliche Abhängigkeit von den Ökosystemen (Ökodependenz) als auch die Dependenz zwischen den Menschen achtet (Interdependenz). Diese zweite Dependenz ist oft versteckt und Ausdruck der geschlechtsspezifischen Arbeitsteilung, die zur Folge hat, dass Frauen in den patriarchalen Gesellschaften die mit Aufmerksamkeit, Sorge und Pflege verbundenen Arbeiten übernehmen. Die ökologischen und feministischen Dimensionen sind laut Herrero zentral, um die Organisation des Raums und der (Arbeits-)Zeiten der Menschen zu transformieren. Es gelte, materiell eine Kultur der Suffizienz und Autonomie zu entwickeln, die Standortverlagerungen zu stoppen, kurze Vermarktungskreisläufe zu errichten, einen guten Teil des ländlichen Lebens wiederherzustellen, die Geschwindigkeiten zu reduzieren, den Reichtum radikal umzuverteilen und die tägliche Reproduktion sowie die Bedingungen für das gute Leben in das Zentrum der Auseinandersetzungen zu rücken (Herrero 2015).

Die australische Soziologin Ariel Salleh plädiert für eine ökofeministische Klassenanalyse (Salleh 2017, 2019). Sie lehnt »ein verkürztes marxistisches Klassenverständnis« ab, dem sie unterstellt, die Produktionsarbeit zu priorisieren und zugleich die soziale und ökologische Reproduktionsarbeit zu vernachlässigen. Sie spricht von einer »meta-industriellen Klasse«, zu der sie weibliche Hausangestellte, Care-ArbeiterInnen, KleinbäuerInnen und indigene JägerInnen und SammlerInnen zählt. Diese breite meta-industrielle Klasse wird laut Salleh außerhalb des ökonomischen Systems verortet, obwohl sie im Kapitalismus des 21. Jahrhunderts faktisch die Mehrheit der ArbeiterInnen stellt. In ihnen sieht die Autorin die Subjekte der gesellschaftlichen Veränderung. Salleh geht davon aus, dass in einer geteilten »meta-industriellen« Klassenperspektive sozialistische, feministische, postkoloniale und ökologische Belange einen gemeinsamen Ausdruck finden könnten.

Eine zentrale These der ökofeministischen Strömungen lautet, dass eine Analogie zwischen der Ausbeutung der Frau und der Ausbeutung der Natur bestehe. Die ökofeministischen Ansätze argumentieren, dass die kapitalistische Gesellschaft weitgehend von der unsichtbaren und nicht bezahlten Arbeit der Frauen und den Beiträgen der Natur abhängt. Sie wollen diese Arbeit sichtbar machen, aufwerten und die geschlechtsspezifische Arbeitsteilung aufheben. Diese grundlegende Perspektive ist in den Ökosozialismus zu integrieren. Zugleich weisen die ökofeministischen Ansätze grundlegende strategische Lücken auf. So verstehen sich die Angehörigen der »meta-industriellen« Klasse genauso wenig als dieser zugehörig, wie Lohnabhängigen im Marx'schen Sinne sich zur selben Klasse zählen. Diese subjektiven Klassenformierungen entstehen immer erst durch gemeinsame Erfahrungen und politische Kämpfe. Zahlreiche ökofeministische Ansätze blenden die Frage aus, wie soziale Bewegungen die gesellschaftlichen Kräfteverhältnisse so verändern können, dass sich in relativ kurzer Zeit der erforderliche radikale industrielle Um- und Rückbau durchsetzen lässt.

Konsumboykott gegen Industrialismus

Saral Sakar und Bruno Kern gründeten 2003 die *Initiative Ökosozialismus*. Im deutschsprachigen Raum vertritt sie eine Variante des Ökosozialismus, die das Wirtschaftswachstum und die Industriegesellschaft grundsätzlich infrage stellt und strategisch primär auf einen Bewusstseinsprozess setzt, der sich in nachhaltigeren Verhaltensweisen ausdrückt. Sakar und Kern vertreten eine explizit nicht marxistische Perspektive, die auch gar nicht erst versucht, die organisierte ArbeiterInnenbewegung anzusprechen.

Angesichts der Grenzen der verfügbaren Energien und Ressourcen sowie der Umweltzerstörungen plädiert Sakar für einen grundlegenden Paradigmenwechsel. Die gesellschaftlichen und ökologischen Krisen sind letztlich Ausdruck einer Krise des Industrialismus. Er spricht sich für eine Schrumpfung der frühindustrialisierten Länder aus. Da es nicht im Interesse der ArbeiterInnen in der Ersten Welt liege, dass die ArbeiterInnen in der Dritten Welt den gleichen Lohn erhalten wie sie, sei Sozialismus letztlich ein moralisches Projekt. Sakars politische Strategie beschränkt sich letztlich auf eine langwierige Sensibilisierungs-, Aufklärungs- und Überzeugungsarbeit (Sakar 2001).

Kern verabschiedet sich vom Anspruch, die organisierte ArbeiterInnenbewegung für eine radikale Umwelt- und Klimapolitik zu gewinnen. Denn die Widersprüchlichkeit des Kapitalismus schlage sich nicht mehr vornehmlich in der Verelendung der Industriearbeiterschaft, »sondern im brutalen Ausschluss großer Bevölkerungsmassen im globalen Süden einerseits und einer rasanten Zerstörung unserer natürlichen Lebensgrundlagen andererseits« nieder. »Die unmittelbaren (!) eigenen Interessen der abhängig Beschäftigten in den Industrieländern decken sich keinesfalls mit dem, was heute eine Transformation der Gesellschaft so dringend nötig macht: dem Interesse an der Erhaltung unserer elementaren natürlichen Lebensvoraussetzungen.« (Kern 2019: S. 19 f.). Faktisch stehe die organisierte

Arbeitnehmerschaft im Ringen um unsere ökologische Zukunft auf der anderen Seite. Strategisch bleibt Kern somit nichts anderes übrig, als auf eine massenhafte Konsumverweigerung zu setzen. Mit langfristig angelegten und sorgfältig fokussierten Kampagnen will er den notwendigen Ausstieg aus der Konsumgesellschaft vorantreiben (Kern 2019: S. 215).

Dem halte ich entgegen, dass jede Strategie, die die fundamentale Rolle der Arbeit und der Lohnarbeit und damit auch des gesamten Produktions- und Reproduktionsprozesses in der kapitalistischen Gesellschaft nicht in den Mittelpunkt einer ökosozialistischen Strategie des Bruchs stellt, zum Scheitern verurteilt ist. Nur die Lohnabhängigen in den Betrieben sind potenziell dazu in der Lage, die entscheidenden Fragen, was, wie, wo, für wen und auf welche Weise produziert wird, ins Zentrum der gesamtgesellschaftlichen politischen Auseinandersetzungen zu rücken. Und genau das ist erforderlich, um weite Teile der industriellen Produktion nach ökologischen und sozialen Kriterien um- und rückzubauen. Organisierte und fokussierte Konsumboykotte können wirksam sein, aber nur begrenzt. Denn sie stellen die Machtfrage über die Produktion nicht. Leider gibt es in den Gewerkschaften nur wenige Ansätze, die Fragen nach dem Gebrauchswert der hergestellten Waren und der Qualität der konkreten Arbeit zu einem Thema des gewerkschaftlichen Alltags zu machen. Ein wesentlicher Bestandteil einer ökosozialistischen Strategie ist es, dazu beizutragen, dass die feministische Bewegung, die Klimabewegung und die organisierte ArbeiterInnenschaft sich auf ein konkretes und zugleich radikales Programm einigen (siehe Kapitel 4 bis 8).

Programmatische Klärung und globale ökosozialistische Verbindungen

Michael Löwy, Philosoph in Paris und bekanntes Mitglied der ehemaligen Ligue Communiste Révolutionnaire und der Vierten Internationale, verfasste zusammen mit Joel Kovel, Philosoph und Politikwissenschaftler in New York und Chefredakteur der Zeitschrift *Capitalism, Nature, Socialism*, im Jahr 2001 ein *Internationales Ökosozialistisches Manifest* (Löwy 2016: S. 153–158) zur Diskussion in der globalisierungskritischen Bewegung. Dieses Manifest wurde Grundlage des 2007 in Paris gegründeten *Internationalen Ökosozialistischen Netzwerks*, von dem wiederum ein Impuls für die *Internationale Ökosozialistische Erklärung* von Belém ausging. Die im Januar 2009 auf dem Weltsozialforum von Belém beschlossene *Belém Ecosocialist Declaration* (Löwy 2016: S. 163–172) sollte als Grundlage einer weiteren globalen Konsolidierung des Netzwerks dienen (vgl. Wolf 2009). Zu der 2010 durchgeführten Klimakonferenz in Cancún und der Rio+20-Konferenz 2012 in Rio de Janeiro veröffentlichte das Internationale Ökosozialistische Netzwerk gemeinsame Erklärungen. Danach stellte es seine Aktivitäten ein. Im Januar 2020 haben

John Molyneux und andere einen weiteren Versuch zur internationalen Formierung initiiert und das *Global Ecosocialist Network* (www.globalecosocialistnetwork.net) gegründet (Löwy 2020).

Unter den revolutionär- und libertär-sozialistischen Kräften ist die Vierte Internationale zweifellos jene Kraft, die sich am frühesten der ökologischen Herausforderung stellte. Sie verabschiedete 2003 auf ihrem 15. Weltkongress einen ökosozialistischen programmatischen Text mit dem Titel *Ökologie und Sozialismus* (Fourth International 2003; Vierte Internationale 2003). Ein Entwurf dieser Resolution wurde im November 2000 erstmals vom Internationalen Exekutivkomitee diskutiert und schließlich 2001 veröffentlicht (Vierte Internationale 2001). Dieses umfassende programmatische Dokument ist die Weiterentwicklung einer bereits 1990 vorgelegten Resolution, die aber auf dem 13. Weltkongress nicht mehr diskutiert wurde. Im Zuge der Überarbeitung wurden besonders der globale Charakter der ökologischen Herausforderung und die Bedeutung der sozialökologischen Bewegungen in den abhängigen und peripheren Ländern stärker herausgearbeitet. Der 16. Weltkongress 2010 verabschiedete eine stärker auf die *Kapitalistische Klimaveränderung und unsere Aufgaben* ausgerichtete Resolution. Diese Entschließung empfiehlt den Mitgliedsorganisationen, sich an Massenmobilisierungen für den Klimaschutz zu beteiligen und eine Strömung aufzubauen, die den Einsatz für das Klima mit dem Kampf für soziale Gerechtigkeit verbindet und entschlossen gegen reaktionäre, apokalyptische und autoritäre Strömungen in der Umweltbewegung auftritt (Vierte Internationale 2010).

Die Resolution *Die kapitalistische Zerstörung der Umwelt und die ökosozialistische Alternative* der Vierten Internationale zu ihrem 17. Weltkongress im Jahr 2018 versucht eine Antwort auf das Dilemma zu geben, dass zwischen der Dringlichkeit einer radikalen ökosozialistischen Alternative einerseits und dem Bewusstseinsstand überwiegender Teile der Bevölkerungen andererseits eine tiefe Kluft besteht. Die Resolution benennt die Kernpunkte einer ökosozialistischen Alternative und wichtige Forderungen. Sie vermittelt Hinweise, wie sich die Kämpfe für gute Arbeitsbedingungen mit den emanzipatorischen Kämpfen von Frauen, Bauern und Bäuerinnen und Indigenen verbinden lassen, und schlägt eine globale ökosozialistische Perspektive vor. Das Dokument betont, dass die Selbstorganisation der arbeitenden Bevölkerung in ihrer ganzen Vielfalt die unabdingbare Voraussetzung für eine umfassende gesellschaftliche Selbstverwaltung sei. Zentrale Herausforderung seien jedoch der Aufbau und die Formierung einer politischen Alternative, die in der Lage sei, in Bewegungen einzugreifen, diese zu stärken und schließlich die Machtfrage zu stellen. »Die Arbeiterbewegung und andere soziale Bewegungen für den Kampf für ein ökosozialistisches Übergangsprogramm zu gewinnen, ist letztendlich nur durch die Schaffung von politischen Alternativen möglich, die die Übernahme der Regierungsgewalt anstreben, um einen umfassenden Plan antikapitalistischer Strukturreformen umzusetzen, die sowohl den sozialen Bedürfnissen als auch den ökologischen Grenzen gerecht werden.« (Vierte Internationale 2019: S. 26 f.) Allerdings benennt das Dokument kaum konkrete Strategien in Hinblick auf die erforderliche Umwälzung der Produktion, der Zirkulation von Waren und Menschen sowie der Reproduktion. Die politischen Perspektiven werden nur rudimentär skizziert. Das gilt ganz besonders auch für die imperialistischen Länder. Diese Beschränkungen sind letztlich Ausdruck der politischen und organisatorischen Schwäche der Organisationen der Vierten Internationale, die es vielerorts kaum schaffen, in der Klimabewegung ihre Spuren zu hinterlassen.

Doppelter revolutionärer ökosozialistischer Bruch

Michael Löwy betont in seinen Arbeiten, dass der Zwang zum Wachstum in der kapitalistischen Produktionsweise angelegt ist und durch das Konkurrenzverhältnis angetrieben wird. Demgemäß kritisiert er rein konsum- und technikkritische Argumentationen. Doch er will auch zur Weiterentwicklung der marxistischen Theorie beitragen. Michael Löwy (2016: S. 29 f.) benennt zwei grundlegende Pfeiler einer ökosozialistischen Theoriebildung. *Erstens* ist die gegenwärtige Produktions- und Konsumptionsweise der frühindustrialisierten kapitalistischen Länder keinesfalls auf globaler Ebene durchsetzbar. Diese beruht auf einer unbegrenzten Akkumulation von Kapital, Profiten und Waren sowie auf dem zerstörerischen Raubbau an der Natur sowie dem statusorientierten Vorzeigekonsum. *Zweitens* bedrohen die Fortsetzung des kapitalistischen »Fortschritts« und die Ausweitung der kapitalistischen Akkumulation, die räumlich und sozial sehr ungleich ablaufen, mittelfristig das Überleben der Menschen überhaupt (Löwy 2016: S. 29 ff.).

Löwy greift einen Vorschlag des italienischen Ökomarxisten Tiziano Bagarolo auf, der argumentiert, dass sich potenzielle Produktivkräfte in reale Destruktivkräfte verwandelt haben (Bagarolo 1992: S. 25). Er weist die Auffassung zurück, dass die Produktivkräfte generell weiterzuentwickeln seien, um eine sozialistische Gesellschaft zu erreichen. Vielmehr sei mit der Ideologie des linearen Fortschritts zu brechen. Löwy lehnt alle produktivistischen Varianten sozialistischen Denkens konsequent ab. Er widersetzt sich einer schematischen Interpretation, die sich auf einige Passagen von Marx und Engels zum »Widerspruch zwischen Produktivkräften und Produktionsverhältnissen« stützt, »um die soziale Revolution als Abschaffung der kapitalistischen Produktionsverhältnisse, die zu einem Hindernis für die freie Entfaltung der Produktivkräfte geworden sei, zu definieren. Diese Konzeption scheint den Produktivapparat als ›neutral‹ zu betrachten; und wenn er einmal von den durch den Kapitalismus auferlegten Produktionsverhältnissen befreit sei, könne er sich unbegrenzt entwickeln.« (Löwy 2016: S. 33)

Ich schließe mich der Ablehnung dieser Perspektive an. »Durch seine Natur und seine Struktur ist« der Produktivapparat laut Löwy »nicht neutral, er dient der Akkumulation des Kapitals und der unbegrenzten Expansion des Marktes. Er steht im Widerspruch zu den Erfordernissen des Umweltschutzes und zu den gesundheitlichen Bedürfnissen der Arbeitskraft. Man muss ihn daher ›revolutionieren‹, indem man seine Natur radikal umwandelt. Das kann für bestimmte Produktionsbranchen bedeuten, sie zu ›brechen‹.« (Löwy 2016: S. 33 f.) Dies gilt für so unterschiedliche Industriesektoren wie den industriellen Fischfang, die Kernkraft, die Automobilindustrie, die gesamte Rüstungsindustrie und den Finanzsektor. Löwy (2016: S. 33, 80) stellt eine Analogie zu den Lehren her, die Marx aus den Erfahrungen der Pariser Kommune zog. Marx argumentierte: »Aber die Arbeiterklasse kann nicht die fertige Staatsmaschine einfach in Besitz nehmen und diese für ihre eignen Zwecke in Bewegung setzen.« Sie müssten den Staat vielmehr brechen und durch einen anderen ersetzen, dessen Natur völlig verschieden sein müsse (Marx 1871. 336). Es braucht also einen doppelten revolutionären ökosozialistischen Bruch, der den bürgerlichen kapitalistischen Staat ebenso überwindet wie weite Teil des Produktions- und Finanzsystems.

Allerdings ist zu beachten, dass Marx die Produktivkräfte keineswegs nur im Sinne eines technischen Apparates verstand. Für ihn ist auch die menschliche Kreativität ein Aspekt der Produktivkräfte, und diese wird durch die kapitalistische Produktionsweise tatsächlich gehemmt. Ein Ziel einer ökosozialistischen Gesellschaft müsste darin bestehen, die Kreativität, die Künste, die gemeinschaftlichen Erfahrungen der Menschen, gestützt auf eine erheblich kürzere Arbeitszeit, freier zu entfalten. In diesem Sinne gilt es die Produktivkräfte tatsächlich weiterzuentwickeln.

Löwy argumentiert, dass mit der gesellschaftlichen Kontrolle über die Produktionsmittel nicht die Beherrschung der Natur, sondern die bewusste Gestaltung des gesellschaftlichen Stoffwechsels mit der Natur im Sinne der Bedürfnisse im Rahmen der natürlichen Schranken ermöglicht werden solle. Hierfür seien das gemeinschaftliche Eigentum an Produktionsmitteln und eine demokratische Planung der Wirtschaft unabdingbar – zunächst auf lokaler und nationaler Ebene, doch bald auch im internationalen Maßstab (Löwy 2016: S. 32, 46).

In Anlehnung an Walter Benjamin plädiert Michael Löwy angesichts der Krise der Zivilisation und der heranziehenden Klimakatastrophen für die revolutionäre Notbremse. Von den Regierungen sei wenig zu erwarten. Die einzige Hoffnung liege in den realen sozialen Bewegungen (Löwy 2016: S. 88). Ein Pfeiler dieser Bewegungen muss jedoch eine starke Verankerung unter den Lohnabhängigen in den

Betrieben sein. Dies ist die zwingende Voraussetzung für einen wirklichen Umbau der industriellen und finanziellen Strukturen. Das kann zu Situationen der Doppelmacht führen, die es erlauben, die von Löwy aufgeworfene Perspektive des doppelten Bruchs in die Tat umzusetzen. Auf diese Aspekte werde ich in den Kapiteln 5, 7 und 9 näher eingehen.

Der Ökosozialismus ist also eine gesellschaftliche und politische Strömung, die sich auf grundlegende Errungenschaften des Marxismus und der Ökologie stützt, aber deren Irrtümer und Degenerierungen hinter sich lässt. Für ÖkosozialistInnen sind die Logiken der Kapitalakkumulation, des Profits und der Konkurrenz ebenso wie staatsbürokratische Kommandowirtschaften unvereinbar mit einem ökologisch nachhaltigen und gesellschaftlich gerechten Stoffwechsel mit der Natur. Obwohl gerade die traditionelle ArbeiterInnenbewegung in Bezug auf die ökologischen Herausforderungen komplett versagt hat, wissen ÖkosozialistInnen, dass die organisierten Lohnabhängigen eine entscheidende Kraft für jede antikapitalistische Systemveränderung und die Durchsetzung einer ökosozialistischen Gesellschaft sind. Zugleich sind alle, die die Arbeitenden immer wieder aufrichten und arbeitsfähig machen – in der großen Mehrheit Frauen, die Reproduktionsarbeit leisten –, ebenso entscheidende Subjekte einer emanzipatorischen Veränderung.

Der Ökosozialismus strebt eine Gesellschaft an, die sich von den Zwängen der Konkurrenz und des Profits, des Privateigentums über Produktionsmittel und des Geldes sowie des Staates und seiner Unterdrückungsorgane und Grenzen befreit. Das ist eine Gesellschaft, in der abstrakte und mehrwertschaffende Arbeit zugunsten der konkreten und kreativen Arbeit verschwindet. Mit diesen konkreten und erfüllenden Aktivitäten stellen die Menschen sinnstiftende Gebrauchswerte her. Die Arbeiten verleihen gesellschaftliche Anerkennung und persönliche Befriedigung. Diese Gesellschaft schafft die Unterscheidung zwischen manueller und intellektueller Arbeit ab. Die Gesellschaft ist in selbstverwalteten Gemeinschaften organisiert und auf demokratische Weise durch freiwillige, gewählte und jederzeit abwählbare Delegierte koordiniert. Interessengruppen und politische Kräfte können sich in Parteien, Interessengruppen und Verbänden organisieren und auf allen Ebenen ihre KandidatInnen zur Wahl stellen. Die ökosozialistische Gesellschaft ist pluralistisch.

Diese Gesellschaft geht so mit der Zeit um, dass das Denken und die sozialen Beziehungen – die Kooperation, das Spiel, die Liebe und die Pflege – den wirklichen menschlichen Reichtum darstellen. Das entspricht einer sozialistischen, ja kommunistischen Gesellschaft im eigentlichen Wortsinne. Allerdings gilt es, die ökologischen Beschränkungen und Gesetzmäßigkeiten zu beachten. Daher plädieren ÖkosozialistInnen zugleich für einen revolutionären Bruch mit dem Produktivismus, der lange Zeit in der ArbeiterInnenbewegung dominiert hat und weiterhin dominiert. Dies bedeutet einen Abschied von der Vorstellung des Produzierens um der Produktion willen, des Konsumierens um der Konsumption willen, des Akkumulierens um der Akkumulation willen (Tanuro 2020). Die ökosozialistische Perspektive lautet knapp zusammengefasst: weniger und anders produzieren, gerecht teilen, gemeinsam entscheiden, um besser zu leben. Im Weltmaßstab gedacht, kommt diese einfache Orientierung einer revolutionären Perspektive gleich.

3.8 Netze der ökologischen Solidarität in den Betrieben spannen

Aus der Perspektive der Emanzipation der arbeitenden Klassen besteht in nahezu allen Ländern Europas ein fundamentales Problem. Die Integration der Sozialdemokratie und der Gewerkschaften in die Verwaltung des kapitalistischen Herrschaftssystems ist in einem Maße vorangeschritten, dass es kaum mehr Ansätze einer eigenständigen politischen Organisierung von Lohnabhängigen gibt, um als unabhängige AkteurInnen für ihre Interessen als soziale Klasse einzustehen. Die langjährige Sozialpartnerschaft war der eigenständigen Handlungsfähigkeit von Gewerkschaften nicht zuträglich, sondern führte zu ihrer Bürokratisierung, Verkrustung und Integration in die Verwaltung kapitalistischer Herrschaftsstrukturen. Die dieser Sozialpartnerschaft zugrunde liegenden Produktivitätsgewinne ließen sich nur durch eine beständige Steigerung des Einsatzes fossiler Energieträger erzielen. In diesem Sinne basierten die sozialen Kompromisse und die Sozialpartnerschaft immer auch auf höheren CO_2-Emissionen. Nahezu die gesamte klassische ArbeiterInnenbewegung stellte diesen Zusammenhang nicht zur Diskussion.

Daraus ergibt sich eine widersprüchliche und komplizierte Situation in Hinblick auf das ökologische Bewusstsein der Angehörigen der arbeitenden Klassen. In vielen Bereichen sind die Lohnabhängigen als Klasse geschwächt, ordnen sich ideologisch dem Wettbewerbsdogma unter und agieren nicht als eigenständige politische Kraft. Sie befinden sich gegenüber den Unternehmen und Kapitalinteressen in der Defensive. Besonders in solchen Situationen stellen sie Forderungen zur Verteidigung ihrer Lebensbedingungen auf, die im Widerspruch zum dringend erforderlichen industriellen Umbau stehen. Zahlreiche Beschäftigte in der Industrie befürworten die Ansiedlung neuer Unternehmen und eine Ausweitung der Produktion. Damit ist die Hoffnung verbunden, Arbeitsplätze zu erhalten oder zu schaffen. Auf diese Weise tragen sie aber dazu bei, die Erderwärmung noch weiter voranzutreiben. Die Unterordnung der Gewerkschaften unter die Kapitalinteressen geht bisweilen so weit, dass sie die Tatsache der Klimaerwärmung anzweifeln, wie beispielsweise in Kohlebergwerken Polens, weil sie deren Schließung befürchten.

Allerdings ist die Vorstellung, auf diese Weise längerfristig die Erwerbslosigkeit zu beseitigen, eine Illusion. Denn die Unternehmen werden angesichts der internationalen Konkurrenz immer wieder zu Rationalisierungsmaßnahmen greifen und die lebendige Arbeit durch tote Arbeit, also Maschinen, ersetzen. Sinnvoller ist es, die gesellschaftlich notwendige Arbeitszeit gerecht zu verteilen. Darum ist die Forderung nach einer radikalen Arbeitsverkürzung so wichtig. Doch sie hat zugleich eine enorme ökologische Bedeutung. Die Durchsetzung einer radikalen Arbeitszeitverkürzung bei Erhalt des vollen Lohnes ist wichtig, um den Arbeitenden die Perspektive eines anderen und guten Lebens konkret aufzuzeigen.

Die Verankerung der Gewerkschaften in den Betrieben ist brüchig geworden. In den neuen Wirtschaftssektoren sind sie nur wenig präsent. Darum sind sie kaum mehr streikfähig und beschränken sich auf die Interessenvertretung in den Institutionen. Als eigenständige politische Akteure im Dienste der Lohnabhängigen treten sie nur noch punktuell auf. Gewerkschaftliche Erneuerungsbewegungen in Form eines *social movement unionism* (Moody 1997), von bewegungsorientierten und breiten lokalen Arbeiterversammlungen (Gindin 2013), von neuen Basisgewerkschaften oder von autonomen Basiskomitees gibt es nur in einigen Ländern Europas. Gewerkschaften, die sich als soziale Bewegungen verstehen, die alle lebensweltlichen Belange der Beschäftigten aufgreifen – von den Problemen am Arbeitsplatz, der Qualität der Arbeit, den Inhalten der Arbeit und der gesamten Produktion über die Wohnung und das Wohnumfeld, den täglichen Verkehr bis hin zur freien Zeit – könnten die Situation bereits stark verändern. Würden die Gewerkschaften auf die Gebrauchswerte, auf die stoffliche Zusammensetzung und damit auch auf den ökologischen Rucksack der zu produzierenden Waren achten, wären sie eine wichtige Referenz für die Umwelt- und Klimabewegung oder gar eine ihrer zentralen Komponenten. Die Gewerkschaften könnten ein attraktiver Bezugspunkt für eigene Aktivitäten und ein Labor für neue Ideen der Arbeitsorganisation und der ökologischen Produkt- und Prozessgestaltung sein. Dies könnte auch eine Chance eröffnen, die verloren gegangene »ArbeiterInnenkultur« mit neuem Leben und einem widerständigen innovativen Geist zu füllen. Leider sind die Gewerkschaften gegenwärtig weit von einer derartigen Orientierung als umfassende soziale Bewegungen entfernt.

Selbstverständlich muss jede emanzipatorische Perspektive danach trachten, gesellschaftliche Mehrheiten zu erringen. Das ist im Hinblick auf den dringenden Handlungsbedarf für einen ökologischen Umbau der gesamten Wirtschaft umso wichtiger. Gesellschaftlicher Einfluss lässt sich nur im Zuge umfassender Auseinandersetzungen gewinnen. Mit einer Widerstandsperspektive und ausgehend von einer anfänglich schwachen Minderheitsposition, kann es immer wieder möglich sein, sich mit großen Mobilisierungen und angemessenen Bündnissen in einzelnen Fragen durchzusetzen und gesellschaftliche Mehrheiten zu erringen. Das ist wichtig für die Moral der an den Mobilisierungen beteiligten Menschen. Erfolge zeigen, wie sich Bewegungen durchsetzen können, und vermitteln Lust auf mehr. Erfolge sind wichtig, um das grundlegende Kräfteverhältnis zu verändern und hegemonial zu werden.

Eine große Hürde auf diesem Weg bilden die gesellschaftliche und politische Fragmentierung der arbeitenden Bevölkerung und ganz besonders das tief verankerte fremdenfeindliche und rassistische Bewusstsein. Die soziale Frage ist nicht nur mit einer ökologischen, sondern auch einer antirassistischen Orientierung zu verbinden. Dem Rassismus und der damit einhergehenden spaltenden Logik müssen sich antikapitalistische und ökosozialistische Kräfte konsequent entgegenstellen.

Ausgehend vom Befund, dass es in vielen Gesellschaften in Europa eine stark fremdenfeindliche Tendenz gibt, ist zu überlegen, wie Lohnabhängige unabhängig von ihrem Geburtsort, ihrer Passfarbe und ihrem Geschlecht solidarische Erfahrungen machen können, um den alltäglichen Herausforderungen an ihrem Arbeitsort, an ihrem Wohnort, im öffentlichen Raum und in ihrer Freizeit zu begegnen. Hierbei handelt es sich um eine schwierige Aufgabe. Es gilt zu überlegen, wie individualisierte Lohnabhängige mit ihren ganz unterschiedlichen persönlichen Erfahrungen, Laufbahnen und Sozialisierungsprozessen lernen, sich gemeinsam zu artikulieren und als politische Subjekte aufzutreten. Hierfür gibt es keine Rezepte.

In der Klimabewegung sind derzeit kaum junge ArbeiterInnen aktiv. Nur wenige MigrantInnen und Menschen, die von Rassismus betroffen sind, engagieren sich in den Umwelt- und Klimabewegungen, in Gewerkschaften oder in linken Organisationen. Die Linke spricht hier fast immer nur »über«, selten »mit« und fast nie »durch« die Betroffenen. Es geht also darum, die Menschen zu unterstützen und dazu anzuregen, ihr Schicksal in die eigenen Hände zu nehmen. Diese Herausforderung stellt sich auch der Umwelt- und Klimabewegung. Solange diese engstirnig die Klimaerwärmung aus dem gesellschaftlichen Kontext ihrer Entstehung herauslösen und die spezifische Betroffenheit diskriminierter Bevölkerungsgruppen unbeachtet lassen, wird es kaum möglich sein, die diskriminierten und ausgebeuteten Menschen als selbstständig handelnde Subjekte für eine radikale Klimapolitik zu gewinnen und die erforderlichen Bündnisse zu schmieden.

Gewerkschaften und neue gewerkschaftsähnliche Organisationen bleiben zentral für die Verteidigung der Interessen der Lohnabhängigen, für die Organisierung von Widerstand und für die Entwicklung einer Klimapolitik, die an der Produktion und den Arbeitsverhältnissen ansetzt. Erlangen soziale Bewegungen auch in den Betrieben einen starken Einfluss, können die Gewerkschaftsführungen derart unter Druck geraten, dass sie handeln und ihre eigene Basis mobilisieren müssen, um weiterhin als VerhandlungspartnerInnen anerkannt zu bleiben. Das kann auch für die Gewerkschaftsbürokratie eine Frage des Überlebens sein, da diese ohne eine gewisse Mitgliederbasis selbst ihre gesellschaftliche Stellung verlieren würde. Entscheidend ist, ob es gelingt, lebendige gewerkschaftliche Vernetzungsstrukturen in den Betrieben aufzubauen, sei es im Rahmen der bestehenden Gewerkschaften oder in eigenständigen Organisationen. Derartige Organe der Selbstorganisation könnten sich zu starken Akteuren der Klimabewegung und einer großen gesellschaftlichen Anstrengung für den ökologischen Umbau entwickeln, wenn es ihnen gelänge, die sozialen und ökologischen Fragen komplett miteinander verschränkt in der Arbeitswelt zu verankern. Auf diese Weise würden die Arbeitenden ein Klassenbewusstsein mit einem starken ökologischen Gehalt entwickeln. Antworten und Erfolgsrezepte gibt es hier nicht. Diese Herausforderung zu negieren würde jedoch nur die Situation fortschreiben.

3.9 Herausforderungen für eine ökosozialistische Alternative

Die bisherige Diskussion weist einige wichtige Defizite auf. Es gilt, die Ausbeutung der Arbeitenden durch Auspressung unbezahlter Mehrarbeit, die Ausbeutung derjenigen, die die Arbeitenden immer wieder aufrichten und pflegen, also reproduzieren, und die Plünderung der Natur als gemeinsame Pfeiler des kapitalistischen Verwertungsprozesses zu verstehen.

Eine komplizierte Herausforderung stellen die (neo-)kolonialen und imperialistischen Herrschaftsverhältnisse und ihr strukturalisierter Niederschlag in unterschiedlichen Formen des Rassismus im Alltagsleben der Menschen in den Metropolen dar. Die Rassismen beruhen auf dem kapitalistischen Weltmarkt und der hierarchisch strukturierten »Staatengemeinschaft«. Die Reproduktionsprozesse der kapitalistischen und imperialistischen Gesellschaften sind weitgehend von diesen Herrschaftsstrukturen geprägt. Frieder Otto Wolf führt dazu aus: »Ein Ökosozialismus, der nicht auch radikal feministisch und antirassistisch ist, wird daher an den Wünschen und Kämpfen unserer Zeit als eine bloße Abstraktion, als eine nicht realitätstüchtige Wunschvorstellung vorbeigehen«. (Wolf 2009) Darum reiche es nicht aus, Marx' Ökologie zu rekonstruieren oder eine marxistische Ökologie konstruieren zu wollen, wie dies Burkett (1999) und Foster (2000) und im Anschluss daran auch Saito (2016) getan haben. Die marxistische Theorie müsse vielmehr in Austausch mit anderen ökologischen und feministischen Theorieansätzen treten (Wolf 2012: S. 351–353).

So reichhaltig und anregend die theoretischen Arbeiten der verschiedenen ökosozialistischen Ansätze auch sein mögen, sie machen fast alle einen Bogen um die praktischen Herausforderungen politischer und gesellschaftlicher Strategien.

Sie behandeln die Frage der politökonomischen Macht, beispielsweise der großen Konzerne, lediglich abstrakt. Fast allen theoretischen Ansätzen mangelt es an strategischen Vorstellungen, wie die Kräfteverhältnisse verändert werden können, und zwar in relativ kurzer Zeit. Die Erderhitzung und die drohenden klimatischen Kipppunkte stellen die Menschen vor allem in den frühindustrialisierten und in den sich rasch industrialisierenden Ländern vor die Frage, wie innerhalb von maximal zwei Jahrzehnten die industrielle Produktion, die Infrastruktur und der Finanzsektor komplett umgebaut werden können. Hierfür bedarf es konkreter Konzepte, und zugleich ist die Machtfrage direkt zu stellen.

Umwälzung der Verhältnisse zur ökosozialistischen Alternative

Die ökosozialistische Alternative beansprucht, den von der kapitalistischen Produktionsweise verursachten gesellschaftlichen und ökologischen Notstand gleichermaßen zu beheben (Kovel und Löwy 2002). Sie zielt auf die Überwindung der Ausbeutung der Arbeitenden, der patriarchalen Unterdrückung von Frauen, jeder Form von Diskriminierung und des Raubbaus an der Natur. Die Emanzipation der Ausgebeuteten und Unterdrückten erfordert einen gerechten und ökologisch verträglichen »gesellschaftlichen Stoffwechsel« mit der Natur. Der vorsichtige Respekt vor der Komplexität der Natur lässt sich zugleich nur durch die gesellschaftliche Emanzipation herstellen.

Ein vernünftiger gesellschaftlicher Stoffwechsel mit der Natur ist nur möglich, wenn es gelingt, in einer historisch einmaligen Anstrengung große Teile des gesamten produktiven Apparats im Weltmaßstab so um- und rückzubauen, dass die Stoffflüsse in ihrer Gesamtheit die ökologischen Schranken beachten und die Früchte der Arbeit gerecht verteilt werden. ÖkosozialistInnen setzen sich für eine Gesellschaft ein, die weniger produziert, weniger transportiert, mehr Sorge für die Menschen und die Natur trägt und den gesamten Reichtum teilt. Eine ökosozialistische Gesellschaft ist aber nur möglich, wenn die Lohnabhängigen, die Ausgebeuteten und Unterdrückten den kapitalistischen Zwang zur Akkumulation von immer mehr Kapital und zur Maximierung des Profits, also die kapitalistische Produktionsweise, infrage stellen und schließlich überwinden.

Eine ökosozialistische Umwälzung der Gesellschaft zielt auf die demokratische gesellschaftliche Aneignung der Produktion, der Transportinfrastruktur und einen massiven Ausbau der gesellschaftlichen Infrastruktur, die weitgehend gratis anzubieten ist. Das Eigentum und die Macht des Kapitals über die strategischen Produktionsmittel sind zu beseitigen. Das bedeutet, dass die Ausgebeuteten und Unterdrückten in einem Prozess der Selbstermächtigung sich der wirtschaftlichen und politischen Macht der bürgerlichen Klasse erfolgreich entgegenstellen und diese beenden. Nur auf diese Weise lässt sich die Gesellschaft auf demokratische Weise sozial gerecht und ökologisch verträglich organisieren.

Die ökosozialistische Alternative will die gesellschaftlich notwendige Arbeitszeit, und zwar die entlohnte und nicht entlohnte Arbeitszeit, gerecht teilen und allgemein verkürzen. In einer ökosozialistischen Gesellschaft entscheiden die frei assoziierten Arbeitenden, Konsumierenden und BürgerInnen, welche Sektoren der Wirtschaft sie ausweiten wollen und welche Produktionsbereiche zu reduzieren oder ersetzen sind. Das sind Schritte zu einer solidarischen Lebensweise und umfassenden sozialen Emanzipation.

ÖkosozialistInnen haben keine idealistische Vision über die zu errichtende Harmonie zwischen Mensch und Natur, sondern sind überzeugt, dass der wahre Reichtum in schöpferischer Tätigkeit, freier Zeit, sozialen Beziehungen und dem staunenden Begreifen der Welt besteht. Die ökosozialistische Alternative hat einen starken ethischen Respekt gegenüber den Menschen und der gesamten Natur, deren Teil sie sind. Der einzig mögliche Sozialismus ist Ökosozialismus. Die politischen Organisationen, die eine ökosozialistische Alternative anstreben, verstehen die Kämpfe gegen die Ausbeutung der menschlichen Arbeit, gegen die Zerstörung der Natur und gegen jegliche Diskriminierung als untrennbar miteinander verbunden. Darum setzen sie sich in allen politischen Auseinandersetzungen dafür ein, diese Bewegungen zusammenzuführen.

Die Orientierung auf eine ökosozialistische Alternative berücksichtigt, dass die klassische ArbeiterInnenbewegung historisch darin gescheitert ist, die Emanzipation der Ausgebeuteten und Unterdrückten voranzutreiben, und zwar unter Berücksichtigung der ökologischen Schranken. Die Begriffe *Sozialismus* und *Kommunismus* sind nach den Desastern der bürokratischen Diktaturen in der ehemaligen UdSSR, in China und in verwandten Staaten diskreditiert. Eine historische Phase der ArbeiterInnenbewegung, die durch die sozialdemokratischen und kommunistisch-stalinistischen Organisationen geprägt wurde, ist seit den 1980er-Jahren schrittweise zu Ende gegangen. Die klassische ArbeiterInnenbewegung hat die ökologische Herausforderung nahezu vollständig ignoriert. Dieser historische Irrtum lässt sich nicht entschuldigen und auch nicht mit kleinen begrifflichen, strategischen oder gar nur taktischen Korrekturen beheben. Darum ist ein grundlegender Neuorientierungs- und Neuformierungsprozess nötig.

Diese Herausforderung gilt es anzunehmen. Die Krise des gesellschaftlichen Stoffwechsels mit der Natur hat durch die globale Herausforderung der Klimaerwärmung eine derart umfassende Dimension erlangt, dass es unabdingbar ist, die Kritik der kapitalistischen Produktionsweise zu radikalisieren und zugleich das gesellschaftliche Projekt der umfassenden Emanzipation grundlegend ökologisch zu fundieren. Die bislang von etlichen sozialistischen (auch dissidenten) Strömungen vertretene Position, wonach der Übergang zum Sozialismus primär eine Sozialisierung der Produktionsmittel erfordere und auf dieser Grundlage die Wirtschaft demokratisch geplant werden könnte, reicht bei Weitem nicht mehr aus.

Allerdings haben seit dem 19. Jahrhundert Millionen von Menschen ihre Sehnsucht nach Emanzipation und Befreiung immer auch durch ihren Wunsch nach Sozialismus und Kommunismus ausgedrückt. Diese Sehnsucht lebt fort, doch sie muss die ökologischen Grenzen respektieren. An dieser grundlegend freiheitlichen und emanzipatorischen Orientierung gilt es anzuknüpfen. In diesem Sinne bedeutet *ökosozialistisch* auch eine Verpflichtung, die programmatischen Grundlagen ständig zu überdenken und zu überarbeiten. Deshalb ist Ökosozialismus nicht einfach eine neue Bezeichnung für einen »begrünten« alten Sozialismus, sondern bringt eine grundlegend neue Perspektive zum Ausdruck. Die Brisanz der Klimaerwärmung und die ökologischen Beschränkungen verlangen innerhalb kürzester Zeit einen kompletten Umbau des gesamten produktiven Apparates auf Weltebene, eine Umverteilung der gesellschaftlich notwendigen entlohnten und nicht entlohnten Arbeitszeit und damit auch eine Neuorganisation der gesamten Reproduktionstätigkeiten, was untrennbar mit einer Neugestaltung der Geschlechterverhältnisse verbunden ist. Um diese Herausforderung zu bewältigen, gibt es fast keine historischen Erfahrungswerte.

Vier Hypothesen für ein ökosozialistisches Umbau- und Übergangsprogramm

Die Klimaerwärmung und die von ihr hervorgerufenen gesellschaftlichen Katastrophen zeigt mit aller Heftigkeit, dass wir Menschen in einer spezifischen Form der gesellschaftlichen Organisation, der kapitalistischen Produktionsweise, nicht nur unsere eigene Existenz produzieren, sondern die Natur verändern und regelrecht neu produzieren, und zwar auf planetarischer Ebene. Wir tun das allerdings nicht, um die Natur unseren Nachkommen in einem besseren Zustand zu hinterlassen, sondern indem wir die Lebensgrundlagen von Millionen von Menschen und umfassender Ökosysteme zerstören.

Ich schließe mich dem Befund von Daniel Tanuro an, der nicht nur die »›Integration‹ ökologischer Fragen in den antikapitalistischen Kampf« fordert. Gerade weil die Klimaerwärmung nicht nur ein Umweltproblem, sondern eine globale Menschheitsherausforderung ist, »muss ein antikapitalistisches Programm, das diesen Namen verdient, den Ausgebeuteten und Unterdrückten erlauben, nicht nur die Gesellschaft, sondern auch die Natur zu bestimmen, die sie für sich und ihre Kinder wollen« (Tanuro 2015a: S. 179). Tanuro schlägt vier Arbeitshypothesen vor, die eine ökosozialistische Perspektive ernsthaft zu bedenken hat (2015a:

S. 179 f.). Sie weisen in die Richtung der erforderlichen gesellschaftlichen Umwälzungen.

Erstens muss angesichts der Komplexität der Ökosysteme und der Evolution das Verständnis der »Herrschaft des Menschen über die Natur« aufgegeben werden. Vielmehr ist ein Verständnis zu entwickeln, nach dem Gesellschaft und natürliche Umwelt als ständige Bewegung ineinandergreifen. Die ökosozialistische Alternative zielt auf die Befriedigung der menschlichen Bedürfnisse, die demokratisch durch assoziierte ProduzentInnen und KonsumentInnen geäußert, ausgehandelt und bestimmt werden. Hierfür sind die Bedürfnisse zu entschlacken von ihrer Entfremdung durch den Markt und durch die Entfremdung der Arbeit. Gleichzeitig muss die Befriedigung dieser Bedürfnisse im Rahmen des vernünftigen Stoffwechsels mit der Natur erfolgen.

Zweitens ist die utilitaristische Vorstellung von Natur aufzugeben. Die Natur ist mehr als eine physische Plattform, auf der die Menschheit operiert, die Ressourcen entnimmt und den Abfall ablagert. Hierzu schreibt Tanuro: »Die Natur ist zugleich Plattform, Magazin, Müllkippe und die Gesamtheit der Lebensprozesse, die, dank des externen Beitrags der Sonnenenergie, die Materie zwischen diesen Polen kreisen lässt und sie dabei ständig reorganisiert. Der Abfall und die Art seiner Lagerung muss also qualitativ wie quantitativ mit Kapazität und Rhythmus des Recyclings durch die Ökosysteme vereinbar sein, damit das gute Funktionieren der Biosphäre nicht geschädigt wird.« (Tanuro 2015a: S. 179)

Drittens ist das Energiesystem genauso wenig neutral wie das Produktionssystem, die Arbeitsorganisation oder die Konsumweise. Die kapitalistische Produktionsweise wird also ebenso durch Produktions- und Eigentumsverhältnisse wie durch die Technologien der Energiegewinnung und -umwandlung gekennzeichnet. Das kapitalistische Energiesystem ist zentralisiert, kapitalintensiv, verschwenderisch und insgesamt ineffizient. Es basiert weitgehend auf fossilen Energieträgern und orientiert sich auf die immer wiederkehrende Überproduktion von Waren. Eine ökosozialistische Transformation des Energiesystems zielt auf die Abschaffung des fossilen Systems und den Aufbau eines geplanten dezentralisierten, effizienten und wesentlich arbeitsintensiveren Systems, das ausschließlich auf erneuerbaren Energieträgern beruht. Das Energiesystem unterstützt die Produktion langlebiger, recycelbarer und wiederverwendbarer Gebrauchswerte. Dieser Um- und Rückbau betrifft den gesamten industriellen Apparat, die Landwirtschaft, den Verkehr, die Freizeitgestaltung, die Stadt- und Regionalentwicklung.

Das ist eine ausgesprochen weitreichende Umwälzung auf Weltebene, für die es keine historischen Beispiele gibt. Wenn es die Kräfteverhältnisse erlauben, können die vereinten sozialen Bewegungen und Organisationen der Arbeitenden mit dieser Umwälzung in einem Land oder in einer Gruppe von Ländern beginnen, doch sie kann nur im Weltmaßstab wirklich durchgesetzt, entfaltet und vollendet werden. Das Ausmaß dieser Herausforderung erfordert viele Fortschritte in Wissenschaft und Technik, zuallererst allerdings die gesellschaftliche Fähigkeit, diese Umgestaltung der Gesellschaft demokratisch zu organisieren.

Viertens ist, wie bereits erwähnt, die Steigerung der Arbeitsproduktivität mit ihren widersprüchlichen Wirkungen auf die Gesellschaft und den Stoffwechsel mit der Natur zu beurteilen. Der »destruktive Fortschritt« von Wissenschaft und Technik (Löwy 2016: S. 65 ff.) hat dazu gedient, ein in letzter Konsequenz zerstörerisches und unhaltbares Energiesystem zu optimieren.

In der Orientierung auf eine ökosozialistische Gesellschaft sind die ökologischen Kreisläufe zu respektieren. Darum muss sogar in etlichen Bereichen die Mechanisierung und Automatisierung (und damit »tote Arbeit«) wieder reduziert werden. Stattdessen ist mehr lebendige Arbeit einzusetzen, um den Energieverbrauch massiv zu senken. Das betrifft besonders die Landwirtschaft, wo die mechanisierte Agroindustrie enorm viel fossile Energie verbraucht. Die biologische Landwirtschaft erfordert wesentlich mehr menschliche Arbeitskraft. Auch die dezentral organisierten Versorgungssysteme mit erneuerbaren Energien und ihre Wartung sind arbeitsintensiver. Erheblich mehr Arbeit erfordert der Ausbau der gesellschaftlichen Infrastruktur in den Bereichen Pflege, Gesundheit, Sorge und Bildung.

Um den Stoffwechsel mit der Natur sinnvoll zu gestalten, brauchen wir menschliche Intelligenz und Emotion ebenso wie eine Kultur des »Sorgens«, auch und ganz besonders dort, wo wir unmittelbar mit der Biosphäre interagieren. In den nachfolgenden Kapiteln formuliere ich, ausgehend von diesen Überlegungen, einen Vorschlag für ein ökosozialistisches Übergangsprogramm.

4 Gesellschaftliche Aneignung und gleiche Rechte für alle

Die Erderwärmung und die damit verbundenen gesellschaftlichen Katastrophen machen offensichtlich, dass die Destruktivkräfte der kapitalistischen Produktionsweise ein Ausmaß erreicht haben, das einen antikapitalistischen Bruch nötig macht. Dieser zunächst konzeptionell und diskursiv zu formulierende Bruch muss sich allerdings gesellschaftlich durchsetzen. Die entscheidende Herausforderung besteht darin, die gesellschaftlichen und politischen Kräfteverhältnisse so zu verändern, dass sich Brüche und Umbrüche verwirklichen lassen. Die in diesem Buch vorgeschlagene politische Perspektive soll dazu beitragen, die Klimabewegung, die feministische Bewegung und die Gewerkschaften zusammenzubringen. Als starke gesellschaftliche Akteure, die in Konfrontation zu den Herrschenden treten, ihre Vorgaben und Konventionen nicht mehr akzeptieren, können sie es schaffen, die Kräfteverhältnisse zu ihren Gunsten zu verschieben. Auf dieser Grundlage ist ein ökologischer und gesellschaftlicher Umbau von Produktion, Transport und Konsum für ein besseres Leben für die große Mehrheit in die Wege zu leiten.

Die politische Herausforderung besteht darin, Forderungen und Perspektiven zu entwickeln, die unter Berücksichtigung der ökologischen Beschränkungen an konkreten Bedürfnissen großer Teile der gesamten arbeitenden Klasse und an den gegenwärtigen Auseinandersetzungen anknüpfen. Diese Forderungen und Perspektiven sind in einem alternativen Programm zusammenzuführen, sodass die Dynamik ihrer Verwirklichung schließlich den Rahmen der bestehenden Konkurrenz- und Profitlogik durchbricht.

In diesem Kapitel stelle ich das Konzept der gesellschaftlichen Aneignung vor. Hierbei greife ich frühere Ausführungen auf (Zeller 2004, 2010b). Ich verbinde sie explizit mit den Erfordernissen eines radikalen ökologischen Umbaus der gesamten Produktion und Reproduktion. Grundlage dieser Perspektive ist allerdings die Durchsetzung gleicher demokratischer, sozialer und kultureller Rechte für alle. Auf dieser Grundlage unterbreite ich in den folgenden Kapiteln ein ökosozialistisches Programm für eine umfassende gesellschaftliche Transformation.

4.1 Das Notwendige möglich machen – ein ökosozialistisches Dringlichkeitsprogramm entwickeln

Gebrauchswerte und Stoffwechsel in den Mittelpunkt rücken

Die Dynamik des Kapitalwachstums und die Untätigkeit der politischen VertreterInnen des Kapitals haben uns in eine Situation gebracht, in der sich sogenannte Umweltkatastrophen zunehmend häufen und ständig mehr Menschen bedrohen. Was ist zu tun, um diesen Gang in die Barbarei zu vermeiden?

Erstens ist es unerlässlich, den naturwissenschaftlich gesicherten Erkenntnissen über die Erderwärmung konsequent zu folgen. Es wäre fahrlässig, diese Perspektive zu relativieren, nur weil sie gegenwärtig politisch als zu wenig praktikabel erscheint. Es ist unvernünftig, nur das zu verlangen, was im politischen, wirtschaftlichen, sozialen und ideologischen Kontext der gegenwärtigen kapitalistischen Gesellschaft möglich ist. Das würde die Realität verzerren und wäre somit gänzlich unrealistisch. *Zweitens* müssen wir darüber nachdenken, wie wir handeln können, um das Notwendige möglich zu machen. Welche Hindernisse sind zu beseitigen, innerhalb welcher Zeitspanne lassen sie sich beseitigen? Würden wir demgegenüber davon ausgehen, was in der kapitalistischen Gesellschaft möglich ist, um zu bestimmen, was »getan werden muss« – also das tun, was das Kapital erlaubt –, hieße das, die wirtschaftlichen Gesetze des Profits über die physikalischen Gesetze des Erdklimas zu stellen. Das wäre methodisch kompletter Unsinn. Dieser Unsinn zeigt übrigens auch, dass die Ideologie der menschlichen »Herrschaft« über den Rest der Natur nicht nur absurd ist, sondern auch zu Verblendung führt und damit gefährlich ist.

Die sich häufenden Katastrophen sind nur zu stoppen und einzudämmen, wenn es gelingt, ein radikales antikapitalistisches Programm zu entwickeln und durchzusetzen. Dieses Programm muss die Produktion, den Handel, den Konsum, die Mobilität, die Finanzierung und die Beziehungen zu den abhängigen und armen Ländern im sogenannten globalen Süden sowie die gesamte Sicht und Vorstellung der Welt grundsätzlich neu ausrichten. Dieses Umbauprogramm muss gleichermaßen ökologisch und sozial sein. Das ist unerlässlich, um die große Herausforderung anzugehen, die gesellschaftlichen Verhaltensweisen wirklich zu verändern.

Betrachten wir das Konsumverhalten, sind einige der erforderlichen Veränderungen für bestimmte Bevölkerungsgruppen zweifellos »unpopulär«. Darum ist es umso wichtiger sicherzustellen, dass die Kosten des ökologischen Umbaus nicht den Lohnabhängigen aufgebürdet werden. Die Überwindung der kapitalistischen Diktatur des Profits im Produktionsbereich ermöglicht es jedoch, den Konsum grundlegend ohne Rückschritt zu verändern und dabei die Demokratie zu erweitern und die Lebensqualität für die Mehrheit der Gesellschaft zu verbessern. Diese Herausforderung ist anzugehen, um den Übergang wünschenswert zu machen.

Die voranschreitende Zerstörung der Lebensgrundlagen lässt sich nur stoppen, wenn wir die Herausforderungen der begrenzten Natur nicht isoliert anpacken, sondern die wirtschaftlichen, sozialen und kulturellen Bedingungen berücksichtigen. Ein Wandel der Lebensformen bedingt eine radikale Umwandlung der Produktionsformen und der Arbeitsweisen. In diesem Sinne ist ein ökologischer Umbau der Produktion, des Transports, der technologischen Entwicklung und des gesamten Alltags einschließlich der Reproduktion zu erkämpfen, um einen tragfähigen gesellschaftlichen Stoffwechsel mit der Natur einzuleiten.

Nur ein international durchgesetzter ökologischer Umbau unserer Produktions- und Konsumweisen ermöglicht es, den durch die Erderwärmung, die Luftverschmutzung, die Zerstörung von Ackerland, die Vernichtung trinkbaren Wassers und die Reduktion der Artenvielfalt ausgelösten gesellschaftlichen Katastrophen entgegenzuwirken. Um einen solchen Umbau durchzusetzen, braucht es das gemeinsame Handeln der Lohnabhängigen. Organisieren sie sich, können sie die Unternehmen, die öffentlichen Betriebe und den Staat dazu zwingen, ein derartiges Umbauprogramm umzusetzen.

Es gilt, den Gebrauchswert in den Vordergrund der Überlegungen über die Organisation der Produktion zu stellen. Um den ökologischen Umbau und Rückbau ganzer Industrien durchzusetzen und weniger ungleiche Austauschbeziehungen mit anderen Teilen der Welt zu etablieren, ist ein Prozess der gesellschaftlichen Aneignung der Produktion, Zirkulation und Reproduktion voranzutreiben. Die ökologische Konversion der Wirtschaft ist allerdings nur möglich, wenn wir die Beschäftigten von deren Notwendigkeit überzeugen. Wir müssen also konkrete Vorschläge entwickeln, wie wir die legitimen Wünsche nach Arbeitsplatzsicherheit und guten Löhnen, nach einer guten Bildungs-, Gesundheits- und Pflegeinfrastruktur mit einer Perspektive der guten und sinnvollen Arbeit und der ökologischen Tragfähigkeit verbinden. Das ist nicht nur eine intellektuelle Herausforderung, sondern erfordert den konkreten Dialog mit den Beschäftigten und zeigt, wie wichtig es ist, Initiativen der Selbstorganisation in Betrieben zu unterstützen.

Von der gesellschaftlichen Kontrolle zur gesellschaftlichen Aneignung

In der hier vorgestellten Perspektive der *gesellschaftlichen Aneignung* integriere ich Vorschläge aus den Diskussionen über die Demokratisierung der Wirtschaft in einem Verständnis, das den Konzepten der Übergangsforderungen und Arbeiterkontrolle nahekommt. Dissidente Strömungen der ArbeiterInnenbewegung haben diese beiden Konzepte auf der Grundlage historischer Erfahrungen, vor allem in zugespitzten Situationen, entwickelt.

Der Begriff der gesellschaftlichen Aneignung geht auf Marxens Forderung nach einer kollektiven Aneignung der Produktionsmittel in der Perspektive der Emanzipation und Selbstbefreiung des Proletariats zurück. Marx plädierte sowohl für die staatliche als auch die genossenschaftliche Aneignung, wobei Letztere zunächst einen demonstrativen Charakter einnehme und erst im Zuge der politischen Machtübernahme durch das Proletariat wirklich eine Perspektive ergebe (Maler 2003). Mit der gesellschaftlichen Aneignung ist die Frage verbunden, wie eine umfassende Demokratisierung der Gesellschaft durchgesetzt werden kann (Artous 2003).

Diese Skizze greift Impulse aus den Rätebewegungen, den Modellen für partizipative Planung und den Diskussionen über die Demokratisierung der Wirtschaft auf. Sie stützt sich auch auf eine Debatte über gesellschaftliche Aneignung in Frankreich, deren ProtagonistInnen die Frage der gesellschaftlichen Kontrolle über ausgewählte Bereiche der Produktion und des Austauschs in den Mittelpunkt der Diskussion rücken wollten. Sie verzichteten dabei bewusst auf den Begriff der Nationalisierung, zumal öffentliches Eigentum auf lokaler, regionaler oder europäischer Ebene sogar sinnvoller sein kann. Die gesellschaftliche Aneignung ist eng mit dem Anliegen der demokratischen Gestaltung durch die BürgerInnen verbunden und damit zugleich ein Instrument, die BürgerInnenrechte zu stärken (Andréani et al. 2002; vgl. auch Salesse 2001; Coutrot 2002). Diese Debatten über die gesellschaftliche Aneignung und Kontrolle von Schlüsselbereichen der Wirtschaft sind nun mit dem Anspruch des ökologisch verantwortbaren industriellen Umbaus zu verbinden.

Zwei Ausgangspunkte: menschliche Bedürfnisse und Grenzen der Natur

Die Formulierung einer emanzipatorischen Perspektive besteht aus mindestens drei Elementen. Ausgangspunkt sind *erstens* die *individuellen und gesellschaftlichen Bedürfnisse* auf regionaler, nationaler und globaler Ebene, und zwar im Kontext der durch die Natur vorgegebenen Beschränkungen. Deren Befriedigung ist im Rahmen der kapitalistischen Produktionsweise nicht möglich. Ebenso wenig respektiert die auf grenzenloser Kapitalakkumulation beruhende kapitalistische Produktionsweise die Grenzen der Ökosysteme auf der Kugelfläche Erde. Daher ist *zweitens* theoretisch und praktisch ein *antikapitalistischer Bruch* zu formulieren, das heißt ein Bruch mit der Logik des Profits und der Konkurrenz sowie mit den Machtorganen, die diese Logik garantieren, also vor allem mit dem Staat. Eine alternative Orientierung besteht *drittens* in der *demokratischen gesellschaftlichen*

Aneignung der wichtigsten Ressourcen und der zentralen Produktionsmittel. Ich verwende den Begriff der gesellschaftlichen Aneignung im dreifachen Sinne einer *Methode*, einer politischen *Strategie* und einer realen *Praxis*. Anknüpfungspunkte gibt es in zahlreichen konkreten Auseinandersetzungen. Zentraler Gedanke ist immer die Selbsttätigkeit der Betroffenen. Die folgenden Vorschläge zur gesellschaftlichen Aneignung versuchen, eine derartige Herangehensweise zu konkretisieren. Die meisten der hier genannten Vorschläge weisen über den Nationalstaat hinaus. Zu ihrer Verwirklichung sind mindestens die europäische Ebene, gegebenenfalls auch andere Maßstabsebenen ins Auge zu fassen. Zunächst gilt es die allerwichtigsten gesellschaftlichen Probleme aufzugreifen und eine Perspektive zu deren Lösung vorzuschlagen, die dazu beiträgt, dass sich die Lohnabhängigen – unabhängig davon, wie prekär oder sicher sie angestellt sind – als Menschen sehen, die handeln, Kräfteverhältnisse verändern und somit in die Geschichte eingreifen können.

Die hier präsentierte *Methode, Strategie und Praxis der gesellschaftlichen Aneignung* soll dazu beitragen, einen Neuformierungsprozess einer vielfältigen Bewegung der Lohnabhängigen in ihrer ganzen Unterschiedlichkeit voranzutreiben, also eine Formierung als Gemeinschaften der arbeitenden Klasse. Die vorgeschlagenen Orientierungen haben einen Doppelcharakter. Sie beginnen als Reformen und verfügen zugleich über eine inhärente Logik, die der Logik der Kapitalakkumulation widerspricht. Sie stellen die gemeinschaftliche Selbstermächtigung und gesellschaftliche Aneignung gegen die kapitalistische Ausbeutung der Arbeit, Entmündigung und Unterwerfung der großen Mehrheit der Menschen sowie die Plünderung und Zerstörung der Natur. Die Vorschläge plädieren dafür, die demokratische Teilhabe radikal auszuweiten, sie zielen auf die Durchsetzung einer vollständigen politischen und ökonomischen, letztlich gesamtgesellschaftlichen Demokratie.

Die gesellschaftliche Aneignung beginnt damit, dass Anknüpfungspunkte, Forderungsperspektiven und Ausdrucksformen gefunden werden, die sowohl an den Widersprüchen und Verwüstungen der kapitalistischen Gesellschaft als auch an unserem Alltagsleben ansetzen und Alternativen bieten, um das Leben zu verbessern. Diese Alternativen sollen in ihrer Dynamik zu einer gesellschaftlichen Transformation beitragen, welche die Logik der privaten Profitmaximierung, Aneignung und Konkurrenz überwindet. Die Perspektive der gesellschaftlichen Aneignung soll dazu beitragen, die verschiedenen Proteste gegen die Verschlechterung der Lebensbedingungen und die Zerstörung der Natur konzeptionell zu bündeln und in ein umfassendes ökosozialistisches Projekt zu integrieren. Damit verbinden sich Alltagskämpfe und Reformen mit einem globalen und emanzipatorischen Projekt zu einer libertären und ökosozialistischen Transformation, die sich auf die Werte der Freiheit, Gleichheit und Solidarität unter Einhaltung eines ökologisch verträglichen gesellschaftlichen Stoffwechsels mit der Natur stützt. Die entscheidende

Voraussetzung ist die Selbsttätigkeit der Menschen, ihre kollektive Aneignung von Rechten, Fähigkeiten, Kreativität, Ressourcen und Macht.

An dieser Stelle ist eine Erläuterung sinnvoll: Ich verwende den Begriff *sozialökologische Reformen*, wenn eine Regierung aufgrund des Drucks durch soziale Bewegungen Maßnahmen für eine konsequente Klimapolitik und mehr soziale Gerechtigkeit umsetzt. Diese Maßnahmen beschneiden zwar die Profitabilität, stellen aber das Eigentum des Kapitals an Produktionsmitteln nicht infrage und rütteln damit nicht an der kapitalistischen Produktionsweise. Dennoch ist anzunehmen, dass die Unternehmen eine solche Reformorientierung entschlossen sabotieren werden. Eine ökosozialistische Perspektive geht darüber hinaus: Sie zielt darauf ab, die entscheidenden Produktionsmittel gesellschaftlich anzueignen, also zu vergesellschaften, und damit das Kapital zu entmachten. Sie will eine gesellschaftliche Gegenmacht aufbauen, um eine neue Form von Staatlichkeit zu schaffen, die den kapitalistischen Staat ersetzt. Die ökosozialistische Alternative strebt letztlich die Überwindung der kapitalistischen Produktionsweise an. Eine konsequente sozialökologische Reformorientierung kann ein Schritt zu einem ökosozialistischen Umbruch sein.

4.2 Gleiche demokratische, soziale und kulturelle Rechte für alle

Wirksam gegen die Klimakatastrophen und die mit ihr einhergehenden gesellschaftlichen Verwerfungen vorzugehen und sich für Klimagerechtigkeit im Weltmaßstab einzusetzen, ist nur Erfolg versprechend, wenn wir von einer Grundposition ausgehen, die gleiche demokratische, soziale und kulturelle Rechte für alle Menschen weltweit verlangt, was mit demokratischem Teilen und Umverteilen einhergeht (Dörre 2019: S. 25). Dieser Ausgangspunkt ist sowohl ein ethischer Imperativ als auch eine strategische Notwendigkeit. Jede gesellschaftliche Veränderung, die eine solidarische und ökologische Alternative anstrebt, ist nur möglich, wenn die Ausgebeuteten, Unterdrückten und Diskriminierten, die Mehrheit der Menschen, für ebendiese Alternative gewonnen werden können.

Damit ist allen Antworten auf die Erderwärmung, die nur für Gesellschaften in den frühindustrialisierten Ländern auf eine relative Minderung der Probleme hinauslaufen, eine klare Absage zu erteilen. Allen Formen neokolonialer Unterwerfung von Gesellschaften ist entschlossener Widerstand entgegenzusetzen. Gerade im Zuge des Ausbaus erneuerbarer Energieträger wird der Hunger nach seltenen Metallen und Erden stark ansteigen, weshalb die neokolonialen Bestrebungen zur Kontrolle der entsprechenden Territorien zunehmen werden. Jede politische Antwort, die der Erderwärmung mit vorwiegend technischen Maßnahmen begegnet oder die klimatischen Aspekte aus ihrer gesellschaftlichen Eingebundenheit herauslöst, ist letztlich reaktionär. Die sich verschärfenden politischen, wirtschaftlichen und ökologischen Krisen zwingen mehr und mehr Menschen, ihre Heimat auf der Suche nach einer besseren Existenz zu verlassen. Die Konsequenzen der Erderwärmung setzen sich geografisch ungleich durch. In den letzten Jahren ereignete sich eine massive Häufung von wetterbedingten Katastrophen. Durchschnittlich mussten in den letzten zehn Jahren 20 Millionen Menschen jährlich ihren Wohnort aufgrund von extremen Wetterereignissen verlassen und Zuflucht anderswo im Land finden (Oxfam 2019: S. 2). Paradoxerweise werden vor allem jene Menschen in den peripheren und abhängigen Ländern, die am wenigsten zur Erderwärmung beitragen haben, am stärksten von den katastrophalen Klimaveränderungen betroffen sein. Millionen von Menschen werden sich durch Flucht und Auswanderung diesen Katastrophen zu entziehen versuchen und ihre Heimat verlassen. Auf der Flucht vor politischer Unterdrückung suchen Menschen sicheres Asyl. In einer universellen Perspektive gleicher Rechte müssen die betroffenen Menschen das Recht auf Migration haben. Im Sinne der Klimagerechtigkeit sind Menschen, die durch die hauptsächlich von den frühindustrialisierten Staaten und ihren Konzernen zu verantwortenden klimatischen Veränderungen zur Flucht getrieben werden, solidarisch aufzunehmen. Die Gewerkschaften und die Klimabewegung müssen diese Herausforderung ernst nehmen und Hand in Hand möglichst gleiche soziale und politische Rechte für und mit diesen Menschen durchsetzen.

Die in der Französischen Revolution formulierten Postulate der Freiheit, Gleichheit und Solidarität sind immer noch nicht eingelöst. Im Gegenteil, zunehmend größere Teilen der Bevölkerung auch in den frühindustrialisierten reichen Ländern werden der elementarsten demokratischen Rechte beraubt. In vielen Ländern Europas kann ein Viertel bis ein Drittel der erwachsenen Bevölkerung an den nationalen und regionalen Wahlen an ihrem Wohnort nicht teilnehmen, weil diesen Menschen der »richtige« Pass und das damit verbundene Bürgerrecht verwehrt wird. In zahlreichen Städten und Stadtteilen ist dieser Anteil sogar noch wesentlich höher.

Die liberalen und nationalkonservativen Kräfte erheben die gesellschaftliche Spaltung zum Prinzip, und dies oftmals mit Duldung oder Unterstützung der Sozialdemokratie und sogar der Gewerkschaften. Wer nicht den richtigen Pass hat, wird politisch diskriminiert. Menschen, die nicht aus »unserem« »europäischen« oder »christlichen« Kulturkreis stammen, müssen zuerst beweisen, dass sie überhaupt zur »Gesellschaft« passen. Die Spaltung durchzieht die gesamte Gesellschaft auf unterschiedlichen Ebenen. Die Individualisierung und Spaltung der Lohnabhängigen sind der kapitalistischen Produktionsweise ohnehin inhärent. Auf dem Arbeitsmarkt stehen sich die Lohnabhängigen als KonkurrentInnen gegenüber. Diese Spaltung vermochten die Lohnabhängigen durch gewerkschaftliche Organisierung zu reduzieren und durch die Erkämpfung von Sozialversicherungen in ihrer Wirkung abzuschwächen. Dennoch trachtet das Kapital immer wieder danach, die Lohnabhängigen entlang neuer Linien zu spalten. Das geschieht einerseits durch die Segmentierung der Arbeitsmärkte sowie die Schaffung relativer Privilegien für bestimmte Gruppen und die Diskriminierung anderer Gruppen. Beispiele hierfür sind die Etablierung unterschiedlicher Kategorien von Lohnabhängigen wie ArbeiterInnen und Angestellte, unterschiedliche Löhne für Frauen und Männer sowie die Einteilung der Lohnabhängigen nach geografischer oder kultureller Herkunft, nach Nationalität und nach sexueller Identität.

Die Migrationspolitik nimmt eine ganz besondere Rolle bei der Segmentierung der Arbeitsmärkte und der Spaltung der Lohnabhängigen ein. Die Migration und deren Regulation ließen in den letzten Jahren die Reservearmee weltweit und in Europa anschwellen und führten dem Kapital eine riesige Menge leicht ausbeutbarer Arbeitskräfte zu. Die Herrschenden setzten MigrantInnen ein, um Löhne und Arbeitsstandards zu senken. Durch die Schaffung einer Vielzahl von rechtlichen Kategorien werden die Arbeitskräfte auf dem Arbeitsmarkt gezielt in Segmente schlechter und noch schlechter gestellten migrantischer Arbeitskräfte aufgeteilt. Vom Kapital erwünschte AusländerInnen sind willkommen. Die anderen werden diskriminiert, sodass sie schlecht entlohnte Jobs annehmen müssen, oder sie werden abgewiesen. Wer erwünscht oder unerwünscht ist, kann allerdings im Laufe der Zeit je nach wirtschaftlicher Interessenlage und ideologischer Hegemonie durchaus unterschiedlich beurteilt werden. Bestimmte Fachkräfte sowie günstige und allenfalls noch zu qualifizierende und assimilierende ArbeiterInnen bleiben in einem bestimmten Umfang durchaus willkommen. Zugleich dienen gegenwärtig besonders Muslime als Projektionsfläche für rassistische Ausgrenzung und Spaltungsstrategien.

Die Lohnabhängigen sind mit all ihren materiellen und kulturellen Unterschieden und mit ihrem jeweils spezifischen subjektiven Bewusstsein in ihrer Gesamtheit für den Kampf gegen die Erderwärmung zu gewinnen. Nur mit dieser Einheit wird es möglich sein, einen umfassenden gesellschaftlichen Wandel, eine sozialökologische Transformation und schließlich eine ökosozialistische Alternative durchzusetzen. Darum ist es zwingend erforderlich, dass die Organisationen der Lohnabhängigen und die Klimabewegung sich der rassistischen Ausgrenzungs- und Spaltungspolitik entgegenstellen und für das grundlegende Recht auf Asyl und Migration einstehen. Der Kampf gegen Rassismus und gegen die Diskriminierung von Flüchtlingen und MigrantInnen ist unabdingbar, um der Spaltung der Lohnabhängigen und Unterdrückten entgegenzuwirken. Es sind einheitliche

Lohn-, Arbeits- und Sozialversicherungsstandards für alle in unseren Ländern tätigen Lohnabhängigen einschließlich SaisonarbeiterInnen durchzusetzen, um zu verhindern, dass MigrantInnen als LohndrückerInnen eingesetzt werden.

Der Widerstand gegen jede Form von Diskriminierung und Rassismus muss ein vordringliches Anliegen der Klimabewegung sein. Nur mit einer eindeutigen antirassistischen Orientierung und einem Blick auf die spezifischen Formen der Überausbeutung und Diskriminierung wird es möglich sein, Menschen aus anderen Herkunftsländern für die Klimabewegung zu gewinnen. Die Orientierung auf Klimagerechtigkeit ist zwingend antirassistisch. Dies bedeutet auch eine klare Absage an »Lösungen« der Klimafrage, die primär den Interessen der frühindustrialisierten Metropolenländer entsprechen.

Das Recht auf Migration muss unmittelbar mit der Durchsetzung gleicher Standards verknüpft werden. Wir treten für gleiche und umfassende politische, soziale und kulturelle Rechte für alle hier lebenden Menschen ein. Konkret sollen alle Menschen, die mindestens ein Jahr in einem Land leben, dort das aktive und passive Wahlrecht haben. Sie sollen sich genauso wie diejenigen, die aus unterschiedlichen Gründen einen anderen Pass haben, in die Entscheidungsfindung in unseren Ländern einbringen können.

Soziale Rechte und Teilhabe an der Gesellschaft hängen von der Qualität und dem Zugang zur gesellschaftlichen Infrastruktur ab. Darum sollen alle in unseren Ländern lebenden Menschen kostenlosen Zugang zu unserer gesellschaftlichen Infrastruktur haben, ganz besonders zu den Bildungseinrichtungen und zur Gesundheitsversorgung. Es gilt, das Recht auf Wohnen und eine sinnvolle Arbeit durchzusetzen (siehe Kapitel 6.3). Umfassende Demokratie ist mit sozialen Rechten verbunden. Die Spaltung der Bevölkerung in Menschen mit und ohne Wahlrecht ist nur ein Aspekt, der zeigt, wie begrenzt die liberale Demokratie und die demokratischen Gestaltungsmöglichkeiten innerhalb des bürgerlichen Staates sind.

Will die Klimabewegung eine Bewegung für Klimagerechtigkeit sein, muss sie sich ernsthaft bemühen, auch die jungen und alten Menschen aus anderen Ländern, Menschen unterschiedlicher Herkunft und mit ganz verschiedenen religiösen Glaubensbekenntnissen anzusprechen. Dazu gehört auch der selbstkritische Umgang mit Formen des unterschwelligen Rassismus in den eigenen Reihen. Das sind wichtige Aspekte dieses alltäglichen Bestrebens, Spaltungslinien zu vermeiden und die Bewegung zu stärken.

4.3 Überwindung geschlechtsspezifischer Diskriminierung und Arbeitsteilung

Seit den 1980er-Jahren fordern Feministinnen, die Befreiung der Frauen mit einer ökologischen Wirtschaftsweise zu verbinden (siehe Kapitel 3). Die geschlechtsspezifische Diskriminierung erhält durch die Konsequenzen der Erderwärmung eine zusätzliche Brisanz. In vielen Gesellschaften sind die Frauen aufgrund ihrer Rolle besonders stark von den Veränderungen des Klimas betroffen.

Frauen werden noch immer diskriminiert, sei es bei bezahlter und unbezahlter Arbeit, Familie, Mutterschaft, Bildung, sozialer Sicherheit, Präsenz im öffentlichen Raum sowie durch sexuelle Belästigung und Gewalt. Patriarchale und klassenspezifische Unterdrückungsmechanismen erfolgen miteinander verschränkt. Lohnabhängige sowie vom Lohn des Partners abhängige Frauen erfahren Ausbeutung sowie Sexismus und Diskriminierung auf eine spezifische Weise.

Die alte Forderung nach gleichem Lohn für gleichwertige Arbeit ist noch immer nicht verwirklicht. Die geschlechtsspezifische Arbeitsteilung ist Ausdruck patriarchaler Verhältnisse und der kapitalistischen Verwertungslogik der Arbeit. Eine allgemeine radikale Arbeitszeitverkürzung ist eine wichtige Voraussetzung, um die Teilung der Arbeitszeit sowie der reproduktiven und freien Zeit zwischen den Geschlechtern so zu organisieren, dass Diskriminierungen zurückgedrängt und letztlich aufgehoben werden. Zugleich sind Formen der Vergesellschaftung von Haus- und Pflegearbeit zu entwickeln. Gemeinschaftliche Haus- und Pflegearbeiten erlauben es, wesentlich ressourcensparender zu konsumieren und zu leben.

Frauen genießen weiterhin keine vollen sexuellen und reproduktiven Rechte. Dazu zählen selbstbestimmte Sexualität, das Recht auf medizinische Betreuung während Schwangerschaft und Geburt, der kostenlose Zugang zu Verhütungsmitteln und das Recht auf Abtreibung. Die technologischen Fortschritte in der Reproduktionsmedizin haben dem Kapital neue Felder zur Verwertung eröffnet. Das Einfrieren unbefruchteter Eizellen für spätere Befruchtung, Eizellenspende und Leihmutterschaft werfen grundsätzliche Fragen in Bezug auf die reproduktive Gerechtigkeit im Weltmaßstab auf. Eine individuelle Steigerung der Lebensqualität kann mit zunehmender gesellschaftlicher Ungleichheit einhergehen.

Jede Form von Diskriminierung aufgrund des Geschlechts oder der sexuellen Orientierung ist tagtäglich anzuprangern und zu überwinden. Die Einteilung der Menschen in zwei feststehende Geschlechter und der aufgrund dieser Einteilung zugeschriebenen Verhaltensweisen ist zu hinterfragen.

Es geht nicht nur um die Gleichstellung von Frauen und Männern gegenüber der Ausbeutung durch das Kapital. Vielmehr gilt es, die geschlechtsspezifische

Arbeitsteilung zu überwinden und damit die gesellschaftlichen Verhältnisse zwischen den Geschlechtern grundsätzlich zu verändern. In diesem Sinne sind alle hierarchischen Verhältnisse infrage zu stellen, die unsere Gesellschaft bestimmen und spalten. Die ökosozialistische Übergangsstrategie muss zugleich eine feministische sein. Die Überwindung geschlechtsspezifischer Diskriminierungen ist ein zentraler Baustein einer feministisch-ökosozialistischen Gesellschaftsperspektive. Darum treten ÖkosozialistInnen dafür ein, dass sich Frauen eigenständig organisieren.

5 Umbau der Produktion

Der Umbau der Produktion ist zentraler Bestandteil einer ökosozialistischen Übergangsstrategie. Die Devise lautet: weniger produzieren, gerecht teilen, gemeinsam entscheiden, um besser zu leben. Einige Industrien wie die Rüstungsindustrie und weite Teile der Automobilindustrie müssen zurückgebaut werden. Dieser industrielle Um- und Rückbau ist allerdings nur durch eine gesellschaftliche Aneignung und Kontrolle auf sinnvolle Weise möglich. Unter den Bedingungen kapitalistischer Konkurrenz wären derartige Restrukturierungen mit massivem Personalabbau, der Verschwendung menschlicher Kreativität und gesellschaftlichen Einschnitten verbunden. Der industrielle Umbau hat so zu erfolgen, dass die Beschäftigten weder ihren Arbeitsplatz verlieren noch Einbußen bei den Löhnen erfahren.

In den Kapiteln 5 bis 8 entwickele ich ein Forderungs- und Orientierungsprogramm, das einen ökosozialistischen Umbau der Gesellschaft einleitet. Jeder thematische Abschnitt in diesen Kapiteln beginnt mit Sofortforderungen, die eigentlich leicht umsetzbar sind, sofern das politische Kräfteverhältnis es zulässt. Diese Sofortforderungen sind, für sich gesehen, durchaus unter den gegebenen kapitalistischen Bedingungen realisierbar. In ihrer Gesamtheit sind sie allerdings auch der Einstieg in eine weiterführende Perspektive, die zunehmend an der kapitalistischen Profitlogik und den Zwängen der Konkurrenz rüttelt und diese Logiken und Zwänge schließlich überwindet. Die Durchsetzung der weitergehenden Reformen kollidiert mit dem Privateigentum an Produktionsmitteln und steht vor grundlegenden Herausforderungen. Wie lässt sich die technologische Entwicklung demokratisch gestalten? Wie kann sich die gesellschaftliche Gegenmacht gegenüber dem Staat durchsetzen, und wie können die zentralen wirtschaftlichen Prozesse demokratisch geplant werden? Diesen für eine ökosozialistische Umgestaltung zentralen Herausforderungen widmet sich das Kapitel 9.

5.1 Radikale Abrüstung als erster Schritt zur Infragestellung der Armeen

Die Armeen zählen zu den größten institutionellen Emittenten von Treibhausgasen. In den USA betragen die direkt kriegsrelevanten Emissionen der Rüstungsindustrie und des Verteidigungsministeriums rund 153 Millionen Tonnen CO_2e (Kohlendioxidäquivalente)[13] pro Jahr (ohne die Emissionen der rund 700 US-Militärstützpunkte im Ausland). Die gesamte Rüstungsindustrie ist für die Emission von rund 280 Millionen Tonnen CO_2e verantwortlich. Im Jahr 2017 emittierte die US-Armee 59 Millionen Tonnen CO_2e, deutlich mehr als viele industrialisierte Länder wie Schweden (48 Millionen Tonnen CO_2e), Dänemark (33,5 Millionen Tonnen CO_2e) oder die Schweiz (34,4 Millionen Tonnen CO_2e). Das US-Verteidigungsministerium ist weltweit der größte institutionelle Verbraucher von Petroleum und Emittent von Treibhausgasen. Der Anteil der US-amerikanischen Rüstungsindustrie beläuft sich auf rund 15 Prozent der gesamten industriellen Treibhausgasemissionen in den USA (Crawford 2019: S. 13 ff.). Doch der militärisch-industrielle Komplex in den USA ist nur das krasseste Beispiel: Auch die anderen Armeen und Rüstungsindustrien zählen zu den großen institutionellen Treibhausgasemittenten in ihren Ländern.

Die Armeen dienen der Machterhaltung und Interessenwahrung der herrschenden Klassen. Die bedingungslose und radikale Abrüstung ist eine klassische Forderung der ArbeiterInnenbewegung und der pazifistischen Bewegungen seit ihrem Entstehen im 19. Jahrhundert. Diese Forderung hat nichts an Aktualität eingebüßt. Ganz im Gegenteil, im Wettstreit um die Wahrung ihrer imperialistischen Interessen erhöhen die USA, Russland, China und etliche EU-Länder ihre Aufrüstungsbemühungen. Die NATO verlangt von ihren Mitgliedsländern, die Militärausgaben auf 2 Prozent ihres Bruttoinlandsprodukts zu erhöhen. Die EU will gar eine eigene Armee aufbauen, die international interventionsfähig ist. Das unterstreicht den imperialistischen Charakter der EU. Aus sozialen und ökologischen Gründen sowie in einer Perspektive der internationalen Solidarität muss ein entschlossener Widerstand gegen alle Aufrüstungsbemühungen auch eine Achse der Klimabewegung sein. Daher ist es ein wichtiges strategisches Anliegen, die seit Jahrzehnten bestehenden friedenspolitischen und antimilitaristischen Organisationen und Netzwerke mit der Klimabewegung zusammenzuführen und in einen gemeinsamen Lern- und Aktionszusammenhang zu bringen.

---

13 CO_2-Äquivalente (CO_2e) sind eine Maßeinheit zur Vereinheitlichung der Klimawirkung der unterschiedlichen Treibhausgase. Methan (CH_4) und Distickstoffmonoxid (N_2O), auch Lachgas genannt, heizen das Klima noch wesentlich stärker auf als CO_2.

Die Aufrüstung drückt angesichts der Investitionen, die erforderlich sind, um die Erderwärmung abzubremsen, die ganze Verachtung der Herrschenden in den imperialistischen Staaten für die am meisten von den Klimakatastrophen betroffenen Menschen in den abhängigen und peripheren Ländern aus. Für eine rasche Dekarbonisierung der Wirtschaft sind zusätzliche Investitionen in der Höhe von mindestens 1 bis 2 Prozent des weltweiten BIP während mehrerer Jahrzehnte nötig (UNCTAD 2019: S. 53) (vergleiche meine Ausführungen in Kapitel 8.2). Mit einem Verzicht auf die Aufrüstungswünsche der NATO wären diese Maßnahmen bereits »finanziert«. Allen Aufrüstungsbemühungen und der sie begleitenden imperialistischen »Verteidigungsrhetorik« ist eine Abfuhr zu erteilen. Die Armeen sind nicht nur große CO_2-Emittenten, sie verschlingen auch ungeheure finanzielle Ressourcen, die für dringende ökologische Umbaumaßnahmen und soziale Investitionen nötig sind. Die erforderliche antimilitaristische Ausrichtung der Klimabewegung lässt sich in Zusammenarbeit mit friedenspolitischen und internationalistischen Zusammenhängen in den nachfolgenden sieben Forderungen zum Ausdruck bringen.

1. Auf die vorgesehenen Aufrüstungsprojekte ist zu verzichten. Jegliche Erhöhung der Militärausgaben ist abzulehnen.

2. Die Rüstungsausgaben sind generell und bedingungslos jährlich um 10 Prozent gegenüber dem Stand von 2020 zu reduzieren.

3. Die NATO ist als Interessenverband der imperialistischen Staaten Nordamerikas und Europas aufzulösen.

4. Die obligatorischen Militärdienste sind in Organisationen zur Katastrophenhilfe, für den Bevölkerungsschutz bei Umweltkatastrophen und in Dienste der gemeinnützigen und sozialen Arbeit sowie zur Pflege der Landschaft umzuwandeln.

5. Es muss umgehend ein Konversionsprozess der Rüstungsindustrie eingeleitet werden. Die Rüstungskonzerne sind zu vergesellschaften. Unter gesellschaftlicher Kontrolle und Beteiligung der Beschäftigten sind die militärischen Aktivitäten der Konzerne herunterzufahren und komplett in nützliche und umweltverträgliche Produktions- und Dienstleistungstätigkeiten zu konvertieren.

6. Die durch die kontinuierliche Reduktion der Rüstungsausgaben frei gewordenen finanziellen Mittel sind in einen Fonds zur Konversion des Militär- und Rüstungssektors zu überführen. Dieser Fonds finanziert emissionsmindernde Projekte. Damit können zumindest teilweise die im Laufe der Zeit kumulier-

ten Treibhausgasemissionen der Armee und der Rüstungsproduktion ausgeglichen werden.

7. Der Fonds zur Konversion des Militär- und Rüstungssektors finanziert den Aufbau öffentlicher Betriebe, die – gestützt auf die ehemals militärisch genutzten Fähigkeiten und Qualifizierungen der Beschäftigten – gesellschaftlich nützliche und ökologisch sinnvolle Produkte anbieten. Die Beschäftigten in Armee und Rüstungssektor erhalten die Möglichkeit, Umschulungs- und Qualifizierungsangebote kostenlos zu nutzen, die ebenfalls von diesem Fonds finanziert werden.

Diese sieben Maßnahmen führen in ihrer Gesamtheit zu einem kompletten Rückbau des militärisch-industriellen Komplexes in etwa einem Jahrzehnt. Allein die NATO und die EU-Staaten würden damit bereits eine substanzielle Reduktion der Treibhausgasemissionen erreichen. In einer Perspektive globaler Abrüstung sind die Bewegungen zu unterstützen, die sich in den anderen Militärmächten ebenfalls für eine radikale Abrüstung und Zerschlagung des militärisch-industriellen Komplexes einsetzen.

5.2 Aufbau eines dezentralen Systems erneuerbarer Energien

Rahmenbedingungen für ein ökologisches Energiesystem

Der Energiesektor nimmt eine zentrale Rolle bei der Erderwärmung ein. Dessen ökologischer Umbau gehört zum Fundament einer ökosozialistischen Strategie. Die fossilen Energieträger sind zu ersetzen. Respektieren wir das »Prinzip der gemeinsamen, aber differenzierten Verantwortung« der globalen Klimagerechtigkeit, ergeben sich wichtige Konsequenzen für den energetischen Umbau (vgl. Kapitel 2.4). Das heißt auch, dass wir die unterschiedlichen Maßstabsebenen von lokal bis global als miteinander verflochten betrachten.

1. Der gesamte Umbau des Energiesystems, das zu 100 Prozent auf erneuerbaren Energien basiert, muss innerhalb des Rahmens der in Kapitel 2 beschriebenen drastischen Verringerung der globalen Netto-CO_2-Emissionen ablaufen. Gemäß dem verantwortungsvollsten Szenario P1 des IPCC sind die Treibhausgasemissionen weltweit bis 2030 um 58 Prozent zu reduzieren und bis 2050 auf netto null zu senken. Das heißt, dass ein beträchtlicher Teil des verbleibenden Treibhausgasbudgets für den Aufbau eines alternativen Energiesystems zu verwenden ist, was aber radikale Reduktionsanstrengungen in allen anderen Bereichen noch dringender macht.

2. Der Aufbau eines neuen globalen Energiesystems erfordert riesige Investitionen in neue Infrastrukturen. Die Errichtung dieser Infrastrukturen ist aber energieaufwendig. Diese Energie stammt, weltweit gesehen, aber immer noch zu rund 80 Prozent aus fossilen Brennstoffen und emittiert somit CO_2.

3. Ein Teil der weltweit noch verwendbaren fossilen Energieträger ist einzusetzen, um seltene Metalle und seltene Erden zu gewinnen und zu veredeln, die für den Aufbau eines Systems erneuerbarer Energien unerlässlich sind. Der Abbau dieser Metalle verbraucht viel Energie und Wasser. Er erzeugt auch eine Menge Abfall, da die benötigten Metalle im Erz nur in geringer Konzentration vorkommen. Die Extraktion ist also mit umfangreichen Naturzerstörungen und hohen gesellschaftlichen Kosten verbunden.

4. In diesem Bereich ist die Eigentumsfrage entscheidend. Denn das Monopol über ressourcenreiche Territorien vermittelt den Eigentümern die Möglichkeit, Renteneinkommen zu erzielen. Umso wichtiger ist es, im Einklang mit der Forderung nach Klimagerechtigkeit allen neokolonialen Bestrebungen im Zusammenhang mit der Versorgung von Rohstoffen entschlossenen Widerstand entgegenzusetzen.

5. Die Erschließung und Gewinnung dieser Rohstoffe beruht unter kapitalistischen Bedingungen auf der Ausbeutung der lokalen Bevölkerung und dem Raubbau an der Natur. Diese Prozesse sind in die weltweit ungleiche Entwicklung und imperialistische Dominanz eingewoben. Eine ökosozialistische Perspektive muss darauf hinarbeiten, dass die in der Gewinnung der Rohstoffe arbeitenden Menschen ihre vollen gewerkschaftlichen Rechte genießen und die lokale Umwelt so wenig wie möglich belastet wird. Das aber verteuert den Aufbau eines neuen Systems erneuerbarer Energien massiv und begrenzt die Profitraten in diesen Bereichen. Dadurch wiederum wird es für privates Kapital weniger attraktiv, in diese Sektoren zu investieren.

Beim Aufbau eines alternativen Energiesystems gilt es die Inkompatibilität von fossilen und erneuerbaren Energiesystemen zu beachten. Die fossilen Energieträger weisen Vorzüge wie Speicherbarkeit, Transportierbarkeit und Konzentrierbarkeit auf. Derzeit werden nicht fossile Energieträger, die thermisch oder photovoltaisch gewonnene Elektroenergie, Wind- und Wasserkraft und Energie aus Agromasse so genutzt, als ob sie diese Vorzüge auch besäßen. Die erneuerbaren Energieträger weisen hingegen andere Vorteile auf. Sonne, Wasser und Wind sind tendenziell unbeschränkt und nahezu überall vorhanden. Nachteilig sind allerdings ihre zeitlich und räumlich ungleiche Verfügbarkeit und ihre eingeschränkte Speicherbarkeit. Dabei stellt sich die zusätzliche Herausforderung, dass der *Energy Return on*

Energy Invested (ERoEI) biotischer Energieträger geringer ist als bei fossilen Energieträgern. Diese Eigenschaften begünstigen eine dezentrale Struktur und eine Versorgung aus der geografischen Nähe. Lange und kostspielige Transportvorgänge sind nicht nötig. Diese eigentlichen Potenziale erneuerbarer Energieträger lassen sich allerdings gar nicht nutzen, wenn sie in das bestehende und sich seit 200 Jahren entwickelnde System der fossilen Energieerzeugung und -verteilung integriert werden (Altvater 2010: S. 141). Denn es ist nur eingeschränkt wirtschaftlich, Großkraftwerke auf erneuerbarer Basis zu betreiben. Daher sind die Netze erneuerbarer Energien in einer dezentralen und regionalisierten Struktur aufzubauen, um die Transportverluste und Speicherprobleme zu minimieren (Tanuro 2015a: S. 63 f.). Das erleichtert die Entwicklung regionaler Wirtschaftsstrukturen und die demokratische Kontrolle der Energieversorgung durch die Beschäftigten und die örtliche Bevölkerung. Genau dies widerspricht allerdings den wirtschaftlichen Interessen der großen Energiekonzerne mit ihren Großkraftwerken, die weiterhin auf die fossilen und teilweise auf nukleare Energieträger setzen (Altvater 2006: S. 87). In der Tat lassen sich diese aufgrund ihrer Größenvorteile in großen Einheiten wirtschaftlicher betreiben. Diese Charakteristika der fossilen und erneuerbaren Energieformen sind von großer Tragweite bei der Konzipierung des Übergangs zu einer ökosozialistisch organisierten Gesellschaft.

Diese Überlegungen zeigen, dass die bestehende Energieinfrastruktur einerseits aus technischen und ökonomischen Installationen und Einrichtungen und andererseits aus wirtschaftlichen Verwertungsstrukturen und politischen Herrschaftsstrukturen besteht. Eine ökosozialistische Perspektive muss diese Verbindung ständig im Blick haben. Es gilt, die kapitalistischen Verwertungsstrukturen und politischen Herrschaftsstrukturen und die mit ihnen verwobenen stofflichen und physischen Infrastrukturen gleichermaßen infrage zu stellen und durch umweltverträgliche und gesellschaftlich gerechte Strukturen zu ersetzen.

Umbau des Energieversorgungssystems

Die neoliberale Politik, die mit Anreizen und Steuern die EigentümerInnen zur thermischen Sanierung der Gebäude anregen will, ist zu langsam und sozial ungerecht. Sie konzentriert sich mehr auf die Förderung der Produktion erneuerbarer Energien durch Hausbesitzer – und auf die irrationale Entwicklung von Märkten des »grünen Kapitalismus« – als auf die Reduzierung des Energieverbrauchs durch eine umfassende thermische Sanierung der Gebäude.

Hier muss ein grundsätzlicher Paradigmenwechsel eingeleitet werden. In emanzipatorischer und ökosozialistischer Perspektive sollte eine Basisversorgung mit Energie Teil der allgemein zugänglichen gesellschaftlichen Infrastruktur sein.

Diese Infrastruktur sollte den Menschen günstig zur Verfügung stehen. Die nachfolgend beschriebene Perspektive zielt auf einen umweltverträglichen und sozial gerechten Umbau der Energieversorgung. Zahlreiche Schritte in diese Richtung sind auf regionaler und nationaler Ebene zu unternehmen.

1. Der umgehende Ausstieg aus der Kohleverstromung ist dringend geboten, ganz besonders in Deutschland. Die Vorschläge des »Kohlekompromisses« laufen auf eine Verlängerung der Braunkohleverstromung bis 2038 hinaus. Das ist ein Weg in die falsche Richtung. Die besonders dreckigen Braunkohlekraftwerke sind sofort stillzulegen. Damit lässt sich Kapazität in den Übertragungsnetzwerken für erneuerbare Energien schaffen. Die bestehenden Gaskraftwerke können aufgrund ihrer hohen Flexibilität die schwankenden Kapazitäten von Wind und Sonne rasch ausgleichen. Darum eignen sie sich für den zeitlich begrenzten Übergang.

2. Durch den Ersatz fossiler Energieträger sowie den Um- und Rückbau anderer Bereiche wie des motorisierten Individualverkehrs wird der Bedarf an Strom steigen. Darum brauchen alle Länder ein umfassendes Investitionsprogramm zur drastischen Einsparung von Energie und den möglichst raschen Umbau hin zu einer kompletten Versorgung durch erneuerbare Energien. Denn der gesamte gegenwärtige Energieverbrauch kann bei Weitem nicht durch erneuerbare Energien getragen werden.

3. Ein großer Teil der Heizenergie verpufft in schlecht isolierten Gebäuden. Das Tempo der energetischen Sanierung ist viel zu langsam. Die Ölheizungen sind schnellstmöglich zu entfernen. Sie sind durch möglichst klimaneutrale Alternativen zu ersetzen. Die heutige energetische Sanierung von Mietwohnungen setzen EigentümerInnen dazu ein, um die Mieten zu erhöhen und eingesessene MieterInnen durch zahlungskräftigere zu ersetzen. Mit der herkömmlichen neoliberalen Politik der Anreize lässt sich kein vernünftiges Programm zur thermischen Sanierung der Gebäude verwirklichen. Darum sind auf kommunaler und regionaler Ebene öffentliche Betriebe unter Selbstverwaltung der Beschäftigten zu gründen, die in maximal zehn Jahren alle Gebäude kostengünstig isolieren und renovieren. Wohnungen dürfen nach ihrer thermischen Sanierung nicht teurer werden. Der Umbau der Heizungen darf nicht zur Verteuerung der Wohnungen führen. Der Umbau der Wärmeerzeugung muss sozial gerecht gestaltet werden. Die privaten und genossenschaftlichen Wohnungsunternehmen sind gesetzlich zu verpflichten, die Sanierungen aus ihren Gewinnen und Überschüssen zu finanzieren.

4. Die Photovoltaik (PV) hat sich seit der Jahrhundertwende stark entwickelt. Die Preise von erneuerbaren Energien sind im letzten Jahrzehnt rasch und deutlich gesunken. Die Preise von Photovoltaikanlagen (durchschnittlicher Endkundenpreis für fertig installierte Aufdachanlagen von 10 bis 100 Kilowatt-Peak) sanken allein von 2006 bis 2018 um rund 75 Prozent (Wirth 2019: S. 8). PV-Anlagen auf Freiflächen entsprechen sogar etwa dem Kostenniveau von Windkraftanlagen zu Lande. Die Kosten der Windenergie liegen heute an günstigen Standorten unter jenen von Steinkohlekraftwerken (Hasse 2017: S. 4). Das zu lösende Problem ist die Entwicklung von Strom-zu-Strom-Speicherkapazitäten und von Speichern mit anderen Medien. Die Photovoltaik- und Windstromanlagen reduzieren zwar den Verbrauch fossiler Brennstoffe und den CO_2-Ausstoß, sie ersetzen aber keine Leistungskapazitäten. An windstillen und trüben Wintertagen erreicht der Stromverbrauch Maximalwerte, ohne dass Sonne- oder Windstrom bereitstehen. Darum sind die Investitionen in die Entwicklung bisher nur im kleinen Maßstab realisierter Energiespeichersysteme massiv auszuweiten (Wirth 2019: S. 51).

5. Gemäß einer Studie ließen sich durch den Bau von Niedrigsenergiebauten und eine systematische Dachnutzung für Solaranlagen in der Schweiz bis 2030 bis zu 100 Terawattstunden Energie pro Jahr und bis 2050 bis zu 280 Terawattstunden pro Jahr substituieren, ohne dass weitere Landschaftseingriffe vorgenommen werden müssten. Damit ließe sich das Pariser Klimaabkommen einhalten (SSES 2019). Solche eng mit dem involvierten Gewerbe verbundenen Studien sind mit Vorsicht zu genießen. Dennoch zeigen sie, dass die Potenziale dezentraler Sonnenenergienutzung viel stärker genutzt werden können.

6. Die Energieversorgung muss über ein neues soziales Tarifsystem erfolgen. Dieses bietet den Haushalten ein günstiges und sogar kostenloses Grundkontingent an privat verbrauchter Energie mit progressiv ansteigenden Tarifen bei höherem Bedarf an. Die hohe Nachfragemacht von industriellen Großverbrauchern darf nicht zu Preisnachlässen führen. Subventionen für Großverbraucher sind abzuschaffen. Ein Energiesteueraufschlag bietet die Möglichkeit, die Preise für die Grundversorgung niedrig zu halten und die Einnahmen aus der Besteuerung für regionale Entwicklungsprojekte zur Energieeinsparung und Erzeugung von Strom aus erneuerbaren Trägern zu verwenden.

7. Die bestehenden kommunalen und regionalen Energieversorgungsunternehmen und Stadtwerke, die oftmals noch in (teilweise) öffentlichem Eigentum sind, bieten sich als Kristallisationskerne für den Aufbau einer dezentral organisierten Energieversorgungsinfrastruktur an. Unter demokratischer Kontrolle

durch die Beschäftigten und die VerbraucherInnen sind diese in öffentliche Betriebe umzuwandeln, um gemäß öffentlich diskutierten und beschlossenen Vorgaben ein dezentrales Netz zur Erzeugung von und Versorgung mit Strom und Wärme aus erneuerbaren Energien aufzubauen. Sie können zusammen mit anderen öffentlichen Betrieben und einem öffentlichen geförderten Beschäftigungssektor weitere kommunale Aufgaben für eine umweltverträgliche Wirtschaftsentwicklung übernehmen, etwa beim Betrieb dezentraler (Block-)Heizkraftwerke, bei der Stromerzeugung auf der Basis von Kraft-Wärme-Kopplung, bei der energiesparenden Sanierung von Gebäuden sowie als Kompetenzzentren zur Energieeinsparung und beim Recycling. Diese öffentlichen Betriebe stellen Energie nicht nach betriebswirtschaftlichen Kriterien zur Verfügung, sondern nach Maßgabe dessen, was für die regionale Bevölkerung nützlich und die Umwelt verträglich ist. Sie trachten danach, ihre vertriebene Energiemenge zu reduzieren. Das ist der Einstieg in den Aufbau einer umweltverträglichen und demokratischen Energiewirtschaft (vgl. hierzu die vorzüglichen Vorschläge von Garnreiter 2012). Diese demokratisch kontrollierten Stadtwerke bilden zusammen mit den bisherigen großen, überregional tätigen Energiekonzernen und nunmehr öffentlich und demokratisch kontrollierten Energiebetrieben eine neue Energieerzeugungs- und Versorgungsinfrastruktur.

8. Die Flexibilität und Modularität erneuerbarer Energien ermöglicht ökosozialistische Strukturreformen, die eine dezentralisierte territoriale Entwicklung in die Wege leiten. Hierfür bedarf es der demokratischen gesellschaftlichen Aneignung der örtlich verfügbaren erneuerbaren Energieressourcen und deren Nutzung durch lokale Gemeinschaften in den Städten und Regionen. Dabei können sowohl selbst organisierte regionale Energiegenossenschaften als auch kommunale und regionale Eigentumsformen diese gesellschaftliche Aneignung juristisch absichern.

Umbau der Energieversorgung in Europa

Es wäre ein absurdes Unterfangen, den Umbau des gesamten Energiesystems auf erneuerbare Energie im nationalen Maßstab durchzuführen. Darum müssen sich die Klimabewegung und die Gewerkschaften die Frage stellen, mit welchen Kooperationsstrategien zwischen den Ländern Europas die Energieversorgung umfassend auf der Basis von Erneuerbaren zu gewährleisten ist. Die Länder und Regionen können dabei die geografisch ungleiche Ausstattung mit Sonnen-, Wind- und Reliefenergie in einer kooperativen – also nicht wettbewerbsbasierten – Weise gegenseitig ergänzen.

Dieser Umbau des Energiesystems erfordert riesige Investitionen durch die öffentliche Hand. Gemäß Schätzungen würde nur der Umbau des Energiesystems auf europäischer Ebene bis 2050 jährliche Investitionen von 280 Milliarden Euro erfordern. Das entspricht rund 2 Prozent des gegenwärtigen Bruttoinlandsprodukts der EU.

Der öffentliche Sektor kann diese dynamische Aufgabe des Umbaus des Energiesystems allerdings nur erfüllen, wenn er nicht dem Druck des Finanzmarktes ausgesetzt ist. Darum sind die Regeln der Währungsunion aufzugeben und durch andere Formen der wirtschaftlichen und finanziellen Kooperation in Europa zu ersetzen. Die Finanzierungsmechanismen müssen stabil und vorhersehbar sein und unter demokratischer Kontrolle stehen. Für diesen Zweck müssen öffentliche und regionale Banken, die unter Kontrolle der Beschäftigten und der lokalen Bevölkerung stehen, aufgebaut werden (ReCommonsEurope 2019: S. 56).

Das bedeutet allerdings auch, dass der europäische Wettbewerb zu überwinden und die Regulierung des öffentlichen Beschaffungswesens zu verändern ist. Es braucht eine radikale Veränderung der Stabilitätskriterien und eine Lockerung der Defizitkriterien, wenn wir die erforderlichen Investitionen für den ökologischen Umbau finanzieren wollen.

Die zaghaften Elemente der Umwelt- und Klimapolitik der EU werden durch ihr Primat der Wettbewerbsfähigkeit selbst unterminiert. 20.000 LobbyistInnen multinationaler Konzerne aus der fossilen Industrie von Automobilkonzernen und Energieversorgern beeinflussen die Politik der EU-Kommission und des EU-Parlaments (Grebenjak und Torner 2018). Ein dezentrales Energiesystem lässt sich nur auf der Basis einer großen europaweit gemeinsam getragenen gesellschaftlichen Mobilisierung in den Regionen und Ländern durchsetzen. Ein ökologischer Umbau wird allerdings zwingend in Konflikt mit den Grundprinzipien der EU geraten und kann demzufolge nur gegen die EU durchgesetzt werden.

Auf fossile Energieträger verzichten und Energiekonzerne gesellschaftlich aneignen

Die Aufgabe der fossilen Energieträger erfordert eine internationale und schließlich weltweite Perspektive. Zudem lässt sich nur auf internationaler Ebene ein gesellschaftliches und politisches Kräfteverhältnis aufbauen, das erforderlich ist, um das fossile Kapital, also die international agierenden Öl- und Energiekonzerne, in die Schranken zu weisen.

Nur rund hundert Konzerne der fossilen Industrie sind für den Großteil der weltweiten Treibhausgasemissionen verantwortlich, wenn wir auf deren Entstehung schauen (Griffin 2017; Heede 2019; vgl. Ausführungen in Zeller 2020). Das stellt die Klimabewegung vor eine zentrale strategische Frage: Können diese Konzerne derart unter Druck gesetzt werden, dass sie ihre Strategien komplett verändern und aus der Gewinnung fossiler Energieträger aussteigen? Dies mutet derzeit nahezu unmöglich an. Eigentlich steht die internationale Klimabewegung vor der Aufgabe, direkt die Machtfrage zu stellen. Es geht um nicht weniger als um die gesellschaftliche Aneignung der Konzerne, die fossile Energieträger abbauen, mit ihnen handeln oder sie verarbeiten, durch die Beschäftigten und gesamten betroffenen Gesellschaften. Auf dieser Basis sind die fossilen Tätigkeitsfelder dieser Konzerne kontrolliert und rasch rückzubauen. Da diese Konzerne jahrzehntelang ihre Profite aus der Plünderung der fossilen Rohstoffe und der Ausbeutung der beschäftigten ArbeiterInnen gezogen haben, sind sie auch zur Verantwortung für die Finanzierung des industriellen Umbaus heranzuziehen. Sie müssen die Kosten des Umbaus tragen. Das ist nur möglich, wenn es gelingt, die bisherigen Strukturen und Machtapparate dieser Konzerne zu zerschlagen. Ob das gelingt, hängt von den gesellschaftlichen und politischen Kräfteverhältnissen ab.

Die fossilen Konzerne agieren weltweit. Sie verfügen nicht nur über eine enorme Kapitalmacht, sondern auch über weitreichenden politischen Einfluss. Keine Regierung hat gegenwärtig den Willen, sich den Interessen dieser Industrie entgegenzustellen. Die Klimabewegung muss die fossilen Energiekonzerne und die Finanzunternehmen, die sie finanzieren, direkt anprangern und ihre Glaubwürdigkeit infrage stellen. Für die mit dem fossilen Komplex verbundene Automobilindustrie gilt das gleichermaßen. Die Netzwerke *Ende Gelände* und *Verkehrswende* praktizieren diese Strategie bereits ziemlich erfolgreich.

Die Öl-, Gas- und Kohlekonzerne und der Finanzsektor sind durch Investitionskredite und Aktienbesitz eng miteinander verflochten. Investmentfonds halten große Aktienpakete der Energiekonzerne. Die größten Investmentfonds sind an zahlreichen Energiekonzernen gleichzeitig beteiligt. Sie eignen sich über Dividenden und Aktienpreissteigerungen einen Teil des durch die Beschäftigten erzeugten Mehrwerts an und kassieren auch einen Teil der Öl- und Rohstoffrente, die aus dem Eigentumsmonopol der Konzerne an den Ressourcen erwächst. Das Finanzkapital betreibt auch Spekulation mit Derivaten und Termingeschäften für Rohstoffe und Energieträger. Die ursprünglich zur Absicherung der Preise eingeführten Instrumente haben sich längst zu Objekten der Spekulation entwickelt. Die KäuferInnen kaufen solche Wertpapiere, um sie zu einem höheren Preis zu verkaufen, nicht weil sie an der Ware selbst interessiert sind. Zumeist ist der Derivatehandel größer als der Handel der Rohstoffe und Energieträger selbst (vgl. Labban 2010).

Wenn die Konzerne unter massivem politischen Druck auf einen Großteil ihrer Kohle-, Öl- und Gasreserven verzichten müssten, würden sie und alle mit ihr verbundenen Wirtschaftszweige eine erhebliche Entwertung ihres Kapitals erfahren, und ihre Gewinne brächen ein. Das würde zu einer massiven Abwertung ihrer Aktien an den Börsen führen. Das heißt, die finanziellen Anleger, also die Investment- und Pensionsfonds aller Art, müssten damit rechnen, dass ihre finanziellen Vermögensbestände teilweise entwertet würden. Solange sich gleichzeitig nicht andere große Sektoren auftun, die wesentlich profitabler sind, würde sich aus dieser Konstellation unweigerlich eine Finanz- und Wirtschaftskrise entwickeln. Daraus ist zweierlei zu schließen: *Erstens* ist es nahezu ausgeschlossen, dass die Konzerne der fossilen Industrie freiwillig auf Profite verzichten. Sollte das *zweitens* doch eintreten, entstünde im Zuge des Verzichts der fossilen Industrien einschließlich aller damit verbundenen Industrien, also auch der Automobilindustrie, unter kapitalistischen Vorzeichen eine tiefe und lang anhaltende Wirtschaftskrise mit katastrophalen Konsequenzen für die Mehrheit der Lohnabhängigen und der Armen.

Breite Teile der Bevölkerung müssen dafür gewonnen werden, die fossilen Konzerne, die Autokonzerne und die Finanzkonzerne auf demokratische Weise gesellschaftlich anzueignen. Nur auf dieser Grundlage ist es möglich, diese Konzerne kontrolliert und gemäß den gesellschaftlichen Anliegen herunterzufahren und komplett umzubauen. Dieser Rück- und Umbau bedeutet, dass sich sehr viele Menschen beruflich umorientieren müssen. Nur wenn sich diese Konzerne in gesellschaftlichem Eigentum befinden und demokratisch durch die Gesellschaft kontrolliert werden, ist es möglich zu garantieren, dass der erforderliche Rück- und Umbau nicht zu tiefen gesellschaftlichen Krisen führt. Die Konzerne müssen sich der Erforschung und Erzeugung erneuerbarer Energien zuwenden und umfassende Konzepte zur massiven Reduktion des gesamten Energieverbrauchs ausarbeiten. Dabei müssen die Arbeitsplätze erhalten bleiben. Für ein solches Umbauprogramm muss die Klimabewegung allerdings die Gewerkschaften in den entsprechenden Sektoren gewinnen. Die Beschäftigten verfügen über ein spezialisiertes Wissen und über umfangreiche Erfahrungen. Beides muss in diesen komplexen und radikalen Umbauprozess einfließen.

Dieser gesellschaftliche Aneignungsprozess lässt sich zwar in einzelnen Ländern initiieren. Zugleich kann diese gesellschaftliche Umwälzung nur transnational geschehen, will sie erfolgreich sein. Doch es stellt sich die Frage, wie sich Bewegungen und das entsprechende Bewusstsein entwickeln lassen, die diese Aneignungsperspektive und den kontrollierten ökologischen Rück- und Umbau dieser Konzerne ermöglichen. Daran gilt es zu arbeiten. Beispielhaft ist hier die Initiative *Iron and Earth* von ArbeiterInnen in der Ölsandindustrie Kanadas. Sie setzt sich für den Umbau der Energieversorgung und für Projekte mit erneuerbaren Energien ein. *Iron and Earth* unterstützt die Beschäftigten und indigenen ArbeiterInnen auch mit Schulungsangeboten (www.ironandearth.org). Die konsequente ökosozialistische Antwort lässt sich auf zwei Forderungen verdichten:

1. Die fossilen Brennstoffe sind weltweit unter dem Boden zu lassen. Die von Kohle-, Öl- und Gaskonzernen durchgesetzte Blockade einer wirksamen Klimapolitik muss gebrochen werden. Nur so ist es möglich, innerhalb von zehn Jahren den schnellen Übergang zu einer Wirtschaft zu organisieren, die zu 100 Prozent auf erneuerbaren Energien basiert und zugleich auf Kernenergie verzichtet.
2. Die großen Energiekonzerne sind ohne Kompensationen demokratisch gesellschaftlich anzueignen. Die Energieunternehmen sind in öffentlichem Eigentum kontrolliert durch die Beschäftigten und die NutzerInnen zu betreiben. Dieses öffentliche Eigentum kann genossenschaftlich, kommunal, regional oder nationalstaatlich ausgestaltet sein. Es muss ein dezentraler öffentlicher Energiesektor aufgebaut werden. Dies ist ein Eckpfeiler der durchzuführenden Strukturreformen.

Das politische Kräfteverhältnis zur Durchsetzung dieser Forderungen lässt sich nur mit einer mächtigen sozialen Bewegung erreichen, in der die Beschäftigten im Energiesektor, die Lohnabhängigen in anderen Sektoren und die international koordinierte Klimabewegung einen gemeinsamen Ausdruck finden.

5.3 Ökologischer Umbau der industriellen Produktion

Die Industrie zählt in Deutschland, Österreich und der Schweiz jeweils zu den drei Hauptemittenten von Treibhausgasen. Allerdings fällt ein großer Anteil der Treibhausgase in der Industrie (wie auch in der Energieerzeugung) in den Bereich des Europäischen Emissionshandelssystems. Nur die restlichen Teile sind der direkten politischen Regulierung des Nationalstaats unterworfen. Das ändert jedoch nichts an der Notwendigkeit, die Treibhausgasemissionen nicht indirekt über einen CO_2-Preis, sondern sofort auch durch massive Eingriffe in den Produktionsapparat zu reduzieren.

Den untauglichen Emissionshandel mit einer untauglichen CO_2-Steuer ergänzen?

Das Kyoto-Protokoll von 1997 führte ab 2005 einen internationalen Emissionshandel ein und ermöglichte den frühindustrialisierten Ländern, mit dem Instrument des *Clean Development Mechanism* Maßnahmen zur Reduktion der Treibhausgasemission in einem Entwicklungsland durchzuführen und sich die dort eingesparten Emissionen in Form von *Certified Emission Reductions* (CER) gutschreiben zu lassen (UNFCCC 1997; Bernier 2008; BMU 2017; Europäische Kommission 2019a).

Die Europäische Union machte den Emissionshandel, dem das Kyoto-Protokoll ursprünglich nur eine ergänzende Rolle beimaß, zum zentralen Instrument ihrer Klimapolitik (Richtlinien 2003/87/EG vom 13. Oktober 2003 und 2004/101/EG vom 27. Oktober 2004). Am 1. Januar 2005 startete die EU mit dem *European Union-Emission Trading Scheme* (EU-ETS) den Handel mit den sogenannten CO_2-Emissionszertifikaten im Bereich energieintensiver Anlagen (Kettner 2015; EC 2015, 2016). Die Unternehmen erhalten oder erwerben innerhalb der jeweils festgelegten Obergrenzen des Handelssystems Emissionszertifikate, die sie frei handeln können. In Deutschland und Österreich umfasst das EU-ETS mittlerweile rund die Hälfte der CO_2-Emissionen. Der Emissionshandel hat seit seiner Einführung nur völlig ungenügende Emissionsreduktionen bewirkt, dafür aber Emissionen verlagert und zugleich eine neue Kategorie von Waren und Eigentumsrechten eingeführt, durch die ein weiteres Feld für spekulative Anlagen von Finanzkapital geschaffen wurde (Zeller 2010a).

Bürgerliche, sozialdemokratische und grüne Parteien, gewichtige Sektoren der Wirtschaft und große Teile der Klimabewegung fordern die Einführung einer CO_2-Steuer. Die BefürworterInnen argumentieren, eine CO_2-Steuer brächte die Unternehmen und KonsumentInnen zu einer Verhaltensänderung. Das trifft allerdings nur sehr eingeschränkt zu. Obwohl die empirischen Belege über die Wirksamkeit einer CO_2-Steuer mager sind, wird diese als zentraler Baustein der herkömmlichen Klimapolitik aufgefasst. Sogar in Schweden mit einer CO_2-Steuer von 140 US-Dollar pro Tonne führte die Steuer höchstens zu einer Reduktion von 3 Prozent der CO_2-Emissionen (Jamet 2011). Die CO_2-Steuer wirkt sich gesellschaftlich ausgesprochen ungleich aus. Denn sie zwingt die zahlungskräftigen NachfragerInnen viel weniger zu einer Verhaltensänderung als die breite Masse der Lohnabhängigen, die einen Großteil ihres Einkommens für Konsumausgaben einschließlich Energie verwenden. Darum reagieren diese sensibler auf eine Preiserhöhung als die Vermögenden, die eine solche leicht bezahlen können, ohne ihr Verhalten zu ändern. Dieser Sachverhalt trifft auch zu, wenn die Steuerpflichtigen einen Ausgleichsbonus zurückerhalten (Garnreiter 2019). Viele PolitikerInnen schieben den KonsumentInnen die Verantwortung zu, emissionsärmer zu konsumieren, obwohl diese ganz offensichtlich keine Gestaltungsmacht über die Organisation der Produktion haben. Preise für CO_2 greifen das Problem nicht an der Wurzel an. Wenn für Unternehmen die CO_2-Minderung teurer ist als die zusätzliche Steuer, dann lohnt es sich weiterzumachen wie bisher.

In einer ökosozialistischen Perspektive gilt es nicht die Eigentumsrechte und die Warenwelt auszudehnen, sondern ganz im Gegenteil diese einzudämmen. Die Treibhausgasemissionen sind an ihrer Quelle, also bei der Förderung fossiler Energieträger und in der Produktion, zu reduzieren und schließlich weitgehend aufzuheben. Hierfür ist die gesamte industrielle Produktion umzubauen. Darum sind das durch das Kyoto-Protokoll geschaffene System des Emissionshandels mit dem Erwerb von Emissionsgutschriften und den kommerziellen Verfahren der CO_2-Kompensation sowie das Europäische Emissionshandelssystem (EU-ETS) abzuschaffen und durch direkte Maßnahmen zur Reduktion der Emissionen an den Quellen zu ersetzen. Die mit REDD *(Reducing Emissions from Deforestation and Degradation)* verknüpften Prozesse sind vielerorts mit einer Ausweitung kapitalistischer Warenbeziehungen vormals gemeinschaftlich genutzter Waldflächen verbunden. Diese Mechanismen eines Klima-Neokolonialismus sind konsequent zurückzuweisen und abzuschaffen. Waldbewirtschaftung und Aufforstungsmaßnahmen sind der kapitalistischen Waren- und Profitlogik zu entziehen und gemeinschaftlich durch die lokale Bevölkerung zu organisieren.

Die Einführung einer CO_2-Steuer wäre nur dann sinnvoll, wenn der CO_2-Preis sehr hoch auf mindestens 150 Euro pro Tonne angesetzt und mit einem stark einkommensabhängigen Rückzahlungsbonus gekoppelt würde. Menschen mit niedrigen Einkommen erhielten damit ein Vielfaches ihrer Steuerzahlung zurück. Die gegenwärtigen Kräfteverhältnisse lassen die Realisierung einer derartigen Version von CO_2-Steuer allerdings unwahrscheinlich erscheinen. Daher ist es sachlich angemessen, didaktisch sinnvoller und politisch erfolgversprechender, die stoffliche Zusammensetzung der Produktion direkt ins Blickfeld zu nehmen.

Vermeidung, Langlebigkeit und geschlossene Stoffkreisläufe

Die kapitalistische Produktionsweise beruht auf ständiger Erweiterung der Kapitalakkumulation. Darum bieten die Unternehmen laufend neue Waren an. Trotz übersättigter Märkte in den frühindustrialisierten kapitalistischen Kernländern gelingt es den Unternehmen immer wieder, neue Konsumartikel erfolgreich anzubieten. Deren bessere Energieeffizienz wird durch das Mengenwachstum mehr als wettgemacht. Die Autos wurden ständig größer, verfügen über immer mehr Zusatzfunktionen und benötigen daher trotz verbesserter Effizienz auch wieder mehr Treibstoff. Die Produkte werden kurzlebiger. Neue Moden sollen zu neuem Konsum anregen. Diese Art des Produzierens und Konsumierens verschwendet Ressourcen und ist energieaufwendig (Hasse 2017).

1. Unnötige und gefährliche Produktionslinien sind zu vermeiden. Die Produktion von Waffen, reinen Luxusgüter und sinnlosen Verpackungen ist einzustellen. Werbung ist zu verbieten. Stattdessen sind die Unternehmen dazu zu verpflichten, sachliche Information über die angebotenen Waren und deren Herstellung zu leisten.

2. Wir brauchen eine ökologische Normierung der Produkte. Dazu gehören deutlich längere Produktlebenszeiten, die Reparaturfähigkeit technischer Konsumgüter und eine verbesserte Recycelbarkeit der Produkte. Diese Anforderungen bedeuten, dass die Produkte von Anfang an entsprechend dieser Kriterien konzipiert und gestaltet werden. Gegen die geplante Obsoleszenz von Produkten (die in seiner Herstellungsweise und seinen Materialien angelegte Alterung eines Produkts, das dadurch veraltet oder unbrauchbar wird) ist vorzugehen. Die Umsetzung dieser Maßnahmen wird dazu führen, dass die Zahl der konsumierten Güter, der Rohstoff- und Energieverbrauch und somit auch die Treibhausgasemissionen drastisch zurückgehen werden (Hasse 2017).

3. Auch der gesamte Produktionsprozess ist nach ökologischen und sozialen Kriterien zu normieren. Dazu zählt, dass die Produktionsmittel, die Hilfsstoffe und die Energieträger möglichst umweltschonend eingesetzt werden und giftige Substanzen so weit wie möglich vermieden werden. Das stellt etliche Industrien wie die Zementindustrie und die chemische Industrie vor beträchtliche Herausforderungen. Unabdingbar mit den ökologischen Anforderungen sind die Anliegen der Gesundheit und der Arbeitsbedingungen der Beschäftigten verbunden. Zur ökologischen Normierung zählt auch, die ehemaligen Gebrauchswerte am Ende ihres Lebenszyklus sozial- und naturgerecht zu behandeln. Die Gesellschaften müssen für den von ihnen verursachten Giftmüll, Elektroschrott und Atommüll selbst verantwortlich sein. Darum ist der Handel mit diesen Gütern zu verbieten.

4. Im Zuge der verstärkten Globalisierung seit den 1980er-Jahren vollzog sich eine starke vertikale und räumliche Desintegration von Wertschöpfungsketten. Darunter versteht man die verstärkte organisatorische und räumliche Zergliederung und Arbeitsteilung der Produktionsprozesse. Die Unternehmen haben auf diese Weise international expandiert, um die spezifischen Vorteile der jeweiligen Standorte – neue Märkte, Qualifikationsniveau der Arbeitskräfte, Lohnkosten, Steuern, Verfügbarkeit von Kapital – besser zu nutzen. Diese Entwicklung hat zu einer enormen Zunahme der Transportvorgänge und des Verbrauchs günstiger Ressourcen geführt. Allerdings ist es nicht einfach, die damit entstandenen Strukturen aufzubrechen und ökologisch zu organisieren. Umfassende Analysen sind zu tätigen, die den gesamten Stoffumsatz und die Arbeitsleistung während des ganzen Produktionsprozesses und der Lebensdauer von Produkten berücksichtigen. Dieses Wissen hilft, Produktionsnetzwerke räumlich so zu lokalisieren, dass der Ressourcenverbrauch minimiert wird. Industrien mit einem hohen Anteil an fixem Kapital (also mit großen kapitalintensiven Produktionsstätten) und fixen Kosten (also Kosten, die unabhängig von

der Anzahl der produzierten Waren anfallen) sind sinnvollerweise räumlich zu konzentrieren. Dezentrale Produktion von Stahl und chemischen Grundstoffen wäre ökologisch unsinnig. Auch aufgrund natürlicher Gegebenheiten und gewachsener industrieller Strukturen kann es sinnvoll sein, die räumliche Arbeitsteilung zu belassen. Zudem kann man durch Arbeitsteilung Spezialisierungsgewinne und Effizienzvorteile erzielen, die gesellschaftlich und ökologisch sinnvoll sind. Andererseits sind zahlreiche industrielle Produktionsabläufe, vor allem für Konsumgüter und Lebensmittel, sinnvollerweise dezentraler und lokal eingebunden zu organisieren. Wann immer möglich und sinnvoll, sollte man regionalen Wirtschaftskreisläufen den Vorrang geben. Unnötige Warentransporte sind zu vermeiden.

5. Die ökologische Normierung von Produkten und Produktionsprozessen lässt sich nur zusammen mit den Beschäftigten durchsetzen. Sie verfügen über Wissen, Erfahrung und Kompetenzen, Produkte und Produktionsprozesse nach ökologischen Kriterien neu zu konzipieren und zu organisieren. Dabei kommt den Gewerkschaften eine zentrale Bedeutung zu. Bislang verstehen sie ihre Aufgabe meist nur als InteressenvertreterInnen der Belegschaften (oftmals sogar nur eines eher besser qualifizierten Teils der Belegschaften) bei Löhnen und Arbeitszeiten im Rahmen der Sozialpartnerschaft. Diese Haltung trägt nicht dazu bei, die Lohnabhängigen zu stärken. Erforderlich sind eine gewerkschaftliche Neuformierung und Neuausrichtung. Entwickelten sich die Gewerkschaften zu sozialen Bewegungen, die alle lebensweltlichen Belange der Lohnabhängigen – von den Arbeitsbedingungen über das Wohnen bis zur Freizeit – ansprechen, könnten sie sich auch zu starken Akteuren des ökologischen Umbaus entwickeln. Sie könnten als Labore für neue Ideen der Organisierung der Arbeits- und Produktionsprozesse funktionieren und damit attraktiv für große Teile der Bevölkerung werden.

6. Die verschiedenen Umwelt- und Klimabewegungen sowie Organisationen der KonsumentInnen sind ebenfalls unabdingbare AkteurInnen für die Produktgestaltung und -verbesserung. Sie können ihre Erfahrungen mit Produkten, ihre Vorschläge zur Verbesserung der Qualität, Benutzerfreundlichkeit, Langlebigkeit und Wiederverwertbarkeit einbringen. Treten die Gewerkschaften und die Bewegungen in einen Dialog über gemeinsame politische Aktionsperspektiven ein, sind sie in der Lage, das politische Kräfteverhältnis deutlich zu ihren Gunsten zu verschieben. In gemeinsamen Perspektiven können sie beispielsweise Streiks in der Produktion mit Konsumboykotts verbinden.

7. Die Einführung von Produktionskonzessionen könnte ansatzweise Investitionsentscheidungen demokratisieren. Diese Konzessionen werden lokal, national und kontinental von organisierten Lohnabhängigen und BürgerInnen diskutiert und per Abstimmung auf den angemessenen Maßstabsebenen beschlossen. Die Parlamente übersetzen diese Konzessionen in gesetzliche Bestimmungen und verleihen ihnen einen stabilen institutionellen Rahmen. Die Unternehmen müssen sich an diese Konzessionen halten, um die entsprechende Betriebsbewilligung zu erhalten. Derartige Konzessionen können ein Übergangsinstrument sein, um Konzerne zu zwingen, sich an den von der Gesellschaft gewünschten Gebrauchswerten und an den erforderlichen Umweltstandards zu orientieren. So könnten Parlamente zusammen mit Gewerkschaften und Umweltorganisationen beispielsweise der Stahl-, Chemie- und Zementindustrie die Bedingung auferlegen, bestimmte Umweltanforderungen einzuhalten. In vielen Bereichen können Unternehmen auf diese Weise dazu gezwungen werden, langlebige und wiederverwertbare Produkte herzustellen. Der Pharmaindustrie könnte die Bedingung auferlegt werden, Medikamente für eine weltweite kostenlose Grundversorgung zu produzieren. Ähnliche Verfahren sind auf europäischer und internationaler Ebene für alle großen Sektoren der Wirtschaft denkbar. Die Diskussion dieser Konzessionen erfordert die ständige Mobilisierung von Gewerkschaften und anderen sozialen Bewegungen. Je günstiger das Kräfteverhältnis ist, desto umfassendere und schärfere Bedingungen können die mobilisierten Bewegungen stellen. Im Rahmen der Ausarbeitung solcher Konzessionen können auch Informationen über die Bedürfnisse ermittelt und ausgetauscht werden. Die Öffentlichkeit und die Beschäftigten können darüber diskutieren, welche Ressourcen zur Befriedigung welcher Bedürfnisse prioritär bereitgestellt werden und welche gesamtgesellschaftlich festgelegten Umweltanforderungen einzuhalten sind. Solche Konzessionen stellen das Privateigentum an Produktionsmitteln noch nicht infrage, unterstellen dieses aber demokratisch diskutierten Bedingungen. Konzessionen sind also ein beschränktes Instrument, um einen Übergang einzuleiten und die Macht des Kapitals über die Produktion ansatzweise, aber noch nicht umfassend infrage zu stellen. Für Industrien, die komplett umgebaut oder gar heruntergefahren werden müssen, wie etwa die Rüstungsindustrie oder auch die Automobilindustrie, ist dieses Instrument auf konkrete Um- und Rückbaumaßnahmen auszurichten.

8. Maßnahmen wie die Einschränkung der Produktion stehen in komplettem Widerspruch zum Zwang in der kapitalistischen Produktionsweise, die Warenwelt auszudehnen und neue Märkte zu schaffen, um das eingesetzte Kapital zu verwerten. Bis zu einem gewissen Grad sind solche Maßnahmen für das Kapital

akzeptierbar und erträglich, doch eine grundsätzliche ökologische Normierung steht im Widerspruch zum Akkumulationszwang. Deswegen werden die Unternehmen einen derart umfassenden Eingriff kaum akzeptieren. Das bedeutet zugleich aber auch, dass eine umfassende ökologische Normierung von Produktion und Produktionsprozessen letztlich die Machtfrage bezüglich der Produktion und damit auch die Eigentumsfrage in Hinblick auf die Produktionsmittel stellt.

Industrieller Umbau

Der Ursprung zahlreicher Schadstoff- und Treibhausgasemissionen liegt in den Produktionsprozessen. Daher gilt es, auch die Produktionsprozesse direkt umzubauen oder nötigenfalls sogar auf sie zu verzichten. Im Gegensatz zu den Vorstellungen einer »grünen Modernisierung« des Kapitalismus, die primär Emissionshandel und CO_2-Steuern propagieren, zielt eine ökosozialistische Perspektive direkt auf den Umbau der Produktionsprozesse selbst. Die InteressenvertreterInnen des Kapitals und der Unternehmen stemmen sich dagegen, weil das ihre Kosten erhöht und mit Eingriffen in ihre ausschließliche Verfügungsgewalt über die Produktionsmittel verbunden ist. Diese staatlichen Eingriffe sind dann wirksam, wenn sie von den organisierten Beschäftigten direkt vorangetrieben und getragen werden. Die Konversion von Industrien und die Umstellung des Produktsortiments müssen notwendigerweise durch die organisierten Beschäftigten im Betrieb durchgesetzt werden, anders geht es nicht.

In jüngerer Zeit haben Gewerkschaften kaum derartige Debatten geführt und Aktivitäten in dieser Richtung entwickelt. Ihre Unterordnung unter das Management und die Logik der Wettbewerbsfähigkeit hindert sie daran, sich wirksam für die Interessen der Beschäftigten einzusetzen und ökologische Anliegen voranzutreiben, die über die sozialpartnerschaftliche Einbindung und Disziplin hinausgehen. Das war aber nicht immer so.

Ein wichtiger Bezugsfall für Debatten über die Konversion von Industrien bildete die Auseinandersetzung bei Lucas Aerospace, einem britischen Zulieferunternehmen für die Luftfahrtindustrie mit rund 13.000 Beschäftigten im Jahr 1976 (der Mutterkonzern Lucas Industries zählte rund 80.000 Beschäftigte). Das Unternehmen war stark auf Rüstungsaufträge ausgerichtet und verfügte auf etlichen Märkten über eine starke, bisweilen sogar fast monopolistische Position. Das Management beabsichtigte in Folge der Krise 1974/75 den Abbau von rund 4.000 Arbeitsplätzen einzuleiten. Im Januar 1975 trafen sich 60 Delegierte aus 13 Fabriken und diskutierten in Sheffield über Aktionsmöglichkeiten. Hoch qualifizierte LuftfahrtentwicklerInnen und MechanikerInnen sowie sogenannte ungelernte ArbeiterInnen mit starkem Klassenbewusstsein und guter Verankerung in ihren Gemeinden beschlossen, zusammen mit ihren KollegInnen einen alternativen Unternehmensplan für gesellschaftlich nützliche und umweltpolitisch wünschenswerte Produktion zu erstellen (Wainwright und Bowman 2010: S. 81).

Darauf bildeten die Gewerkschaften in dem Unternehmen ein gemeinsames *Combine Shop Stewards Committee*. Dieses entwickelte mit den beteiligten Belegschaften 1976 den *Corporate Plan* zum Umbau des Produktionsapparates, und zwar hin zur Herstellung von Wärmepumpen, Ultraschallgeräten und Hybridmotoren. Mit diesem Plan verfolgten die GewerkschafterInnen das Ziel, das Recht auf Arbeit zu verteidigen, indem alternative und gesellschaftlich nützliche Produkte produziert würden. Der Plan sollte dazu beitragen, die wirklichen Probleme der Menschen zu beseitigen, statt sie zu vergrößern. Die AutorInnen prangerten an, dass bei einer Gesellschaft etwas falsch laufe, die zwar die technologischen Fähigkeiten habe, mit der Concorde ein Passagierüberschallflugzeug zu produzieren, aber nicht genügend Heizungen einrichten könne, um zu verhindern, dass in jedem Winter Hunderte von Menschen erfrieren (Lucas Aerospace Combine Shop Steward Committee 1976: S. 5, 7). Die GewerkschafterInnen verknüpften ihre Forderung nach Erhalt von Arbeitsplätzen mit einem Kampf um die Entwicklung einer neuen Produktionsausrichtung und anderer Produkte. Die kämpfenden GewerkschafterInnen erkannten bald, dass diese Orientierung nur siegreich sein konnte, wenn es ihnen gelingen würde, die betriebliche Entscheidungs- und Organisationsgewalt des Kapitals zu brechen. Sie setzten sich mit ihrem Plan auch für »mehr industrielle Demokratie« ein. Zugleich waren sie überzeugt, dass eine »wirkliche industrielle Demokratie« ohne reale Machtverschiebung hin zu den Lohnabhängigen sich nicht verwirklichen lassen würde. Die betriebliche Mitbestimmung im Aufsichtsrat laufe bloß darauf hinaus, Entscheidungen des oberen Managements zu bestätigen (Lucas Aerospace Combine Shop Steward Committee 1976: S. 9; Albrecht 1979; Röttger 2011).

Die Beschäftigten von Lucas Aerospace berieten während der Arbeitszeit über alternative Strategien, führten Marktanalysen durch und begannen andere Produkte herzustellen. Es gelang den GewerkschafterInnen, die unmittelbaren ProduzentInnen einzubeziehen, zu politisieren und ein breites Bündnis für die erwünschte Konversion zu schmieden. Das Combine Committee legte großen Wert darauf, die Kompetenzen der KollegInnen festzustellen und in die Pläne einzubeziehen. Die AktivistInnen ermunterten die KollegInnen, nicht nur ihr kodifiziertes, explizites Wissen, sondern auch ihr implizites Wissen – also Erfahrungswissen und Wissen, das sich schriftlich nur begrenzt ausdrücken lässt – in die Diskussionen um den Alternativplan einzubringen. Der Plan sah recht unterschiedliche Produkte vor – von Wärmeaustauschern und Wärmepumpen über Solaranlagen bis hin zu medizintechnischen Geräten. Die AutorInnen des Alternativplans schlugen auch Formen der demokratischen Organisation der Produktionsprozesse vor. Sie wollten die Produktion auf gesellschaftliche Nützlichkeit und Umweltverträglichkeit ausrichten. Damit stellten sie allerdings auch den Zwang zu Akkumulation von Kapital und Maximierung des Profits infrage (Wainwright und Bowman 2010: S. 81f.).

Allerdings scheiterten diese Bemühungen. Die Konzernspitze duldete die Aktivitäten für eine andere Produktionsausrichtung nicht und weigerte sich, mit den organisierten Beschäftigten zu verhandeln. Sie wollte die alleinige Entscheidungsmacht über die Unternehmensführung nicht aufgeben. Mit Tony Benn war damals ein Politiker des linken Flügels der Labour-Partei Industrieminister. Kurzzeitig wurde sogar über eine Verstaatlichung des Unternehmens diskutiert. Aber all das scheiterte am realen gesellschaftlichen und politischen Kräfteverhältnis. Auf Druck des Industriellenverbandes ersetzte Premier Harold Wilson Tony Benn durch einen kapitalfreundlicheren Minister. Die Labour-Regierung lehnte die Forderungen nach einem demokratisch gestalteten industriellen Wandel ab. Als 1979 die konservative Margaret Thatcher die Regierungsgeschäfte übernahm, wurde offenbar, dass sich die politischen Kräfteverhältnisse deutlich verschoben hatten. Bei Lucas Aerospace kehrte wieder *business as usual* ein. Die Kapitalmacht blieb ungebrochen, und schließlich wurde der Designer und Gewerkschaftsaktivist Mike Cooley, der die Konversionsdebatte stark geprägt hatte, 1981 entlassen (Wainwright und Bowman 2010: S. 82; Röttger 2017).

In den 1970er- und 1980er-Jahren diskutierten auch GewerkschafterInnen in Deutschland über die Konversion von Produktionslinien. In den frühen 1980er-Jahren versuchten GewerkschafterInnen und kritische Intellektuelle, die Konversion der Werften in Norddeutschland auf gesellschaftlich und ökologisch sinnvolle Weise voranzutreiben. Breit abgestützte Aktivitäten entwickelten sich in den Regionen Bremen und Hamburg. IG-Metall-Vertrauensleute bei Blohm & Voss Hamburg gründeten 1981 den ersten Arbeitskreis Alternative Produktion in der von der Werftenkrise geschüttelten Küstenregion. Bis Ende 1983 entstanden rund 40 derartige betriebliche Arbeitskreise, und zwar nicht nur im Schiffbau und in der Rüstungsindustrie. Diese *Arbeitskreise Alternativer Produktion* strebten nicht nur Veränderungen auf Betriebsebene an, was die Firmenleitungen ohnehin zurückwiesen, sondern verstanden sich als Vertreter einer breiteren gesellschaftlichen Mitbestimmung. Sie verknüpften die Forderung nach alternativer Produktion auf den Werften mit der Forderung nach »regionalen und nationalen Beschäftigungsprogrammen« sowie demokratischen Entscheidungsstrukturen in der regionalen Wirtschaftspolitik und wollten Branchenräte einführen. Skeptisch waren die Arbeitskreise gegenüber Verstaatlichungen. Schließlich war der Staat bereits

Eigentümer der Werft HDW in Hamburg und verhielt sich als besonders kapitalistischer Unternehmer (Röttger 2010: S. 74 f.).

Die Forderungen nach Konversion der Werften und der Rüstungsbetriebe konnten sich leider nicht durchsetzen, obwohl zu jener Zeit die Friedensbewegung außerordentlich stark war. Auf sich allein gestellt, vermochten die AktivistInnen in den Betrieben keine betriebsübergreifenden Arbeitskreise aufbauen. Die IG Metall übernahm die hierfür notwendige Koordinationsarbeit nicht. Die Gewerkschaftsspitzen beschränkten sich auf traditionelle Kollektivverhandlungen und korporatistische Krisenpolitik im Einklang mit den Konzernleitungen (Röttger 2010: S. 75).

Zu einer kurzen Renaissance ähnlicher Bestrebungen kam es 2010 infolge der großen Wirtschaftskrise (so etwa in der Zeitschrift *Luxemburg*, Heft 3/2010). Allerdings gab es keine betrieblichen Kämpfe, die derartige Überlegungen aufgriffen. Ansätze von Konversionsbestrebungen blieben zumeist in der korporatistischen und sozialpartnerschaftlichen Logik der Interessenpolitik verhaftet. Die Gewerkschaftsführungen zogen es vor, mit den Unternehmerverbänden und den staatlichen Behörden korporatistische Krisenarrangements für eine regionale Strukturpolitik im Sinne der Modernisierung und Wettbewerbsfähigkeit einzugehen. Die rebellischen Aktivitäten für industrielle Konversion »von unten« wurden damit verdrängt (Röttger 2010: S. 72).

In der Schweiz entwickelte sich im Zuge eines von den Beschäftigten und der regionalen Bevölkerung breit getragenen Streiks gegen die Schließung der SBB Werkstätten, der Officine in Bellinzona, eine Diskussion, die über die Verteidigung der Arbeitsplätze in den Werkstätten hinausging. Ein Vertreter des Managements des SBB eröffnete der versammelten Belegschaft am 7. März 2008, dass sie den Unterhalt der Lokomotiven nach Yverdon verlagern und jenen der Wagen privatisieren wolle. Die versammelten 430 ArbeiterInnen beschlossen sofort, in den Streik zu treten und das Werk zu besetzen. Der Belegschaft gelang es schließlich, durch einen fünfwöchigen Streik die Schließung des Industriewerks Bellinzona und die geplanten Entlassungen zu verhindern. Auf einer Sitzung mit der Direktion erklärte Gianni Frizzo, der Präsident der Personalkommission, seinem Chef: »Ich muss Ihnen mitteilen, dass von nun an hier drinnen nicht mehr Sie als Direktor befehlen, sondern die Arbeiter. Und nachher wird nichts mehr sein wie vorher.« (Thomann 2012: S. 88) Dieser Streik war im Kontext der Stabilität der Schweiz, des jahrzehntelangen Arbeitsfriedens und der weitgehenden Integration der Gewerkschaften in das System der helvetischen Konkordanz bemerkenswert.

Dazu kam es allerdings nicht aus heiterem Himmel. *Erstens* gewann ein Kern entschlossener GewerkschaftsaktivistInnen, die bereits früher Erfahrungen in Auseinandersetzungen mit dem Management gemacht hatten, das Vertrauen der

Beschäftigten. Sie initiierten im Betrieb ein unabhängiges und offenes Streikkomitee. Auf dieser Grundlage konnten die Belegschaft und das Streikkomitee der Gewerkschaftsführung ihren Willen aufzwingen und ihr beispielsweise verbieten, mit dem Management über einen Sozialplan zu verhandeln. *Zweitens* vermochten die Beschäftigten mit dem Streik und der Betriebsbesetzung ein Kräfteverhältnis zu erzeugen, das ihnen schließlich erlaubte, ihre Forderungen nahezu vollständig durchzusetzen. *Drittens* trugen die Streikenden ihren Kampf sofort in die Öffentlichkeit und schafften es, ihren Widerstand gegen die drohende Betriebsschließung und die Entlassungen zu einem Anliegen weiter Teile der Bevölkerung in der Region zu machen (Thomann 2012: S. 92).

Dieser dritte Punkt ist auch unter dem Gesichtspunkt der Konversion interessant. Die Herausforderung bestand nicht darin, wie etwa bei Rüstungsgütern oder Autos den gesellschaftlich nützlichen Unterhalt von Lokomotiven und Wagen infrage zu stellen. Ganz im Gegenteil, die Streikenden traten in die Diskussion mit kritischen WissenschaftlerInnen, um ein Konzept zu entwickeln, das den Unterhalt von Eisenbahnfahrzeugen ins Zentrum einer breiteren regionalen Entwicklungsstrategie rückte. Mittels einer Volksinitiative mit 15.000 Unterschriften forderten sie die Schaffung eines Kompetenzzentrums für Industrie und Technologie (SEV-Zeitung 2018). Es ging um die Frage, wie in einer wirtschaftlich eher peripheren Region die vorhandenen Potenziale genutzt werden können, um eine sinnvolle wirtschaftliche Entwicklung und eine gute gesellschaftliche Infrastruktur, beispielsweise mit Bildungs- und Qualifikationseinrichtungen, zu schaffen. Auch wenn diese Konzepte nur ansatzweise wirklich alternative Entwicklungen aufzuzeigen vermochten, waren sie wichtig, um den Streik der Beschäftigten zu einem Anliegen großer Teile aller Lohnabhängigen und der Bevölkerung in der Region zu machen.

Der Streik der Beschäftigten der SBB Werkstätten in Bellinzona war der bedeutendste Arbeitskampf in der Schweiz seit Jahrzehnten. Die ArbeiterInnen haben gezeigt, welche Macht sie entwickeln können, wenn sie geeint, entschlossen, selbstbestimmt und mit einem klaren Plan handeln. Auf diese Weise gelang es ihnen sogar, weitergehende Fragen einer solidarischen und umweltgerechten regionalen Wirtschaftsentwicklung in die breite Bevölkerung zu tragen. Allerdings können sich die wirtschaftlichen und politischen Kontexte bald wieder verändern. Im Sommer 2018 kündigte das SBB-Management an, das Industriewerk durch neue Anlagen nördlich von Bellinzona für den Unterhalt der neuen Zuggattungen zu ersetzen und dabei die Belegschaft massiv zu verkleinern (*Luzerner Zeitung* 2018). Nun steht die Belegschaft erneut vor der Herausforderung, ihre Würde, ihre Arbeit, ihre Kompetenzen und Fähigkeiten zu verteidigen.

Aufgrund der rasanten Ausbreitung der Corona-Pandemie und des Mangels an medizinischen Geräten forderten Ende März 2020 etliche Regierungen in Europa und sogar jene der USA die Automobilindustrie auf, Bauteile für dringend benötigte Beatmungsgeräte herzustellen. Beschäftigte von General Electric in Lynn, Massachusetts, die normalerweise Triebwerke für Flugzeuge herstellen, legten am 30. März 2020 ihre Arbeit nieder und forderten das Management auf, die Produktionseinrichtung umzubauen. Statt der nicht benötigten Triebwerke wollten die Beschäftigten Beatmungsgeräte für die Krankenhäuser herstellen. Damit protestierten sie auch gegen die geplanten Massenentlassungen (Ongweso 2020).

Die hier nur kurz geschilderten recht unterschiedlichen Erfahrungen zeigen, dass Belegschaften in bestimmten Situationen durchaus in der Lage sind, weitergehende Perspektiven zu entwickeln, die über die unmittelbare Verteidigung des Lohns und des Arbeitsplatzes hinausgehen. Umbaudebatten haben sich bislang dann entwickelt, wenn Unternehmen in eine Situation kommen, die dem Management eine Umorientierung nahelegen. In einer solchen Situation können aktive Belegschaften eingreifen und mit ihren alternativen Vorstellungen eine betriebliche und öffentliche Debatte eröffnen. Die Automobilindustrie steht genau vor einer derartigen Umorientierung. Die Konzernleitungen wollen mit der Produktionsausweitung bei Elektroautos letztlich den Pfad des motorisierten Individualverkehrs weiterführen. Um eine soziale und umweltverträgliche Verkehrswende durchzusetzen, muss diese Industrie allerdings zu einer grundlegenden Konversion hin zu einer Industrie integrierter Transportangebote gezwungen werden. Das geht aber nur, wenn die Beschäftigten zusammen mit Initiativen der Umweltbewegung letztlich die Kontrolle über die Produktion übernehmen. Die Erfahrungen von Lucas Aerospace, den Werften in Norddeutschland und auch den Officine im Tessin zeigen, dass kollektiv kämpfende Beschäftigte mit einem überzeugenden konkreten Umbauplan die Auseinandersetzungen stark prägen und gewisse Erfolge durchsetzen können. Die Kampfmoral der Beschäftigten nimmt deutlich zu, wenn ihr Kampf für Arbeitsplätze, eine sinnvolle Arbeit und nützliche Produkte von breiten Teilen der Gesellschaft aufgegriffen wird (Hasse 2018: S. 19). Die Kämpfe um Produkt- und Industriekonversion offenbaren, dass hier sowohl Kräfteverhältnisse in den Betrieben als auch in der gesamten Gesellschaft wesentlich sind. Die Erfahrungen bei Lucas Aerospace zeigen auch, dass die damalige Labour-Regierung die kämpfenden ArbeiterInnen gegen das Kapital und die AktionärInnen hätte unterstützen müssen. Labour hat sich allerdings für die Kapitalseite entschieden.

Die Gewerkschaften und die Umweltbewegung müssen in der Konversionsdebatte grundlegende Strategieprobleme alternativer Betriebs-, Struktur- und Wirtschaftspolitik ansprechen. Denn Konversion kann auch als schlichte betriebliche Modernisierung verstanden werden (Röttger 2010: S. 79). Aufgeklärte Kapitalfraktionen können beispielsweise versucht sein, grüne Ambitionen der Gewerkschaften schlicht für ihr Dispositiv zur Steigerung der Wettbewerbsfähigkeit unter grünen Vorzeichen zu vereinnahmen, und damit ihr demokratisches und emanzipatorisches Potenzial zunichtemachen.

Der Begriff *Konversion* wird unterschiedlich verwendet. Entscheidend bei einer demokratischen Konversion der Produktion ist, dass sie weniger ein festgesetztes Ziel verfolgt als vielmehr einen transformatorischen Prozess darstellt, in dem die Arbeitenden lernen, selbstbestimmt zu kooperieren, sich aktiv in die Gestaltung der Produktion und der Gesellschaft einbringen, Prozesse der Kontrolle der Produktion und der Selbstverwaltung einüben und vor allem lernen, die Machtfrage im Betrieb zu stellen und ansatzweise zu beantworten. Bleiben Konversionsbemühungen auf einen Betrieb oder ein Unternehmen beschränkt, haben sie kaum eine Chance, diesen transformatorischen Prozess voranzutreiben. Im Gegenteil, sie werden gezwungen, sich der Wettbewerbslogik zu unterwerfen oder in eine kleine Nische auszuweichen. Darum sind die Konversionsprojekte darauf angewiesen, in anderen Unternehmen und in der breiten Gesellschaft aufgegriffen und verallgemeinert zu werden. Der industrielle Umbau lässt sich auf diese fünf Handlungsstränge verdichten.

1. Die umweltschädlichen Industriebereiche sind in Zusammenarbeit mit den Beschäftigten und den Umweltverbänden entsprechend den ökologischen Anforderungen um- und rückzubauen. Das bedeutet eine Konversion ganzer Industrien, sodass sie auf möglichst nachhaltige Weise Gebrauchswerte für den Bedarf herstellen. Dies kann nur mit aktiver Beteiligung durch die Beschäftigten geschehen. Denn sie selbst haben zumeist das erforderliche Knowhow, um umweltschädliche Prozesse und Techniken nach ökologischen Kriterien umzugestalten. Die Beschäftigten dürfen durch den industriellen Umbau keine Nachteile erfahren. Darum müssen die Lohnabhängigen in diesen Bereichen eine kostenlose Umschulung bei vollem Lohnausgleich und anschließender Arbeitsplatzgarantie erhalten.

2. Der industrielle Umbau betrifft die Industrien in unterschiedlichem Maße. Einige Industriesektoren sind energieintensiv und produzieren komplett unnötige Güter. Offensichtlich trifft dies für die Rüstungsindustrie zu. Der Verkehr, ganz besonders der motorisierte Individualverkehr, zählt zu den größten Emittenten von Treibhausgasen. Darum ist die Automobilindustrie einschließlich der weitverzweigten Zulieferindustrie im Rahmen eines sozialen und umweltverträglichen Mobilitätskonzepts komplett um- und rückzubauen.

3. Die Automobilkonzerne befinden sich in einem tief greifenden Umbruch und in einer umfassenden Umstrukturierungswelle. Der Aufstieg Chinas brachte den US-amerikanischen, japanischen, französischen und deutschen Konzernen

in den letzten drei Jahrzehnten einen riesigen weiteren Absatzmarkt. Der aus der drohenden Klimakatastrophe erwachsene politische Druck und vor allem die Auflagen der chinesischen Regierung, den Importanteil von Elektroautos massiv zu steigern, haben die Automobilkonzerne dazu gebracht, massiv in die Elektromobilität zu investieren. Zugleich wollen sie noch möglichst lange an den Verbrennungsmotoren festhalten. Diese Umstrukturierung wird mit einem großen Arbeitsplatzabbau und umfassenden Veränderungen der Arbeitsorganisation einhergehen.

4. Die großen europäischen Konzerne wollen im wachsenden Geschäft der Elektroautos mitmischen. Ihre Produktion benötigt aufwendig zu gewinnende Metalle und seltene Erden, ihr Betrieb setzt ebenfalls CO_2 frei, solange der Strom aus fossilen Treibstoffen erzeugt wird, und sie brauchen genauso viel Platz wie alle anderen Autos (Wolf 2019). Die digitale Aufrüstung des motorisierten Individualverkehrs ist ebenfalls ressourcenintensiv und zielt auf die Kombination des bisherigen Entwicklungspfades mit neuen Kommunikationstechnologien ab (Daum 2019). Die Produktion von Elektroautos führt zu enorm schweren ökologischen Belastungen. Der Ausbau der Elektromobilität verstärkt die Macht der Automobilkonzerne und schadet einer wirksamen Klimapolitik (Wolf 2019). Entscheidend ist darum, dass die Beschäftigten in Zusammenarbeit mit den Gewerkschaften und Umweltorganisationen einen wirklichen Um- und Rückbau der Automobilindustrie einleiten. Die in dieser Industrie gebundene und vergeudete menschliche Kreativität und die technischen Ressourcen sollten für den Aufbau eines gesellschaftlich gerechten und umweltverträglichen Verkehrssystems, das weitgehend auf öffentlichen und nicht motorisierten Transportmittel beruht, eingesetzt werden. Um einen derartigen Rück- und Umbau der Automobilindustrie durchzusetzen, ist die gesellschaftliche und demokratische Aneignung der Konzerne nötig. Die großen Investitionsentscheidungen sind der demokratischen gesellschaftlichen Kontrolle und Gestaltung zu unterstellen.

5. Der Aufbau der für ein gerechtes und nachhaltiges Verkehrssystem erforderlichen Infrastruktur und die Herstellung der Fahrzeuge sind nur mit einem großen produktionstechnischen Aufwand möglich. Die Kapazitäten der bestehenden Eisenbahn- und Bushersteller reichen hierfür nicht. Darum muss auch die noch bestehende Automobilindustrie ihre Innovations- und Produktionskapazitäten rasch so umstellen, dass sie in diese Produktion einsteigen kann. Die Fertigungsschritte, die Organisation der Wertschöpfungskette einschließlich der Zulieferverflechtungen sowie die Steuerung des gesamten Produktionssystems sind neu zu organisieren. Allerdings kann viel Erfahrungswissen aus den Bereichen Metallverformung, Metallzerspanung, Montage sowie Konzipierung

und Durchführung industrieller Abläufe und Logistikketten auch für die neuen Aufgaben genutzt werden. Das schafft sichere und qualifizierte Arbeitsplätze für mindestens zwei Jahrzehnte. Nach dieser Aufbauphase wird die Beschäftigung allerdings abnehmen. Im Zuge der nötigen allgemeinen Arbeitszeitverkürzung (siehe Kapitel 5.5) kann die notwendige Arbeitszeit jedoch besser verteilt werden. Ein derartiger Umbau der Automobilindustrie hin zu einer integrierten Transportindustrie ist auf die tragende Rolle der Gewerkschaften und organisierten Beschäftigten angewiesen. Die Gewerkschaften sollten die Beschäftigten umgehend dazu anregen und dabei unterstützen, sich in den Betrieben und über die Betriebsgrenzen hinweg in Arbeitskreisen zusammenzuschließen, die mit kritischen ForscherInnen derartige Transformations- und Umbauperspektiven zu entwickeln beginnen. Nur die organisierten Lohnabhängigen im Bündnis mit der Umwelt- und Klimabewegung können den erforderlichen Umbau durchsetzen.

Erhalt und Wandel der Arbeitsplätze

Der Erhalt der Arbeitsplätze ist entscheidend in der politischen Auseinandersetzung. Ohne Arbeitsplatzgarantie wird es nicht gelingen, die breite Masse der Lohnabhängigen für das erforderliche industrielle Umbauprogramm zu gewinnen.

1. Die Beschäftigten jener Sektoren, die abgeschafft oder umgebaut werden, müssen sich für die neuen Berufe und Tätigkeiten kostenlos ausbilden lassen können. Sie müssen eine Garantie ihres Einkommens und auf Sozialleistungen erhalten. Die Beschäftigten müssen ihre Arbeitskollektive unter ihrer Kontrolle aufrechterhalten können. Industrielle Umbaumaßnahmen und Rationalisierungen dürfen nicht zu Entlassungen führen. Alle müssen das Recht auf eine würdevolle Beschäftigung und ein angemessenes Einkommen haben. Diese Sicherheit ist eine wichtige Voraussetzung, um tragfähige Bündnisse zwischen Klimabewegung, KonsumentInnenverbänden und Gewerkschaften zu schmieden.

2. Organisierte Beschäftigte und starke Gewerkschaften werden in der Lage sein, den Unternehmensleitungen Zugeständnisse abzuringen und die Bedingungen für Umschulungen, die Ausrichtung von Beschäftigungsprogrammen und die Neuorganisation der Arbeit in den Betrieben im Sinne der Lohnabhängigen zu gestalten. Die ökologischen Umbauprogramme werden sinnvollerweise in die Aushandlung der Kollektivverträge integriert. Auf diese Weise können die Gewerkschaften im Bündnis mit anderen sozialen Bewegungen verhindern, dass eine »begrünte« Wirtschaft einfach nur zu einer anderen Variante der Profitmaximierung verkommt.

Europäische und globale Dimension des industriellen Umbaus

Viele Produktionssysteme sind transnational auf europäischer oder gar globaler Ebene organisiert. Maßnahmen zur Reduktion der Treibhausgasemissionen sind so zu konzipieren, dass *Carbon Leakage* – die Verlagerung emissionsreicher Produktionsprozesse – unmöglich wird. Hierfür ist das Wissen der Beschäftigten unabdingbar. Sie kennen die Abläufe und können sich auch die nötigen alternativen Optionen der Produktionsorganisation überlegen. Gelingt es den Gewerkschaften, ihre Aktivitäten international zu koordinieren und das Wissen ihrer Mitglieder fruchtbar einzusetzen, können sie zu wichtigen Akteuren einer internationalen ökologischen Kontrolle industrieller Wertschöpfungsketten und Produktionssysteme werden.

Zwar gibt es bereits seit den 1990er-Jahren europäische Betriebsräte in großen Konzernen. Leider sind sie jedoch vielfach zu Anhängseln der Konzernleitungen verkommen und setzen sich zusammen mit diesen für das »Gesamtwohl« des Konzerns in der globalen Konkurrenz ein. Mit kämpferischen und umweltbewussten Gewerkschaften könnten sich die Eurobetriebsräte potenziell allerdings auch zu wirksamen Kontrollinstanzen entwickeln, die den ökologischen Umbau der Produktion überwachen und sich zugleich wirksam für die Interessen der Beschäftigten und betroffenen AnwohnerInnen und NutzerInnen an den verschiedenen Standorten einsetzen. Desgleichen können Umweltinitiativen und -bewegungen zu noch stärkeren, auch international wirksamen Akteuren werden, wenn sie ihre Erfahrungen und ihr Wissen zusammentragen und in Kooperation mit den Gewerkschaften eine öffentliche Gegenmacht zu den Konzernen aufzubauen versuchen.

Allerdings ist darüber nachzudenken, wie gesellschaftliche Gegenmacht dauerhafte Organe und Institutionen etablieren kann. Innerhalb der Strukturen der EU ist das unmöglich. Aber ausgehend von starken Gewerkschaften, demokratischen Betriebsräten und sozialen Bewegungen, können sich Ansätze einer Institutionalisierung der Gegenmacht herausbilden (dazu mehr in Kapitel 9).

Je nach Sachlage und Kräfteverhältnissen müssen auf nationaler Ebene ökologische und soziale Kriterien zu Produktionsverfahren, Produktlebenszyklus und Produkteigenschaften beschlossen werden. Wenn es die politischen Kräfteverhältnisse zulassen, gibt es keinen Grund, auf die Vorreiterrolle eines Landes zu verzichten. Allerdings würden derartige Vorstöße rasch gegen die Wettbewerbsregeln der EU oder der WTO verstoßen. In diesem Fall steht eine Regierung, die sich einer sozialökologischen Transformation verpflichtet, vor der Herausforderung, das Korsett der europäischen Verträge zu durchbrechen und in offenen Widerspruch zur EU zu treten. Bestimmungen betreffend Produktqualität und Produktionsprozesse in Kombination mit Importverboten widersprechen der freien Warenzirkulation. Investitionsverbote und Kapitalverkehrskontrollen treten in Widerspruch zum ungehemmten Kapitalverkehr. Darum bleibt in solchen Fällen nichts anderes übrig, als, gestützt auf eine Mobilisierung, der Bevölkerung diesen Konflikt mit der EU zu riskieren und nötigenfalls mit dieser zu brechen.

5.4 Ökologischer Umbau der Landwirtschaft

Die Herstellung von Nahrungsmitteln ist von riesigen Widersprüchen gekennzeichnet, die mit aller Brutalität offenlegen, dass die kapitalistische Landwirtschaft und Allokation von Nahrungsmitteln die grundlegendsten Bedürfnisse von mindestens einem Viertel der Menschheit nicht befriedigt.

Einerseits litten im Jahr 2018 weltweit 821 Millionen Menschen an schwerem Hunger. Die Zahl der chronisch hungernden Menschen stieg seit 2015 an, nachdem sie im vorangegangenen Jahrzehnt gesunken war. Rund zwei Milliarden Menschen – rund 26,4 Prozent der Weltbevölkerung – leiden unter permanenter Lebensmittelunsicherheit. Auf dem afrikanischen Kontinent verfügt mehr als die Hälfte der Menschen über keinen sicheren Zugriff auf Nahrungsmittel. Mehr als einem Viertel der Menschheit wird also das grundlegendste Recht, das Recht auf Nahrung, verwehrt. Dabei leiden Frauen in allen Weltregionen stärker unter Nahrungsmittelunsicherheit als Männer. Ganz besonders gilt dies in Lateinamerika. Die sich anbahnende wirtschaftliche Rezession wird die Lage zusätzlich verschlechtern (FAO 2019a: S. 6, 15, 23).

Andererseits stieg die Weltgetreideernte – diese beinhaltet die Ernte der global bedeutendsten Grundnahrungsmittel Weizen, Mais und Reis – in den zehn Jahren zwischen 2009/10 und 2018/19 von 2,2 auf 2,8 Milliarden Tonnen an und wird 2019/20 voraussichtlich eine weitere Rekordhöhe erreichen. Die Bestände der Weltgetreidespeicher erhöhten sich im gleichen Zeitraum von 520 Millionen Tonnen auf schätzungsweise 852 Millionen Tonnen (FAO 2019b: S. 1, 108). Im gleichen Zeitraum wuchs die Weltbevölkerung von 6,834 auf 7,620 Milliarden Menschen an. Während also die Getreideproduktion um 27 Prozent und die Getreidebestände in den Lagern um 64 Prozent anstiegen, vermehrte sich die Weltbevölkerung um 12 Prozent. Die Zahl der Hungernden war allerdings 2018 nahezu gleich hoch wie 2010.

Die markt- und profitgetriebene Landwirtschaft weist die Erzeugnisse jenen MarktteilnehmerInnen zu, die für die landwirtschaftlichen Erzeugnisse einen entsprechenden Preis zu zahlen in der Lage sind, nicht jenen, die Nahrungsmittel brauchen, sie aber nicht bezahlen können. Darum wird auch ein Drittel der weltweiten Getreideproduktion an Tiere zumeist in den reichen Metropolenländern verfüttert, während eine Milliarde Menschen unterernährt ist oder Hunger leidet (Trainer 2019: S. 7).

Die industrielle Landwirtschaft zählt zu den großen Emittenten von Treibhausgasen. Es handelt sich vor allem um Lachgas und Methan, die pro Mengeneinheit viel klimaschädlicher sind als dieselbe Mengeneinheit an CO_2. Unterschiedliche Studien veranschlagen, dass die Landwirtschaft im engeren Sinne, also in der direkten landwirtschaftlichen Erzeugung, für etwa 11 bis 15 Prozent aller Treibhausgase weltweit verantwortlich ist. In Deutschland, Österreich und der Schweiz sind die Anteile ähnlich oder etwas niedriger. Die meisten dieser Emissionen stammen aus dem Einsatz industrieller Inputs wie Dünger und Treibstoff für die Fahrzeuge und von Bewässerungsanlagen sowie überschüssiger Gülle, die durch intensive Viehhaltung entsteht (Legg und Huang 2010; Grain 2011; WRI 2013). Die Fleischproduktion generiert selbst massiv Treibhausgase und ist zudem energieaufwendiger als die Herstellung von Getreide, Obst und Gemüse. Die fünf größten Fleisch- und Milchproduktekonzerne der Welt – JBS, Tyson Foods, Cargill, Dairy Farmers of America und Fonterra – stoßen zusammen mehr Treibhausgase aus als jeweils Exxon Mobile, Shell oder BP allein (IATP 2018: S. 5). Industrielle Landwirtschaft, Schlachtereien und Tiertransporte sind geprägt von Verwertung und Quälerei der Tiere und prekären Billigjobs, Ausbeutung und rigorosem Vorgehen gegen gewerkschaftliche Organisierung.

Wie die Industrie ist auch die Landwirtschaft längst transnational organisiert. Durch Freihandelsabkommen erhält der agroindustrielle Komplex zusätzliche Expansionsschübe. Die agroindustrielle Erschließung neuer Flächen durch Brandrodung von Wald und Vertreibung indigener Bevölkerung ist nur der sichtbarste Ausdruck dieser brutalen Form von Inwertsetzung der Natur. Die gesamte agroindustrielle Wertschöpfungskette beruht auf Hyperausbeutung der in diesem Sektor arbeitenden Menschen, auf industrialisiertem Leid der Tiere und dem Raubbau an der Natur. Die Ausrichtung der Landwirtschaft auf biologische und zugleich arbeitsintensivere Methoden kann nur gelingen, wenn ein Bruch mit der profitorientierten Erzeugung landwirtschaftlicher Produkte vollzogen wird.

Das Menschenrecht auf Nahrung ist weltweit durchzusetzen. Anstelle der Wettbewerbsfähigkeit von Agrar- und Einzelhandelskonzernen sind die Menschen, die Lebensmittel erzeugen, verteilen und konsumieren, zusammen mit der nachhaltigen Entwicklung der Natur in den Mittelpunkt zu stellen. Mit der Agrarindustrie und der kapitalistischen Inwertsetzung des Waldes gilt es zu brechen. Das Recht auf Zugang zu günstigen, biologisch und in der Region hergestellten Nahrungsmitteln für alle muss gewährleistet werden. Die Landwirtschaftspolitik hat dafür zu sorgen, dass die Bauernbetriebe ökologisch hochwertige Lebensmittel herstellen, die auch für Menschen mit geringem Einkommen erschwinglich sind. Bioprodukte dürfen keine Luxuswaren sein. Der Zugang zu guten Nahrungsmitteln für alle ist ein ökosozialistisches Schlüsselanliegen.

Die Durchsetzung dieser Perspektive hängt davon ab, ob die Klimabewegung, die Organisationen von Kleinbäuerinnen und Kleinbauern sowie die Gewerkschaften in einen gemeinsamen Dialog treten, der es erlaubt, eine kraftvolle soziale Bewegung für eine radikale ökologische Neuausrichtung der Landwirtschaft durchzusetzen. Dabei sind die Bedingungen für die in der Landwirtschaft arbeitenden Menschen und die ökologischen Konsequenzen im internationalen Kontext zu beachten. Es kann nicht darum gehen, durch protektionistische Maßnahmen Vorteile für die hiesige Landwirtschaft auf Kosten der Menschen in anderen Teilen der Welt durchzusetzen. Die ökosozialistische Perspektive ist eine globale. Darum müssen auch in den reichen Metropolenländern die soziale Gerechtigkeit und die ökologischen Belange anderswo auf der Welt gleichermaßen im Blickfeld sein.

Mit der Durchsetzung des Grundsatzes der Ernährungssouveränität sollen Länder und Gemeinschaften die Möglichkeit erhalten, ihre lokale und regionale Ernährungswirtschaft aufzubauen und vor dem weltweiten Agrarhandel zu schützen. Durch gewerkschaftliche und bäuerliche Mobilisierungen können die Konzerne dazu gezwungen werden, für die gesellschaftlichen und ökologischen Folgen ihrer Geschäfte die Verantwortung zu tragen.

Unmittelbare Schritte und Maßnahmen

Einige unmittelbar zu ergreifenden Maßnahmen ermöglichen es, die Trendwende in der Landschaft einzuleiten.

1. Subventionierungen nach Größe der Anbaufläche und Anzahl der gehaltenen Tiere sowie Exportsubventionen müssen eingestellt werden. Diese Exporte bewirken in peripheren Ländern meist eine Zerstörung der heimischen Landwirtschaft. Jede Förderung der Viehhaltung und des Fleischkonsums sowie die Umwidmung von bebaubarem Boden für die Fleischproduktion sind sofort einzustellen. Das Gleiche gilt für die Förderung der Herstellung von Agrartreibstoffen.

2. Die öffentliche Hand muss Direktzahlungen an die Bauernbetriebe nach ökologischen und gesellschaftlichen Kriterien leisten. Zu fördern sind regionale Produkte mit guter Umweltbilanz für die KonsumentInnen vor Ort.

3. Die Umwelt- und Klimabewegung und die Gewerkschaften müssen sich im Bündnis mit Organisationen der Kleinbäuerinnen und -bauern dafür einsetzen, dass die Menschen in der Landwirtschaft vernünftig verdienen. Anstatt über

eine Besteuerung des Fleischkonsums zu schwadronieren, sollten die Umweltverbände dazu beitragen, die Superausbeutung von LandarbeiterInnen zu verhindern. In diesem Sinne sollten ökosozialistische Strömungen auch in Dialog mit der Tierbefreiungsbewegung treten und über gemeinsame Perspektiven nachdenken (Bündnis Marxismus und Tierbefreiung 2017).

4. Internationale Freihandelsverträge, die der Agroindustrie weitere Absatzmärkte einbringen, sind zu verhindern beziehungsweise rückgängig zu machen. Dazu zählt auch das vorgesehene Handelsabkommen der EU mit dem Mercosur (Argentinien, Brasilien, Paraguay und Uruguay), zu dem am 28. Juni 2019 ein *Agreement in Principle*« erzielt wurde. Dieses Abkommen sieht vor, dass die Unternehmen in der EU ihre Industrieerzeugnisse und Fahrzeuge zollfrei in die südamerikanischen Länder exportieren können. Die dort tätigen Agrarkonzerne müssen innerhalb bestimmter Quoten keine Zölle mehr für ihre Exporte von Fleisch, Soja und Ethanol in die EU bezahlen. Die Konzerne der EU erhalten im Mercosur erleichterten Zugang zu hochwertigen Rohstoffen und Teilen (Europäische Kommission 2019b).

5. Die Aneignung von Agrarland und Landwirtschaftsbetrieben durch Finanzkonzerne und die damit verbundenen Finanzplatzierungen sind zu unterbinden. Das gilt in den frühindustrialisierten Kernstaaten ebenso wie in den peripheren Ländern. Die Nahrungsmittelproduktion darf generell kein Gegenstand finanzieller Verwertungsstrategien sein.

Schritte zu ökologischer Landwirtschaft und Landschaftspflege

Ein umfassender Strukturwandel bedarf Maßnahmen, die in die gesamte landwirtschaftliche Wertschöpfungskette eingreifen und in letzter Konsequenz auch die Eigentumsrechte antasten.

1. Die Agrarindustrie ist komplett durch ökologische Landwirtschaft zu ersetzen. Dazu zählen eine artgerechte Tierhaltung sowie die Produktion hochwertiger Lebensmittel in familiären Kleinbetrieben und vor allem in genossenschaftlichen Betrieben. Die Fleischproduktion ist massiv zu reduzieren. Die industrielle Viehzucht ist zu verbieten und die fleischlose Ernährung zu popularisieren. Damit können Treibhausgasemissionen vermindert und zusätzliche Agrarflächen und Produktionsmittel für die Herstellung biologischer und gesunder Nahrung frei werden. Der verbleibende Fleischkonsum beruht auf regionaler Produktion, Fütterung mit regionalen Futtermitteln, höchsten Tierhaltungsstandards und einer biologischen Produktionsweise. Die Verwendung

von Antibiotika in der Tierhaltung muss begrenzt werden. Der Düngemitteleinsatz ist so zu organisieren, dass die Überdüngung eingedämmt und Kunstdünger massiv reduziert werden. Herbizide und Pestizide sind ebenfalls so weit wie möglich zu reduzieren. Giftige Herbizide wie Glyphosat müssen verboten werden.

2. Die ökologische Landwirtschaft braucht mehr Flächen als die bisherige Landwirtschaft. Die Erträge pro Fläche gehen zurück. Möglicherweise werden die Auswirkungen der Erderwärmung die landwirtschaftlich nutzbaren Flächen reduzieren. Darum sollen die landwirtschaftlich nutzbaren Flächen der Herstellung von Lebensmitteln vorbehalten bleiben. Auf den Anbau von Energiepflanzen ist zu verzichten. Zur energetischen Verwertung gilt es deshalb vor allem sekundäre und tertiäre Biomasse, also Grünabfall und Klärschlamm, zu nutzen (Kern 2019: S. 63).

3. Die ökologische Landwirtschaft ist wesentlich arbeitsintensiver als die Agrarindustrie. Deshalb ist dafür zu sorgen, dass die Landwirtschaft interessierten Arbeitskräften und Auszubildenden attraktive Arbeitsbedingungen bietet.

4. Die bäuerliche biologische Landwirtschaft ist mit der Schaffung eines umfassenden Schulungs- und Weiterbildungsangebots zu fördern. Biologische Kooperativen und bäuerliche Kooperationsnetzwerke müssen einfachen Zugang zu günstigen Krediten und zu Saatgut erhalten.

5. Viele ländliche Gegenden wurden im Zuge der auf Steigerung der Wettbewerbsfähigkeit ausgerichteten Politik und der Stärkung der »produktiven« Regionen vernachlässigt. Die öffentliche Infrastruktur liegt in vielen »Randgebieten« darnieder. Schulen, Gesundheitseinrichtungen, öffentliche Einrichtungen sind kaum mehr vorhanden. Die Menschen finden in diesen Gebieten keine Arbeitsplätze mehr. Sie pendeln oder ziehen in die Agglomerationen. Diese Prozesse führen auch zu mehr Verkehr und größeren Belastungen für die Umwelt. Um angemessene Lebensmöglichkeiten in den ländlichen Regionen zu schaffen, was auch im Einklang mit der Förderung der arbeitsintensiveren ökologischen Landwirtschaft steht, ist die ländliche Infrastruktur zu verbessern und auf die Bedürfnisse der Menschen auszurichten.

6. Zur Landwirtschaft gehört auch die Pflege der Landschaft. Die durch die Agrarindustrie hervorgerufenen Schäden sind so weit wie möglich zu beheben. Es gilt, Feldrändern wieder Raum zu geben, Hecken neu zu pflanzen, Feuchtgebiete wiederherzustellen und die Zubetonierung der Landschaft zu stoppen.

7. Die Steigerung der natürlichen CO_2-Absorption darf die Emissionsreduzierung nicht ersetzen, sondern muss sie ergänzen. Die Agrarökologie ist zu fördern, um mit geeigneten Techniken so viel Kohlenstoff wie möglich im Boden zu speichern.

8. Die Landwirtschaftspolitik hat Bedingungen zu schaffen, damit es sich für die Bäuerinnen und Bauern lohnt, regional, nachhaltig und ökologisch Landwirtschaft und Landschaftsschutz zu betreiben, ohne von Existenzängsten geplagt zu sein. Sie fördert den freiwilligen Zusammenschluss in Genossenschaften, Kooperativen und Gemeinschaftsbetrieben sowie genossenschaftliche und kooperative Verbindungen zwischen VerbraucherInnen und ProduzentInnen.

9. Die Auslagerung von Nahrungsmittelproduktion, besonders der energie- und Flächen verschlingenden Fleischwirtschaft, in periphere Länder ist zu beenden und rückgängig zu machen. Die landwirtschaftlich nutzbaren Flächen sollen nicht der Agroindustrie für den Export, sondern der Ernährung der ansässigen Bevölkerung dienen.

10. Unternehmerischer Großgrundbesitz ist systematisch zurückzudrängen und schließlich zu beseitigen. Die Erzielung von Rentenseinkommen auf der Grundlage von Eigentumsmonopolen über Land ist zu überwinden. Schließlich brauchen wir eine Umverteilung des Landwirtschaftslandes hin zu einer gesellschaftlich und ökologisch verträglichen und genossenschaftlich organisierten Eigentumsstruktur.

Europäische und globale Dimension des ökologischen Umbaus der Landwirtschaft

Der Umbau hin zu einer ökologischen Landwirtschaft erfolgt zwar weitgehend im nationalen und regionalen Rahmen, doch werden grundlegende Bedingungen auf der europäischen und internationalen Ebene gesetzt. Die EU fördert systematisch den Anbau von Energiepflanzen zur Herstellung von Agrartreibstoffen (Erneuerbare-Energien-Richtlinie 2009/28/EG). Die protektionistischen Maßnahmen im Agrarhandel schützen vor allem die Großbetriebe. Sie treiben damit systematisch die Industrialisierung der Landwirtschaft und die Konzentration in Großbetrieben voran. Das Agrarhandelsregime besteht aus selektivem Freihandel und Protektionismus jeweils im Interesse der frühindustrialisierten Metropolenländer. Will ein Land eine umfassende Wende hin zu einer ökologischen Landwirtschaft in die Wege leiten, kann es sich gezwungen sehen, seine neuen landwirtschaftlichen Produktions- und Vertriebsstrukturen gegenüber Billigimporten konventionell hergestellter Erzeugnisse zu schützen. Dies würde den Binnenmarktregeln der EU und dem Freihandelsregime der WTO widersprechen. Substanzielle Schritte zu einer ökologischen Landwirtschaft sind koordiniert in mehreren Ländern oder auf der Ebene der gesamten EU durchzusetzen. Dafür braucht es allerdings das entsprechende EU-weite politische Kräfteverhältnis. Eine konsequent handelnde Regierung könnte in Bezug auf die Landwirtschaft ebenso wie bei der Industrie vor der Herausforderung stehen, mit dem EU-Regime zu brechen.

5.5 Von der radikalen Verkürzung der Arbeitszeit zur Umverteilung der gesellschaftlich notwendigen Arbeit

Arbeitszeitverkürzung: zentraler Bestandteil einer ökosozialistischen Strategie

Die Organisation der Arbeit nimmt eine zentrale Stellung in der ökosozialistischen Strategie ein. Die Strategie der gesellschaftlichen Aneignung stellt die Arbeit, die Arbeitsbedingungen und die Arbeitsverhältnisse in den Mittelpunkt (Zeller 2010b: S. 21). Der Um- und Rückbau ganzer Industriezweige sowie weiter Teile des Finanzsektors wird viele Arbeitsplätze überflüssig machen. Anderseits werden die wesentlich arbeitsintensivere ökologische Landwirtschaft und die zahlreichen Umweltsanierungsarbeiten neue Arbeitsplätze schaffen. Zudem gibt es in zahlreichen Bereichen der Gesellschaft, namentlich in der Bildung, Gesundheitsvorsorge und Krankenbetreuung sowie bei Pflege- und Sorgearbeiten, einen großen Bedarf an gut bezahlter Arbeit. Dennoch wird der ökologische Umbau der Wirtschaft mit einem Rückgang an gesellschaftlich notwendiger Arbeit einhergehen. Der technologische Wandel, weitgehende Automatisierungsprozesse und digitale Steuerung von Abläufen werden die notwendige Arbeit voraussichtlich weiter reduzieren. Hier ist allerdings ein ökologischer Vorbehalt anzubringen. Automatisierung heißt bis heute Ersetzung biotischer menschlicher Energie durch fossile Energie (Altvater 2010: S. 139 f.). Da die Weltgesellschaft ohne fossile Energieträger in Zukunft nur noch auf erneuerbare Energie setzen kann, werden sich die Automatisierungspotenziale massiv reduzieren. Verschiedene Studien argumentieren, dass eine Reduktion der Arbeitszeit auch ganz direkt den Energieverbrauch und die Emissionen verringern würde. Hierfür sei allerdings auch der Einkommenseffekt verantwortlich (Nässén und Larsson 2015; Frey 2019).

Da der industrielle Umbau auch zu Existenzängsten führen kann, ist die Bekämpfung der Erwerbslosigkeit und der Marginalisierung von Menschen eine zentrale Achse der ökosozialistischen Strategie. Die Verallgemeinerung prekärer Arbeitsverhältnisse und die Spaltung der Lohnabhängigen nach Nationalität, Geschlecht und Qualifikationsniveau verschlechtern die Lage aller Arbeitenden und beeinträchtigen das Selbstvertrauen der Menschen. Die Durchsetzung direkter Mitsprache der Beschäftigten bei Entscheidungen über Personalbesetzung, Leistungsvolumen, Eingruppierung, Verteilung von Prämien wären erste Elemente in Richtung einer Kontrolle durch die Lohnabhängigen, die mit der Erkämpfung umfassender Mitentscheidungskompetenzen bei Reorganisations-, Produkt- und Standortentscheidungen vertieft würde. Entsprechende Teilhaberechte auch für prekär Beschäftigte und Arbeitslose sind wichtige Schritte gegen die Spaltung der Lohnabhängigen. Die Durchsetzung eines allgemeinen Rechts auf gesellschaftlich nützliche Arbeit zu gleichen Bedingungen steht im Zentrum einer ökosozialistischen Perspektive.

1. Die ökosozialistische Strategie will mehr Zeitwohlstand erkämpfen und die bisherige Orientierung der klassischen ArbeiterInnenbewegung auf eine umfangreichere Teilhabe an der Warenwelt überwinden. Die gesellschaftlich notwendige Arbeitszeit muss möglichst gleich und gerecht auf die arbeitsfähige Bevölkerung verteilt werden. Das ist ein zentraler ökosozialistischer Grundsatz. Die Arbeitszeit ist radikal zu verkürzen, und zwar ohne Lohnausfall, aber mit einer gemeinschaftlichen Kostenbeteiligung der Unternehmen. Das heißt, die profitableren Unternehmen stützen die weniger profitablen Unternehmen bei der Finanzierung der Arbeitszeitverkürzung. Angesichts der Herausforderungen des Klimawandels und der digitalen Revolution ist die Arbeitszeit zunächst auf 30 Stunden und dann auf etwa 20 bis 25 Stunden (also etwa auf einen halben Tag) ohne Lohnausfall zu reduzieren. Hierbei gilt es zu vermeiden, dass die Unternehmen die Arbeitszeitverkürzung mit einer Verdichtung und Flexibilisierung der Arbeit durchkreuzen. Eine radikale Arbeitszeitverkürzung erlaubt es, allen Erwerbstätigen einen Arbeitsplatz zu geben und dabei den Reichtum gesellschaftlich umzuverteilen. Die Aufteilung der notwendigen Arbeit auf die erwerbstätige Bevölkerung ist erforderlich, um niemanden als »überflüssig« auszuschließen, aber auch um zu vermeiden, dass sich die gesellschaftlichen Kräfteverhältnisse zuungunsten der Arbeit verschieben. Denn eine möglichst große Beschäftigungsquote ermöglicht es den Menschen wesentlich besser, selbst aktiv und kollektiv in die Entscheidungsprozesse in den Betrieben einzugreifen.

2. Allgemeine Arbeitszeitverkürzung ist mit einer Reorganisation der Arbeit in und zwischen den Betrieben sowie einer Neuorganisierung der reproduktiven und der freien Zeit in der gesamten Gesellschaft zu verbinden. Die konsequente Arbeitsverkürzung ist ein zentrales ökologisches Anliegen und eröffnet eine antiproduktivistische Perspektive. Bisherige Produktivitätsfortschritte sollen mit mehr freier Zeit anstatt mit mehr Geld und damit mehr Warenkonsum vergütet werden. Die radikale Arbeitszeitverkürzung bietet die Chance, Vorstellungen

für eine Neuverteilung der Arbeit, die Aneignung der eingesparten Arbeit und der Freizeit zu entwickeln. Das ist umso wichtiger, weil aufgrund der erforderlichen Verminderung des Energieverbrauchs künftig nur noch bescheidene Produktivitätsfortschritte zu erwarten sind. Eroberung und Erweiterung der freien Zeit wäre einer der wichtigsten qualitativen Fortschritte, um den konsumistischen Impulsen entgegenzutreten, die als miserable Kompensation für das Elend der vom Warenfetischismus geprägten menschlichen Beziehungen dienen.

3. Eine radikale allgemeine Arbeitszeitverkürzung ist auch eine Voraussetzung (nicht eine Garantie), um die Hausarbeit und die Sorgearbeit zwischen den Geschlechtern neu zu verteilen. Dies ist mit einer Vergesellschaftung dieser Arbeit zu verbinden. Damit eröffnet sich die Möglichkeit, die Verhältnisse zwischen den Geschlechtern neu zu gestalten und die reproduktiven Arbeiten umzuverteilen.

4. Eine wichtige Form der Arbeitszeitverkürzung ist die Senkung des Rentenalters. Dieses ist für alle auf 60 Jahre herabzusetzen, um den Menschen mit belastenden Arbeitsbedingungen die Chance zu geben, sich von dieser Bürde zu befreien. Zugleich erhalten damit junge Menschen die Möglichkeit, sich an der Erwerbsarbeit zu beteiligen. Die Verlängerung des Mutterschafts- und Vaterschaftsurlaubs ermöglicht es den Eltern, der Betreuung der Kinder die erforderliche Zeit zu widmen.

5. Die gerechte Verteilung der gesellschaftlich notwendigen Arbeitszeit erlangt durch den erforderlichen Rück- und Umbau bislang wichtiger Wirtschaftssektoren eine enorm wichtige Bedeutung. Ein bedingungsloses Grundeinkommen ist deshalb weder ein ökologisches noch ein emanzipatorisches Ziel, schon gar nicht, wenn wir beachten, mit welchen ökologischen Zerstörungen die Produktivitätsfortschritte erzielt werden.

6. Zur gerechten Verteilung des erarbeiteten Wohlstands und der Reichtümer der Natur gehört auch, die Maximalgehälter zu beschränken und Vergütungen durch Aktien abzuschaffen.

7. Die konsequente und rasche Bekämpfung der drohenden Klimakatastrophe birgt die Gefahr, durch höhere Preise für bessere Produkte kleine Einkommen besonders stark zu belasten. Mit entsprechenden Gegenmaßnahmen ist die ökologische Wende sozial verträglich zu gestalten. Darum sind die Löhne an die Lebenshaltungskosten gemäß der Kostenentwicklung für die Güter des täglichen Bedarfs anzupassen. Flächendeckend organisierte VerbraucherInnenkomitees können dazu beitragen, die Kaufkraft der Lohnabhängigen zu ver-

teidigen. In Zusammenarbeit mit Gewerkschaften könnten sie diese Kostenentwicklung regelmäßig ermitteln, indem sie die Preise für entsprechend zusammengestellte typische Warenkörbe feststellen. Damit würden sie dafür sorgen, dass auch qualitativ gute Lebensmittel weiterhin erschwinglich bleiben.

Arbeitsbedingungen und Arbeitszeit: transnationale Solidarität und Kooperation entwickeln

Das Kapital nützt die unterschiedlichen Lebensbedingungen und Lohnniveaus in den verschiedenen Ländern Europas aus und schafft diese immer wieder neu. Bei Investitionsentscheidungen spielt es Belegschaften und Regionen gegeneinander aus und verschärft damit die Konkurrenz unter den Lohnabhängigen. Diese Standortkonkurrenz sowie die Erwerbslosigkeit und die ungehemmte direkte Konkurrenz auf dem Arbeitsmarkt, der sich alle aussetzen müssen, wenn sie eine Stelle suchen, können die Lohnabhängigen nur mit Solidarität und Kooperation untereinander überwinden.

Die hier skizzierten Forderungen sind in den europäischen und internationalen Kontext zu stellen. Die Herausforderung besteht darin, in der Praxis zu testen, ob und inwiefern sie auch dazu beitragen können, unterschiedliche Bewegungen und Anliegen zu vereinen, um radikale sozialökologische Reformen in Europa durchzusetzen, die schließlich den Weg zu einer revolutionären ökosozialistischen Umgestaltung der Gesellschaft eröffnen. Die Grundidee dieser Orientierung besteht darin, die größtmögliche Einheit auf einer möglichst radikalen Grundlage zu schaffen. Zentraler Bestandteil ist dabei, sowohl transnational zu handeln als auch einen Schulterschluss mit MigrantInnen unabhängig von ihrem legalen Status einzugehen. Hierzu braucht es Gewerkschaften, die als offene bewegungsorientierte Organisationen handeln und alle ansprechen, die vom Verkauf ihrer Arbeitskraft abhängig sind.

Die Einführung von Mindestlöhnen in ganz Europa bei einer schrittweisen Angleichung der Niveaus nach oben ist eine zentrale Maßnahme, um das Streben der Konzerne nach den günstigsten Arbeitsbedingungen zu beenden. Das schließt auch eine Harmonisierung der Bemessungsgrundlagen der Löhne für einzelne Berufe ein. Diese Forderung hat eine starke feministische und antirassistische Komponente, weil sie der Diskriminierung der Frauen und der Instrumentalisierung von MigrantInnen als LohndrückerInnen entgegenwirkt.

Als Maßnahme gegen die alltägliche Gängelung der Lohnabhängigen und gegen die Erwerbslosigkeit ist auf europäischer Ebene eine einheitliche Gesetzgebung durchzusetzen, die Entlassungen untersagt und damit den Beschäftigten einen gewissen Schutz gegen sogenannte betriebsbedingte Kündigungen bietet.

Die radikale Arbeitszeitverkürzung kann in starken Volkswirtschaften zwar auf nationaler Ebene eingeführt werden. Das haben bisherige gewerkschaftliche Bewegungen für Arbeitszeitverkürzungen in den 1980er- und 1990er-Jahren gezeigt. Doch um sie dauerhaft zu verankern und Unternehmen in anderen Ländern nicht Wettbewerbsvorteile zu verschaffen, muss sie auf internationaler Ebene durchgesetzt werden. Eine ökosozialistisch konzipierte Arbeitszeitverkürzung macht die Neugestaltung der Arbeitsorganisation und der Arbeitsverhältnisse und die solidarische Neustrukturierung der internationalen Arbeitsteilung nach ökologischen Kriterien zu einem zentralen Thema politischer Auseinandersetzungen.

Darüber hinaus steht die Durchsetzung eines allgemeinen Rechts auf gesellschaftlich nützliche und umweltverträgliche Arbeit zu gleichen Bedingungen im Zentrum der sozialen Frage, auch im Hinblick auf den Aufbau eines solidarischen und ökologischen Europas der Lohnabhängigen. Dieses Recht ist aber nicht bloß ein juristisches Anliegen. Denn diese Forderung zielt auf den Gebrauchswert und die stoffliche Zusammensetzung der produzierten Waren sowie auf die ökologische Tragweite des Produktionsprozesses. Wenn Lohnabhängige beziehungsweise die Gewerkschaften dieses Recht einfordern können, verfügen sie über einen weiteren Hebel zur Gestaltung der Produktion.

In vielen Bereichen der Gesellschaft wie im Gesundheits- und Bildungswesen, bei der Betreuung von Kindern und betagten Menschen sowie zur Verbesserung der öffentlichen Infrastruktur in vielen Stadtteilen und im öffentlichen Verkehr besteht ein großer Bedarf an weiteren Arbeitskräften. In dem Maße, wie sich diese Bedürfnisse nicht profitabel bedienen lassen und die öffentliche Hand entsprechende Arbeiten ebenfalls nicht finanziert, bleiben sie unbefriedigt. Die Durchsetzung des Rechts auf sinnvolle Arbeit bedingt also die gesellschaftliche und demokratische Aneignung der Mittel zur Finanzierung der entsprechenden Investitionen und die Schaffung von Arbeitsplätzen in den oben genannten Bereichen.

Die Menschen sind mobiler geworden. Viele arbeiten im Laufe ihres Berufslebens in mehreren Ländern. Die auf Wettbewerb orientierte Integrationsweise der EU vermeidet es tunlichst, einheitliche Normen und Rechte bei den Sozialversicherungen einzuführen. Das fragmentiert die Lebensbedingungen der Menschen in Europa. Später zugewanderte Lohnabhängige müssen zumeist schlechtere Versicherungsleistungen akzeptieren. In der Perspektive eines solidarischen Europas sollten die Gewerkschaften sich für eine europaweite Homogenisierung der Standards der Kranken-, Alters- und Mutterschaftsversicherung einsetzen. Das ist ein wichtiger Schritt, um die Lebensbedingungen anzugleichen und Konkurrenz zwischen Lohnabhängigen an unterschiedlichen Orten beziehungsweise mit unterschiedlich langer Arbeits- und Aufenthaltsdauer an einem Ort zu reduzieren.

Eine internationale Harmonisierung sozialer Standards und eine Angleichung der Lebensbedingungen vermindern die ungleiche Entwicklung. Dies trägt auch dazu bei, Unternehmensstrategien entgegenzuwirken, die darauf ausgerichtet sind, die unterschiedlichen Lohnniveaus, Sozialversicherungsstandards und Umweltschutzbestimmungen für ihre Zwecke auszunutzen, und damit viel zusätzlichen Verkehr verursachen. Teile der Gewerkschaftsbewegung hatten in dieser Hinsicht schon einmal wesentlich ausgefeiltere Positionen als heute entwickelt. So setzte sich George Debunne, der als früherer Vorsitzender des belgischen Gewerkschaftsbundes FGTB 1973 mit seinem Verband sogar ein antikapitalistisches Grundsatzprogramm entwickelte und beschloss, bereits in den 1970er-Jahren für eine Europäisierung der Gewerkschaften und für europäische Tarifverträge ein (Debunne 2006). Dieses Projekt ist aktueller denn je.

6 Umbau der Städte und Ausbau der gesellschaftlichen Infrastruktur

6.1 Mobilität für alle in einer autofreien Gesellschaft

Die Art und Weise unserer Mobilität hat einen großen Einfluss auf die Erderwärmung. Der Transportsektor verursachte 2010 etwa 14 bis 15 Prozent der Treibhausgasemissionen weltweit (IPCC 2014: S. 9). Der Verkehr war 2017 in Deutschland für 25,5 Prozent, in Österreich für 29 Prozent und in der Schweiz für 39 Prozent der CO_2-Emissionen verantwortlich (Umweltbundesamt 2019; UBA 2019: S. 4; Bundesamt für Statistik 2019). Die Emissionen aus dem Luft- und Seeverkehr machen derzeit 5 Prozent der globalen CO_2-Emissionen aus und nehmen infolge der kapitalistischen Globalisierung rasant zu. Gemäß einer Studie des Europäischen Parlaments könnten diese Sektoren im Jahr 2050 bis zu 22 Prozent beziehungsweise 17 Prozent der weltweiten CO_2-Emissionen verursachen. Diese wahre CO_2-Maschinerie ist dringend zu stoppen (Cames et al. 2015: S. 22, 28).

Die Beimischung von Agrartreibstoffen zu Benzin und Diesel gilt gemäß der Propaganda für eine grüne Wirtschaft und den »Umstieg« auf nachwachsende Energieträger als Schritt zu einem umweltfreundlicheren Autoverkehr. Als ab 2002 zwischenzeitlich die Rohölpreise stark anstiegen, trieben internationale Organisationen, Regierungen und die Automobilindustrie sogenannte Biokraftstoffe als Antwort auf die Verknappung der Ölvorräte und als Beitrag zu Reduktion der das Klima schädigenden CO_2-Emissionen voran (Wolf 2019: S. 52). Der E5-Kraftstoff enthält 5 Prozent Ethanol, der E10-Kraftstoff enthält zwischen 5 und 10 Prozent Ethanol. Mit der Erneuerbare-Energien-Richtlinie (2009/28/EG) legte die EU als Ziel einen 10 Prozent Anteil erneuerbarer Energien im Verkehrssektor bis 2020 fest. Dieser Prozentsatz schließt neben den Biokraftstoffen (flüssig, gasförmig) auch Elektro- und Wasserstoffantriebe ein.

Die unter anderem durch Steuerrabatte staatlich geförderte und regulierte Beimischung von Treibstoffen aus Agrarproduktion wirft ein besonderes Problem auf. Durch die Errichtung von Plantagen zum Anbau von Raps in Europa und Ölpalmen in tropischen Ländern für Biodiesel sowie den Anbau von Weizen, Mais und Zuckerrohr für die Erzeugung von Ethanol entsteht angesichts knapper Flächen eine direkte Konkurrenz zur Herstellung von Nahrungsmitteln. Die erforderliche Ausdehnung flächenextensiver biologischer Landwirtschaft wird dieses Problem zusätzlich verschärfen. Zugleich konkurrieren weltweit 800 Millionen AutobesitzerInnen mit ihrer höheren Kaufkraft gegen die Milliarden von Menschen, die heute unter der Armutsgrenze leben und auf günstige Nahrungsmittel angewiesen sind oder sogar hungern (Kern 2019: S. 79).

Die kapitalistische Produktionsweise und Transportorganisation führen zu einer räumlich, gesellschaftlich und geschlechtsspezifisch ausgesprochen ungleichen Teilhabe der Menschen an Mobilitätsmöglichkeiten. Die gesellschaftliche Ungleichheit und die ökologische Belastung des gegenwärtigen Verkehrssystems sind gleichermaßen zu beseitigen. Wir brauchen eine umfassende Verkehrswende. Die ersten Schritte sind, sofern es die politischen Kräfteverhältnisse zulassen, leicht zu verwirklichen. Viele Programmpunkte, die ich in diesem Abschnitt vorstelle, sind in der kritischen Verkehrsdiskussion seit Langem Allgemeingut. Etliche Vorschläge stammen sogar aus der zweiten Hälfte der 1980er-Jahre (Wolf 1991). Ich selbst habe bereits 1992 am Beispiel von Basel Umrisse einer Verkehrswende hin zu einer autofreien Stadt skizziert (Zeller 1992). Zudem greife ich auch Vorschläge auf, die ich 2011 im Zusammenhang mit einer kritischen Reflexion der Bahnreformen in Österreich und in der Schweiz erarbeitet habe (Zeller 2011).

Sofort umzusetzende Maßnahmen

Der Automobilverkehr wurde in den letzten Jahrzehnten durch zahlreiche staatliche Maßnahmen begünstigt und konnte sich damit als zentrale Säule des Transportsystems durchsetzen. Noch immer genießt er zahlreiche steuerliche und andere institutionelle Begünstigungen. Inzwischen sind in Deutschland 70 Prozent aller Neuzulassungen Dienstautos. Das sind zudem zumeist große Autos mit hohen Emissionen. In Österreich wurden im ersten Halbjahr 2018 56 Prozent der Neuwagen auf Firmen und andere juristische Personen zugelassen. Durch die steuerliche Begünstigung von Dienstwagen finanziert der Fiskus gezielt den Autoverkehr und den Verkauf von Pkws (Wolf 2019: S. 187). Mit den folgenden Maßnahmen lässt sich einfach und kostengünstig eine Verkehrswende von unten einleiten.

1. Ab sofort gelten folgende Geschwindigkeitsbegrenzungen: in Stadtteilen und Ortschaften 30 Stundenkilometer, Landstraßen 80 Stundenkilometer, Autobahnen 100 Stundenkilometer. Diese Maßnahme reduziert leicht und ohne Aufwand die Schadstoff- und CO_2-Emissionen des Autoverkehrs.

2. Auf alle Projekte zur Attraktivitätssteigerung des Automobilverkehrs wie neue Autobahnen, neue Überlandstraßen und öffentliche Parkgaragen ist ab sofort zu verzichten.

3. Alle Begünstigungen des Automobilverkehrs sind sofort zu beenden. Dazu zählen die Subventionierung von Dieseltreibstoff und die steuerliche Absetzbarkeit von Firmenautos. Dem motorisierten Individualverkehr müssen sämtliche Kosten, die er verursacht, angerechnet werden. In Deutschland verschlingt die Subventionierung des umweltschädlichen Dieseltreibstoffs jährlich rund 7,8 Milliarden Euro. Das Privileg für privat genutzte Dienstfahrzeuge beläuft sich auf rund 500 Millionen Euro. Allein der Verzicht auf diese Begünstigung des Flug- und Autoverkehrs ergäbe beträchtliche finanzielle Mittel, um den kostenlosen öffentlichen Nahverkehr und umfassende Investitionsprogramme für Straßenbahnen und Seilbahnen zu finanzieren (Hasse 2018).

4. Sämtliche Formen der Begünstigung des Güterverkehrs auf der Straße durch Subventionen, verminderte Steuertarife und öffentliche Investitionen in Straßen- und Logistikinfrastruktur sind umgehend einzustellen.

5. Alle steuerlichen Bevorzugungen und Förderungen des Flugverkehrs sind sofort abzuschaffen. Dazu zählen Kerosinsteuern und Abgaben von Flughäfen. Die Steuerbefreiung von Kerosin lag gemäß Bundesregierung für den inländischen Flugverkehr 2016 bei 530 Millionen Euro. Zählt man noch die Flüge ins Ausland dazu, kommt man auf einen Subventionsbetrag von 6,9 Milliarden Euro im Jahr 2010 (Hasse 2018).

6. Kurzstreckenflüge von bis zu 1000 Kilometern sind kurzfristig zu verbieten und abzuschaffen.

7. Der öffentliche Personennahverkehr zählt zur gesellschaftlichen Infrastruktur, die für alle Menschen, unabhängig von ihren finanziellen Mitteln, gleichermaßen verfügbar sein muss. Darum ist der öffentliche Personennahverkehr kostenlos anzubieten.

8. Die Bahnen müssen günstige Halbpreisabonnements (Bahncard 50, Vorteils-Card, Halbtax) und Generalabonnements (Bahncard 100, ÖsterreichCard, Generalabo) anbieten, sodass sie wirkliche Massenprodukte werden. Das Tarifsystem ist zu vereinfachen und die zeitungebundenen Tickets deutlich zu vergünstigen.

9. Die Unternehmen profitieren von der Arbeitsleistung der Lohnabhängigen. Darum sind die Kosten für die Arbeitswege von den Unternehmen über eine Abgabe zu finanzieren. In einigen Städten gibt es solche Abgaben bereits.

10. Die Förderung der Herstellung von Agrartreibstoffen muss eingestellt werden (siehe auch Kapitel über die Landwirtschaft).

Autofrei —
Förderung des Fuß- und Radverkehrs, Ausbau des öffentlichen Verkehrs

Eine ökosozialistische Umbaustrategie zielt darauf ab, die gesamte Organisation des Transports umzuwälzen und den motorisierten Individualverkehr in den urbanen Regionen nahezu vollständig durch kollektive öffentliche und durch nicht motorisierte Transportmittel zu ersetzen. In Ländern wie Deutschland, Österreich und der Schweiz ist der Autobestand innerhalb eines Jahrzehnts um 90 Prozent zu reduzieren. Das darf aber nicht zu einer Verschlechterung der Mobilitätschancen führen. Namentlich für die Menschen mit geringem Einkommen müssen diese sogar verbessert werden. Die abgebauten Arbeitsplätze sind durch andere zu ersetzen.

Agglomerationsverkehr

1. Der Autoverkehr ist in den städtischen Lebensräumen grundsätzlich infrage zu stellen, ohne dabei in erster Linie an staatliche Verbote zu appellieren. Vielmehr sind die demokratischen Handlungsmöglichkeiten zu erweitern. Die BewohnerInnen sollen sich ihre Straßen und ihre Quartiere aneignen können, das heißt sie selbst verwalten können. Die Straßen müssen wieder als Lebensraum zurückerobert werden. Die regionalen öffentlichen Transportsysteme sind auszubauen und zu demokratisieren, also ebenfalls gesellschaftlich anzueignen.

2. Sämtliche Alltagswege in Stadtregionen müssen mit öffentlichen und nicht motorisierten Transportmitteln zu bewältigen sein. Darum ist der öffentliche Verkehr massiv auszubauen. Je nach konkreten Bedingungen gilt es ein auf Straßenbahnen, Gondelbahnen, Busse, Kleinbusse, Kollektiv- und Ruftaxis gestütztes Nahverkehrssystem auszubauen beziehungsweise einzuführen. Auch das Angebot von Carsharing und Mietautos ist dezentral auszubauen. Deren Trägerschaft können die Gemeinden oder die gemeindeeigenen Energieversorgungsbetriebe übernehmen. In jeder Siedlung können einige Autos den BewohnerInnen für Transportzwecke zur Verfügung stehen. Niemand muss in seinem Alltag gezwungen sein, selbst ein Auto zu besitzen.

3. Die meisten Wege in den Städten, städtischen Agglomerationsräumen, Kleinstädten und Dörfern müssen mit dem Fahrrad zu bewältigen sein. Hierfür ist eine entsprechende Infrastruktur auszubauen. Die Nutzung von Fahrrädern ist wirksam zu fördern. In dem Maße, wie sich der Autoverkehr reduziert, werden allerdings kostspielige Radwege zunehmend überflüssig, da die RadfahrerInnen den Straßenverkehr in den Städten immer mehr prägen und sich den öffentlichen Straßenraum aneignen.

4. Der öffentliche Verkehr ist massiv auszubauen. In gleichem Maße, wie die öffentlichen Transportmittel leistungsfähiger werden, ist in den urbanen Regionen die Straßeninfrastruktur zurückzubauen und parallel dazu der motorisierte Individualverkehr zu reduzieren. Die AnwohnerInnen sollen diesen Rückbau von Straßenraum im Rahmen der von der Stadt oder der Gemeinde festgelegten Kriterien selbst gestalten können. Die Nutzung von Privatfahrzeugen muss durch mangelnde Attraktivität eingedämmt werden. Städte sind weitgehend vom Autoverkehr zu befreien. Konkret ist in allen Städten mit über 50.000 EinwohnerInnen umgehend eine Investitionsoffensive für die Einrichtung neuer Bus- und Minibuslinien, Straßenbahnen und Seilbahnen zu starten. Dabei müssen auch die Umlandgemeinden einbezogen werden. Wichtig sind auch die bislang oft vernachlässigten Quer- und Tangentialverbindungen in den Agglomerationsräumen. Bus- und Minibuslinien sind in Kleinstädten und Dörfern so auszubauen, dass alltägliche Mobilitätsbedürfnisse abgedeckt werden können.

Fernverkehr

1. Auf nationaler Ebene sind alle Gemeinden mindestens mit einem Stundentakt und alle Städte mindestens mit einem Halbstundentakt von Eisenbahn und Bus zu verbinden. Die Fern- und Nahverbindungen sind im Sinne eines Taktfahrplans mit kurzen Umsteigezeiten aufeinander abzustimmen. Die Eisenbahn muss zu einer Flächenbahn ausgebaut werden. Das erfordert den dezentralen Ausbau des Schienennetzes. Damit wird der Abbau des Schienennetzes der vergangenen Jahrzehnte wieder rückgängig gemacht. Engpässe im Netz sind durch mehr Kapazität zu vermeiden. Dieselstrecken müssen elektrifiziert werden. Das Bahnangebot ist so zu erweitern und zu verdichten, dass mit einer ausreichenden Platzvorhaltung bei normalen Fahrten die Notwendigkeit von Reservierungen entfällt. Immer wieder versuchen betroffene Bevölkerungsgruppen, ihre Regionalbahn zu verteidigen. Diese Bemühungen, verbunden mit gewerkschaftlichen Aktivitäten für gute Arbeitsbedingungen und mit den Anliegen der Umweltbewegung und der Initiativen für eine *Verkehrswende von unten*, können Anknüpfungspunkte für eine breite Bewegung bieten, die sich für einen gerecht organisierten und umweltverträglichen öffentlichen Dienst im Verkehrssektor einsetzt.

2. In Europa ist das Eisenbahnangebot mit schnellen Städteverbindungen im Stundentakt deutlich zu erweitern. Ein Netz von Nachtzügen, das alle größeren Städte Europas miteinander verbindet, macht Kurzstreckenflüge weitgehend überflüssig.[14]

---

14 Siehe hierzu den Konzeptentwurf der Zeitschrift Lunapark21 und des Bündnis Bahn für Alle: http://www.bahn-fuer-alle.de/media/images/2016-LunaLiner/LP21-Ex12-Titel-Edito-und-Vorworte.pdf und http://www.bahn-fuer-alle.de/media/images/2016-LunaLiner/LP21-Ex-12-13-LunaLiner-Faltblatt.pdf.

3. Es ist zu prüfen, ab welcher jährlichen Flugleistung der Flugverkehr durch personalisierte, nicht übertragbare Tickets zu rationieren ist und ab welcher Anzahl Flugkilometer die Tickets massiv zu verteuern sind. Unternehmen und öffentliche Betriebe werden dazu angehalten, die Dienstreisen ihrer MitarbeiterInnen, wenn immer möglich, mit der Bahn durchführen zu lassen. Auf Kerosin ist eine progressive Steuer zu erheben, deren Erträge über einen Klimafonds an die armen, abhängigen und peripheren Länder verteilt werden sollen.

Produktion in der Nähe, Reduktion und Vermeidung von Güterverkehr

Die transnationalen Verflechtungen der Produktionssysteme haben das Transportvolumen stark ansteigen lassen. Der Güterverkehr wächst massiv, und zwar nicht nur aufgrund der Erzielung von Größenvorteilen und Spezialisierungsgewinnen, sondern auch durch die systematische Ausnutzung von Unterschieden bei den Löhnen sowie Umwelt- und Sozialstandards. Die Transportintensität erhöhte sich in Deutschland von 1993 bis 2017 um rund 50 Prozent. In einer Flasche Wein aus Chile, die irgendwo in Deutschland auf einem Ladenregal steht, stecken weniger als 10 Cent Transportkosten. Dieser Wein konkurriert dann mit einem einheimischen Riesling oder einem Beaujolais aus Frankreich. Zwar haben enorme Produktivitätsfortschritte bei den transnationalen Logistikketten die Transportkosten gesenkt, nicht jedoch den Energie- und Ressourcenverbrauch. Dennoch sind die tatsächlichen Transportkosten höher, doch sie werden von Steuerzahlenden anderer Länder getragen und schlicht auf die Umwelt abgewälzt. In Deutschland stößt der Güterverkehr mittlerweile ein Drittel der CO_2-Emissionen des gesamten Verkehrs aus (Wolf 2019: S. 203 f.).

1. Der Güterverkehr, abgesehen von der Feinverteilung, ist auf die Schiene zu verlagern. Die Industrieunternehmen müssen dazu verpflichtet werden, zusammen mit den Bahnunternehmen Gleisanschlüsse zu errichten (viele wurden in den letzten Jahrzehnten abgebaut).

2. Die Kapazitäten der Bahnen und der Binnenschifffahrt würden allerdings nicht reichen, um den gesamten Güterverkehr mittlerer Streckenlängen zu bewältigen. Darum muss der Güterverkehr schlicht reduziert werden. Unnötiger Güterverkehr ist zu vermeiden. Die Produktionsprozesse sind, wenn gesellschaftlich und ökologisch sinnvoll, weitgehend lokal zu organisieren. Die Organisationen der Lohnabhängigen und Umweltorganisationen sind in die Standortwahl von Unternehmen einzubeziehen (mehr dazu im Abschnitt über den Umbau der industriellen Produktion).

Reorganisation und gesellschaftliche Aneignung des öffentlichen Verkehrs

Die praktizierte Regionalisierung der Bahnen mit dem Bestellerprinzip und der Abwälzung der Investitions- und Betriebskosten auf die Regionen bringt der betroffenen Bevölkerung nicht mehr Mitsprache und Demokratie, sondern vor allem Kosten. Denn wenn eine Linie sich nicht rentiert, soll die Region selbst für die Aufrechterhaltung ihrer Bahn aufkommen. Die Regionalisierung kann zu Streckenstilllegungen und zur Zerstückelung des regionalen Nahverkehrs führen, wenn die Region die Leistung nicht bezahlen kann oder will. Ganz im Sinne des neoliberalen Zeitgeistes werden mit dem verschärften Standortwettbewerb zwischen den Bundesländern, Kantonen und Gemeinden die regionalen Ungleichgewichte größer. Gemäß dem Konzept einer Intercitybahn haben sich die Investitionen in Deutschland und Österreich bisher stärker als in der Schweiz auf einige Hauptachsen konzentriert. Damit geht ein Streckenabbau in den Regionen einher. Diese Entwicklung muss gestoppt werden. Die Ausbauprogramme sind auf die Bedürfnisse der Bevölkerung sowohl in den urbanen Agglomerationen als auch in den Randregionen auszurichten. Es gilt, eine Transportorganisation, die sozial gerecht ist und die Umweltbelastung minimiert, auf unterschiedlichen geografischen Maßstabsebenen zu realisieren. Hierzu gehören die regionale Teilhabe und Mitsprache ebenso wie die nationale Infrastruktur und ein europäisch organisiertes Angebot.

Seit bald drei Jahrzehnten werden die Bahnen und Unternehmen des öffentlichen Verkehrs verstärkt dem Druck ausgesetzt, profitabel zu sein. Solange der Automobil- und Lastwagenverkehr strukturell über verschiedenste Mechanismen bevorzugt wird, führt diese Politik dazu, den öffentlichen Verkehr weiter zu schwächen, ihn unsozialer zu gestalten und den Druck auf die Beschäftigten zu erhöhen. Wichtig ist aber nicht, im betriebswirtschaftlichen Sinn effiziente Bahnen zu betreiben, sondern vielmehr, ein öffentliches Transportsystem zu schaffen, das den Bedürfnissen der Bevölkerung entspricht, gute Arbeitsbedingungen garantiert und die Umweltbelastungen reduziert. Abgesehen davon, erfordert der sichere und zuverlässige Betrieb eines derart komplexen und engmaschigen Systems, wie es beispielsweise eine Bahn mit dichtem Taktfahrplan darstellt, ohnehin ein Höchstmaß an organisatorischer und logistischer Effizienz.

Eine auf soziale Gerechtigkeit und Umweltverträglichkeit ausgerichtete Verkehrspolitik kann aber nur auf der Basis starker sozialer Bewegungen ausgearbeitet werden. Die folgenden Vorschläge orientieren sich an den konkreten Problemen und lassen zugleich die Logik des kapitalistischen Marktes hinter sich.

1. Ein zentraler Schritt zur Veränderung ist die Selbstorganisierung der im Verkehrssektor arbeitenden Menschen und der Fahrgäste. Den Anfang bilden hierbei Interessenverbände von Bahnfahrgästen, Bürgerinitiativen gegen Straßen- und Garagenprojekte und Zusammenschlüsse von Menschen, die sich gegen den Abbau von regionalen Bahn- und Busverbindungen zur Wehr setzen. Derartige Formen der Selbstaktivität können dazu genutzt werden, konzeptionelle Vorstellungen und Aktionsformen zu entwickeln. In Zusammenarbeit und gemeinsamer Mobilisierung mit den Gewerkschaften wären sie in der Lage, weitgehende Verbesserungen und Reformen durchzusetzen. Auf dieser Grundlage können die aktiven Fahrgäste, BewohnerInnen und Beschäftigten ihre alternativen Konzepte weiterentwickeln und radikalisieren.

2. Die Bahnunternehmen sind generell in die öffentliche Hand zu überführen und integriert zu organisieren. Ebenso sind auch die Flugunternehmen und die großen Logistikkonzerne zu vergesellschaften. Perspektivisch ist ein integrierter Betrieb des gesamten öffentlichen Transports zu schaffen, der die verschiedenen Transportträger Bus, Tram, Bahn und Flugverkehr unter einem Dach vereinigt. Dieser integrierte öffentliche Transportbetrieb hat nicht die Aufgabe, möglichst viele Menschen und Waren profitabel zu transportieren, sondern sorgt dafür, dass die gesamten Transportdienstleistungen aufeinander abgestimmt sind, möglichst effizient und umweltschonend organisiert werden und den Transportbedürfnissen der Bevölkerung und der produzierenden Betriebe entsprechen. Die umweltschonendste Transportvariante kann tariflich begünstigt werden.

3. Hierbei geht es nicht darum, autoritäre und bürokratische staatliche Strukturen zu verteidigen oder neue bürokratische Großkomplexe zu schaffen. Ganz im Gegenteil: Die DB, ÖBB, SBB und die privaten Bahnunternehmen sind neu zu organisieren, sie sind im eigentlichen Wortsinne zu vergesellschaften. Die DB, ÖBB und SBB (beziehungsweise ihre Vorgängerbetriebe) waren fast hundert Jahre lang öffentliche Betriebe. Eine demokratische Aneignung der DB, ÖBB, SBB und der Privatbahnen durch die Beschäftigten und die BenutzerInnen ist ein wesentlicher Bestandteil einer solidarischen und umweltverträglichen Verkehrskonzeption.

4. Dabei ist das Management, wenn sinnvoll, zu regionalisieren. Über lokale Ausbauschritte oder Umgestaltungen des Betriebs und der Infrastruktur können regionale Gremien entscheiden. Hierfür sind neue regionale (Selbst-)Verwaltungsmodelle auszuarbeiten. Regionale Verwaltungsinstanzen, in denen sowohl die Betriebshierarchie als auch die Gewerkschaften und Umweltverbände vertreten sind, könnten einen Schritt in diese Richtung sein. In diesem Sinne sind

Vorschläge zu entwickeln, wie gerade im Agglomerationsverkehr, wo verschiedene öffentliche Betriebe miteinander kooperieren, die Interessen der Bevölkerung und der Beschäftigten wirklich zum Tragen kommen. Grundvoraussetzung hierfür ist aber, dass die regionalen Körperschaften über genügend Ressourcen verfügen. Das ist nur mit einer grundsätzlichen Neugestaltung der Finanzordnung möglich. Die großen nationalen Infrastrukturen und betrieblichen Abläufe sind sinnvollerweise zentralisiert zu organisieren und zu führen. Für die transnationalen Verbindungen im Transportnetzwerk sind sogar europäische Strukturen zu schaffen, die aber ebenfalls einer demokratischen Kontrolle durch die sich delegierenden kleinräumigeren Organisationseinheiten unterliegen.

Europäisierung des öffentlichen Takts

Die europäische Dimension der Verkehrspolitik wird auf der politischen, ökonomischen und gesellschaftlichen Ebene sichtbar. So treibt die EU seit den frühen 1990er-Jahren die Privatisierung der Bahnen voran. Die berühmte Richtlinie 91/440, der geforderte *Free Access* auf die Schieneninfrastruktur für private Bahnunternehmen und die Maßnahmen der EU gegen nationale Bahngesellschaften, die die EU-Politik nicht ordnungsgemäß umsetzen, wirken sich nachhaltig auf die Eisenbahn- und Verkehrspolitik in allen Ländern Europas aus.

Nicht zuletzt als Konsequenz dieser Politik und der veränderten institutionellen Rahmenbedingungen sind europäische Oligopolisten wie die Deutsche Bahn und die französische SNCF entstanden, die ihre Größenvorteile und ihre Macht gegenüber den anderen Bahnunternehmen, den Staaten und regionalen Körperschaften und vor allem auch gegenüber den Fahrgästen und BürgerInnen zur Durchsetzung ihrer Konzerninteressen einsetzen. Auch die Eisenbahnindustrie wird durch starke Oligopolisten wie Siemens, Bombardier und Alstom geprägt. Einige wenige große Konzerne greifen aktiv in die Beschaffung von Rollmaterial und Ausschreibungen für Bahnangebote ein.

Schließlich hat sich auch die Mobilität der Menschen mit stark angestiegenen Reisedistanzen europäisiert. Die Flexibilisierung der Arbeitsmärkte und das veränderte Freizeitverhalten haben das grenzüberschreitende Verkehrsaufkommen erhöht. In Grenzregionen gibt es grenzüberschreitende Nahverkehrssysteme und S-Bahnen.

Aufgrund der anhaltenden Krise der europäischen Integration, des Binnenmarktes und des Euro, verbunden mit der Verschuldung der öffentlichen Haushalte, stellt sich die Frage nach den gesellschaftlichen Perspektiven in Europa noch dringlicher als bisher. Die Verschuldungskrise wird zudem als Hebel benutzt, um wichtige Einrichtungen der gesellschaftlichen Infrastruktur, vor allem in den peripheren Regionen und beim öffentlichen Verkehr, infrage zu stellen. Es ist also nötig, die europäische Dimension mit einer solidarischen und ökologisch nachhaltigen Perspektive aufzugreifen.

In den (ehemaligen) öffentlichen Diensten, die von der Transnationalisierung betroffen sind, stellt sich die Frage, wie die Beschäftigten und BenutzerInnen grenzüberschreitend miteinander in Kontakt treten, um zu bestimmen, welches Angebot auf europäischer Ebene gemeinsam erbracht werden soll. Das gilt besonders für die Bahnen, aber auch für die Post, Telekommunikation, Energieversorgung und Krankenhauskonzerne.

1. Die prinzipielle Absage an jede Privatisierung muss einhergehen mit Überlegungen, wie und auf welcher Maßstabsebene die öffentlichen Verkehrsbetriebe und spezifische Transportangebote zu organisieren sind. Der öffentliche Personennahverkehr muss in den meisten Fällen regional abgestützt und organisiert werden. Der Verkehr zwischen den urbanen Zentren Europas ist jedoch national und europäisch zu organisieren. Die Infrastruktur und die Transportmittel können den Staaten, Regionen, Städten oder einer Vereinigung derselben gehören. Je nach Sachlage, konkreten Bedingungen und sozialen Kräften ist die Erstellung der Transportdienstleistung im öffentlichen Interesse besser auf regionaler, nationaler, übernationaler, kontinentaler oder gar globaler Ebene zu organisieren. Öffentliches Eigentum kann also in anderen Maßstäben organisiert werden als die angebotenen Dienstleistungen.

2. Öffentliches Eigentum muss keineswegs gleichbedeutend mit Nationalisierung sein. Vielmehr sind alle Formen zwischen Kooperativen, Munizipaleigentum und einer neuen öffentlichen Eigentumsform auf europäischer Ebene denkbar. Für die Bahnen sind auch Formen europäischen öffentlichen Eigentums zu erwägen. Eine europäische Perspektive ergibt sich nicht aus der Addition nationaler Projekte, sondern ist vielmehr eine transnationale Synthese eines emanzipatorischen Projekts.

3. Die Europäisierung öffentlicher Bahnen und des öffentlichen Taktes des Bahnbetriebs kann nicht losgelöst von der demokratischen Gestaltung und Führung der Betriebe betrachtet werden. Es gilt zu überlegen, wie die Organisation des Angebots von Selbstverwaltungsstrukturen der Beschäftigten, Verbänden der BenutzerInnen und gewählten politischen Instanzen angeleitet und beaufsichtigt werden kann. Wie lässt sich im Zuge einer demokratischen Diskussion ermitteln, welche Transportbedürfnisse vorliegen, welche prioritär bedient werden und welche Ressourcen zur Leistungserstellung eingesetzt werden?

4. Die Verkürzung und Vermeidung unnötiger und ökologisch schädlicher Transportvorgänge muss auf europäischer oder gar globaler Ebene durchgesetzt werden. Dasselbe gilt für ein Verbot von Kurzstreckenflügen und die Kerosinbesteuerung des Flugverkehrs.

Gesellschaftliche Dimensionen des Umbaus der Transportorganisation

Eine radikale Verkehrswende umfasst auch den Umbau der gesamten Transportindustrie. Die Automobilindustrie und die stark mit der Rüstungsindustrie verbundene Luftfahrtindustrie müssen komplett zu Anbietern integrierter öffentlicher Transportprodukte und -dienstleistungen umgebaut werden. Das setzt allerdings eine harte Konfrontation mit dem in diesen Industrien angelegten und sich verwertenden Kapital voraus. Letztlich sind die EigentümerInnen dieses Kapitals zu entmachten. Auf diese Herausforderungen gehe ich im Abschnitt den über industriellen Umbau ein.

Es gilt, Verkehr zu vermeiden und erzwungene Mobilität abzubauen. Eine Verringerung der Verkehrsleistung kann sogar mit einer Erweiterung der Mobilität zur Befriedigung von Bedürfnissen einhergehen. Mit einer gezielten Struktur- und Siedlungspolitik sind die Lebensfunktionen einander wieder näher zuzuordnen (siehe Abschnitt *Gutes Wohnen und kurze Wege: vom Recht auf Stadt zur urbanen Revolution*). Angesichts der heute stark entmischten Raumstruktur ist das eine langfristige Perspektive. Konkrete Schritte in diese Richtung sind aber möglich. Die umfassende Verkehrswende führt langfristig zu einer Reduktion der für den Transport von Menschen und Gütern aufgewendeten gesellschaftlich notwendigen Arbeitszeit. Das bedeutet aber auch, dass die Arbeitszeit deutlich gesenkt werden muss. Kurzfristig, während der Arbeiten und Investitionen für die Konversion der Industrien, werden in bestimmten Bereichen zusätzliche Arbeitskräfte benötigt werden (siehe Kapitel 5.5 über die Verkürzung der Arbeitszeit).

6.2 Gutes Wohnen und kurze Wege: vom Recht auf Stadt zur urbanen Revolution

Die Stadt, das urbane Leben und die urbane Infrastruktur, der Zugang zu Bildungs-, Versorgungs- und Transportmöglichkeiten sind für Milliarden von Menschen zentral für die Gestaltung des Lebensalltags. Konflikte um das urbane Leben prägen weltweit viele gesellschaftliche Auseinandersetzungen. Die Herausforderungen der Klimaerwärmung verleihen diesen Konflikten eine weitere Dimension und Brisanz. Seit etwa 2010 lebt die Mehrheit der Menschen in Städten, vor hundert Jahren wohnten lediglich zwei von zehn Menschen in urbanen Gebieten. Der

UN-Habitat-Bericht von 2013 über den Zustand der Städte geht davon aus, dass bis zur Mitte dieses Jahrhunderts sieben von zehn Menschen in städtischen Gebieten leben werden. Das Wachstum der Städte verläuft allerdings sehr ungleich. Während die städtische Bevölkerung in den reichen kapitalistischen Ländern nur noch in Wachstumsregionen weiter zunimmt, wachsen vor allem die Groß- und Megastädte in den Schwellenländern und den abhängigen Ländern in den kommenden Jahrzehnten weiter.

Außerhalb der frühindustrialisierten Metropolenländer wandern weiterhin Millionen von Menschen vom Land in die Stadt. Sie hoffen, dort bessere Bedingungen für das Überleben und Aufstiegsmöglichkeiten zu finden. Aber nur einer Minderheit eröffnet das Leben in einer Riesenstadt wirklich die Chance, in der sozialen Hierarchie hochzuklettern. In den Megacitys der Schwellenländer und abhängigen Länder konzentrieren sich Millionen von Menschen, die unqualifizierte, ungeschützte und schlecht bezahlte Arbeit unter prekären Bedingungen leisten müssen. Die soziale und räumliche Segregation wird zur Norm.

Urbanisierung und Suburbanisierung sind Prozesse, die eng verbunden mit individueller Massenmotorisierung und der Entwicklung zur Autogesellschaft abliefen. Die individuelle Massenmotorisierung ermöglichte die flächenmäßige und zerstreute Ausdehnung der Siedlungsgebiete, die Trennung von Arbeitszentren, Wohnorten, Versorgungsstätten und Freizeiteinrichtungen. Wären die Transportbedürfnisse stärker mit öffentlichen und schienengebundenen Transportmitteln befriedigt worden, hätten sich eher fingerartige Siedlungsstrukturen entlang der Linien des öffentlichen Verkehrs entwickelt. Die Zersiedlung ist auch ein Ergebnis des kaum regulierten Privateigentums an Grund und Boden und der Spekulation mit Immobilien. Hohe Boden- und Wohnungspreise zwingen viele Menschen, vor allem Familien, günstigere Wohnungen außerhalb der Städte zu suchen. Die EigentümerInnen von Immobilien können in den teuren zentrumsnahen Gebieten wesentlich höhere Renditen erzielen. Ihre Erträge beziehungsweise Bodenrenten beruhen auf ihrem Eigentumsmonopol. Diese kapitalistische Bodenordnung führt zu einer Flächennutzung entsprechend der Zahlungskräftigkeit anstatt der Bedürfnisse der Menschen. Viele Wohnungen sind nicht zum Wohnen da, sondern dienen der Erzielung von Rentenerträgen. Die damit verbundene Verdrängung der weniger zahlungskräftigen Menschen verschärft sich in Phasen stark steigender Immobilienpreise und damit verbundener Immobilienspekulation noch zusätzlich. Die Dynamik der Kapitalakkumulation und die Erfordernisse der »effizienten« Raumüberwindung durch Straßen und Autobahnen haben das urbane Leben in der Nähe und Nachbarschaft teilweise zersetzt oder gar zerstört. Der durch die lokalen und regionalen Regierungen repräsentierte Staat unterstützt diese Entwicklung, um die eigene Wettbewerbsposition in der Konkurrenz zu anderen Regionen und Ländern zu stärken. Eine ökosozialistische Strategie sieht eine grundlegende Neuausrichtung der Stadt- und Regionalplanung vor. Die Stadt der kurzen Wege ist ein zentrales Ziel. Es geht darum, ressourcenfressende und mühsame Verkehrs- und Transportwege massiv zu verkürzen oder gar zu vermeiden. Allerdings sind hierzu längerfristig ausgerichtete radikale Maßnahmen erforderlich, die dazu beitragen, die Siedlungsstrukturen umweltverträglicher und zugleich gesellschaftlich kommunikativer zu organisieren.

Die Städte und urbanen Großregionen spielen für das Kapital eine zentrale Rolle, und zwar in mehrerlei Hinsicht. Die großen Konsumgüterkonzerne wie Wal-Mart, Carrefour, REWE wollen die Lohnabhängigen, vor allem die sogenannten neuen Mittelschichten, in den Megacitys der Schwellenländer als KäuferInnen ihrer Waren gewinnen. Neue Transportsysteme, U-Bahnen, Energieversorgung, Wasserversorgung und Müllentsorgung in den großen Städten bieten potenziell enorme Möglichkeiten der Kapitalverwertung. Investmentfonds, Beratungsunternehmen und Finanzzeitschriften sehen in den Wachstumspotenzialen im Bereich der urbanen Infrastruktur in den Schwellenländern wichtige »Megatrends«, die lukrative Anlagemöglichkeiten versprechen. Große Investitionsprojekte wie Immobilienprojekte im Gewand neuer Bahnhöfe (Stuttgart 21), Flughafenerweiterungen, Verkehrsinfrastrukturen, Einkaufszentren und Fußballstadien sind in vielen Städten zu Symbolen ungehemmten Wachstums und zu Brennpunkten politischer Auseinandersetzungen geworden.

Die städtische Infrastruktur ist ein strategisches Feld für das Kapital, das vor dem Hintergrund einer latenten und sich periodisch zuspitzenden Überakkumulationskrise nach neuen Verwertungsmöglichkeiten sucht. Finanzinstitutionen und Staaten mobilisieren Kapital durch Verschuldung und Anleihen und fixieren dieses in der gebauten Umwelt. Mit derartigen Prozessen der raumzeitlichen Mobilisierung und Fixierung von Kapital, die David Harvey *spatio-temporal fixes* nennt, wird zeitweilig die Überakkumulation »repariert«, um diese, zeitlich versetzt und räumlich verschoben, umso heftiger wieder hervortreten zu lassen (Harvey 2012). Das ist nur ein Aspekt der gesellschaftlich und räumlich ungleichen Entwicklung des Kapitalismus.

Seit der Durchsetzung neoliberaler und auf die Steigerung der Wettbewerbsfähigkeit ausgerichteter Stadtpolitik in den 1980er-Jahren wird die »unternehmerische Stadt« vielerorts regelrecht inszeniert. Spezielle Anlässe wie internationale Bauausstellungen, internationale Konferenzen und Sportanlässe dienen den Herrschenden dazu, Diskurse zu verankern und Praktiken durchzusetzen, die der Erlangung städtischer Wettbewerbsfähigkeit und damit des wirtschaftlichen Wachstums den Charakter eines nicht zu hinterfragenden Sachzwangs verleihen. Marktgesetze erscheinen als Naturgesetze (Schipper 2013).

Mit dem Begriff der *Smart Cities* arbeiten Konzerne wie Siemens, IBM, Cisco und Philips im Verbund mit Stadtregierungen und Behörden an der Integration digitaler Technologien in die städtische Infrastruktur. Damit erschließen sie sich bedeutende neue Märkte und prägen wirksam das gesamte städtische Leben. Diese digitalen Informations-, Kommunikations- und Steuerungsinfrastrukturen stellen uns vor grundsätzliche Fragen der demokratischen, sozialen und ökologischen Gestaltung des städtischen Lebens. Zugleich haben Konzerne wie Google, Airbnb und Uber das Prinzip des Teilens längst kolonisiert und auf ihre Profitmühlen gelenkt (Morozov und Bria 2017). Sie eignen sich damit auf günstige Weise Werte in Form von Profiten und Renteneinkommen an, die durch die scheinbar selbstständig arbeitenden »PartnerInnen« erarbeitet werden, und kassieren Monopolrenten von den NutzerInnen der Dienste. Nun ist sorgfältig zu prüfen, welche *smarten Technologien* mehr oder weniger Transportvorgänge zur Folge haben und ob sie, im Ganzen betrachtet. menschliche Arbeit durch einen Energieaufwand ersetzen und damit ökologisch problematisch sind. Es gilt zu überlegen, wie diese Infrastrukturen, aber auch die gesellschaftlichen Ressourcen wie Kenntnisse, Fähigkeiten und Kreativität demokratisch gestaltet werden können. Das wiederum stellt uns vor die Aufgabe, das Gemeineigentum – die *Commons* – auszudehnen. Es geht schließlich darum, die Stadt mit ihrer gesamten Infrastruktur gesellschaftlich anzueignen und der direkten Gestaltungsmacht ihrer BewohnerInnen zu unterstellen.

Das gesamte städtische Leben wird zur Quelle unterschiedlicher Strategien der Mehrwertaneignung. Mit der Bezahlung der Wohnung – sei es durch die Begleichung einer Miete an den Wohnungseigentümer oder durch die Überweisung eines Hypothekarzinses an die Bank – können Vermögensbesitzer als Rentiers eine Form der »sekundären Ausbeutung« der Lohnabhängigen durchsetzen. Wohnungen haben nicht nur für das Kapital, sondern auch für die Lohnabhängigen verstärkt die Funktion einer Kapitalanlage. Denn die Menschen werden zunehmend individuell für ihre soziale Absicherung verantwortlich gemacht (Heeg 2013). Damit entwickeln die lohnabhängigen WohnungseigentümerInnen eher ein Interesse an einer Wertsteigerung der eigenen Immobilien als an einer gemeinschaftlich organisierten Teilhabe aller StadtbewohnerInnen an einer gemeinsamen Infrastruktur.

Die urbanen Bewegungen und die »Recht auf Stadt«-Initiativen, die oftmals aufgrund bestimmter lokaler Bedingungen und Ziele entstehen, enthalten ein Potenzial, das auch in einer ökosozialistischen Perspektive wichtig ist. Die auf den marxistischen Stadtforscher Henri Lefebvre zurückgehenden Vorstellungen eines Rechts auf Stadt (Lefebvre 1968), auf Freiheit und gesellschaftliche Aneignung bieten Anknüpfungspunkte, um städtische soziale Bewegungen in einer gemeinsamen antikapitalistischen Perspektive zu vereinen (vgl. Holm und Gebhardt 2011).

Lefebvre schreibt: »Das Recht auf Arbeit, auf Wissen, auf Bildung, auf Gesundheit, auf Wohnen, auf Freizeit, auf Leben – sie würden die Realität ändern, wenn sie zur gesellschaftlichen Praxis würden. Zu den sich herausbildenden Rechten gehört das Recht auf Stadt.« (Lefebvre 2016: S. 196) Er ging davon aus, dass das Proletariat dazu befähigt sei, einen neuen Humanismus hervorzubringen: »den des *Städters*, durch und für den die Stadt und sein eigenes Leben in der Stadt Werk, *Aneignung*, Gebrauchswert (und nicht Tauschwert) werden, der sich dafür aller Mittel der Wissenschaft, der Kunst, der Technik, der Beherrschung der materiellen Natur bedient« (S. 198). Neben der zentralen Forderung, sich die Bedingungen des Alltagslebens gesellschaftlich anzueignen, vertrat Lefebvre auch eine hoch problematische Sicht der technischen Machbarkeit und der Naturbeherrschung. Zudem äußerte er sich nicht über die Strategie der Transformation, die diese gesellschaftliche Aneignung erst möglich machen kann.

Grundsätzlich lässt sich vorerst festhalten: Je besser die städtische soziale Infrastruktur in den Bereichen Wohnen, Bildung, Gesundheit, Transport und Erholung funktioniert und je eher sie für alle Lohnabhängigen günstig oder gar kostenlos zugänglich ist, desto stärker trägt sie dazu bei, die der kapitalistischen Produktionsweise inhärente Konkurrenz unter den Lohnabhängigen zu reduzieren. Je lebenswerter das städtische Wohn- und Arbeitsumfeld ist, je mehr öffentliche Plätze, Parks und Freizeiteinrichtungen es gibt, desto weniger entsteht das Bedürfnis, ins »Grüne« außerhalb der Stadt zu ziehen und sich damit in die Autoschlangen des Pendelverkehrs einzureihen. Das unterstreicht die Herausforderung, Gemeingüter und die gesellschaftliche Infrastruktur massiv auszubauen. Je besser und günstiger diese Infrastruktur ist, desto eher ist sie kollektiv von der gesamten Bevölkerung nutzbar und desto weniger sind Einrichtungen und Dienstleistungen individuell und letztlich ineffizient zu erwerben. Die gesellschaftliche Infrastruktur hat also eine starke ökologische Dimension. In diesem Bereich liegen Potenziale, die Stadt und das urbane Leben ökologisch zu gestalten und dabei das Gemeinschaftliche jenseits der individualisierten Zwänge des Marktes zu entwickeln. Diese Zusammenhänge, gerade im Kontext der Digitalisierung und Smart-City-Diskurse, gilt es allerdings näher zu erforschen.

Das »Recht auf Stadt« durchsetzen bedeutet, auch die Perspektive einer gesellschaftlichen Aneignung der Stadt, des Städtischen und der Urbanisierungsprozesse sowie der damit zusammenhängenden Investitionen zu entwickeln. Konsequent gedacht, heißt das allerdings auch, die städtischen Konflikte als Teil der Auseinandersetzungen über die Organisation der Produktion und Reproduktion und somit auch über den gesamten gesellschaftlichen Stoffwechsel mit der Natur überhaupt zu verstehen. Zugleich können gewerkschaftliche Kämpfe nur noch wirksam geführt werden, wenn die Gewerkschaften die betrieblichen Fragen der

Löhne und der Arbeitsbedingungen mit der Organisation des Wohnens, der Transportbedingungen und der Erholung verbinden. Es gilt also, die Arbeit als Aspekt des städtischen Lebens und zugleich das Wohnen und die Freizeit als Aspekte des Arbeitens zu verstehen – und zwar so, dass der Energie- und Umweltverbrauch möglichst gering sind.

Schritte für das Recht auf Wohnen

Das Recht auf Wohnen durchzusetzen erfordert, einen Prozess einzuleiten, der mit einer weitergehenden gesellschaftlichen Aneignung des urbanen Raums einhergeht.

1. Die MieterInnenbewegungen müssen bei ihrem Kampf um einen sofortigen Stopp für jegliche Mietpreiserhöhungen unterstützt werden.
2. Einkaufszentren und kulturelle Einrichtungen am Rande oder außerhalb der Siedlungsgebiete sind zu verhindern. Läden, Kinos, Theater gehören ins Zentrum der Städte und Ortschaften, wo sie mit nicht motorisierten und öffentlichen Transportmitteln leicht erreichbar sind.
3. Die Städte fördern Programme zur Aneignung städtischer Flächen durch die BewohnerInnen. Diese sollen die Möglichkeit erhalten, offene Plätze, Spielplätze, gemeinschaftliche Stadtgärten einzurichten und Flächen zu begrünen. Diese Programme zielen explizit darauf ab, den Straßenraum und Parkflächen umzuwidmen. Die Einrichtung von Begegnungsorten ist ein einfacher Schritt, die Stadtteile und Orten lebenswert zu machen und für die BewohnerInnen attraktiv zu gestalten.
4. Um das Recht auf Wohnen zu verwirklichen, sind öffentliche kommunale und regionale Wohnbauunternehmen und Wohngenossenschaften zu gründen, die den erforderlichen Wohnraum in den Stadtgebieten errichten. Wohnungssuchende müssen das Recht haben, in leer stehende Wohnungen zu ziehen. Die Gemeinden müssen berechtigt werden, leer stehende Wohnungen, wenn erforderlich, zu sanieren und in den kommunalen Wohnungsbestand zu integrieren.
5. Die Immobilienkonzerne sind gesellschaftlich anzueignen und in Gemeineigentum zu überführen. Wohnungen sollen nicht Mittel zur Profiterzielung sein, sondern der Befriedigung des grundlegenden Bedürfnisses nach Wohnen dienen. Die Wohngebäude und Siedlungen sollen der demokratischen Kontrolle der Wohnenden unterstellt werden. Wie umfassend dieser gesellschaftliche Aneignungsprozess verläuft und ob die Konzerne entschädigt werden, ist eine Frage des politischen Kräfteverhältnisses. Nicht eine staatliche Bürokratie,

sondern von den Wohnenden gewählte MieterInnenräten führen die öffentlichen Wohnbaugesellschaften und die gesellschaftlich angeeigneten Immobilienkonzerne. Das setzt eine breite und umfassende Selbstorganisation der BewohnerInnen voraus.

Weitergehende Schritte zur integrierten räumlichen Entwicklung

Eine ökosozialistische Transformation der Stadt und des städtischen Lebens schließt eine umfassende Neuorganisation der Raumentwicklung und eine Ausweitung der gesellschaftlichen Infrastruktur ein. Eine derartige urbane Revolution beinhaltet Maßnahmen, die zur gesellschaftlichen Aneignung des Bodens führen.

1. Die Zersiedelung der Stadtrandgebiete und ländlichen Regionen ist zu stoppen und, soweit möglich, rückgängig zu machen. Durch eine entsprechende Stadt- und Regionalplanung sind längerfristig die Transportvorgänge zu reduzieren und die Verkehrswege zu verkürzen. Es gilt, die Beschäftigung in der Nähe des Wohnorts zu fördern und die peripheren ländlichen Gebiete wieder zu entwickeln. Durch eine Stadt der kurzen Wege können Bildungsorte, Wohngebiete und Arbeitsplätze wieder näher beieinander lokalisiert werden.

2. Die Zonenplanung hat für eine räumlich konzentrierte Entwicklung des Baulands zu sorgen. Neue Wohngebiete sind entlang der Linien des öffentlichen Verkehrs zu errichten beziehungsweise durch neue Linien des öffentlichen Verkehrs zu erschließen.

3. Für eine derartige Raumplanung, die günstigen Wohnraum und die Stadt der kurzen Wege ermöglicht, bedarf es allerdings konsequenter Eingriffe in das kapitalistische Bodenrecht. Die Gemeinden müssen das Recht erhalten, Immobilien von EigentümerInnen, die diese für Bereicherungs- und Spekulationszwecke einer gesellschaftlich sinnvollen Nutzung entziehen, in gesellschaftliches Gemeineigentum zu überführen.

4. Grundsätzlich sind die urbanen Räume so zu entwickeln, dass alle Einrichtungen der Daseinsvorsorge ohne Auto gut erreichbar sind. Das erfordert allerdings nicht nur eine veränderte Stadt- und Regionalplanung, sondern auch eine umfassende Wirtschaftsplanung, was aber in komplettem Gegensatz zu den Praktiken der kapitalistischen Konkurrenz und Kapitalakkumulation steht.

5. Schließlich geht es darum, eine räumliche Entwicklung einzuleiten, die nicht mehr der Dynamik der Erzielung einer möglichst hohen Bodenrente gehorcht, sondern auf die direkten Bedürfnisse der BewohnerInnen von Stadt und Umland

ausgerichtet ist. Dies ist aber grundsätzlich erst dann möglich, wenn das private Eigentum an Boden und Immobilien zugunsten eines kommunalen Eigentums überwunden wird. Denn das Monopol auf Grundeigentum ist die Grundlage für die Erzielung einer Bodenrente.

6.3 Soziale Infrastruktur und Sicherheit für alle

Bedeutung sozialer Infrastruktur

Die durch die ArbeiterInnenbewegung erkämpften und ihr zugestandenen sozialen Errungenschaften und die Einrichtungen des sogenannten Sozialstaats haben die Konkurrenz zwischen den Lohnabhängigen auf dem Arbeitsmarkt gedämpft. Die Sozialversicherungen und ein gewisser Ausbau der gesellschaftlichen Infrastruktur zählen zu diesen Errungenschaften. Dank der Sozialversicherungen sind die Lohnabhängigen in einer Notlage nicht gezwungen, jeden erdenklichen Job anzunehmen.

Mit der Einzahlung der Lohnprozente erwirken die Lohnabhängigen grundsätzlich das Recht auf eine Versicherungsleistung im Falle von Arbeitslosigkeit, Krankheit oder beim Eintritt in das Rentenalter. Kranken- und Arbeitslosenversicherungen tragen dazu bei, unsere Arbeitsfähigkeit aufrechtzuerhalten. Die Altersvorsorgeeinrichtungen bezahlen den Lohnabhängigen einen Teil der Lohnmasse, die sie erarbeitet haben, zeitlich verzögert aus.

Die Sozialversicherungen haben zur Stabilisierung der kapitalistischen Gesellschaften beigetragen. Sie federn individuelle und gesellschaftliche Notlagen vor allem in Rezessionen und Krisen ab und tragen dazu bei, dass kranke, alte und arbeitslose Menschen nicht unmittelbar verarmen. Darum haben auch die Unternehmen ein eigenes Interesse an einem Mindestmaß an sozialer Sicherheit, obwohl sich durch die Überweisung von Lohnabzügen in das Versicherungssystem die sogenannten Lohnnebenkosten erhöhen und bei Steuerfinanzierung eines Teils der Sozialversicherungen höhere Steuern zu bezahlen sind.

Im Laufe der Zeit hat sich in den frühindustrialisierten kapitalistischen Ländern auch eine gesellschaftliche Infrastruktur herausgebildet. Dazu zählen »die Einrichtungen, die gewährleisten, dass wichtige Grundbedürfnisse allen Menschen in rechtsverbindlich abgesicherter Weise kostenlos oder zumindest kostengünstig zur Verfügung stehen. Dies betrifft vor allem die Bereiche Gesundheit, Bildung und Kultur, Verkehr und Wohnen.« (AG links-netz et al. 2013: S. 12) Diese gesellschaftliche Infrastruktur nimmt einen Doppelcharakter an. Einerseits braucht das Kapital solche von der Allgemeinheit zur Verfügung gestellten Einrichtungen, um sich zu verwerten. Der Staat muss beispielsweise das Verkehrs- und Rechtssystem, die Polizei, staatliche und universitäre Forschung, Bildungseinrichtungen, Krankenhäuser und eine Verkehrsinfrastruktur bereitstellen. Ohne diese könnten die Unternehmen ihrer Geschäftstätigkeit nicht nachgehen. Sie sind auf diese Infrastruktur angewiesen. Wenn sie diese Infrastruktur direkt bezahlen müssten, könnten sie kaum mehr Gewinne machen. Anderseits brauchen die Menschen eine solche Infrastruktur, um zu leben. Was zur sozialen Infrastruktur zu zählen ist und was Personen und Unternehmen auf eigene Kosten leisten beziehungsweise bezahlen sollen, ist abhängig von den politischen Kräfteverhältnissen, also letztlich Ergebnis sozialer Kämpfe. Die ArbeiterInnenbewegung, die Frauenbewegung und die Umweltbewegung haben diese soziale Infrastruktur in teilweise harten und aufreibenden Auseinandersetzungen erkämpft.

Für die Lohnabhängigen und ganz besonders für die Frauen ist die Qualität der sozialen Infrastruktur sehr wichtig. Gute und flächendeckende Kinderkrippen und Kindertagesstätten ermöglichen den Frauen, auch nach der Geburt eines Kindes einer lohnabhängigen Tätigkeit nachzugehen, einigermaßen unabhängig zu bleiben und am gesellschaftlichen Leben teilzunehmen. Die gute Versorgung mit Arztpraxen und ambulanten Polikliniken in Stadtteilen und Dörfern trägt dazu bei, lange Verkehrswege zu vermeiden. Nahe Schulen sind wichtig, um den sozialen Zusammenhalt zu fördern, und vermeiden ebenfalls Verkehrswege, für die zumeist die Mütter zuständig sind. Auch der öffentliche Personennahverkehr ist als Teil dieser allgemeinen Infrastruktur anzusehen.

Dienstleistungen, die flächendeckend und kostenlos oder sehr günstig angeboten werden, sind ein indirekter Lohn für die Lohnabhängigen. Auch Menschen mit niedrigem Einkommen kommen dank diesen Einrichtungen einigermaßen gut durchs Leben. Die soziale Infrastruktur hat eine starke Bedeutung für die Geschlechtergerechtigkeit und die gesellschaftliche Teilhabe von neu zugezogenen Menschen. Neben der Bedeutung als indirekter Lohn trägt eine gute soziale Infrastruktur zu einer möglichst gleichberechtigten Teilhabe der Menschen an der Gesellschaft unabhängig von Vermögen, Einkommen, Geschlecht und Herkunft bei. Die gemeinschaftlichen Einrichtungen helfen, der Individualisierung entgegenzuwirken. Darum haben sie auch eine ökologische Bedeutung. Die gemeinschaftliche Nutzung von Infrastrukturen und Dienstleistungen erlaubt es vielen Menschen, auf individuelle Lösungen und individuellen Konsum zu verzichten und Verkehrswege zu vermeiden. Das mindert den materiellen Bedarf und spart Ressourcen und Energie ein.

Die Finanzierung der sozialen Infrastruktur erfolgt über Abgaben auf Löhne und Steuern. Die Abgaben auf Löhne gelten für die Unternehmen als Lohnnebenkosten. Unter dem Druck der Konkurrenz und um ihre Gewinne zu erhöhen, wollen sie die Lohnnebenkosten senken beziehungsweise niedrig halten. Daraus ergibt sich ein fundamentaler Widerspruch zwischen Lohnabhängigen und KapitalistInnen. Wie umfangreich diese Infrastruktur ist, wie sie organisiert ist, wer welchen Zugang zu ihr hat und wer sie bezahlt, ist daher eine Frage des Kräfteverhältnisses. Umfang und Qualität der sozialen Infrastruktur sind Gegenstand des Klassenkampfs.

Seit der Durchsetzung der neoliberalen Austeritätspolitik in den 1980er-Jahren und verstärkt in den 1990er-Jahren kürzen die Regierungen bei öffentlichen Einrichtungen und Leistungen der gesellschaftlichen Infrastruktur. Sie wollen Sozialleistungen und soziale Infrastruktur nur so weit tragen, wie sie der Erhaltung und Steigerung der Wettbewerbsfähigkeit der nationalen Wirtschaft dient. Darum haben nahezu alle Regierungen in Europa und Nordamerika die Infrastruktur der Krankenversorgung und Gesundheitsvorsorge massiv ausgedünnt. Das hat die Kapazitäten zur Behandlung erkrankter Menschen bei Epidemien eingeschränkt und ist ein Aspekt der Corona-Krise. Aus Wettbewerbsgründen haben es viele Regierungen vorgezogen, spezialisierte Studiengänge an Universitäten und Fachhochschulen einzurichten und gleichzeitig in Volksschulen die Klassen zu vergrößern und bei der Sprachausbildung für zugezogene SchülerInnen zu sparen.

Gerade durch die zunehmende Flexibilisierung vieler Arbeitsverhältnisse und die Arbeitslosigkeit ist die Zahl der »prekär« Arbeitenden, die von ihrem Lohn nicht leben können, deutlich angestiegen. Die industriellen Restrukturierungen und die neoliberale Austeritätspolitik haben zahlreiche Menschen in die Armut getrieben. Die Armut hat viele Gesichter und kann viele Menschen treffen. Junge Menschen, alleinerziehende Frauen, Menschen, die aus anderen Ländern zu uns gekommen sind, und Menschen mit niedrigem Bildungsabschluss sind besonders von Armut betroffen.

Diese Entwicklungen erhöhen den Bedarf an sozialen Leistungen und sozialer Infrastruktur. Die angestiegene Berufstätigkeit der Frauen und die zunehmende Pflegebedürftigkeit betagter Menschen erfordern den Ausbau von Kinderbetreuungseinrichtungen und Pflegediensten. Diesen veränderten gesellschaftlichen Bedürfnissen kommt die herrschende Politik nicht einmal ansatzweise nach. Ganz im Gegenteil, getreu der neoliberalen Ideologie der Eigenverantwortung und wiedererstarkter konservativer Gesellschaftsvorstellungen zerstören Regierungen und die dominierenden politischen Kräfte früher erkämpfte soziale Errungenschaften. Die von nationalkonservativen, postfaschistischen und faschistischen Kräften betriebene fremdenfeindliche und rassistische Hetze gegen von Armut gefährdete und gegen geflüchtete, Schutz suchende und zugewanderte Menschen unterstreicht, wie wichtig eine soziale Infrastruktur ist, die alle Menschen bedingungslos nutzen können. Eine gute soziale Infrastruktur schützt auch gegen eine Politik, die Benachteiligte gegen andere Benachteiligte ausspielt.

Allerdings treten im Zuge technologischer Neuerungen in den Informations- und Kommunikationstechnologien und der Digitalisierung eine Reihe von Unternehmen auf den Plan und wollen sich Märkte in diesen Bereichen erschließen. Konzerne, die im (digitalen) Infrastrukturbereich tätig sind, Unternehmen, die Informationen, Gesundheits-, Pflege- und Weiterbildungsdienstleistungen anbieten oder Wohnungen und Fahrdienste vermitteln, trachten danach, die menschlichen Grundbedürfnisse zu einem Feld der profitablen Kapitalverwertung zu machen. Eine gute öffentliche soziale Infrastruktur schiebt auch diesen privaten Bereicherungsstrategien einen Riegel vor.

Gesellschaftliche Aneignung der öffentlichen Dienste und die Erweiterung der sozialen Infrastruktur

Öffentliche Dienstleistungen, die allgemein zugänglich sind, und Gratiseinrichtungen basieren auf einem Verständnis von »gleichen Rechten für alle«. Diese Idee steht im Zentrum einer solidarischen Konzeption der öffentlichen Dienste. »Umsonstkampagnen« können diese Grundidee praktisch aufgreifen und im Kleinen durchsetzen. Die Verteidigung eines vielfältigen und qualitativ guten Dienstleistungsangebots ist aber nicht zu vereinbaren mit einem bürokratischen und hierarchischen Apparat. Die Lohnabhängigen sind in die Entscheidungsprozesse einzubeziehen. Wenn BenutzerInnen – die bis jetzt nur als passive KonsumentInnen wahrgenommen wurden – und das Personal einen Dialog entwickeln, können sie zusammen die Angebote sozial und vielfältig gestalten.

Die Privatisierung der Altersvorsorge stellt eine besondere Herausforderung dar. Mit dem Schritt von der Umlagefinanzierung zur Kapitaldeckung und der Einführung privater Pensionsfonds werden Lohnabhängige systematisch gegeneinander ausgespielt. Damit erhalten Lohnabhängige, die in einen Fonds einbezahlt haben, ein unmittelbares Interesse an der Ausbeutung anderer Lohnabhängiger. Die Lohnabhängigen spalten ihr Interesse in das des Aktionärs, der eine gute Rente will, und in das der Lohnabhängigen, die einen guten Lohn, gute Arbeitsbedingungen und eine sinnvolle Arbeit wollen. Doch diese Ziele schließen einander unter den Bedingungen der privaten Profitmaximierung und der Konkurrenz aus (Lordon 2003). Eine vereinheitlichte Rentenkasse auf der Basis eines Umlageverfahrens mit einer breiten Bemessungsgrundlage und progressiv gestaffelten Beiträgen hingegen bietet die sicherste Finanzierungsgrundlage, um dem Bedürfnis nach einem würdigen Lebensabend für alle Mitglieder der Gesellschaft nachzukommen. Angesichts der starken Mobilität der Lohnabhängigen sind die Systeme auf europäischer Ebene zu harmonisieren, sodass vollständige Freizügigkeit und Stellenwechsel ohne finanzielle Verluste möglich werden.

Die Ausweitung der sozialen Infrastruktur in Bereichen wie der Gesundheitsvorsorge, der Pflege und Betreuung, des Verkehrs, des Wohnens, der Bildung und der Kultur trägt entscheidend dazu bei, die Lebensbedingungen für alle, unabhängig von ihrer sozialen Stellung, zu verbessern. Sie ermöglicht ein gutes gesellschaftliches Leben für alle. Die kostenlose oder günstig dargebotene Bereitstellung öffentlicher Güter und Dienstleistungen, die für alle gleichermaßen zugänglich sind, drängt die Warenform in diesen wichtigen Wirtschaftsbereichen zurück. Sie erweitert zudem für alle den Spielraum, sich Tätigkeiten zu widmen, die nicht in Lohnarbeitsform erbracht werden (vgl. AG links-netz 2012).

Problem Sozialversicherungen und Finanzkapital

Die Organisation der Sozialversicherung ist ein zentraler Faktor für die Umverteilung gesellschaftlicher Ressourcen und beeinflusst direkt unseren Stoffwechsel mit der Natur. Sie ist auch relevant für die Emission von Treibhausgasen. Diesen Zusammenhang will ich hier kurz erläutern. Daraus leiten sich auch entsprechende politische Perspektiven ab.

Eine ganz besondere Rolle nimmt das Altersvorsorgesystem ein. Die Altersvorsorge entstand während der Industrialisierung durch die Trennung von Arbeit und Wohnen und die damit zusammenhängende Auflösung der Großfamilie. Die Entstehung der ArbeiterInnenklasse beziehungsweise Klasse der Lohnabhängigen ließ auch die Forderung nach einem allgemeinen Vorsorgesystem aufkommen.

Die ArbeiterInnenbewegung setzte in den meisten Ländern ein Altersvorsorgesystem durch, das auf dem Umlageverfahren beruht. Die gegenwärtigen Lohnabhängigen finanzieren die gegenwärtigen RentnerInnen durch einen Abzug von Lohnprozenten. Der sogenannte Arbeitgeberanteil wird ebenfalls durch die Arbeitsleistung der Lohnabhängigen gespeist. Dennoch erscheinen die Vorsorgekosten für das Unternehmen als Teil der Kosten der Arbeitskraft beziehungsweise des variablen Kapitals. Denn der Wert der Ware Arbeitskraft hängt neben dem Aufwand für die unmittelbare Reproduktion auch vom Wert des sozialen Reproduktionsprozesses ab, der die Lebensqualität im Alter einschließt. Dieser Wert wird vom Kräfteverhältnis zwischen den Klassen sowie der geschlechtsspezifischen Arbeitsteilung und Rollenzuweisung mitbestimmt.

Die Nachhaltigkeit des auf dem Umlageverfahren beruhenden Altersvorsorgesystems wird vom Verhältnis zwischen der Anzahl der einbezahlenden Lohnabhängigen zu der der RentenempfängerInnen sowie der Lohnmasse und der Arbeitsproduktivität bestimmt. Mit dem Argument der demografischen Veränderungen, also der wachsenden Zahl von RentenempfängerInnen im Verhältnis zu einbezahlenden Lohnabhängigen, wurden seit der neoliberalen Offensive zu Beginn der

1980er-Jahre in vielen Ländern kapitalgedeckte Pensionsfonds eingeführt. Allerdings werden in den politischen Auseinandersetzungen oft zwei wichtige Sachverhalte ausgeblendet. *Erstens* beeinflusst auch die Lohnmasse beziehungsweise die Höhe der Löhne die einbezahlten Rentenbeiträge. *Zweitens* erlaubt die Steigerung der Arbeitsproduktivität höhere Rentenabgaben, allerdings bei einer Schmälerung der Unternehmensgewinne.

Die Einführung kapitalgedeckter Altersvorsorgesysteme und Pensionsfonds war ein wesentlicher Faktor für die enorme Machtsteigerung des Finanzkapitals (Chesnais 2016: S. 56 ff.). Die Pensionsfonds zentralisieren die beträchtlichen von den Lohnabhängigen – je nach Land und System – zwangsweise oder freiwillig einbezahlten finanziellen Mittel. Diese müssen diese Gelder wiederum anlegen, um einen Ertrag zu erwirtschaften, der es erlaubt, die künftigen Rentenansprüche zu finanzieren.

Aber wo legen die Fonds diese Gelder an? Sie platzieren ihr Portfolio entsprechend ihren Ertragserwartungen, Risikoeinschätzungen und zeitlichen Horizonten, innerhalb derer sie den Return erwarten, bei unterschiedlichen Unternehmen in Form von Aktien und Anleihen, bei Staaten in Form von Staatsanleihen, bei anderen Fonds und durch den Kauf aller möglicher Arten von Wertpapieren. Damit finanzieren Pensionsfonds auch die gesamte fossile Industrie und treiben mit ihren Finanzplatzierungen die Bautätigkeit und die Immobilienbooms an. Sie erwarten, dass die Unternehmen, bei denen sie ihre Gelder platzieren, möglichst profitabel sind und in Zukunft noch profitabler werden. Das ist die fundamentale Grundlage für steigende Aktienpreise und den Shareholder Value, an dem sie interessiert sind. Solange aber die Profitraten und Profitmassen in den fossilen Industrien höher sind als in erneuerbaren Energien, sehen die Fonds keine Veranlassung, ihre Platzierungen grundlegend umzuschichten. Das heißt, dass die Alterssparguthaben von vielen hundert Millionen Lohnabhängigen direkt auch von der Performance der Konzerne in der Kohle-, Gas- und Erdölindustrie, der Automobil- und Luftfahrtindustrie, bei den Flugunternehmen sowie in der Zement-, Chemie- und Agrarindustrie abhängig sind. Der Wohlstand eines beträchtlichen Teils der Menschen in den frühindustrialisierten kapitalistischen Metropolenländern und zunehmend auch in den aufstrebenden Ländern hängt vermittelt über die Pensions- und Anlagefonds an der Performance der Konzerne, die für einen Großteil der Treibhausgasemissionen verantwortlich sind. Diese über den Finanzsektor vermittelte Verknüpfung der Altersvorsorge großer Teile der Bevölkerung mit dem Treibhausgaseffekt stellt uns vor die grundlegende Aufgabe, nicht nur das Altersvorsorgesystem ausschließlich auf das Umlageverfahren zu stützen, sondern den gesamten Finanzsektor komplett umzuwälzen und dessen nutzlosen Bereiche herunterzufahren.

Öffentliche Dienstleistungen für alle

Öffentliche Dienstleistungen, die allen Menschen die gleichen Nutzungsrechte bieten, eröffnen einen Ausblick auf eine Gesellschaft, die die Warenwelt zurückdrängt.

1. Die Dynamik der Kommodifizierung, also der Umwandlung von Dienstleistungen in Waren, ist zu stoppen und umzukehren. Bildung, Gesundheitsversorgung, Kinderkrippen und öffentlicher Nahverkehr sind als Teil der allgemeinen gesellschaftlichen Infrastruktur zu konzipieren und daher kostenlos anzubieten. Der Grundbedarf von Wasser und Strom muss ebenfalls kostenlos sein. Für über dieses Niveau hinausgehenden Verbrauch sind die Preise deutlich anzuheben.

2. Die Gemeinden und Länder müssen entsprechend qualifiziertes Personal selbst anstellen können und jeder Form von Lohndumping in diesem Bereich entgegenwirken.

3. Jeder Mensch soll in Würde leben und sich in die Gesellschaft einbringen können. Alle EinwohnerInnen sollen dasselbe Recht auf eine Mindersicherung und Zugang zu sozialer Infrastruktur haben. Die Sozialsysteme und Sozialversicherungen dürfen nicht dazu dienen, Menschen in niedrig bezahlte Jobs und schlechte Arbeitsbedingungen zu zwingen.

4. Der öffentliche Sektor ist so zu finanzieren, dass er die erforderlichen Ausgaben in der Bildung, Forschung, Pflege, Kinderbetreuung, Kultur und Umweltpflege tätigen kann (siehe Kapitel 7).

5. Die Pflege von Menschen und Ökosystemen ist gesellschaftlich zu organisieren. Das beinhaltet eine kommunale und öffentliche Bewirtschaftung von Ressourcen wie Wasser, erneuerbaren Energien und der Landschaft unter demokratischer Kontrolle. Ein dichtes Netz von Reparatur- und Recyclingeinrichtungen sowie Aktivitäten der erneuten Nutzung, das die Behörden unterstützen, trägt zu einem nachhaltigeren Umgang mit den Ressourcen bei. Zivilgesellschaftliche Aktivitäten sind zu fördern, allerdings unter Wahrung der Autonomie der sozialen Bewegungen.

Gute Beschäftigungsverhältnisse und Recht auf eine sinnvolle Arbeit

1. Es gibt es einen großen Bedarf an zusätzlicher Arbeit im Bereich der Pflege von Mensch und Umwelt, bei der städtischen und öffentlichen Infrastruktur, der Sanierung von Umweltschäden, der Betreuung junger, kranker und betagter Menschen, der Bildung und Ausbildung von Menschen sowie in der biologischen Landwirtschaft und Landschaftspflege. Mit dem Um- und Rückbau umweltschädlicher Industrien werden allerdings auch Arbeitsplätze wegfallen, die nicht durch eine allgemeine radikale Arbeitszeitverkürzung aufgefangen werden.

2. Die öffentliche Hand, vor allem die Städte und Gemeinden, richtet Ausbildungs- und Beschäftigungsprogramme ein, die den Menschen die Möglichkeit geben, sich mit einer sinnvollen Arbeit und Löhnen entsprechend den tarifvertraglichen Vereinbarungen in die Gesellschaft einzubringen.

Gesundheit und Pflege: Infrastruktur für alle jenseits des Profits

1. Gesundheits- und Pflegeeinrichtungen sind zentrale Bestandteile einer gesellschaftlichen Infrastruktur, die allen Mitgliedern der Gesellschaft kostenlos zugutekommen soll. Die Gesundheitsversorgung ist in öffentliches Eigentum zu überführen. Ein solidarisches Gesundheits- und Pflegesystem ermöglicht es allen Menschen, in Würde zu leben, zu altern und zu sterben. Die Gestaltung der Gesundheits- und Pflegeeinrichtung obliegt den organisierten PatientInnen und Beschäftigten.

2. Die Gemeinden und Länder errichten und betreiben eigene Gesundheitszentren, deren Standorte sorgfältig entsprechend den Bedürfnissen der lokalen Bevölkerung gewählt werden. Diese Gesundheitszentren übernehmen ärztliche Basisversorgung und psychosoziale Betreuungsarbeiten. Damit verbessern sie die Versorgungsqualität und schaffen zugleich qualitativ gute und gesellschaftlich nützliche Arbeitsplätze.

3. Zum Ausbau von Pflegeplätzen in entsprechenden Einrichtungen und der häuslichen Pflege schaffen die Städte und Gemeinden zusätzliche Betreuungsmöglichkeiten in den Stadtteilen und Ortschaften. Dazu zählen betreute Wohngemeinschaften, Zentren für Tagespflege und Ambulatorien sowie mobile Pflege. Das setzt ein behinderten- und altengerechtes integriertes betreutes Wohnen voraus. Die Gemeinden stellen einen kostenlosen und ausreichenden Zugang zu psychotherapeutischer Versorgung sicher.

Recht auf Bildung für alle und ökologische Bildung

1. Die gesamte Bevölkerung muss ungehinderten und gleichen Zugang zu Bildungseinrichtungen in Wohnnähe haben. Sämtliche Schulen und beruflichen Ausbildungsstätten integrieren ab sofort umfassende Programme für Umweltbildung in den Unterricht. Dieser Unterricht wird in die bestehenden Fächer eingegliedert.

2. Die Unterordnung der wissenschaftlichen Forschung unter wirtschaftliche Verwertungsperspektiven ist zu beenden. Sie ist öffentlich zu finanzieren und auf die Unterstützung des sozialökologischen Umbaus von Produktion und Reproduktion auszurichten. Die Arbeitsbedingungen der ForscherInnen sind zu verbessern und ihre Stellen zu entfristen.

3. Entwickeln wir eine Kultur der Fürsorge, der Verantwortung und Mäßigung. Lebenslanges Lernen braucht institutionelle Unterstützung. Wir brauchen eine ökologische Bildungsreform mit dem Ziel, das Bewusstsein für die Zugehörigkeit zur »Natur« zu schärfen.

Freie Zeit: sportliche und kulturelle Infrastruktur für alle, aber anders

Sport, Kunst und Kultur leisten wesentliche Beiträge zu einer emanzipatorischen und offenen Gesellschaft. Zugleich führen viele der gegenwärtig praktizierten Formen von Sport, Kultur und vor allem Tourismus zu einem ausgesprochen großen Verschleiß an der Natur und sind für den Treibhausgaseffekt mitverantwortlich. Die Art, wie wir unsere Freizeit verbringen, ist auch Ausdruck unserer Arbeitsverhältnisse und Arbeitsbedingungen. In der Freizeit und vor allem im Urlaub trachten viele Lohnabhängige danach, die Verhältnisse der Unterordnung, Disziplin und Entfremdung zumindest für kurze Zeit umzukehren, und dies, wenn möglich, an einem »exotischen« Ort. Die Urlaubsreisen zu beschränken fällt in einer emanzipatorischen und ökosozialistischen Perspektive schwer. Dennoch stehen wir vor der Herausforderung, unseren Lebensstil auch in der Freizeit zu verändern. Abgesehen von individuell sinnvollen Verhaltensänderungen, kann aber gerade mit einer angemessenen Erweiterung der sozialen Infrastruktur der Sinn für die Gestaltung der freien Zeit in der Nähe beziehungsweise auf eine ressourcenschonende Weise gestärkt werden.

1. Die Möglichkeit der kulturellen Teilhabe und sportlichen Betätigung für alle hier lebenden Menschen ist gezielt zu fördern. Es gilt, den öffentlichen Raum

für kulturelle Projekte zugänglich(er) zu machen und Gelegenheiten für sportliche Aktivitäten in der Nähe zu schaffen.

2. Ressourcenintensive Aktivitäten sind nicht mehr zu fördern. Darunter fällt beispielsweise der Skisport. Die Subventionen und Steuererleichterungen für Bergbahnen, die ausschließlich dem Skisport dienen, sind einzustellen. Direkt mit der fossilen Ökonomie verbundene Sportarten sind abzuschaffen.

7 Umbau der Finanzierung

7.1 Öffentliche Finanzen zur gesellschaftlichen Umverteilung des Reichtums und Finanzierung des Umbaus

Problem der öffentlichen Verschuldung

Der sozialökologische Umbau von Industrie, Dienstleistungen und der ganzen Gesellschaft erfordert enorme finanzielle Mittel. Die Finanzierung der Umbau- und Konversionsmaßnahmen wird in den nächsten Jahren ein zentrales Konfliktfeld werden. Bereits jetzt verlangt beispielsweise die Automobilindustrie umfangreiche staatliche Subventionen für den Ausbau der Infrastruktur zur Aufladung der Elektrofahrzeuge. Diesen Ansinnen zur öffentlichen Finanzierung privatwirtschaftlicher Gewinne ist eine konsequente Absage zu erteilen. Im Hinblick auf diese Auseinandersetzung ist es ratsam, sich den finanzpolitischen Kontext der letzten Jahre und Jahrzehnte in Erinnerung zu rufen. Die durch die systematische Unterfinanzierung der öffentlichen Haushalte und durch die Bankenrettung von 2008 bis 2010 zusätzlich verschärfte Verschuldung der Staaten schränkt deren Handlungsfähigkeit für die dringend nötigen Investitionen in den Umbau des Energie- und Industriesystems substanziell ein. Die Staaten stellten sich weitgehend in den Dienst der Kapitalinteressen und achteten dabei darauf, dass im Verlauf der großen Krise ab 2007 die Ansprüche des Finanzkapitals keine Entwertung erfuhren (siehe Zeller 2020). Unter den gegebenen Bedingungen und Kräfteverhältnissen wird der Staat auch die Aufwendungen für Klima- und Umweltschutz weitgehend auf die Lohnabhängigen abwälzen wollen, um damit die Wettbewerbsfähigkeit der Unternehmen und deren Gewinne zu verteidigen.

Viele Staaten sind noch immer hoch verschuldet. Durch den Schuldendienst entsteht ein Transfer zu den Vermögensbesitzern und Rentiers. Die öffentliche Verschuldung dient als Vorwand, Ausgaben im Sozialbereich und für die soziale Infrastruktur zu kürzen. Die Lohnabhängigen sind nicht verantwortlich für die Schuldenkrise der Staaten, die durch die systematische Unterfinanzierung der öffentlichen Haushalte und die Sozialisierung der Verluste im Finanzsektor hervorgerufen wurde. Hinzu kommt die Vergeudung öffentlicher Mittel durch Rüstungsbeschaffungen und Korruption. Daher ist die Legitimität der Schulden zu überprüfen. In vielen Ländern sind Schulden unter schändlichen Bedingungen entstanden. Der beständige Fluss von Zahlungen an große Anlagefonds und Vermögensbesitzer schränkt den finanziellen Spielraum für erforderliche Investitionen und Maßnahmen zur sofortigen Bekämpfung der Klimaerwärmung in den hoch verschuldeten Staaten Südeuropas und vielen Schwellenländern, aber auch in zahlreichen Städten und Gemeinden der Metropolenländer ein. Darum ist die Forderung nach einer öffentlichen Überprüfung des Schuldenmechanismus (Chesnais 2011: S. 103; Millet und Toussaint 2012) ein wichtiger Schritt, damit die sehr umfangreichen erforderlichen Investitionen zur Senkung der Treibhausgasemissionen finanzierbar sind. Ohne Lösung der Schuldenfrage ist kein alternatives Wirtschaftsprogramm kohärent umsetzbar (ReCommonsEurope 2019: S. 33).

Zahlreiche politische Organisationen und soziale Bewegungen in Griechenland, Spanien, Portugal, Italien und Frankreich haben während der Schulden- und Eurokrise ab 2010 die Forderung nach einem Schuldenaudit erhoben. Motor dieser europäischen Kampagne war das internationale Netzwerk des CADTM (Comité pour l'Annulation de la Dette du Tiers Monde). Nach der Unterordnung der griechischen Linkspartei Syriza unter das Diktat der EU im Sommer 2015 verlor diese Kampagne an Dynamik. Die Perspektive des Schuldenaudits bleibt aktuell. Um die Debatte neu zu beleben, veröffentlichte ein Netzwerk mit 150 unterzeichnenden Intellektuellen im März 2019 ein umfangreiches Programm, das eine auf soziale Bewegungen gestützte linke Regierung umsetzen müsste. Ein zentraler Bestandteil dieses Programmvorschlags ist die Überprüfung der öffentlichen Schulden (ReCommonsEurope 2019: S. 34 ff.).

Es ist zu überlegen, wie sich die BürgerInnen das Recht erkämpfen können, Zugang zu allen relevanten Informationen und Buchführungen zu erhalten, die Aufschluss über die Entstehung und die Entwicklung der öffentlichen Verschuldung geben. Hierzu dient ein öffentliches Auditverfahren, das überprüft, wie verschiedene Schuldenpositionen entstanden sind. Im Rahmen einer öffentlichen Debatte lässt sich bestimmen, welche Schulden für sinnvolle Projekte eingegangen wurden und legitim sind. Schulden, die aus riesigen Rüstungsgeschäften stammen oder sich aufgrund unverantwortlich hoher Zinssätze der Kreditgeber aufgetürmt haben – seien dies Geschäftsbanken, der IWF oder europäische Institutionen –, sind nicht legitim und sollen nicht bezahlt werden. Die Forderung nach einer öffentlichen Begutachtung der Schulden ist europaweit zu stellen. Denn nur durch die Europäisierung dieses Ansatzes kann es gelingen, ein solches Schuldenaudit in einem Land, das besonders unter Druck steht, wirklich durchzusetzen. Das zeigen die Erfahrungen in Griechenland, als die EU der isolierten Syriza-Regierung jede Möglichkeit verwehrte, sich etwas finanziellen Spielraum zu verschaffen. Die aus dem Schuldenaudit erwachsende Forderung nach einem Schuldenschnitt ist gleichermaßen länderübergreifend und europäisch abzustützen, wenngleich ihre Durchsetzung von Land zu Land unterschiedlich ablaufen kann.

Die Finanzierung der erforderlichen Investitionen und Maßnahmen zur sofortigen und massiven Reduktion der Treibhausgasemissionen ist also keine administrative, sondern eine umfassende gesellschaftliche Herausforderung. Sie ist Ausdruck des Klassenkampfs und beeinflusst die Lebensbedingungen eines Großteils der Bevölkerung. Die Finanzierung ist auch politisch relevant. Es wird kaum gelingen, die große Mehrheit der Lohnabhängigen für ein einschneidendes industrielles Umbauprogramm zu gewinnen, wenn sie dessen Kosten und Lasten tragen müssen.

Erste Schritte zur Finanzierung eines Umbauprogramms

Grundsätzlich sind diejenigen, die Profite mit Treibhausgas emittierenden Aktivitäten erzielt haben, zur Finanzierung der Reparatur- und Umbaumaßnahmen zu verpflichten. Zugleich gibt es große Einsparungspotenziale. Wenn die Staaten, wie in Kapitel 5.1 beschrieben, die Rüstungsausgaben konsequent herunterfahren, werden große finanzielle Mittel frei, die für die erforderlichen Investitionen in den Umbau verwendet werden können. Zugleich werden damit die massiven CO_2-Emissionen durch die Armeen reduziert. Die globalen Rüstungsausgaben beliefen sich 2018 auf 1,8 Billionen US-Dollar. Die Ausgaben der USA machten allein 36 Prozent davon aus (SIPRI 2019: S. 6). Eine Kürzung der Militärhaushalte der zehn Länder mit den höchsten Rüstungsausgaben um 25 Prozent hätte 2018 bereits 337 Milliarden US-Dollar freigesetzt (Tian et al. 2019: S. 2). Insgesamt sind die Einsparpotenziale weitaus größer.

Einen doppelten Effekt von eingesparten CO_2-Emissionen und finanziellen Mitteln ergäbe sich, wenn die Subventionen für fossile Brennstoffe reduziert beziehungsweise komplett abgebaut würden. Autoren des Natural Resources Defense Council schätzten 2012, dass die G20-Staaten durch das Auslaufen der Subventionen für den Konsum und die Produktion fossiler Treibstoffe 775 Milliarden US-Dollar pro Jahr hätten einsparen können. Gemäß Schätzungen der Internationalen Energieagentur hätten bei einer Streichung der Subventionen für den Konsum fossiler Treibstoffe der Primärenergieverbrauch um 5 Prozent und die CO_2-Emissionen um 5,8 Prozent gesenkt werden können (Swift und Schmidt 2012: S. 3). Die Autoren einer breiter angelegten IWF-Studie kamen zu dem Schluss, dass die Regierungen 2017 weltweit mit direkten und indirekten Subventionen von 5,2 Billionen US-Dollar die Herstellung und den Verbrauch fossiler Brennstoffe unterstützten. Die Zahlungen betrugen 2015 4,7 Milliarden US-Dollar und entsprachen damit 6,3 Prozent des globalen BIP. Dabei erhielten die Industrien für Öl und Kohle 85 Prozent dieser Staatshilfen. Die größten Subventionen in absoluten Zahlen zahlten China (1,4 Billionen US-Dollar), die USA (649 Milliarden US-Dollar), Russland (551 Milliarden US-Dollar), die EU (289 Milliarden US-Dollar) und Indien (209 Milliarden US-Dollar). Bei einem Verzicht auf die Verschleuderung dieser Steuergelder wäre der globale CO_2-Ausstoß um 28 Prozent niedriger, die Staaten hätten 3,8 Prozent mehr Geld zur Verfügung, und viele Menschen würden aufgrund geringerer Luftverschmutzung länger leben (Coady et al. 2019). Nichts deutet darauf hin, dass die herrschende Politik diese Subventionierung der Erderwärmung beenden wird. Die nationalen Energie- und Klimapläne der Regierungen der EU-Länder verschweigen das Thema und nehmen keinerlei Reduktion der Subventionierungen vor. Deutschland, Griechenland, Polen, Slowenien und das Vereinigte Königreich führen sogar neue Subventionen für fossile Energieträger ein, obwohl selbst die EU-Kommission deren Ende verlangt (van der Burg et al. 2019).

Naomi Klein schlägt auf internationaler Ebene mehrere Maßnahmen zur Anschubfinanzierung eines Klimaschutzprogramms vor, die alle im Rahmen der bestehenden kapitalistischen Wirtschaftsordnung durchführbar sind. Ihre Durchsetzung verlangt jedoch eine substanzielle Veränderung des politischen Kräfteverhältnisses (Klein 2015: S. 142–146).

Mit deutlich höheren Lizenzgebühren für die Öl-, Gas- und Kohleförderung könnte eine Art Treuhandfonds geschaffen werden, der zur Finanzierung der erforderlichen Dekarbonisierungsmaßnahmen in den Förderländern und auf internationaler Ebene eingesetzt werden kann (Klein 2015: S. 142). Eine stark erhöhte direkte Besteuerung hoher Vermögen und Einkommen entspricht dem Verursacherprinzip, wobei die zusätzlichen Steuereinnahmen konsequenterweise für Klimaschutzmaßnahmen verwendet werden müssten (Lipow 2012: S. 56). Eine Studie über das Verhalten von KonsumentInnen in Deutschland legt offen, dass sich die Reisegewohnheiten der wohlhabenden Schichten um 150 Prozent stärker auf das Klima auswirken als jene der Menschen mit niedrigen Einkommen (Aamaas et al. 2013: S. 276). Eine geringfügige Transaktionssteuer auf den Handel von Aktien, Derivaten und anderen Finanzprodukten könnte in der EU jährlich fast 200 Milliarden Euro und weltweit 650 Milliarden US-Dollar einbringen und würde die Finanzspekulation ein wenig drosseln (Europäisches Parlament 2011: S. 19). Mit dieser Forderung nahm das globalisierungskritische Netzwerk *Attac* seine Aktivitäten 1998 zunächst in Frankreich auf.

Die Schließung von Steuerparadiesen brächte weitere enorme Geldmittel. Das Tax Justice Network in Großbritannien schätzte das von Privatpersonen an den Finanzämtern vorbeigeschleuste Vermögen, das in Steuerparadiesen auf der ganzen

Welt geparkt und angelegt wurde, im Jahr 2010 auf 21 bis 32 Billionen US-Dollar. Würde diese Steuerhinterziehung unterbunden und würden die Erträge mit 30 Prozent besteuert, kämen 190 bis 280 Milliarden US-Dollar pro Jahr an Einkommenssteuer zusammen (Tax Justice Network 2012). Eine bloß einprozentige Millionärssteuer, die auch bereits die Vereinten Nationen vorgeschlagen haben, hätte 2012 46 Milliarden US-Dollar eingebracht (DESA 2012: S. 44). Ein Bericht der Weltbank, des IWF, der OECD und anderer Organisationen aus dem Jahre 2011 kam zu dem Schluss, dass eine Besteuerung der CO_2-Emissionen von 50 US-Dollar pro ausgestoßene Tonne 450 Milliarden US-Dollar jährlich in den frühindustrialisierten Ländern einbrächte und sogar eine bescheidene Steuer von 25 US-Dollar immerhin noch 250 Milliarden US-Dollar pro Jahr ergäbe (World Bank 2011: S. 15).

All diese keineswegs revolutionären Maßnahmen – einschließlich des oben genannten Subventionsabbaus bei fossilen Treibstoffen von 775 Milliarden US-Dollar nur in den G20-Staaten, allerdings ohne die Erhöhung der Lizenzgebühren für die Fossilwirtschaft – brächten jährlich über 2 Billionen US-Dollar ein. Damit wäre es möglich, kurzfristig wirksame Maßnahmen zur Reduktion der Treibhausgasemissionen zu finanzieren und den erforderlichen industriellen Umbau anzuschieben. Die meisten dieser Maßnahmen lassen sich auf nationaler Ebene initiieren. Große Länder können hier einiges bewirken. Doch entscheidend werden hier Schritte auf internationaler Ebene sein. Das setzt voraus, dass es der Klimabewegung gelingt, die Regierungen der mächtigsten Länder so stark unter Druck zu setzen, dass sie sich auf derartige Maßnahmen einlassen und die erforderlichen Beschlüsse koordiniert mit anderen Regierungen fassen.

Den gesellschaftlichen Umbau finanzieren

Wie bereits erwähnt, ist die öffentliche Verschuldung eine Hürde für jedes sozialökologische Programm. Die Nachhaltigkeit der Staatseinnahmen muss durch eine verstärkte Besteuerung des Kapitals und der großen Vermögen wiederhergestellt werden. In Ländern der europäischen Peripherie wie Griechenland und in vielen Ländern des globalen Südens ist das Problem nur mit einer Schuldenstreichung zu lösen. Hierzu ist die Forderung nach einem gesellschaftlich getragenen öffentlichen Schuldenaudit breit zu diskutieren. Die völlige Offenlegung aller Staatsschulden und der gesamten Staatsfinanzen muss als grundlegendes demokratisches Recht durchgesetzt werden. Es ist unannehmbar und schändlich, dass von den BürgerInnen verlangt wird, Steuern für die Begleichung von Schulden zu bezahlen, ohne zu wissen, wie diese Schulden zustande gekommen sind. Ein öffentliches Audit der Schulden ist sinnvoll, um zu entscheiden, welche Schulden zu zahlen und welche nicht zu zahlen sind. Dabei sind Ansprüche von Pensionsversicherten und KleinsparerInnen zu berücksichtigen, während jene der großen Finanzunternehmen nachrangig bedient, restrukturiert oder gar abgeschrieben werden müssen. Eine gesellschaftliche Aneignung des nationalen Bankensystems würde eine Schuldenreduktion erleichtern. Allerdings könnte auch eine konsequente sozialökologische Regierung, die sich auf die Gewerkschaften und die sozialen Bewegungen stützt, einen solchen Schritt kaum ohne nationale Souveränität über das Geld unternehmen (ReCommonsEurope 2019: S. 35–38). Das unterstreicht, dass für einen grundlegenden Wandel bei der Staatsfinanzierung und der Finanzpolitik eine Regierung erforderlich ist, die sich auf die kämpferischen Teile der Gewerkschaften, der Umweltbewegung und anderer sozialer Bewegungen stützt.

Eine Regierung des sozialökologischen Umbaus muss in der Lage sein, ihre Tätigkeiten, das umfassende industrielle und gesellschaftliche Umbauprogramm und das Defizit zu finanzieren.

1. Um dem Steuerwettbewerb entgegenzuwirken, sind die direkten Steuern auf hohe Einkommen und Vermögen sowohl in den Ländern selbst als auch zwischen den Ländern auf europäischer Ebene zu erhöhen und nach oben zu harmonisieren. Die indirekten Steuern wie die Mehrwertsteuer sind schrittweise zu reduzieren und abzuschaffen. Im Rahmen der EU oder durch multilaterale und bilaterale Abkommen ist der Steuerflucht von Vermögenden und von Unternehmen systematisch entgegenzuwirken. Die Abschaffung der Steuerparadiese, die Harmonisierung des Steuerwesens auf europäischer Ebene und die Besteuerung des Reichtums würden eine Umverteilung von Einkommen zugunsten der Lohnabhängigen ermöglichen. Spezifische Lenkungsabgaben auf bestimmte umweltschädliche Produkte, die proportional zu deren Schädlichkeit bei ihrer Herstellung, beim Transport, beim Verbrauch und bei der Entsorgung erhoben werden müssten, können sinnvoll sein. Allerdings gilt es zu verhindern, dass sie auf EndverbraucherInnen, die auf die Produkte angewiesen sind, abgewälzt werden.

2. Zur Finanzierung des industriellen Um- und Rückbaus, der Investitionen in zunächst unprofitable nachhaltige Produktlinien und Produktionssysteme und in die Errichtung eines dezentralen Versorgungssystems mit erneuerbaren Energien sind auf lokaler, regionaler und nationaler Ebene sozialökologische Umbaufonds einzurichten. Diese Fonds werden durch die Erträge von Lenkungsabgaben sowie durch Extrasteuern auf Kapitaltransaktionen, Kapitalerträge, hohe Gewinne, hohe Einkommen und große Vermögen gebildet. Die Regierungen auf lokaler, regionaler und nationaler Ebene finanzieren aus diesen Fonds rasch erforderliche Umbaumaßnahmen und Investitionen. Kooperativen, Umweltorganisationen, Gewerkschaften, Nachbarschaftsinitiativen und

Vereine aus sozialen Bewegungen können sich mit gut begründeten Anträgen konkrete Umbauprojekte finanzieren lassen. Die Projekte müssen gleichermaßen dem industriellen Umbau und der Entwicklung einer solidarischen Ökonomie dienen.

3. Kurzfristig kann die Regierung Anleihen auf dem internen Markt ausgeben, um Mittel und Reserven für die erforderlichen Investitionen zu akkumulieren. Diese Anleihen können teilweise im Austausch mit alten Anleihen im Prozess der Umschuldung und als neue Anleihen ausgegeben werden. Im Falle des Tauschs von Anleihen vermögender AnlegerInnen und von Finanzgesellschaften sind die neuen Anleihen mit langen Laufzeiten und ohne Zinsen auszustatten. Die Regierung kann sich bei heimischen Banken auch direkt mittels Darlehen finanzieren. Für sinnvolle Investitionsvorhaben und Maßnahmen des sozialökologischen Umbaus ist eine Neuverschuldung kein Problem. Die Regierung kann mit Anleihen im Rahmen dieses Umbaus beispielsweise konkrete Maßnahmen finanzieren, wie ich sie in Kapitel 5 beschrieben habe (vgl. ReCommonsEurope 2019: S. 41). Solange die Aufnahme von Geld gerechtfertigten Projekten dient, ist die Ausgabe von Anleihen durchaus sinnvoll. Eine auf die Gewerkschaften und Bewegungen gestützte sozialökologische Regierung kann Unternehmen und reiche Haushalte zwingen, zur Finanzierung ökologischer und sozialer Projekte beizutragen, ohne dass sie davon profitieren (beispielsweise mittels Darlehen ohne Zinsen oder Ausgleich der Inflation). Andererseits kann ein Großteil der Haushalte der Lohnabhängigen davon überzeugt werden, dem Staat Ersparnisse anzuvertrauen, um soziale und ökologische Investitionsprojekte zu finanzieren. Derartige Sparguthaben können mit einem Realzins belohnt werden. Beträgt die Inflation 2 Prozent, müsste der Zinssatz also darüberliegen. Solche Mechanismen wären vollkommen legitim, da sie Projekt finanzierten, die wirklich nützlich für die Gesellschaft sind. Zugleich würden sie den Wohlstand der Reichen reduzieren und die Einkommen der Lohnabhängigen steigern.

4. Parallel zu den hier genannten Finanzierungsmaßnahmen ist auf allen Ebenen der öffentlichen Haushalte, also in den Gemeinden, den Regionen und den Nationalstaaten, ein Schuldenaudit durchzuführen. ExpertInnen und BürgerInnen (unabhängig vom Pass) überprüfen, wie die Verschuldung zustande gekommen ist, welche Schulden durch die Verschleuderung öffentlicher Mittel, durch unsinnige Projekte oder durch eine »ewige« Zinslast gegenüber institutionellen Anlegern entstanden sind. Auf der Grundlage derartiger umfassender und sorgfältiger Überprüfungen können die betreffenden politischen Instanzen eine Annullierung, einen Schuldenschnitt, eine Umschuldung und

Sanierung der öffentlichen Finanzen durchsetzen. Auf dieser Grundlage ließen sich die enormen finanziellen Herausforderungen für den sozialökologischen Umbau in Angriff nehmen.

5. Der Reichtum ist so umzuverteilen, dass diejenigen, die ihn erarbeitet haben, auch ihren Anteil erhalten. Durch progressive Steuern globalisierter Einkommen und eine Wiedereinführung beziehungsweise massive Erhöhung einer Vermögenssteuer ist Steuergerechtigkeit herzustellen. Zugleich ist die Mehrwertsteuer abzuschaffen. Diese ist unsozial und betrifft kleine Einkommen viel stärker als große.

6. So wie viele Maßnahmen für einen sozialökologischen Umbau sich nur auf internationaler Ebene wirklich durchsetzen und technisch realisieren lassen, hat auch die Finanzierung eine staatsübergreifende Dimension. Sowohl im Rahmen der EU als auch in Zusammenarbeit mit anderen Staaten sind Finanzierungsinstrumente für große Infrastrukturprojekte zu schaffen. So lassen sich beispielsweise der europäische Eisenbahnverkehr sowie die Einrichtung eines dichten Netzes an Tag- und Nachtzügen, das den binneneuropäischen Flugverkehr weitgehend ersetzt, nur koordiniert realisieren und finanzieren. Ob spezifische europäische Fonds eingerichtet werden, ist je nach konkreten Erfordernissen und politischen Kräfteverhältnissen zu prüfen.

7. Die frühindustrialisierten kapitalistischen Gesellschaften Europas, Nordamerikas, Australiens und Neuseelands haben eine historische Verantwortung gegenüber den peripheren und aufstrebenden Ländern. Sie haben den überwiegenden Teil der Treibhausgasemissionen seit der kapitalistischen Industrialisierung verursacht. China und Indien sind relativ spät als große Emittenten dazugekommen. Die armen peripheren Länder emittieren weiterhin wenig CO_2 pro Kopf. Darum verbleibt peripheren und sich industrialisierenden Ländern ein wesentlich größeres Emissionsbudget als den frühindustrialisierten Ländern. Und darum müssen die frühindustrialisierten Länder nicht nur viel radikaler und einschneidender ihre Treibhausgasemissionen reduzieren, sie stehen auch in der Pflicht, den ökologischen und sozialen Umbau in den armen und peripheren Ländern mitzufinanzieren. Dafür müssen jene aufkommen, die in den letzten Jahrzehnten am stärksten von günstigen Rohstoffen, Vor- und Endprodukten profitiert haben. Das sind die großen transnationalen Konzerne, die ihre Wertschöpfungsketten so organisiert haben, dass sie möglichst viel Mehrwert von den Menschen mit niedrigen Löhnen in anderen Regionen der Welt auf sich zentralisieren konnten. Ein zu schaffender globaler Fonds, gespeist durch eine Abgabe auf die Gewinne der großen Industrie- und Finanzkonzerne

der Welt, dient dazu, die erforderlichen ökologischen Umbauschritte und gesellschaftlich sinnvollen Investitionen in den armen und peripheren Ländern anzuschieben und mitzufinanzieren.

8. Entscheidend ist, dass die Erschließung und Zuweisung der Mittel für den industriellen Umbau auf allen Maßstabsebenen der demokratischen gesellschaftlichen Kontrolle unterstellt werden. Das heißt, VertreterInnen sozialer Bewegungen, GewerkschafterInnen und Fachleute bilden zusammen mit den politisch gewählten Instanzen Kontrollgremien, die die genannten Umbaufonds überwachen.

Geldpolitik der EZB

Die Notenbanken sind in den Dienst des sozialökologischen Umbaus zu stellen. Die »Unabhängigkeit der Zentralbanken« ist zu beenden und die europäische Zentralbank (EZB) in eine Bank zur Finanzierung von Investitionen in eine sozialökologische Infrastruktur umzuwandeln. Ein erster Schritt in diese Richtung besteht darin, das Finanzierungsverbot der EZB für öffentliche Institutionen aufzuheben. Die EZB ist durch eine Institution zu ersetzen, die den öffentlichen Sektor stärkt und entsprechend den demokratisch durch die Gesellschaft beschlossenen Schwerpunkten den sozialökologischen Umbau der Wirtschaft finanziert. Diese Institution könnte ein EU-weites Investitionsprogramm für den sozialökologischen Umbau unterstützen, indem sie Anleihen der Europäischen Investitionsbank aufkauft (vgl. Ederer 2018).

Übernimmt in einem Land eine sozialökologische Reformregierung die Regierungsgeschäfte, muss sie die Möglichkeit haben, ihre Geldpolitik selbst zu bestimmen, und dies umso mehr, wenn die EU eine solche Transformation aktiv blockiert. Darum muss eine solche Regierung mit der Kontrolle über die Notenbank die eigene Geldpolitik und die Finanzierungsbedingungen für das gesamte Umbauprogramm aktiv gestalten können. Ein solcher Schritt geriete allerdings in Widerspruch zur gemeinsamen Währung. Dann stünde eine Regierung, die ein sozialökologisches Transformationsprogramm umsetzen will, vor der Herausforderung, mit der Währungsunion zu brechen (ReCommonsEurope 2019: S. 56). Die Kontrolle über die Zentralbank ist essenziell, um den Staat aus der Umklammerung durch die Finanzmärkte zu lösen.

7.2 Finanzinstitutionen im Dienste des gesellschaftlichen und ökologischen Umbaus

Die Konzerne der emissionsreichen, auf fossilen Energieträgern beruhenden Industrien konzentrieren und kontrollieren enorme finanzielle Mittel. Allerdings sind es große Finanzkonzerne wie Investmentfonds, Pensionsfonds und Banken, die diesen Konzernen ihre Expansionsstrategien und Investitionsprojekte finanzieren und wiederum auch über Zinserträge, Dividenden und Aktienpreissteigerungen von diesen profitieren. Jeder ökologische Umbau muss daher den Finanzsektor ganz besonders ins Blickfeld nehmen.

In einem solchen Prozess ist eine weitreichende und breite öffentliche Debatte über die Rolle der Banken und der Finanzinstitutionen nötig. Wie können die Banken so organisiert werden, dass sie gesellschaftlich nützliche Projekte finanzieren? Es geht hierbei um die Entwicklung von Vorschlägen und Übergangsforderungen zur gesellschaftlichen Aneignung der Kreditfunktion durch die Lohnabhängigen und die organisierte Bevölkerung. Das heißt, die Perspektive einer gesellschaftlichen Aneignung der Banken muss in den Vordergrund treten. Diese Perspektive beinhaltet ihre Verkleinerung und Umformung zu öffentlichen Betrieben, die wirklich demokratisch kontrolliert werden.

Die europäischen Regierungen haben während der Wirtschaftskrise ab 2010 Hunderte von Milliarden Euros eingesetzt, um ein Dutzend private Banken zu retten (Toussaint 2016; Vila und Peters 2017). Im Vergleich dazu waren ihre Anstrengungen für eine wirksame Klimapolitik oder die Bekämpfung der Verarmung lächerlich gering. Die Interessen des Kapitals, die Verteidigung des Finanzsystems und letztlich der Erhalt der auf Konkurrenz und Profitstreben beruhenden kapitalistischen Ordnung wiegen schwerer als das Überleben von Millionen von Menschen. Aufgrund einer angeblichen »Systemrelevanz« überwiesen die Regierungen sozusagen Lösegeld an die Banken und ließen anschließend die Lohnabhängigen die Rechnung bezahlen. Es wurden auch keine Maßnahmen gegenüber dem privaten Finanzsystem ergriffen, um Finanzkrisen zu erschweren. Die Konzentration der Banken hat seit der Krise sogar zugenommen. Viele kleinere Banken wurden von mächtigeren Finanzunternehmen übernommen. Die 15 bis 20 größten Banken in Europa und den USA waren in Skandale involviert. Darunter fallen toxische Kredite, betrügerische Hypothekarkredite, Manipulation der Devisenmärkte, der Zinsmärkte (beispielsweise die Manipulation des LIBOR) und Energiemärkte, massive Steuerflucht und Geldwäsche für organisierte Kriminalität.

Die Logik ist komplett umzudrehen. Das Finanzwesen muss in den Dienst der Allgemeinheit und des sozialökologischen Umbaus gestellt werden. Die Gesellschaft muss auf die im Finanzsektor konzentrierten Finanzmittel zugreifen und diese in die Investitionsprojekte stecken, die für den industriellen Umbau erforderlich sind. In diesem Sinne ist die Vergesellschaftung der großen Finanzkonzerne, die durch ihre Investitionsstrategien für massive Treibhausgasemissionen verantwortlich sind, in die öffentliche Diskussion zu bringen und schließlich durchzusetzen.

Gesellschaftliche Aneignung und Umbau des Finanzsektors

Das Geldsystem, die Sparguthaben sowie das Kredit- und Zahlungssystem sind wichtige Einrichtungen im gesellschaftlichen Interesse. Darum sollten sie zwingend der Logik öffentlicher Dienstleistungen gehorchen und als öffentliche Dienstleistung organisiert und geführt werden. Das Finanzsystem darf nicht eine Quelle von Profiten sein.

Angesichts der zerstörerischen Wirkung des Finanzkapitals ist die demokratische gesellschaftliche Aneignung der strategisch wichtigen Finanzunternehmen eine wesentliche Bedingung für eine Veränderung der gesellschaftlichen Ordnung. Demokratisch heißt, dass die Lohnabhängigen des Sektors zusammen mit den KundInnen und wichtigen gesellschaftlichen Akteuren und Bewegungen Delegierte für die entsprechenden Managementstrukturen und Kontrollorgane wählen. Allerdings ist eine breite Unterstützung in der lohnabhängigen Bevölkerung unabdingbar, um den Bankensektor im eigentlichen Wortsinne zu vergesellschaften.

Anstelle der »Verstaatlichung« hoch verschuldeter Institute respektive der Abwälzung ihrer Schulden auf die Gesellschaft sollten Vorschläge und Szenarien ausgearbeitet werden, die in die Richtung einer Zerschlagung der Großbanken, des kompletten Umbaus des Bankenwesens unter öffentlicher Kontrolle und schließlich seiner Aneignung durch die Gesellschaft weisen. Die Einrichtung verschiedener gesellschaftlicher und öffentlicher Eigentumsformen und die Zuweisung von Krediten entsprechend den demokratisch diskutierten, gesellschaftlichen und industriellen Prioritäten würden die Bedingungen für die Finanzierung gesellschaftlich erwünschter Infrastrukturprojekte schaffen und damit auch die Erwerbslosigkeit beseitigen.

Die bereits erwähnte Überführung der Altersversicherungen und Pensionsfonds in ein Umlageverfahren würde den Zustrom von Geldkapital in die Finanzmärkte deutlich abschwächen. Mit Ausnahme von Fonds zur Finanzierung gesellschaftlich erwünschter Entwicklungs- und Infrastrukturprojekte oder von internationalen Kooperationsprojekten sind die nutzlosen Investmentfonds abzuschaffen. Einerseits bedarf es aktiver Gewerkschaften und sozialer Bewegungen, die die gesellschaftliche Aneignung des Bankensektors als wichtigen Bestandteil eines sozialen und ökologischen Umbaus der Gesellschaft erkennen. Andererseits müssen die Beschäftigten im Bankensektor sich ihrer Rolle als kompetente Berufsleute bewusst werden und ihr Interesse an vergesellschafteten Banken und deren aktiver Umgestaltung erkennen. Die NutzerInnen von Bankdienstleistungen müssen über die Entwicklung dieser Aneignungsprozesse informiert werden, damit sie ihre Wünsche und Bedürfnisse in den demokratischen Gestaltungsprozess einbringen können. Nur ausgesprochen breite gesellschaftliche Mobilisierungen können die Durchsetzung der gesellschaftlichen Aneignung des Bankensektors ermöglichen und damit das kapitalistische System ins Herz treffen.

Sofortmaßnahmen, um die Trendwende einzuleiten

Wenn eine Regierung, die sich auf die Gewerkschaften und die Umweltbewegung stützt, konsequente sozialökologische Reformen durchsetzen möchte, muss sie die Kapitalbewegungen kontrollieren. Damit kann sie der Kapitalflucht und einer finanziellen Erstickung entgegenwirken. Kapitalverkehrskontrollen unter sehr eng gefassten Bedingungen sind gemäß Artikel 65 des Vertrags über die Arbeitsweise der Europäischen Union (AEUV) sogar möglich. Doch eine konsequente Regierung könnte sich rasch in der Situation sehen, die Verträge der Europäischen Union zu missachten, um handlungsfähig zu bleiben.

Eine sozialökologische Regierung sollte den Finanzsektor sofort und umfassend regulieren, um finanzielle Stabilität sicherzustellen. Die Größe der Banken ist zu reduzieren, sodass keine angeblich »systemrelevante« Bank mehr das ganze System gefährden kann. Investmentbanken sind von Geschäftsbanken zu trennen, um die Letzteren zu schützen.

1. Die Abschaffung der Steuerparadiese und die Besteuerung des Reichtums würden eine Umverteilung von Einkommen zugunsten der Lohnabhängigen ermöglichen. Damit könnten auch Maßnahmen wie die Verhinderung von Entlassungen, Mindestlöhne und eine Arbeitszeitverkürzung finanziert werden.

2. Die Regulierung des Bankenwesens muss unter anderen auch folgende Maßnahmen beinhalten: Die Eigenkapitalquote in den Bilanzen ist substanziell auf über 20 Prozent zu erhöhen. Es gilt, alle erforderlichen Maßnahmen zu treffen, um die Banken dazu zwingen, ihre Bilanzen zu sanieren und sämtliche spekulativen Transaktionen und Transaktionen, die nicht im Sinne der Gemeinschaft sind, zu unterlassen. Die Vergesellschaftung von Verlusten ist zu verbieten. Das Bankgeheimnis ist aufzuheben. Die Verbriefung von Wertpapieren ist zu unterbinden.

3. Die Pensions- und Investmentfonds erzielen ihre Erträge in erheblichem Maße durch Finanzplatzierungen in hochprofitable Unternehmen, die massiv zur

Emission von Treibhausgasen beitragen. Die Praxis, die Altersvorsorge an die Ausbeutung von Menschen und den Raubbau der Natur zu knüpfen, ist Ausdruck der kapitalistischen Logik, die »alles zu Ware macht«. Diese Entwicklung ist zu stoppen und umzukehren. Darum sind die Pensionsfonds schrittweise aufzulösen und wieder in das System der umlagefinanzierten Altersvorsorgesysteme zu integrieren.

Der Umbau zu einem sozialökologisch orientierten Finanz- und Bankensektor muss ständig überwacht werden. Dabei ist darauf zu achten, dass die Strategien der Banken der politisch und gesellschaftlich vorgegebenen Orientierung folgen. Es ist sicherzustellen, dass die Banken die ökologische Transition sowie Betriebs- und Investitionsbedürfnisse wichtiger öffentlicher Betriebe – auch rekommunalisierter und sozialisierter, vorher privatisierter Dienstleistungen – finanzieren (so etwa Wasser- und Energieversorgung und Krankenhäuser).

Weitergehende Schritte zur gesellschaftlichen Aneignung des Finanzsektors

Die Banken und das gesamte kapitalistische Finanzsystem sind auch politische Waffen in den Händen der kapitalistischen Klasse. Das haben sie mit ihren Krisenstrategien gegenüber Griechenland und besonders gegen die Syriza-Regierung 2015 deutlich demonstriert. Die Aufrechterhaltung eines privaten Bankensystems kann zu einer Bedrohung für den gesellschaftlich angeeigneten Sektor und überhaupt für eine sozialökologische Regierung werden, die ihre Politik an den Interessen der Lohnabhängigen und den Belangen der Umwelt orientiert und sich damit der kapitalistischen Logik der Konzentration des Reichtums bei den wenigen widersetzt. Die gesellschaftliche Aneignung der Banken kann je nach konkreten Bedingungen und politischen Kräfteverhältnissen unterschiedliche Formen und Verlaufsformen annehmen. Dazu zählen jedoch folgende Schritte:

1. Die Großaktionäre der Banken und anderer Finanzunternehmen sind ohne oder mit bloß symbolischer Entschädigung zu enteignen. Von den Beschäftigten gewählte Delegierte übernehmen in Zusammenarbeit mit Delegierten der SparerInnen, Unternehmen, Genossenschaften, öffentlichen Betrieben und Parlamenten die Aufsicht und Kontrolle über die Finanzinstitute.

2. Der sozialisierte Bankensektor erhält ein Monopol auf Bankgeschäfte, abgesehen von einem genossenschaftlichen Bankensektor, der weiter funktionieren kann, sich allerdings an die Kriterien für die gewünschte solidarische und ökologische Entwicklung halten muss.

3. Nach gesellschaftlicher Diskussion unter Beteiligung von gewählten Mandataren, Delegierten der Beschäftigten, VertreterInnen anderer Industrien und NutzerInnen muss eine Bankencharta beschlossen werden. Diese Charta hält die zu verfolgenden Ziele und Schwerpunkte für Geschäftstätigkeiten mit den Ersparnissen, Krediten und Investitionen fest. Sie orientiert sich an den demokratisch beschlossenen Schwerpunkten für die künftige Entwicklung und folgt somit Ansätzen eines demokratischen Planungsprozesses.

Die gesellschaftliche Aneignung der Banken und Versicherungen bringt einige substanzielle Errungenschaften:

1. Die Menschen, Genossenschaften, Betriebe, Unternehmen und Behörden können sich dem Einfluss der Finanzmärkte entziehen.
2. Gemeinwohlorientierte und ökologische Projekte lokaler Genossenschaften und Behörden finden einfachere Finanzierungsmöglichkeiten.
3. Die Aktivitäten des Bankenwesens werden auf das Gemeinwohl hin orientiert. Es hat dem Übergang von einer kapitalistischen und produktivistischen Wirtschaft hin zu einer solidarischen, nachhaltigen und umweltverträglichen Wirtschaft zu dienen.

Die gesellschaftliche Aneignung der Banken und Versicherungen ergäbe eine völlig neue Situation. Die Beschäftigten des ehemals privaten Bankensektors würden übernommen und könnten verbesserte Arbeitsbedingungen durchsetzen. Die Konkurrenz unter den Beschäftigten mit Benchmarks und vom Verkauf fragwürdiger Wertpapiere abhängige Löhne würden der Vergangenheit angehören.

Es gilt, ein Netz lokaler Filialen aufzubauen, um die Zugänglichkeit zu Bank- und Versicherungsdienstleistungen zu verbessern. Diese lokalen Filialen verwalten die Konten und erhalten die Spareinlagen, die sie zur Finanzierung lokaler Projekte und Investitionen einsetzen. Auf diese Weise trägt der sozialisierte Bankensektor dazu bei, die Lebensbedingungen der Menschen zu verbessern, wirksame Maßnahmen gegen den Ausstoß von Treibhausgasemissionen und den Ausstieg aus der Kernenergie zu finanzieren sowie eine Ökonomie regionaler Stoffkreisläufe und Wertschöpfungsketten mit konsequenten sozialen und ökologischen Standards zu etablieren. Die Verwaltung der Sparguthaben und die Finanzierungsprojekte haben unter größtmöglicher demokratischer Beteiligung der Bevölkerung und der Beschäftigten zu erfolgen.

Die Prozesse der gesellschaftlichen Aneignung des Finanzsektors würden den Kern der kapitalistischen Wirtschaft antasten. Allerdings werden die EigentümerInnen der Banken sich dieses Kapital und ihre Machtposition nicht freiwillig entreißen lassen. Es ist offensichtlich, dass die hier zur Diskussion gestellten Maßnahmen nur realisierbar sind, wenn sie durch eine starke Mobilisierung breiter Teile der Bevölkerung getragen werden.

Das Ziel ist es, einen vergesellschafteten Bankensektor zu schaffen, der demokratisch durch die Beschäftigten, die NutzerInnen, Vereinigungen aus der Zivilgesellschaft und die gewählten VertreterInnen geleitet wird. Dieser vergesellschaftete Bankensektor finanziert lokale und nationale Projekte entsprechend den Anforderungen des Gemeinwohls, nicht des Profits. Auf europäischer und internationaler Ebene könnte eine auf die ArbeiterInnenbewegung, Frauenbewegung und Umweltbewegung gestützte Regierung umfangreiche Kooperationsprojekte mit dem öffentlichen Bankensektor anderer Länder eingehen.

Schließlich ist das Finanzsystem so zu organisieren, dass es der Finanzierung der Herstellung und des Vertriebs von Gebrauchswerten dient. Die gesellschaftliche Aneignung des Finanzsektors, also der Banken, der Fonds, der Versicherungen und der Börsen ist unabdingbar, um ihn massiv zu reduzieren und so umzubauen, dass er wirklich gesellschaftlich und ökologisch nachhaltige Produktionsstrukturen und -prozesse finanziert.

8 Solidarische Verbindungen von lokal bis global

Die Erderwärmung, der Klimawandel und die gesellschaftlichen Konsequenzen wirken sich gesellschaftlich und räumlich ausgesprochen ungleich aus. Da der Ausstoß von Treibhausgasen auf Weltebene relevant ist, kann die Erderhitzung als globaler Prozess durch individuelles und lokales Handeln allein nicht gebremst werden. Entschlossene internationale Strategien sind erforderlich, um die Klimakatastrophen wirksam einzudämmen. Die Klimabewegung und die Gewerkschaften müssen allen Maßstabsebenen von den lokalen und regionalen Gegebenheiten über die für die politischen Kräfteverhältnisse wichtige nationale Ebene bis hin zur kontinentalen beziehungsweise europäischen Ebene und zu den globalen Prozessen und Verflechtungen die nötige Beachtung schenken.

Die internationale Arbeitsteilung hat sich stark vertieft und die Mobilität der Lohnabhängigen erhöht, sodass eine ökosozialistische Perspektive zwingend auf der europäischen und der globalen Ebene zu konzipieren ist. Die voranschreitende europäische Integration sowohl auf politischer und institutioneller als auch wirtschaftlicher Ebene macht es erforderlich, eine ökosozialistische Strategie und Programmatik für den gesamten Kontinent voranzutreiben. Auch in Bezug auf die politische Konsistenz des Umbauprogramms sowie im Hinblick auf die Schaffung der zu seiner Durchsetzung erforderlichen Kräfteverhältnisse ist die europäische Perspektive unabdingbar.

Alle großen gesellschaftlichen und ökologischen Herausforderungen sind in einer transnationalen, europäischen und globalen Perspektive anzupacken. Soziale Bewegungen müssen sich internationalisieren, wollen sie wirksam das Kräfteverhältnis verändern. Die Klimabewegung, besonders *Fridays for Future* und der Widerstand gegen den Braunkohleabbau in Deutschland, haben in dieser Hinsicht bereits fruchtbare Erfahrungen gemacht. Auf europäischer Ebene stehen wir methodisch vor der Herausforderung, Vorschläge für eine europäische Organisierung der Energieversorgung, des Transportsystems, der Sozialversicherungen, des Steuersystems, der Lohnbestimmungen und für die Konversion umweltschädlicher Industrien zu erarbeiten. Diese Vorschläge müssen einerseits an den aktuellen Problemen ansetzen und zugleich in die Richtung einer solidarischen und ökologischen Organisierung der Gesellschaften in Europa weisen, allerdings immer auch unter dem Gesichtspunkt weltweiter Gerechtigkeit und der universellen Gleichberechtigung aller Menschen. Ganz besonders betone ich, dass ökosozialistische Strömungen vor der Aufgabe stehen, Bewusstsein für transnationale Zusammenhänge und Perspektiven zu schaffen. Das in den Kapiteln 4 bis 7 präsentierte Übergangsprogramm versucht diesen multiskalaren Ansatz zu konkretisieren.

8.1 Ökosozialistische Orientierung gegen die EU

Die internationale Dynamik der Klimabewegung beeinflusst wesentlich ihren Verlauf in den einzelnen Ländern. Die Kräfteverhältnisse lassen sich zwar weiterhin stark auf der nationalen Ebene verändern. Zugleich sind die internationale Koordination der Bewegung, die Organisierung gemeinsamer Lernprozesse über die Landesgrenzen hinweg und schließlich die Erarbeitung transnationaler und europäischer Forderungsperspektiven und Konzepte entscheidend, um die Bewegung sowohl in den einzelnen Ländern als auch auf internationaler Ebene zu einem Machtfaktor zu machen.

Nicht nur die heraufziehenden Klimakatastrophen, sondern auch die sozialen Krisen mit verbreiteter Arbeitslosigkeit und Verarmung weiter Teile der Bevölkerung verlangen entschlossene Maßnahmen. Wenn es nicht gelingt, die drängenden sozialen Herausforderungen der Arbeitslosigkeit, Verarmung, Marginalisierung und Ausgrenzung vieler Menschen wirksam anzupacken, wird es auch nicht möglich sein, diese Menschen für eine radikale Politik gegen die heranziehenden Klimakatastrophen zu gewinnen. Jede klima- und umweltpolitische Maßnahme hat einen sozialen Gehalt und wirkt sich auf die Verteilung des erarbeiteten Reichtums in der Gesellschaft aus, hat also einen Klassencharakter. Desgleichen beeinflusst jede wirtschafts- und sozialpolitische Maßnahme auch die Treibhausgasbilanz. Die ökosozialistische Perspektive verbindet die gesellschaftlichen und ökologischen Herausforderungen mit einem kohärenten Programm.

Für viele Menschen, vor allem in Südeuropa, ist die Erwerbslosigkeit das dringendste Problem. Die Erwerbslosigkeit bedeutet Marginalisierung und Ausschluss. Das betrifft Dutzende von Millionen Menschen in Europa. Die Ausbreitung prekärer Arbeitsverhältnisse laugt die Menschen aus. Die Aushöhlung der Arbeitslosenversicherung und der sozialen Sicherungssysteme sowie die durch ein zunehmend selektiveres Gesundheitswesen verursachte Not und der Mangel an günstigen Wohnungen tragen dazu bei, dass nicht nur in Südeuropa, sondern auch in den reichen Zentrumsländern große Teile der Bevölkerung kaum mehr über die Runden kommen. Die Spaltung der Lohnabhängigen nach Geschlecht, Nationalitäten, Religion und Qualifikationsniveaus erschwert die Gegenwehr. Das alles und die offensichtliche ökologische Krise veranlassen zunehmend mehr Menschen in nahezu allen Ländern Europas, grundlegend über dieses System nachzudenken und nach Alternativen zu suchen.

Die ökosozialistische Perspektive antwortet darauf mit konkreten Vorschlägen für ein solidarisches, ökologisches und demokratisches Europa. Die Forderungen nach einem Recht auf sinnvolle Arbeit, nach umfassender sozialer Sicherheit und Infrastruktur gilt es mit einem ökologischen Umbauprogramm für ganz Europa zu verknüpfen, und zwar in einer Perspektive globaler Gerechtigkeit. Es geht darum, möglichst viele Menschen davon zu überzeugen, dass ihr Einstehen für soziale Gerechtigkeit und eine umweltverträgliche Wirtschaftsweise auch Teil eines weltweiten Kampfes gegen Imperialismus und Militarismus ist. Im Zuge des Wettlaufs um wichtige Rohstoffe, die für erneuerbare Energien erforderlich sind, werden die Herrschenden möglicherweise wieder verstärkt auf offen imperialistische Strategien zurückgreifen. Dagegen gilt es entschlossen vorzugehen.

Eine ökosozialistische Orientierung in Europa steht vor der Herausforderung, sich mit dem Charakter der EU auseinanderzusetzen. Die EU ist in ihrem Fundament, sozusagen in ihrer DNA, ein neoliberales und autoritäres Konstrukt. Ihr vordringliches Ziel ist die Stärkung der internationalen Wettbewerbsfähigkeit der Konzerne in den großen Volkswirtschaften der EU. Sie treibt einen neoliberalen Gesellschaftsumbau zur Herstellung eines starken europäischen imperialistischen Blocks voran, ums sich gegen die Rivalen in Nordamerika und Asien zu behaupten und ungleiche Beziehungen mit den anderen Teilen der Welt durchzusetzen. Die EU ordnet soziale Anliegen und die Belange des Umweltschutzes systematisch der Steigerung der Wettbewerbsfähigkeit unter. Die Einführung des Europäischen Emissionshandelssystems ist Ausdruck dieser Ausrichtung. Die Regierungen können keine konsequenten Maßnahmen für Umwelt- und Klimaschutz ergreifen, die diesen Prinzipien des freien Binnenhandels und den Subventionsbeschränkungen widersprechen. Die EU führt bewusst keine gemeinsamen Sozial- und Umweltstandards und Mindestlöhne ein und widersetzt sich der Harmonisierung der Unternehmenssteuern. Sie institutionalisiert vielmehr einen Wettlauf zu niedrigeren Standards und verallgemeinert damit das Sozialdumping. Die Zusammensetzung der exekutiven Institutionen der EU wird völlig intransparent unter den Regierungen der mächtigen Länder ausgehandelt. Sie genießen keine demokratische Legitimität. Das Europäische Parlament wird zwar gewählt, hat aber lediglich geringen Einfluss. Der Charakter der EU steht in krassem Gegensatz zu einem solidarischen und ökologischen Projekt.

Nicht nur genießen die EU-Institutionen keine oder eine sehr zweifelhafte demokratische Legitimität, die in Europa und in den Ländern der EU lebenden Menschen verfügen auch über sehr unterschiedliche Rechte. Die Niederlassungsfreiheit ist an einen Arbeitsplatz und an »ausreichende Existenzmittel« gebunden. Den meisten Menschen außerhalb der EU und einiger weniger weiterer Länder bleibt es verwehrt, sich in Europa frei niederzulassen. Ein wesentliches Kennzeichen des Migrationsregimes besteht in der Schaffung einer Vielzahl von rechtlichen Niederlassungsbedingungen mit unterschiedlichen politischen und sozialen Rechten. Das führt zu vielfältigen Spannungslinien innerhalb der lohnabhängigen Bevölkerung. Die durch Klimakatastrophen bedingte Migration wird diesem Migrationsregime eine zusätzliche Tragweite verleihen. Der Klimabewegung und den Gewerkschaften wird es nur gelingen, MigrantInnen für sozialökologische Reformen zu gewinnen, wenn sie die Perspektive eines umfassenden politischen und gesellschaftlichen Bürgerrechts auf europäischer Ebene in ihre Programmatik integrieren. Diese Perspektive zielt auf die Durchsetzung gleicher individueller, politischer, sozialer, kultureller und religiöser Rechte für alle in Europa lebenden Menschen.

Die nationalen Regierungen haben ein ausgefeiltes Instrumentarium entwickelt, sich der Vorgaben der EU, die sie selbst mitgestaltet haben, zu bedienen, um unsoziale und undemokratische Vorhaben zu rechtfertigen und durchzusetzen. Nationale Regierungen und die EU flexibilisieren Hand in Hand die Arbeitszeiten, verschärfen die Konkurrenz zwischen den Lohnabhängigen und bauen die Sozialversicherungen so um, dass sie für Finanzunternehmen als lukratives Anlagefeld dienen. Diese Politik nimmt bewusst eine weitere Zerstörung der Umwelt in Kauf.

Seit der Verschuldungs- und Euro-Krise infolge der großen Wirtschafts- und Finanzkrise nach 2008 hat die EU einen massiven Glaubwürdigkeitsverlust erlitten, obgleich die Europäische Zentralbank den Zerfall der gemeinsamen Währung abwenden konnte. Die politischen Eliten im Dienste des miteinander verwobenen Industrie- und Finanzkapitals vermögen keine attraktive europäische Vision zu vermitteln, und zwar unabhängig davon, ob sie in konservativen, liberalen, sozialdemokratischen oder grünen Parteien Karriere gemacht haben. Sie sind weder willens noch in der Lage, ein umwelt- und klimaverträgliches Europa im Dienste der großen Mehrheit der Bevölkerung voranzubringen.

Die EU-Institutionen und ihr Führungspersonal haben in den letzten vier Jahrzehnten bewiesen, dass sie die Erderwärmung nicht bekämpfen wollen oder können. Daran ändert auch das Vorhaben eines *European Green Deal* nichts, das EU-Kommissionspräsidentin Ursula von der Leyen während der 24 Weltklimakonferenz im Dezember 2019 in Madrid ankündigte. Dieser europäische Grüne Deal zielt nicht auf den erforderlichen industriellen Umbau, sondern ist Europas neue Wachstumsstrategie. Er ist in erster Linie ein Programm zur Steigerung der Wettbewerbsfähigkeit der Konzerne in Europa. Er tastet weder die europäische Aufrüstung noch den Ausbau der Flughäfen und der Autobahnen an. Die Ausweitung des Emissionshandels zur Auslagerung der Emissionsminderung in Länder, wo diese Anstrengungen aufgrund der niedrigen Lohnkosten billiger zu realisieren sind, ist zentraler Bestandteil der EU-Klimapolitik (siehe European Commission 2019).

Ein radikales Programm für eine sozialökologische Transformation, geschweige denn ein ökosozialistischer Umbruch lässt sich demnach mit den EU-Institutionen nicht verwirklichen. Vielmehr muss eine antikapitalistische und ökosozialistische Perspektive die EU grundsätzlich infrage stellen. Weder eine einseitige Kritik der EU noch der nationalen Regierungen sind zielführend. Die internationale Expansion der großen Konzerne und die transnationale Organisation der Wertschöpfungsketten verlangen solidarische, ökologische und demokratische Konzepte auf transnationaler, europäischer und globaler Ebene. Ein grundlegendes soziales und ökologisches Umbauprogramm lässt sich nur auf europäischer Ebene, und zwar in einer globalen Perspektive, realisieren. Hierfür brauchen wir die Transnationalisierung antikapitalistischer Konzepte und Bewegungen, um die neoliberale Hegemonie wirksam zu beseitigen und um Alternativen gesellschaftlich zu verankern. Sollte allerdings eine Regierung ein radikales sozialökologisches Programm umsetzen wollen, bliebe ihr nichts anderes übrig, als mit der EU zu brechen und zugleich auf die internationale Solidarität zu setzen.

So wie sich in den Nationalstaaten gesellschaftliche Kräfteverhältnisse ausdrücken, so geschieht das auch in der EU. Allerdings bedeutet das nicht, dass starke soziale Bewegungen für eine sozialökologische Transformation oder gar einen ökosozialistischen Umbruch die Institutionen schrittweise übernehmen und in ihrem Sinne nutzen könnten. Selbstverständlich ist es sinnvoll, in den Institutionen der EU Einfluss zu gewinnen, beispielsweise über die Teilnahme an den Wahlen für das Europäische Parlament, genauso wie sich über die Präsenz in den nationalen Parlamenten programmatische Vorschläge in die öffentliche Debatte einbringen lassen. Die parlamentarische Präsenz ist hilfreich, um sich in der Gesellschaft besser Gehör zu verschaffen. Entscheidend ist allerdings, dass die unterschiedlichen sozialen Bewegungen der arbeitenden Klasse ihre eigenen Strukturen in der Gesellschaft aufbauen und diese europäisieren. Damit ist gleichzeitig die Aufgabe verbunden, die EU-Institutionen und ihr Führungspersonal zu delegitimieren.

Die Idee eines demokratischen, solidarischen und ökologischen Europas von unten ist mit einer Übergangsstrategie zu konkretisieren. Diese kann allerdings nur durch eine Verarbeitung der zahlreichen Erfahrungen der Kämpfe von Bewegungen entwickelt werden. Das Fundament einer solchen Strategie ist der Aufbau von Gegenmacht, die institutionalisiert werden muss, um sie zu stabilisieren, abzustützen und schließlich gesellschaftlich durchzusetzen. Durch Prozesse der demokratischen gesellschaftlichen Aneignung öffentlicher Betriebe, des Energiesektors, der Finanzindustrie und weiterer Schlüsselbereiche der Wirtschaft gilt es eigene Organe der demokratischen Kontrolle auf allen Maßstabsebenen – von der lokalen über die regionale und die nationale bis zur europäischen – aufzubauen.

Diese Organe müssen so stark werden, dass sie die Regierungen und die Institutionen der EU zwingen können, ein sozialökologisches Transformationsprogramm umzusetzen. Entwickelt sich diese Gegenmacht von unten, gerät sie nicht nur in Widerspruch, sondern in Gegensatz zu den bestehenden Institutionen. Das ergibt eine instabile Situation, die dazu führen kann, dass die bislang dominierenden Organe der Staatsmacht und der EU ihre Gestaltungsmacht verlieren. Die grundsätzlichen Herausforderungen, die sich hierbei stellen, benenne ich in Kapitel 9.

8.2 Klimagerechtigkeit – globale Solidarität

Der Erderwärmung stellt die gesamte Weltgesellschaft vor die Herausforderung, die Produktion und Reproduktion innerhalb kurzer Frist so zu organisieren, dass sie höchstens so viel CO_2 emittiert, wie die Natur wieder absorbieren kann. Das erfordert einen radikalen Umbau des gesamten Wirtschaftssystems auf globaler Ebene. Zugleich gilt es zu bedenken, dass das Wachstum des Kapitals – die Akkumulation des Kapitals – von zwei Seiten begrenzt wird.

Einerseits stößt die kapitalistische Produktionsweise zunehmend an innere Grenzen, die eine weitere uneingeschränkte Akkumulation erschweren. Bislang vermochte das Kapital die Hürden, die es sich aufgrund seiner eigenen Widersprüche errichtete, immer wieder zu überwinden. So konnte der Widerspruch zwischen Mehrwertsteigerung und der Begrenzung der Nachfrage immer wieder zeitlich verschoben und räumlich verlagert werden, indem neue Investitionsfelder und Märkte erschlossen wurden (Harvey 2014). Doch wo sind die neuen Territorien, Märkte und Technologien, die der kapitalistischen Produktionsweise wieder einen umfangreichen Wachstumsimpuls und beträchtliche Produktivitätssteigerungen ermöglichen würden? Diese sind zumindest vorläufig nicht in Sicht. Auch ÖkonomInnen in den hegemonialen Wirtschaftswissenschaften stellen sich zunehmend diese Frage und diagnostizieren eine lang anhaltende Stagnation (Eggertsson et al. 2016). Andererseits stößt die Kapitalakkumulation an die natürlichen Grenzen der Kugelfläche Erde. Nicht nur sind die Ressourcen begrenzt, noch relevanter ist, dass sich die Senkenkapazität erschöpft. Die menschliche Gesellschaft kann schlicht nicht mehr Treibhausgase emittieren, ohne umfassende Katastrophen hervorzurufen.

Diese beiden Grenzen des Wachstums oder, präziser, Grenzen der Kapitalakkumulation sind bei jeder strategischen Überlegung zu gesellschaftlichen Alternativen zu bedenken. Wie ich aufgezeigt habe, unterliegt die kapitalistische Produktionsweise einem Wachstumszwang, einem Zwang zur Kapitalakkumulation (Zeller 2020). Gerät der Prozess der Kapitalakkumulation ins Stottern, kommt es zu Krisen. Dann ist mehr Kapital akkumuliert, als sich profitabel verwerten lässt, also wieder investiert werden kann. In einer solchen Situation sind die Produktionskapazitäten zu groß. Die Unternehmen bleiben auf einem Teil der Ware sitzen, weil die Nachfrage zu gering ist. Es herrscht Überakkumulation. Die Unternehmen reagieren, indem sie die Produktion herunterfahren und einen Teil der Beschäftigten entlassen. Das führt zu Arbeitslosigkeit und zur Verarmung eines Teils der Bevölkerung.

Die entscheidende Frage angesichts der beiden oben genannten Grenzen ist nun, ob es – wie bereits mehrfach seit der Durchsetzung der kapitalistischen Produktionsweise – gelingt, die genannten Grenzen abermals weiter hinauszuschieben. Auf dieser Hypothese beruhen alle Vorstellungen eines grünen Kapitalismus. Dieser würde allerdings nur funktionieren, wenn die Profitraten in den grünen Wirtschaftsbereichen mindestens so hoch wären wie in den herkömmlichen Sektoren. Zudem stieße auch ein grüner Kapitalismus an die natürlichen Grenzen, vor allem wenn wir die weltweite Dimension beachten (Zeller 2020).

Ein ökosozialistisches Programm für Europa muss der weltweiten Dimension der kapitalistischen Gesellschaft Rechnung tragen. Die kapitalistische Weltwirtschaft ist eine wirkungsmächtige Gesamtheit mit zahlreichen räumlichen und sektoralen Differenzierungen (Chesnais 2016). Die kapitalistische Produktionsweise entwickelt sich gesellschaftlich und räumlich extrem ungleich und schafft immer wieder neue Ungleichheiten. Eine fein zergliederte und hierarchische internationale Arbeitsteilung sowie die Konzentration von hochwertigen Tätigkeiten in wenigen privilegierten Regionen der Welt führen zu intensiven Verflechtungen und einer äußerst ungleichen Arbeitsteilung. Die kapitalistische Produktionsweise ist nicht nur ein Wirtschaftssystem, sondern auch ein Herrschaftssystem. Die Konzerne und Staaten der imperialistischen Länder trachten erneut danach, sich natürliche Ressourcen und menschliche Fähigkeiten mit brutaler Gewalt anzueignen. Dabei kommen sie sich auch gegenseitig in die Quere.

Die globale Erwärmung, verursacht durch die kapitalistische Wachstumslogik, die sich fortwährend weitgehend auf fossile Energieträger stützt, sowie die ökologischen Verwüstungen und Kriege drohen das physische Überleben von Millionen von Menschen infrage zu stellen. Es ist offensichtlich, dass gesellschaftliche Alternativen, die einigermaßen glaubwürdig sein wollen, global ausgerichtet sein müssen. Die Rückbesinnung auf das Nationale oder gar Regionale scheint kurzfristig verlockend zu sein, wäre aber verheerend.

Die Gewerkschaften und die Klimabewegung stehen allerdings vor unermesslichen strategischen Herausforderungen. Nur wenn es ihnen gelingt, sich transnational und global zu verbinden und dabei nicht nur regionale und nationale, sondern auch transnationale und globale Strategien zu entwickeln, werden sie es schaffen, den erforderlichen gesellschaftlichen und politischen Umbruch herbeizuführen. Es ist eine besondere Herausforderung, eine Perspektive globaler Klimagerechtigkeit zwischen den reichen kapitalistischen Metropolen und den armen peripheren Ländern zu entwickeln. Wie eine solche Perspektive konkret aussehen kann, lässt sich zu diesem Zeitpunkt bloß umreißen. Sie kann nur in den gesellschaftlichen Auseinandersetzungen konkretisiert werden. Dennoch lassen sich einige Eckpunkte einer Orientierung hin zu globaler Klimagerechtigkeit klar benennen.

Solidarische Handelspolitik

Eine auf einen sozialökologischen Industrieumbau ausgerichtete Handels- und Investitionspolitik beruht auf völlig neuen Prioritäten. Sie gibt den Menschenrechten einschließlich der Gleichberechtigung der Frau, den gewerkschaftlichen Rechten der Lohnabhängigen und der massiven Reduktion schädlicher Emissionen den Vorrang. Sie erlaubt den demokratisch gewählten Strukturen in den Ländern, Regionen und Gemeinden, darüber zu entscheiden, welche Waren und Dienstleistungen wie hergestellt, verteilt und konsumiert werden, statt sich lediglich darauf zu verlassen, dass die »unsichtbare Hand« des Markts die »knappen Güter« effizient zuweist (Strickner 2018: S. 72).

Solange die Arbeitsproduktivität und die Technologieintensität räumlich sehr ungleich entwickelt sind, werden unter kapitalistischen Bedingungen die produktiveren Unternehmen einen Vorteil genießen, wettbewerbsfähiger sein, die Preise eher bestimmen und einen Wertetransfer zu ihnen durchsetzen können. Das verschafft auch den Regionen und Ländern, in denen diese Unternehmen lokalisiert sind, einen Vorteil. Dennoch können mit möglichst direkten Handelsbeziehungen zwischen HerstellerInnen und KonsumentInnen zumindest weitere Profiteure dieser Ungleichheit ausgeschaltet werden.

Eine auf den sozialökologischen Umbau ausgerichtete Handels- und Investitionspolitik setzt verbindliche soziale und ökologische Regulierungen durch. Sie verpflichtet die Unternehmen, die Organisation der globalen Wertschöpfungsketten offenzulegen. Dazu zählen auch die Information der Öffentlichkeit über Arbeits-, Sozial- und Umweltstandards. Sie fördert den Austausch und den freien Zugang zu wissenschaftlichem Wissen und technischem Erfahrungswissen und ermuntert damit zu gemeinsamen Lernprozessen jenseits der Wettbewerbslogik. Open-Source-Systeme, Saatgut-Austauschprogramme und Patent-Pools sowie eine offene Lizenzpolitik zur Förderung von Innovation und des Zugangs zu Arzneimitteln können Ansätze in diese Richtung sein. Patente auf Leben sind auszuschließen.

Perspektivisch geht es darum, die Profitlogik einzudämmen und zurückzudrängen. Letztlich führt aber auch eine sozialökologische Handelspolitik zur Kollision mit dem Eigentum über Produktionsmittel (mehr dazu in Kapitel 9).

Das Patentsystem und die mit ihm einhergehenden Eigentumsmonopole für Energietechnologien müssen abgeschafft werden. Es gilt, die frühindustrialisierten Staaten dazu zu verpflichten, den armen und peripheren Ländern die Nutzung von Technologien für erneuerbare Energien und die Steigerung der Energieeffizienz zu überlassen. Die für eine nachhaltige Entwicklung aller Menschen unabdingbaren Technologien und finanziellen Ressourcen sind an jene zu transferieren, die sie benötigen.

Historisches Erbe der Treibhausgasemissionen und ungleiche Entwicklung

Die Länder in Europa, die Vereinigten Staaten, Kanada, Australien und Neuseeland, wo sich die kapitalistische Produktionsweise früher durchgesetzt hat, sind für den Großteil der CO_2-Emissionen in den letzten 200 Jahren verantwortlich. Doch es bringt wenig, sich nur in Österreich, Deutschland, der Schweiz oder in Europa für eine Reduktion der Treibhausgasemissionen einzusetzen. Die frühindustrialisierten reichen Länder haben ihre Treibhausgase auch reduziert, indem die Konzerne Produktionsschritte auslagerten und die Produktionsprozesse zur Herstellung importierter Waren anderswo Treibhausgas emittieren (Zeller 2020). Die gegenwärtige Geografie der Treibhausgasemissionen ist also auch ein Ergebnis der immer feingliedrigeren internationalen Arbeitsteilung und globaler Wertschöpfungsketten. Die Geografie der Treibhausgasemissionen spiegelt in einem gewissen Sinne die Geografie der Produktionsprozesse wider. Dies zeigt in aller Deutlichkeit, und zwar auf globaler Ebene, dass alle Wertschöpfungsprozesse zugleich Stoffwechselprozesse mit der Natur sind.

Das zwingt uns, eine transnationale und globale Vision zu entwickeln. Die Klimabewegung muss deshalb die hiesigen Konzerne dazu bringen, die Treibhausgasemissionen auch anderswo, letztlich also auf globaler Ebene, zu reduzieren. Das gilt ganz besonders für die Finanzunternehmen, deren Finanzplatzierungsstrategien weltweit unter die Lupe zu nehmen und auf ihre Klimaverträglichkeit hin zu überprüfen sind.

Zugleich müssen wir uns aber auch mit der Tatsache befassen, dass gegenwärtig und in naher Zukunft ein Großteil der Treibhausgasemissionen von China aus emittiert wird. Letztlich zählt jede reduzierte Tonne Treibhausgasemissionen. Daher gibt es aufgrund der enormen Dringlichkeit keinen Grund zuzulassen, dass sich China, Russland und andere stark emittierende Länder wie etwa die erdölexportierenden Staaten am arabisch-persischen Golf aus der Verantwortung stehlen. Die internationale Klimabewegung muss überlegen, wie sie Klimabewegungen in ebendiesen Ländern unterstützen kann, damit diese dort das gesellschaftliche Bewusstsein und das politische Kräfteverhältnis nachhaltig verändern können.

Investitionsprogramme und Fonds zur Finanzierung des Umbaus

Da die frühindustrialisierten Länder insgesamt wesentlich mehr Treibhausgase emittiert haben, sind sie verpflichtet, umfangreiche finanzielle Mittel für einen globalen Klimafonds zur Verfügung zu stellen. Die reichen Länder haben auch die »Verluste und Schäden« zu decken, welche die durch sie verursachte globale Erwärmung in den armen Ländern hervorruft. Allerdings werden die Beschlüsse der Regierungen auf den internationalen Klimakonferenzen diesem Anspruch nicht einmal ansatzweise gerecht.

Auf der UN-Klimakonferenz COP 16 in Cancún wurde beschlossen, einen Green Climate Fund mit Sitz im südkoreanischen Incheon einzurichten. Dieser soll ab 2020 jährlich 100 Milliarden US-Dollar für Projekte zur Minderung der Treibhausgasemissionen und zur »Anpassung an der Klimawandel« bereitstellen. Das Pariser Klimaabkommen von 2015 legte fest, dass dieser Green Climate Fund als zentrale Institution für Finanztransfers von den frühindustrialisierten Ländern agieren solle. Ob dieser Fonds tatsächlich dieses Volumen umfassen wird und ob die frühindustrialisierten imperialistischen Länder ihren Ankündigungen Folge leisten werden, wird sich zeigen.

Die UNCTAD fordert in ihrem Handels- und Entwicklungsbericht von 2019 einen »Global Green New Deal«. Um den erforderlichen Umbau von Industrie und Landwirtschaft in den abhängigen peripheren Ländern voranzutreiben, seien jährlich zwei bis drei Billionen Dollar (bis zu 2,7 Billionen Euro) an produktiven Investitionen nötig. Mit diesen würden allerdings nur die grundlegendsten der bis 2030 angestrebten UN-Entwicklungsziele erreicht (UNCTAD 2019: S. 25).

Die UNCTAD führt Studien an, die schätzen, dass eine rasche Dekarbonisierung der Wirtschaft zusätzliche Investitionen in der Höhe von 1 bis 2 Prozent des weltweiten BIP während mehrerer Jahrzehnte erfordere (UNCTAD 2019: S. 53). Dieser Vorschlag ist aufzugreifen. Wenn die frühindustrialisierten Länder jährlich mindestens 2 Prozent des BIP in einen globalen Fonds des sozialökologischen Umbaus einzahlen würden, entspräche das im Jahr 2018 einem Betrag von knapp 1 Billion US-Dollar. Allein die europäischen Länder brächten bereits 400 Milliarden US-Dollar zusammen.[15] Wenn auf die Rüstungsausgaben verzichtet würde,

---

15 2018 betrug das BIP der »entwickelten Länder« rund 49,2 Billionen US-Dollar, das der europäischen Länder 19,9 Billionen US-Dollar und das globale BIP 85,3 Billionen US-Dollar (UNCTAT STAT, unctadstat.unctad.org).

Klimagerechtigkeit – globale Solidarität

könnte leicht ein doppelt so hoher Betrag gestemmt werden (siehe Kapitel 5.1). Ein ausreichend ausgestatteter Fonds wäre in der Lage, den klimafreundlichen Umbau in den armen Ländern substanziell mitzufinanzieren. Entscheidend hierbei sind allerdings zwei Aspekte: *Erstens* müssen die Mittel für diesen Fonds über eine progressive Steuer auf hohe Einkommen, Vermögen und Unternehmensgewinne erhoben werden. *Zweitens* ist ein derartiger Fonds unter demokratische Kontrolle zu stellen. Hierfür müssten Delegierte von Gewerkschaften und sozialen Bewegungen aus den Geber- und Empfängerländern sich ein Vetorecht in den Entscheidungsprozessen über die Vergabe von Mitteln erkämpfen.

Der Handels- und Entwicklungsbericht der UNCTAD führt an, dass nationale Entwicklungsbanken und andere direkte Kreditinstitutionen normalerweise geeignet seien, langfristige Investitionen zu tragen. Nationalbanken könnten als Kreditgeber letzter Instanz einspringen. Die destabilisierenden Finanzmärkte seien einzudämmen und auf ihre gesellschaftlich nützliche Funktion der Finanzierung produktiver Investitionen zurückzustutzen. Das erfordere ergänzende Maßnahmen einschließlich internationaler Kapitalverkehrskontrollen, Wechselkursmanagement und Überwachung von Bankenfusionen unter dem Gesichtspunkt der finanziellen Stabilität sowie internationaler Vereinbarungen zur Lösung der Staatsschuldenkrise, um räuberische Verhaltensweisen an den Finanzmärkten zu vermeiden (UNCTAD 2019: S. 53). Diesen Befunden und Empfehlungen kann man in einer internationalen sozialökologischen Perspektive durchaus zustimmen, ohne sich jedoch damit zu begnügen (siehe Kapitel 9). Eine solidarische Finanzierung des ökologischen Umbaus ist eine zentrale Voraussetzung, um die breite Masse der Lohnabhängigen, Bäuerinnen und Bauern, Prekären und KleinstunternehmerInnen in den abhängigen und peripheren Ländern für eine sozialökologische Transformation als Schritt zu einem ökosozialistischen Umbruch zu gewinnen.

Schuldenerlass

Seit den 1980er-Jahren, als die Deregulierung des Finanzsektors die finanzielle Globalisierung anheizte, hat sich der globale Schuldenstand von 16 Billionen US-Dollar 1980 auf 213 Billionen US-Dollar 2017 verdreizehnfacht. Die globale Verschuldung stieg von 140 Prozent des BIP 1980 auf 262 Prozent des BIP im Jahre 2017. Dabei schwollen die privaten Schulden gar von 12 Billionen US-Dollar auf 145 Billionen US-Dollar an. In den Entwicklungsländern mit höheren Einkommen, also den sogenannten aufstrebenden Ländern, stiegen die privaten Schulden etwa seit dem Jahr 2000 ganz besonders stark. Und seit 2014 schossen sie in diesen Ländern regelrecht in die Höhe. Der Anteil privater Schulden am BIP in den entwickelten Ländern stieg von 115 Prozent im Jahr 1980 auf über 200 Prozent 2017. Diese Verschuldung hat allerdings kaum produktive Investitionen für ein beständiges Wachstum ausgelöst, sondern den Finanzsektor mit allen denkbaren Spekulationsformen aufgebläht. Auf globaler Ebene haben sich die öffentlichen Schulden seit der Krise 2008/09 verdoppelt und beliefen sich 2017 auf 84 Prozent des globalen BIP. Infolge der globalen Finanz- und Wirtschaftskrise stieg der Anteil der öffentlichen Schulden in den früh industrialisierten Ländern nach einer stabilen Phase auf über 100 Prozent des BIP an (UNCTAD 2019: VIII, S. 74 f.).

Generell ist die Verschuldung in den frühindustrialisierten Ländern wesentlich höher als in den sogenannten Entwicklungsländern. In den Entwicklungsländern mit höherem Einkommensniveau ist die private Verschuldung mit 200 Prozent des BIP deutlich höher als in jenen mit mittleren und niedrigen Einkommen. Das ist Ausdruck der stark angestiegenen Verschuldung der Unternehmen und der Haushalte. In den ärmsten Entwicklungsländern hingegen übersteigt die öffentliche Verschuldung die private deutlich. Sie beläuft sich derzeit auf bloß 50 Prozent des BIP. Allerdings – und das ist wesentlich, um die Abhängigkeitsverhältnisse zu verstehen – verdoppelten sich die gesamten externen Schulden aller sogenannten Entwicklungs- und Transitionsländer zwischen 2000 und 2008 auf 4,5 Billionen US-Dollar und stiegen bis 2018 gar auf 9,7 Billionen US-Dollar (UNCTAD 2019: S. 11). Das schränkt den Spielraum dieser Länder für öffentliche Investitionen in ein sozialökologisches Umbauprogramm massiv ein. Selbst die UNCTAD argumentiert, dass die Spielregeln der internationalen Wirtschaft umgeschrieben werden müssen. Die ärmsten Länder sollten aus der Schuldenfalle befreit werden (UNCTAD 2019: S. 100).

In Bezug auf die Finanzierung der Umbaumaßnahmen habe ich bereits in Kapitel 7.1 auf die Forderung nach einem Schuldenaudit hingewiesen. Eine Überprüfung der Schulden in den armen und peripheren Ländern durch demokratisch legitimierte Kontrollinstanzen unter Beteiligung von Gewerkschaften und Basisorganisationen ist noch dringlicher. Auf dieser Basis kann ein Erlass der schändlichen und illegitimen Schulden durchgesetzt werden. Nur mit einem weitgehenden Schuldenerlass können sich die besonders schwer verschuldeten öffentlichen Körperschaften – also Gemeinden, Städte, Provinzen und Nationalstaaten – von der Last der »ewigen« Zinszahlungen befreien und damit überhaupt in die Lage versetzen, den sozialökologischen Umbau ihrer Wirtschaft voranzutreiben.

Globale Produktionsnetzwerke ökologisch umbauen

Die Treibhausgasemissionen in den frühindustrialisierten Ländern sind in rund zwei Jahrzehnten auf null zu reduzieren. Allerdings genügt das nicht, wenn hiesige Konzerne in anderen Teilen der Welt weiterhin für enorme Emissionen verantwortlich sind. Paradox wäre es, wenn diese Konzerne ihre Emissionen hier reduzierten, eine CO_2-Steuer oder andere Umweltabgaben bezahlten und gleichzeitig anderswo weiterhin emittierten. Jede Wertschöpfungskette ist gleichermaßen ein System der Mehrwerterzeugung und des gesellschaftlichen Stoffwechsels mit der Natur. Darum sind die globalen Produktionsnetzwerke in ihrer Gesamtheit hinsichtlich ihrer Auswirkungen auf die Umwelt zu überprüfen.

Wenn Gewerkschaften und Umweltverbände an den verschiedenen Standorten eines globalen Produktionssystems feststellen könnten, wo welche Werte erzeugt und wo wie viele Emissionen verursacht werden, könnten sie durch transnationale Kooperation auch Druck auf die Konzerne und betroffenen Staaten ausüben, die Prozesse gemäß sozialer und ökologischer Anforderungen neu zu organisieren. Eine derartige gemeinsame Kontrolle der Organisation von Produktionsnetzwerken durch die Lohnabhängigen und Umweltorganisationen wäre ein wichtiger Schritt auf einem Weg, der zur gesellschaftlichen Aneignung einzelner Niederlassungen dieser Konzerne durch die örtliche Bevölkerung führen kann.

Die Menschen in den Regionen, die von derartiger Ausbeutung und vom Raubbau an der Natur betroffen sind, müssen finanziell entschädigt werden. Die Konzerne, die diese Produktionsstrukturen errichtet haben und jahrelang ihre Profite aus den billigen Arbeitskräften und der Zerstörung der Natur gezogen haben, sind in die Verantwortung zu nehmen. Dies ist nur möglich, wenn es gelingt, das hierfür erforderliche internationale Kräfteverhältnis aufzubauen. Das erfordert eine enge internationale Kooperation von Gewerkschaften, Umwelt-, Menschenrechts- und Frauenorganisationen und die Entwicklung einer gemeinsamen Forderungsperspektive.

Den Konzernstrategien der industriellen Restrukturierung, die auf die Maximierung des Profits und des *Shareholder Value* abzielen, muss eine ausgehandelte Organisation der kooperativen Arbeitsteilung zwischen den verschiedenen Innovations- und Produktionssystemen entgegengestellt werden. Das ist nur möglich, wenn diese Innovations- und Produktionssysteme unter demokratischer gesellschaftlicher Kontrolle stehen und ihre wirtschaftlichen Ziele demokratisch ausgehandelt werden können. Damit stehen wir allerdings vor der Herausforderung der Wirtschaftsplanung. Diese koordinierte Planung auf europäischer und transnationaler Ebene, deren Maßnahmen und Ziele die Lohnabhängigen als Beschäftigte und BürgerInnen aushandeln, muss die Seiten der Wertproduktion und des Stoffwechsels mit der Natur gleichermaßen berücksichtigen. Die gesellschaftliche Aneignung der Investitionsentscheidung kollidiert grundsätzlich mit dem Privateigentum an Produktionsmitteln. Die private Verfügungsgewalt über die großen und strategischen Produktionsmittel kann nicht länger ein Tabu bleiben (vgl. Devine 1988, 2002; Zeller 2010b: S. 22). Gestützt auf starke soziale Bewegungen, ist es auch möglich, ganze Konzerne und Produktionssysteme auf internationaler Ebene zu vergesellschaften. Derartige Prozesse der demokratischen Kontrolle und gesellschaftlichen Aneignung sind eine unabdingbare Voraussetzung für einen weitergehenden ökosozialistischen Umbruch. Dazu mehr in Kapitel 9.

9 Gesellschaftliche Aneignung, Staat und Planung

Die in den vorangegangenen Kapiteln entworfene Orientierung steht vor mehreren grundsätzlichen Herausforderungen. Die meisten der vorgeschlagenen sozialökologischen Strukturreformen stellen das private Eigentum an strategischen Produktionsmitteln, die für den Ausstieg aus den fossilen Energieträgern relevant sind, infrage. In den anderen Sektoren schmälern sie zwar die Profite der Unternehmen, brechen aber nur ansatzweise mit dem Zwang zur Kapitalakkumulation. Doch solange die Macht des Kapitals und der etablierten staatlichen Strukturen nicht gebrochen ist, besteht die ständige Gefahr, dass das Kapital gesellschaftliche Fortschritte wieder zurückdrehen kann. Eine weiterführende Strategie des ökosozialistischen Umbruchs muss die zentrale Herausforderung anpacken, die Kräfteverhältnisse so zu verändern, dass sich die kapitalistische Logik der Profitmaximierung umfassend überwinden lässt. Wie kann die breite Mehrheit der lohnabhängigen Bevölkerung sich in die Lage versetzen, die Verantwortung über alle wesentlichen politischen und wirtschaftlichen Entscheidungen zu übernehmen? Welche Organe und Institutionen sind hierfür aufzubauen?

Die in den Kapiteln 4 bis 7 vorgestellte Methode, Strategie und Praxis der gesellschaftlichen Aneignung zielt auf die Selbsttätigkeit und Selbstermächtigung der Lohnabhängigen, sei es am Arbeitsplatz, in einer sozialen Bewegung oder als KonsumentIn. Zugleich stellt sie das kapitalistische Eigentum an Produktionsmitteln perspektivisch und ansatzweise auch real infrage. In diesem Kapitel gehe ich einen Schritt weiter. Im ersten Abschnitt stelle ich das private Eigentum an strategischen Produktionsmitteln grundsätzlich zur Disposition. Die ArbeiterInnenbewegung hat im Laufe ihrer Geschichte zahlreiche Erfahrungen mit weitergehender Kontrolle über Unternehmen und Produktionsprozesse gemacht. Im zweiten Abschnitt dieses Kapitels erörtere ich diese Erfahrungen unter dem Gesichtspunkt des ökologischen Umbaus.

Jede Strategie der gesellschaftlichen Veränderung hat sich mit dem Staat auseinanderzusetzen. Inwiefern lassen sich die Veränderungen mit dem Staat, durch den Staat, neben dem Staat oder gegen den Staat durchsetzen? Damit stehen wir auch vor der Frage, inwieweit die ökosozialistische Alternative sich mit einer graduellen Strategie der Transformation erreichen lässt oder ob mit der Herrschaft des Kapitals zu brechen ist. Die Dramatik der Erderhitzung verleiht der Frage der zeitlichen Horizonte eines derartigen Bruchs eine zusätzliche Brisanz. Darum kritisiere ich an dieser Stelle die Vorstellungen des radikalen Reformismus und der sozialökologischen Transformation und betone die zeitliche Dringlichkeit eines radikalen Bruchs.

Zentral ist die Frage, wie sich die Güter zur Befriedigung der gesellschaftlichen und individuellen Bedürfnisse unter Berücksichtigung der ökologischen Beschränkungen jenseits der Marktkräfte auf eine demokratisch legitimierte und zugleich effiziente Weise bereitstellen lassen. Damit sind wir bei der Frage der gesellschaftlichen Planung angelangt. Diese Herausforderungen sind mit der Frage verbunden, wie die demokratischen Rechte und die demokratische Teilhabe auf die ganze Gesellschaft ausgedehnt werden kann.

9.1 Die Herausforderung des Gemeineigentums

Viele AktivistInnen in der Klimabewegung setzen Hoffnungen auf den Dialog mit den Konzernleitungen, sogar jenen in der fossilen Industrie. Der Frage, wem die Produktionsmittel gehören, messen sie keine Bedeutung bei. Die Klimabewegung hat die Eigentumsfrage bislang nicht beachtet. Viele andere soziale Bewegungen in früheren Zeiten haben die Bedeutung des Eigentums nur ansatzweise angesprochen. Das lässt sich sachlich nicht begründen und zeigt, dass auch kritische Köpfe es vorziehen, diese an den Kern der kapitalistischen Produktionsweise reichende Frage auszulassen. Durch das Eigentum und die Verfügungsgewalt über die Produktionsmittel ist das Kapital in der Lage, den Arbeitenden einen Mehrwert abzupressen – sie also auszubeuten – und den Stoffwechsel mit der Natur durch Ausplünderung zu praktizieren (siehe Kapitel 3). Nur wenn wir die Eigentumsfrage stellen, die private Verfügungsgewalt über Produktionsmittel und Investitionen überwinden und der Gesellschaft unterstellen, sind wir in der Lage, die gesamte Produktion und Reproduktion dem Primat des Gebrauchswerts und eines angemessenen Stoffwechsels mit der Natur zu unterstellen.

Darum greife ich hier einige früher angesprochene grundsätzliche Überlegungen zum Eigentum auf und stelle sie in den Kontext der gegenwärtigen Herausforderungen für eine ökosozialistische Übergangsstrategie (Zeller 2004: S. 300). Das Privateigentum gehört zu den Pfeilern der kapitalistischen Produktionsweise. Allerdings sind zwei grundsätzlich verschiedene Arten von Eigentum zu unterscheiden. Denn das Eigentum an Konsumgütern, die wir verbrauchen, und das Eigentum an Produktionsmitteln, die das Kapital einsetzt, um mit menschlicher Arbeit neue Werte zu erzeugen, drücken zwei sehr unterschiedliche Sachverhalte aus. Noch wichtiger ist der Unterschied zwischen dem Eigentum an einem Gut, das Ergebnis der persönlichen Arbeit ist, und der Aneignung von Ergebnissen des Produktionsprozesses, die von vielen Lohnabhängigen durch gemeinsame Arbeit hergestellt wurden, durch das Unternehmen (Bihr und Chesnais 2003).

Infolge der starken Arbeitsteilung und der intensiven Kooperation von Lohnabhängigen, die am selben oder auch an verschiedenen Orten arbeiten, sind mittlerweile alle denkbaren Güter vom Brot bis zum Medikament, von der Musikanlage bis zur Versicherungspolice Ergebnis eines kollektiven und gesellschaftlichen Arbeitsprozesses, der sich aus unzähligen kleinen Arbeitsschritten zusammensetzt, welche sich über den Globus und eine mehr oder weniger lange Zeitdauer erstrecken. Mit diesem Prozess wächst jener Teil der Arbeit, der in den Maschinen, Geräten und Vorprodukten materialisiert ist, im Verhältnis zur lebendigen Arbeit, die durch Löhne und Sozialbeiträge bezahlt wird. Die kapitalistische Produktionsweise hat diese Vergesellschaftung der Arbeit stark vorangetrieben und mit der internationalen Expansion der Unternehmen weiter beschleunigt.

Informations- und Kommunikationstechnologien ermöglichen dem Kapital eine noch feingliedrigere Arbeitsteilung über große Distanzen hinweg. Zudem erfolgen die Innovationsprozesse in vielen Hochtechnologiebereichen sehr arbeitsteilig und kollektiv. Eben weil der gesellschaftliche Charakter der Arbeit und der Innovationsprozesse immer stärker hervortritt, unternimmt das Kapital große Anstrengungen, sich die Früchte dieser Prozesse über die Ausdehnung der intellektuellen Eigentumsrechte anzueignen. Die gesellschaftliche Arbeit wird durch das Kapital wieder in das Korsett des Privateigentums eingepfercht. Die private Aneignung von wissenschaftlichem Wissen sowie des gemeinsamen menschlichen Erbes der biologischen Produktion und Reproduktion und der Biodiversität sind von großem Interesse für das Kapital. Auch die Staaten fördern die Umwandlung des Wissens zur Ware über entsprechende Gesetzgebungen und über die zunehmende Durchdringung des Bildungssektors mit öffentlich-privaten Partnerschaften. Das Kapital versucht sich die Gesamtheit der materiellen und intellektuellen Bedingungen des Produktionsprozesses, also das historische Werk der gesellschaftlichen Arbeit der Menschheit, anzueignen. Alles, was profitabel erscheint, soll zur Ware umgeformt werden. Voraussetzung dieser Umformung ist allerdings immer die staatliche Durchsetzung spezifischer Eigentumsrechte.

Diese Prozesse nehmen in den Vorhaben für eine grüne Modernisierung eine zentrale Rolle ein. Der Einführung des Emissionshandels beruht auf neuen Eigentumsrechten. Für die Ausweitung erneuerbarer Energien ist der Besitz von Territorien mit strategisch wichtigen Erzen und seltenen Erden und von Gebieten für große Solar-, Photovoltaik- oder Windenergieanlagen essenziell, um Kapital in diese neuen Felder zu schleusen. Die vorgesehenen Lager zur Kohlenstoffspeicherung und die geplanten Großtechnologien des Geoengineerings werden neue Auseinandersetzungen um Eigentum und Kontrolle mit sich bringen. Die grüne Modernisierung wird sich nur mit neokolonialen Strategien sowie militärischer Aufrüstung und Kontrolle durchsetzen lassen.

Daher ist es nicht erstaunlich, dass die herrschende Klasse die Eigentumsfrage ausgesprochen ernst nimmt. Ihre FürsprecherInnen empören sich, weil die MieterInnenbewegung in Berlin und in anderen Städten offensiv die Enteignung beziehungsweise die gesellschaftliche Rückaneignung großer Immobilienkonzerne verlangt. Sie sind geradezu schockiert darüber, dass diese Forderung große Unterstützung in der Bevölkerung genießt. Die Klimabewegung sollte diese Erfahrung aufgreifen und sich ebenso offensiv für die gesellschaftliche Aneignung der großen Energie- und Treibstoffkonzerne einsetzen. Nur auf dieser Grundlage lässt sich diese Industrie kontrolliert herunterfahren und nach ökologischen und sozialen Kriterien umbauen.

Für die Gewerkschaften ist die Frage des Eigentums bislang ein Tabu. Angesichts der riesigen Herausforderungen des industriellen Umbaus schmälert diese Weigerung, sich der Eigentumsfrage zu stellen, allerdings die eigenen Handlungsoptionen. Die sozialen Bewegungen und Gewerkschaften sollten die Eigentumsfrage ebenso ernst nehmen wie die Konzernleitungen und ihre politischen UnterstützerInnen. Auf der Ebene der Arbeitsplätze wäre es ein entscheidender erster Impuls, wenn die Beschäftigten das von ihnen gemeinsam geschaffene Wissen als eine Art von Gemeingut oder *Commons* auffassen würden, das sie kollektiv weiterentwickeln und bewusst zur ökologischen Umgestaltung der Arbeitsprozesse einsetzen könnten.

Grundsätzlich stützt sich eine emanzipatorische und ökosozialistische Perspektive auf die Position, dass die Reichtümer des Planeten der gesamten Menschheit gehören. Um deren Nutzung zu organisieren, können spezifische, an bestimmte Bedingungen geknüpfte Nutzungsrechte geschaffen werden. Über diese Bedingungen muss die betroffene Bevölkerung diskutieren und entscheiden können. Solche Konzessionen allein würden die private Verfügung über die Produktionsmittel noch nicht direkt infrage stellen. Die gesellschaftliche Aneignung der natürlichen Ressourcen ginge darüber hinaus. Dabei stellen sich allerdings auch ungelöste Fragen: Welche Ressourcen gehören welcher Öffentlichkeit? Wem gehören die Bodenschätze eines Territoriums? Der lokalen Gemeinschaft, dem Nationalstaat oder vielleicht gar der Menschheit, die allerdings nicht als solche kollektiv verfasst ist? Die Reduktion des Treibhauseffekts wirft nicht nur das Problem der Eigentums- und Verfügungsrechte über die Orte der Extraktion des Kohlenstoffs und der Emissionsvorgänge auf, also die Produktions- und Konsumorte, sondern auch der Eigentumsrechte über die Kohlenstoffsenken, also die Orte, die den Kohlenstoff wieder binden. Zur Lösung dieser Herausforderungen sind transnationale oder gar globale Verfahren der ausgehandelten Koordination und partizipativen Planung zu entwickeln (Zeller 2010b: S. 22).

Um den industriellen Umbau nach ökologischen und sozialen Kriterien durchzusetzen, ist eine radikale Ausweitung der demokratischen Möglichkeiten erforderlich (Dörre 2019: S. 26 f.). Die Strategie und Praxis der gesellschaftlichen Aneignung bedeutet, Demokratie, Eigentum und Selbstermächtigung im Sinne der Emanzipation der Lohnabhängigen, Ausgebeuteten und Unterdrückten zusammenzudenken und in der Praxis zusammenzuführen. Zentraler Aspekt ist die demokratische gesellschaftliche Aneignung der Investitionsfunktion, ganz besonders im Energiesektor und in den Schlüsselindustrien (Cumbers 2012). Grundsätzlich dürfen die natürlichen Reichtümer und die Technologien, vor allem aber die menschliche Arbeit und Kreativität nicht mehr einem Prozess unterworfen werden, der alles zur Ware macht und aus allem Profit erzielen will. Eine ökosozialistische Strategie setzt auf die Übernahme der Entscheidungsgewalt durch Belegschaften, Genossenschaften, kommunale Versammlungen von BürgerInnen sowie eine Zurückdrängung des Kapitaleinflusses in der Gesellschaft und den politischen Gremien. Schließlich gilt es, das Kapital vollständig zu entmachten und stattdessen gemeinschaftliche Eigentumsformen durchzusetzen. Im folgenden Abschnitt stelle ich Vorschläge zur Diskussion, mit welchen Organen die Lohnabhängigen und die betroffene Bevölkerung als Gemeinschaften der arbeitenden Klasse diese gesellschaftliche Aneignung praktisch durchsetzen können.

9.2 Gesellschaftliche Aneignung der Produktion

Über die parlamentarische Demokratie hinausgehen

Wie können die Klimabewegung, die Gewerkschaften und andere soziale Bewegungen die in den Kapiteln 4 bis 8 vorgestellten Maßnahmen zum Umbau aller wesentlichen Wirtschaftssektoren und den Ausbau der sozialen Infrastruktur durchsetzen und gleichzeitig einen gesellschaftlichen emanzipatorischen Prozess vorantreiben, der schließlich über die kapitalistische Produktionsweise hinausreicht? Mit der Teilnahme an Wahlen und der Einflussnahme in staatlichen Institutionen lassen sich die gesellschaftlichen Kräfteverhältnisse abbilden und Diskurse verschieben. Doch die vorgeschlagene Methode, Strategie und Praxis der gesellschaftlichen Aneignung weist mit ihrem Fokus auf Selbsttätigkeit und Selbstermächtigung der Lohnabhängigen über die bürgerliche parlamentarische Demokratie hinaus.

Die bürgerliche Demokratie stützt sich auf Geld. Wahlkämpfe sind teuer. Wer in der Lage ist, sich durch Unternehmen und vermögende Individuen sponsern zu lassen, kann eine Massenwirkung entfalten und Wahlen stark beeinflussen. Daher gilt es, diese Gelddemokratie zu überwinden und eine umfassende gesellschaftliche und politische Teilhabe durchzusetzen. In diesem Sinne ist die Demokratie auf alle Wirtschaftsbereiche auszudehnen. Die durch Selbstaktivität der Lohnabhängigen durchgesetzte gesellschaftliche Aneignung der großen Konzerne in Schlüsselindustrien zielt auch auf die demokratische Teilhabe über die Medien, die Ausgestaltung der Bildungseinrichtungen und die technologische Entwicklung. Allerdings gerät eine umfassende gesellschaftliche Demokratie in Widerspruch mit dem Privateigentum an Produktionsmitteln. Das wirft die Frage auf, wer über das Kapital und Investitionen entscheidet. Die KapitaleigentümerInnen werden allerdings ihr durch das Eigentum bedingtes Monopol, über die Investitionen allein entscheiden zu können, nicht freiwillig aufgeben.

Die Entscheidungen darüber, *was*, *wo*, *wie* und *von wem* produziert wird, sind Schlüsselentscheidungen unserer Gesellschaft. Sie sind nicht nur für die Verteilung des Wohlstands, sondern auch für den gesellschaftlichen Stoffwechsel mit der Natur entscheidend. Die dringend erforderliche Reduktion der Treibhausgasemissionen verleiht diesen Entscheidungen eine enorme Tragweite, die weit über die unmittelbar an der Produktion beteiligten Beschäftigten hinausreicht. Heute liegen diese mit der Zuweisung von Investitionen zusammenhängenden Entscheidungen nahezu ausschließlich in den Händen der Unternehmen, also des Privatkapitals. Diese entscheiden nicht entsprechend den gesellschaftlichen Bedürfnissen und der Verträglichkeit mit der Natur, sondern gemäß ihren Profiterwartungen. Grundsätzlich geht es darum zu überlegen, wie die Lohnabhängigen und die betroffene Bevölkerung sich in die Lage versetzen, sich diese Entscheidungen anzueignen. In den Kapiteln 4 bis 8 habe ich wesentliche Schritte in die Richtung einer derartigen Aneignung unter der Maßgabe sozialökologischer Strukturreformen in den entscheidenden Wirtschaftssektoren skizziert. Eine weitergehende gesellschaftliche Aneignung der Investitionen in einer ökosozialistischen Perspektive würde bedeuten, dass die Profite auf einer zu bestimmenden territorialen oder sektoralen Ebene zusammengeführt werden und ihre Verwendung nicht entsprechend profitorientierter Firmenstrategien, sondern gemäß den demokratischen Entscheidungen der Gesellschaft erfolgt. Die Demokratisierung dieser Entscheidungsprozesse erfolgt durch eine Kombination von direktdemokratischen Rätestrukturen sowie klassischen und neuartigen Institutionen der repräsentativen Demokratie (Zeller 2010b: S. 22).

Die Lohnabhängigen unternähmen einen entscheidenden Schritt in diese Richtung, wenn sie sich in allen Fragen, die direkt ihre Arbeitsbedingungen und sogar die strategische Orientierung des Unternehmens betreffen, gegenüber den institutionellen Investoren und den Managern durchsetzen könnten (vgl. Kapitel 5 bis 7).

Ein noch weitergehender Schritt wäre es, wenn es den organisierten Lohnabhängigen und Gemeinschaften der arbeitenden Klasse gelänge, die Unternehmen und Konzerne zu kontrollieren sowie eine Offenlegung aller wesentlichen Informationen durchzusetzen. Das liefe in strategisch wichtigen Unternehmen darauf hinaus, Formen der gesellschaftlichen Kontrolle und schließlich einer weitergehenden Selbstverwaltung und Aneignung zu erkämpfen. Letztlich sind die Entscheidungen über die Orientierung der Produktion und der Dienstleistungen aber Angelegenheit der gesamten betroffenen Bevölkerung eines Territoriums und entlang der Wertschöpfungskette, die an vielen Orten lokalisiert und deshalb quer zu den politisch abgegrenzten Territorien organisiert ist. Die politischen Territorien entsprechen nicht den wirtschaftlichen Verflechtungsräumen. Das heißt, es sind Wege zu finden, wie Bevölkerungen an ganz unterschiedlichen Orten der Welt über Produktionssysteme entscheiden können.

Die in Kapitel 5.3 vorgeschlagenen Produktionskonzessionen und Ansätze gesellschaftlicher Aneignung der Investitionsentscheidungen stellen die private Verfügungsgewalt über die Produktionsmittel noch nicht komplett infrage, aber sie unterwerfen den Einsatz der Produktionsmittel einer gesellschaftlichen Diskussion und demokratischen Entscheidungsfindung über die gewünschten Prioritäten der Gesellschaft. Sie können ein wichtiges Instrument sein, bestimmte Sektoren der Wirtschaft auf gesellschaftliche und ökologische Ziele auszurichten.

Die Debatte über eine Demokratisierung der Wirtschaft bietet Anknüpfungspunkte für eine weitergehende Perspektive der gesellschaftlichen Aneignung. Jedoch weisen Vorstellungen wie etwa Vermögensbeteiligung und Beteiligung der MitarbeiterInnen am Unternehmenskapital in eine verhängnisvolle Richtung. Derartige Modernisierungsvorschläge verfolgen das illusionäre Ziel, ökonomische Demokratie mit Kapitalherrschaft zu versöhnen. Die Folge ist eine Schwächung der Lohnabhängigen. Die Konzepte der ArbeiterInnenkontrolle und die Rätebewegungen betonen zu Recht die Selbsttätigkeit der Arbeitenden und den Aufbau von Gegenmacht. Sie bieten jedoch zu wenig Anhaltspunkte für eine umfassende gesellschaftliche Kontrolle von Produktion, Infrastruktur, natürlichen Ressourcen und Reproduktion.

Kontrolle durch die Beschäftigten und die KonsumentInnen

Die Klimabewegung vermochte bislang durch Demonstrationen und Blockaden die Notwendigkeit einer radikalen politischen Wende ins Bewusstsein breiter Bevölkerungsschichten zu tragen. Parlamentswahlen in mehreren Ländern haben Grüne Parteien erstarken lassen und drücken damit eine Veränderung der politischen Kräfteverhältnisse aus. Viele Menschen wünschen eine wirksame Klimapolitik. Doch um wirkliche Veränderungen in Industrien durchzusetzen, ist das kollektive Handeln von Millionen Beschäftigten an ihren Arbeitsplätzen erforderlich. Erst wenn sich Millionen von Lohnabhängigen und ihre Gewerkschaften als aktiver Teil der Klimabewegung verstehen und bereit sind, sich in »ihren« Unternehmen und Betrieben für einen ökologischen Umbau der Produktion einzusetzen, wird sich das Kräfteverhältnis substanziell verändern. Die wirksamste Maßnahme, mit der Beschäftigte für höhere Löhne, bessere Arbeitsbedingungen, kürzere Arbeitszeiten, umfassendere soziale Absicherungen und eben für ökologisch und gesellschaftlich verträglichere Produktionsabläufe kämpfen, ist der Streik. Unzählige Streikbewegungen, kleine und große, mit spezifischen oder umfassenden Forderungen, beweisen, dass Lohnabhängige ihre Forderungen durchsetzen können, wenn sie gemeinsam entschlossen die Produktion lahmlegen und dabei die Unterstützung breiter Bevölkerungskreise genießen.

Mit Streiks stellen die Beschäftigten eines Unternehmens ansatzweise die Machtfrage über die Kontrolle der Produktion und der Abläufe im Unternehmen. Durch ihren Ausstand signalisieren sie, dass sie die Anordnungen der Unternehmensleitung nicht befolgen und sich zu einer Gegenmacht formieren. Besonders wenn die Streikenden ihre Aktion weitertreiben und ihre Produktionsstätte oder ihren Bürokomplex besetzen oder sogar vom passiven zum aktiven Streik übergehen und die Arbeit unter eigener Regie wiederaufnehmen, stellen sie die Macht des Kapitals zunächst perspektivisch und schließlich sogar real infrage. Schließen sich die Beschäftigten vieler Betriebe in einer Region oder eines Landes für einen Generalstreik zusammen, demonstrieren sie ihre kollektive Vetomacht gegenüber der wirtschaftlichen Macht des Kapitals. Das zeigen die Erfahrungen aus vielen Generalstreiks. Gelänge es in mehreren Ländern, möglichst unbefristete Generalstreiks für einen ökologischen industriellen Umbau durchzuführen, würde das die politischen Kräfteverhältnisse substanziell verändern. Einer derartigen Manifestation von Gegenmacht müsste jede Regierung Rechnung tragen.

Wenn die streikenden Beschäftigten in Vollversammlungen darüber hinaus demokratisch Delegierte für Streikkomitees wählen – und zwar nicht nur in einem Betrieb, sondern in allen Betrieben der Region oder des Landes – und wenn diese Streikkomitees wiederum Delegierte für regionale oder gar nationale Versammlungen der Beschäftigten wählen, dann bilden sie Rätestrukturen. Derartige territoriale ArbeiterInnenräte errichten als demokratische Organe der Beschäftigten eine Kontrollmacht gegenüber den Unternehmensleitungen. Diese können sich sogar zu einer gesellschaftlichen Gegenmacht gegenüber den etablierten Organen des Staates weiterentwickeln.

Voraussetzung einer derartigen Dynamik ist die demokratische Organisation des Arbeitskampfes. Die Gesamtheit der Streikenden, seien sie Mitglied einer

Gewerkschaft oder nicht, entscheidet in regelmäßig einberufenen Vollversammlungen demokratisch über den Verlauf ihres Kampfes und wählt ihre Delegierten für Verhandlungen und übergeordnete Streikzusammenschlüsse. Eine demokratische, auf die Selbsttätigkeit der Lohnabhängigen gestützte Organisation bietet den einzelnen Lohnabhängigen die Möglichkeit, die lang erlebte eigene Passivität und Unterordnung unter verschiedene »Autoritäten« zu überwinden, also selbst aktiv und zum Subjekt zu werden. Die Selbstermächtigung ist Beginn und Voraussetzung der Selbstemanzipation (Zeller 2010b: S. 16).

Derartige Rätestrukturen gab es wiederholt in der Geschichte der ArbeiterInnenbewegung. Erste Hinweise für ein Konzept der ArbeiterInnenkontrolle formulierte Marx in seiner Analyse der Pariser Kommune. Trotzki beschrieb in seiner Auswertung der Revolution von 1905 in Russland, in der erstmals im großen Stile Räte gebildet wurden, die lehrreichen Erfahrungen von ArbeiterInnenkontrolle (Trotzki 1923). Lenin formulierte 1917 wenige Wochen vor der Oktoberrevolution wiederholt Vorschläge zur ArbeiterInnenkontrolle (u. a. Lenin 1917). Ein Dekret nach der Machtübernahme bestätigte für eine kurze Zeit diese Orientierung. In Deutschland setzten die Beschäftigten 1918/19 in vielen Betrieben und Unternehmen Elemente der Arbeiterkontrolle durch, ebenso in Ungarn 1919. Während der Revolution in Spanien 1936, namentlich in Katalonien, bildeten sich ArbeiterInnenkomitees, die die Produktion kontrollierten oder sogar steuerten.

Die antibürokratischen Revolutionen in Ungarn 1956 und in der Tschechoslowakei 1968 brachten erneut Rätestrukturen mit Ansätzen von Arbeiterkontrolle hervor. In Polen entstand im Herbst 1981 eine Situation der beginnenden Doppelmacht mit Selbstverwaltungsstrukturen, bevor der Militärputsch der Regierung die Bewegung unterdrückte. Auch in Westeuropa entwickelten sich aus Massenstreiks wiederholt Ansätze von Arbeiterkontrolle – so in Belgien 1960/61, Frankreich 1968, Italien 1969 und in Portugal 1974/75.

Während des Generalstreiks in Frankreich im Mai 1968 machten sich erstmals seit Langem breitere Teile der Lohnabhängigen mit den Losungen des aktiven Streiks und des selbstverwalteten Streiks *(grève gestionnaire)* vertraut. In mehreren Produktionsstätten, darunter Elektronikbetriebe, Chemie- und Zementwerke, Automobilfabriken und sogar ein Atomkraftwerk, übernahmen Lohnabhängige vorübergehend Elemente der Betriebskontrolle, und es entstanden kleine Ansätze von Selbstverwaltung. Ein weitergehender Prozess ereignete sich Ende Mai 1968 in Nantes, wo Stadtteilkomitees zusammen mit dem zentralen Streikkomitee wichtige Versorgungsaufgaben übernahmen und sich sogar im Rathaus niederließen. Dabei spielten die Frauen der Streikenden eine zentrale Rolle. Zunächst widerwillig akzeptierten auch die Gewerkschaften die Zusammenarbeit mit den Stadtteilkomitees (Cahiers de Mai 1971). Die Besetzung der Uhrenfabrik LIP 1973 in

Besançon zeigte die Möglichkeiten und Grenzen einer auf ein Unternehmen begrenzten Selbstverwaltung. Einerseits mobilisierten die Beschäftigten enormen Enthusiasmus und viel Energie, um den Betrieb und die Arbeit selbstbestimmt zu organisieren. Anderseits konnten sie auch nach einer Wiederbesetzung 1976 die Zerschlagung des Experiments nicht verhindern (Piaget 2008).

In jüngerer Zeit entwickelten sich Ansätze von gesellschaftlicher Kontrolle und Selbstverwaltung im Zuge großer sozialer Bewegungen in Argentinien 2001/02 (Wildcat 2003), im mexikanischen Oaxaca 2006 sowie in einzelnen Bewegungen in Venezuela nach 2002 (Azzellini 2010). Ernest Mandel (1971a) dokumentierte viele, auch kaum bekannte Erfahrungen mit Arbeiterkontrolle in einer umfangreichen Anthologie. Dario Azzellini und Immanuel Ness trugen jüngere Beispiele von Arbeiterkontrolle und Selbstverwaltung zusammen und berücksichtigten dabei auch Studien über Kämpfe in Asien, Nordafrika und Südamerika (Azzellini und Ness 2012).

Das Konzept der ArbeiterInnenkontrolle kann wichtiger Bestandteil einer Strategie von Übergangsforderungen und antikapitalistischen Strukturreformen sein. Übergangsforderungen zielen auf die Überwindung der Trennung zwischen Sofortzielen (in Hinblick auf Löhne, Arbeitsbedingungen, Sozialgesetzgebung, Umweltbestimmungen, demokratische Rechte und Maßnahmen gegen Repression etc.) und einer oftmals abstrakten, scheinradikalen Propaganda gegen Kapital und Staat und für den Sozialismus im Allgemeinen (ausführlich in Mandel 1978: S. 283–321). Ausgehend von der gegebenen Unzufriedenheit der Lohnabhängigen und ihrem Bewusstseinsstand, sollen Forderungen formuliert werden, die das bestehende Regime nicht ohne Weiteres integrieren kann. Wenn die Lohnabhängigen von der Notwendigkeit eines Kampfes für solche Forderungen überzeugt sind, lassen sich Sofortforderungen mit einer weitergehenden, die Herrschaft des Kapitals überwindenden Perspektive verbinden (Mandel 1971b: S. 21 f.).

Mit ArbeiterInnenkontrolle setzen die Lohnabhängigen ein Vetorecht in Belangen durch, die ihre Existenz im Betrieb betrifft. Hierzu gehört auch die Offenlegung der Bücher. Die ArbeiterInnenkontrolle will nicht zu einem institutionalisierten Bestandteil eines Systems der Mitbestimmung werden und ihre Klassenunabhängigkeit verlieren, sondern Lernprozesse und den Aufbau von Gegenmacht ermöglichen, und zwar in einer gesamtgesellschaftlichen Perspektive (vgl. Hoffmann 1975: S. 83).

Wenn sich Bewegungen mit aktiven Streiks ausbreiten und sich die Beschäftigten gar zu einer Kontrolle der Betriebe ermächtigen, kann sich eine betriebliche Gegenmacht in Form von Räten entwickeln. Die Räte der Lohnabhängigen eignen sich Machtbefugnisse an und werden von einem wachsenden Teil der Bevölkerung als Organe der Verwaltung der Gesellschaft anerkannt. Damit bilden sie sogar eine gesellschaftliche Gegenmacht. In einem solchen Fall entsteht eine Situation einer Doppelmacht, die allerdings kaum lange Zeit bestehen kann (Mandel 1971b: S. 12 ff.). Die Räte waren die Keimform einer neuen Ordnung. Die Rätedemokratie ist bislang die vielleicht am weitesten reichende Alternative zum parlamentarischen System und der bürgerlichen Herrschaft, die von der ArbeiterInnenbewegung hervorgebracht wurde.

Die oben genannten Bewegungen sammelten einen unschätzbaren Erfahrungsreichtum, von dem heutige Bewegungen lernen können. Allerdings ist auch festzustellen, dass keine dieser umfassenden Streikbewegungen, weitergehenden Rätebewegungen und Bewegungen von Selbsthilfe- und Nachbarschaftskomitees aus ökologischen Motiven entstanden ist. Ökologische Anliegen spielten kaum je eine Rolle. Die Herausforderungen der Naturzerstörung standen bislang auch bei ausgesprochen kämpferischen Bewegungen von Lohnabhängigen kaum je im Mittelpunkt des kollektiven Handelns. Das deutet darauf hin, dass die Beschäftigten ein sehr weit entwickeltes Problembewusstsein für einen umfassenden sozialökologischen Umbau von Industrien entwickeln müssen. Die gegenwärtigen Gewerkschaften tragen leider kaum dazu bei. Allerdings gibt es keine Garantie dafür, dass ArbeiterInnenkontrolle gewissermaßen automatisch zu ökologischen Entscheidungen führt. Umso wichtiger ist es, dass ökosozialistische Organisationen konsequent für ein ökologisches Bewusstsein unter den Arbeitenden einstehen.

So inspirierend der Blick auf diese Erfahrungen von ArbeiterInnenkontrolle und Rätebewegungen ist, so offenbaren sie allerdings auch grundsätzliche Probleme (vgl. Demirović 2009: S. 199 ff.; Zeller 2010b: S. 17 f.), die durch die ökologischen Herausforderungen des bislang zerstörerischen Stoffwechsels mit der Natur noch weitere, bislang kaum beachtete Dimensionen erlangen.

- *Erstens* müssen die Lohnabhängigen unmittelbare Mitspracherechte auch über die Produkte, ihre stoffliche Beschaffenheit, die Erträge der Produktion, die Herrschaft über den Produktionsprozess, die Festlegung der allgemeinen Arbeitsbedingungen, die Emissionen und die Entsorgung haben. Doch angesichts des ökologischen Fußabdrucks jedes Produkts und Produktionsprozesses, der räumlich weitreichend sein kann, muss die demokratische Gestaltung weit über die unmittelbar involvierten Beschäftigten hinausragen.

- *Zweitens* ist zu klären, welche Absprachen, Aushandlungs- und Planungsprozesse sowie Koordinationsmechanismen zwischen einzelnen Betrieben auf der Ebene der Wirtschaftssektoren und der geografischen Einheiten den Markt ergänzen oder ersetzen sollen. Wie können Betriebsegoismen verhindert werden? Wie kann der gesellschaftliche Bedarf mittels bewusster Planung und Verwaltung befriedigt werden?

- *Drittens* ist zu klären, wie der Widerspruch zwischen ProduzentIn und KonsumentIn gelöst werden kann. Eine Rätestruktur, die sich nur auf die Produktion stützt, bleibt höchst einseitig. Die massive Verschiebung der gesellschaftlichen Nachfrage hin zu den Dienstleistungen wirft die Frage auf, wie und welche Dienstleistungen für welche Bevölkerungsgruppen bereitgestellt werden. Über große Industrieanlagen, Infrastruktur- und Verkehrsprojekte wollen auch die AnwohnerInnen und weitere Betroffene entscheiden.
- *Viertens* ist die Frage nach der Ergänzung oder Überwindung des parlamentarischen Systems nicht trivial. Inwiefern soll das auf einer territorialen Grundlage gewählte Parlament als gesetzgebendes Organ in einer Art doppelter Souveränität weiterhin politische Rahmenbedingungen für wirtschaftliche Entscheidungen der Räte definieren?
- *Fünftens* ist heute angesichts der global verflochtenen Weltwirtschaft sowie der komplexen transnationalen Produktions- und Innovationssysteme die Herausforderung größer als je zuvor, Konzepte zu entwickeln, wie die Lohnabhängigen, die KonsumentInnen und weitere Betroffene gemeinsam diese transnationalen Verflechtungen demokratisch organisieren können. Damit ist auch das Problem der weltweiten Einbindung regionaler und nationaler Ökonomien verbunden. Das heißt, die Rätestrukturen müssen sich auch international über die politisch abgegrenzten Territorien hinweg und transnational entlang von Produktions- und Innovationssystemen organisieren.
- *Sechstens* sind die Treibhausgasemissionen weltweit zu senken, allerdings unter Berücksichtigung der besonderen Verantwortung der frühindustrialisierten Gesellschaften. Das stellt demokratische Rätestrukturen vor enorme Aufgaben, ihre Anstrengungen solidarisch zu koordinieren und die spezifischen Sonderinteressen zu moderieren.
- *Siebtens* zielt eine ökosozialistische Übergangsstrategie auch auf die gesellschaftliche Aneignung technologischer Entwicklungspfade. Wie kann eine gesellschaftliche Teilhabe an der Steuerung von Innovationsprozessen und Technologieproduktion organisiert werden? Entscheidungen über die Ressourcenzuteilung in Forschung und Entwicklung sowie den Einsatz von Technologien können von großer internationaler oder gar globaler und langfristiger Tragweite sein. Der Einsatz von Geoengineering zur Reduktion der Sonneneinstrahlung könnte nur weltweit gemäß demokratisch legitimierten und kooperativen Strukturen einigermaßen gehandhabt werden. Aber welche Organe könnten solche demokratischen Diskussions- und Aushandlungsprozesse überhaupt organisieren und tragen? Dieses Thema spreche ich im nächsten Abschnitt an.

Die Herausforderung ist aber noch umfassender. Bislang haben die revolutionären Bewegungen ihre Legitimität zumeist dadurch erlangt, dass sie sich glaubwürdig für ein besseres Leben einsetzten. Das beinhaltete die Hoffnung der Ausgebeuteten und Unterdrückten auf materielle Besserstellung, mehr demokratische Teilhabe und Anerkennung persönlicher Würde. Angesichts des dringend erforderlichen raschen Umbaus der gesamten Energiebereitstellung, der Produktion, des Verkehrs und der Reproduktion – was auch den massiven Rückbau industrieller Produktion und die Verringerung materiellen Konsums einschließt – kann die Vorstellung eines guten oder besseren Lebens in den frühindustrialisierten Ländern nicht mehr generell mit mehr materiellem Wohlstand einhergehen. Der ökosozialistische Umbruch kann nur gelingen, wenn sich breite Teile der Lohnabhängigen von der Vorstellung eines zunehmenden materiellen Wohlstands verabschieden. Ganz konkret müssen die Lohnabhängigen in den fossilen Industrien, der Automobilindustrie und im Finanzsektor dafür gewonnen werden, sich für den Um- und Rückbau dieser Industrien einzusetzen, die ihnen bislang ihren Lohn ausbezahlten. Es geht gegenwärtig also auch darum, Konversionsräte in den umzubauenden Industrien aufzubauen. Diese Konversionsräte müssen allerdings Delegierte aus unterschiedlichen Bevölkerungsgruppen zusammenbringen. Mit diesen Herausforderungen waren die bisherigen Rätebewegungen nicht konfrontiert.

9.3 Die Herausforderung der Wissenschaft und der Technologieentwicklung

Viele Menschen haben den Eindruck, sie seien zum Anhängsel einer technisch-ökonomischen Maschinerie geworden, die sie nicht mehr beeinflussen können. Die Wahrnehmung dieses Zwangsverhältnisses ist nicht falsch, begünstigt allerdings eine sich ausbreitende Resignation und verstärkt die Vorstellung, dass sich nichts verändern lasse. Andererseits verstehen sich AktivistInnen in der Klimabewegung – mangels anderer glaubwürdiger Referenzen – ziemlich unkritisch als Sprachrohr »der Wissenschaft«.

Die technologische Entwicklung und der Charakter von Technologien waren in der sozialistischen Bewegung ein ständiges Konfliktfeld (vgl. Foster und Burkett 2016). Inwiefern entwickeln sich Technologien als Ausdruck spezifischer gesellschaftlicher Verhältnisse? Ist Technologie neutral, oder hat sie einen Herrschafts- und Klassencharakter? Marx unterstrich den »historisch determinierten« Charakter aller Aspekte der gesellschaftlichen Entwicklung. Seine Haltung zur technologischen Entwicklung war nicht eindeutig. Die meisten sozialistischen TheoretikerInnen nach ihm hielten die Technologie für neutral. Sie meinten eine Technologie sei für sich genommen weder schlecht noch gut, sondern gemäß ihrer konkreten Anwendung zu beurteilen. Aus einer ökosozialistischen Sicht ist das Verhältnis zur technologischen Entwicklung und zu den Wissenschaften zu überdenken. Die ökosozialistische Strömung betont, dass Technologien Ausdruck der Klassen- und Kräfteverhältnisse sind und demzufolge auch einen Herrschaftscharakter aufweisen (Tanuro 2015b).

Technologien umfassen einzelne Werkzeuge, Geräte, Softwarekomponenten und schließlich ganze Netzwerke von Beziehungen, die EntwicklerInnen, ProduzentInnen, NutzerInnen und EntsorgerInnen miteinander verbinden. Diese Beziehungen sind auch mit spezifischen räumlichen Konfigurationen und gesellschaftlichen Machtverhältnissen verbunden (Wallis 2018: S. 48 ff.). Technologien können also nur als soziotechnische Systeme verstanden werden, die wiederum Ausdruck umfassender technoökonomischer Paradigmen sind (Perez 2002; Malerba 2002). Die Entwicklung der pharmazeutischen Industrie, die von einem chemischen Paradigma zu einem biotechnologischen Paradigma schritt, ist hierfür ein Beispiel. Dieser industrielle Wandel hatte weitreichende gesellschaftliche und stoffliche Konsequenzen. Die Entwicklung des Automobils, der Autoindustrie und aller mit dieser Art der Mobilitätsorganisation verbundenen Industrien und Lebensweisen verdeutlicht diesen gesellschaftlich-technologischen Zusammenhang ebenfalls.

Die Auseinandersetzungen über Kernenergie, Biotechnologien und den Zugang zum Internet sowie über die Ausdehnung intellektueller Eigentumsrechte haben die Sensibilität gegenüber dem Herrschaftscharakter von Technologien geschärft. Die Atomenergie verlangt einen umfassenden Sicherheits- und Herrschaftsapparat. Die Verbrennung fossiler Energieträger geht mit der Entwicklung von sehr ungleichen Ökonomien einher, die sich auf Renteneinkommen stützen. Der Anbau genetisch veränderter Organismen ist infolge der Marktmacht großer transnationaler Konzerne und der Durchsetzung von Patenten ebenfalls mit dem Ausbau monopolistischer Strukturen verknüpft. Der Aufstieg der Automobilgesellschaft ist wiederum verbunden mit der Macht der Ölkonzerne und ging mit einer spezifischen Stadt- und Raumentwicklung einher, die wiederum die Mobilitätschancen der Menschen sehr ungleich verteilte.

Die kommenden Konflikte über Bioenergie mit CO_2-Abscheidung und -Speicherung (BECCS) und Geoengineering werden zu Herausforderungen ungeahnten Ausmaßes führen. Geoengineering kann nur mit enormer wirtschaftlicher, politischer und militärischer Macht sowie territorialer Kontrolle realisiert werden. Zugleich verleiht diese Technologie jenen, die sie kontrollieren, geopolitische Macht. Großtechnologische Anwendungen wie die Kernenergie, Anlagen zur CO_2-Abscheidung und -Speicherung sowie große Solarkraftwerke lassen sich nur schwer demokratisch kontrollieren und verlangen geradezu einen repressiven und militärischen Sicherheitsapparat. All diese technologischen Entwicklungen widersprechen dem Ziel einer Gesellschaft, in der die ProduzentInnen und KonsumentInnen die Welt ihren Nachkommen verbessert hinterlassen sollten.

Die demokratische Gestaltung von technologischen Entwicklungspfaden ist eine der größten Herausforderungen. Doch nur wenn es gelingt, die strategischen Produktionsmittel einer Gesellschaft und die Zuweisung der Forschungs- und Entwicklungsausgaben der demokratischen Willensbildung und Entscheidungsfindung zu unterstellen, lässt sich die technologische Entwicklung gemäß den gesellschaftlichen Bedürfnissen und ökologischen Beschränkungen gestalten.

Der Bruch mit einem reduktionistischen und mechanistischen Wissenschaftsverständnis und die Technologiekritik sind mit der Frage verbunden, um welches Verständnis von Fortschritt es geht. Radikale WachstumskritikerInnen wie Serge Latouche (2006, 2007) wollen »aus der Entwicklung« aussteigen. Sie lehnen Wachstum und Entwicklung gleichermaßen ab. Das ist eine reaktionäre und verwerfliche Position. Entwicklung lässt sich aber in einem umfassenderen Sinne als Projekt der Emanzipation verstehen, das keineswegs zwingend mit einer quantitativen Steigerung der Produktion verbunden sein muss.

Darum widersetzen sich ÖkosozialistInnen sowohl der prinzipiellen Ablehnung als auch der prinzipiellen Befürwortung von Entwicklung. Es geht vielmehr darum, die Entwicklung zu einer demokratischen und solidarischen Gesellschaft voranzutreiben. In einer ökosozialistischen Perspektive gilt es die technologische Entwicklung kritisch zu erfassen und mit Marx zu erkennen, dass sich die Produktivkräfte in der kapitalistischen Produktionsweise zunehmend in ihr Gegenteil, in Destruktivkräfte, verkehren (Tanuro 2015b). In diesem Sinne geht es auch darum, dass sich die ÖkosozialistInnen das Konzept des Fortschritts im Sinne einer Verbesserung der Lebensbedingungen der großen Mehrheit der Menschen wieder aneignen (Wallis 2018: S. 36).

Die Menschen in den frühindustrialisierten und imperialistischen Ländern brauchen in der Regel kein weiteres quantitatives Wachstum, um ihre Bedürfnisse zu befriedigen. Dringend nötig ist hingegen die Umverteilung des Reichtums, um das Leben für die große Mehrheit zu verbessern. Mit einer massiven Verkürzung der Arbeitszeit, einer ausgeglichenen Arbeitsteilung zwischen den Geschlechtern, einer Entschleunigung des Arbeitsrhythmus, einer massiv ausgebauten gesellschaftlichen Infrastruktur bei Bildung, Gesundheit sowie Sorge und Pflege würden wir eine qualitative und emanzipatorische Entwicklung vorantreiben. Wohlstand erwächst zunehmend aus der freien Zeit. Reichhaltige zwischenmenschliche Beziehungen und ein verantwortungsbewusstes Verhältnis zur Natur und nicht eine suchtartige Anhäufung von Konsumgütern, die oft zur Kompensation von Entfremdung und der damit einhergehenden geistigen Abstumpfung dient, sind erstrebenswerte Aspekte einer emanzipatorischen Entwicklung.

Das Problem reicht allerdings über die demokratische Kontrolle von technologischen Anlagen hinaus. Eine ökosozialistische Übergangsstrategie zielt auch auf die gesellschaftliche Aneignung technologischer Entwicklungspfade. Die demokratische Gestaltbarkeit technologischer Entwicklungen hängt direkt mit der demokratischen Souveränität über die Investitionen zusammen. Die Gewerkschaften sind diesen Fragen gegenüber immer noch nahezu blind. Würden sie den Gebrauchswert von Industriezweigen und Technologien in den Mittelpunkt rücken, stünden sie schnell vor der Frage, wie eine Konversion und ein Rückbau nicht erwünschter Produktionsbereiche in die Wege geleitet werden könnten. Auf der anderen Seite sind gesellschaftlich und ökologisch sinnvolle technologische Entwicklungspfade systematisch zu fördern und hierfür die entsprechenden gesellschaftlichen Ressourcen bereitzustellen. Diese Debatten über die Konversion von Industrien sowie die geplante Entwicklung erneuerbarer Energiequellen und erwünschter Produktionslinien einschließlich der damit zusammenhängenden Fragen der industriellen und ökonomischen Entwicklung in ganzen Regionen können nicht auf regionaler, kaum auf nationaler, sondern letztlich nur auf transnationaler Ebene angepackt werden (Zeller 2010b: S. 22). Der Zugang zu Technologien und die Gestaltung der technologischen Entwicklung sind für eine globale solidarische Perspektive von riesiger Tragweite. Allerdings können nur demokratisch legitimierte transnationale Strukturen einen solidarischen Technologietransfer konkret tragen. Die Finanzierung und Entwicklung von Technologien kann aber selbst eine transnationale oder sogar globale Tragweite erlangen.

9.4 Die Herausforderung des Staates

Setzen mächtige soziale Bewegungen konkrete Maßnahmen der gesellschaftlichen Aneignung durch und tasten damit real das Privateigentum an Produktionsmitteln an, treten sie unweigerlich in Widerspruch zur bestehenden staatlichen Ordnung. Damit ist eine zentrale strategische Frage auf dem Tisch. Lässt sich ein gesellschaftlicher Prozess in Richtung ökosozialistische Alternative durch den Staat oder nur gegen den Staat durchsetzen?

Veränderungen durch, mit oder gegen den Staat?

Auf der Basis umfassender gesellschaftlicher Mobilisierungen durch soziale Bewegungen und ökologisch sensible Gewerkschaften ist es möglich, dass in dem einen oder anderen Land sozialökologische Reformregierungen die Regierungsgeschäfte übernehmen. Darunter verstehe ich jedoch nicht eine Regierungskoalition aus sozialdemokratischen und grünen Parteien, die einem kapitalistischen Modernisierungsprogramm verhaftet sind, sondern Regierungen, die sich auf starke Mobilisierungen stützen, um sozialökologische Strukturreformen zu verwirklichen. Das kann ein wichtiger Schritt in Richtung grundlegender Veränderung der gesellschaftlichen Verhältnisse sein. Entscheidend ist allerdings, dass starke soziale Bewegungen eine solche Regierung tragen und treiben.

Doch kann eine derartige Regierung im Verbund mit sozialen Bewegungen die grundlegenden Verhältnisse wirklich verändern? Ist es beispielsweise möglich, auf diese Weise die gesellschaftliche Aneignung der großen Konzerne der fossilen Industrie, der Automobilindustrie und anderer Schlüsselindustrien durchzusetzen und sie demokratisch zu steuern und umzubauen? Die Übernahme der Regierungsgeschäfte ist nicht gleichbedeutend mit der Machtübernahme. Denn die Macht des Kapitals gründet sich primär auf dem Eigentum und der Verfügungsgewalt über die großen Produktionseinrichtungen. Auch wenn Regierungen wechseln, bestehen die grundlegenden Machtverhältnisse und Machtstrukturen fort. Die entscheidende Frage ist hierbei, ob es den sozialen Bewegungen und den organisierten Lohnabhängigen gelingt, ihre eigenen Strukturen und Organe aufzubauen, die in der Lage sind, das Kräfteverhältnis so weit zu verändern, dass den KapitaleigentümerInnen nichts anderes übrig bleibt, als ihre Kontrolle über die Produktionsmittel teilweise aufzugeben. Gesellschaftliche Aneignungsprozesse treten mit grundlegenden Prinzipien der kapitalistischen Produktionsweise in Konflikt, da sie das Eigentum des Kapitals über Produktionsmittel antasten, unterminieren oder sogar aufheben.

Staaten verteidigen die grundlegenden Interessen des Kapitals und des Finanzkapitals. Das zeigte sich ganz besonders in deren Bearbeitung der Finanzkrise ab 2008. Darauf habe ich an anderer Stelle hingewiesen (Zeller 2020). Die Klimapolitik der Regierungen seit den ersten internationalen Klimakonferenzen in den 1980er-Jahren zeigt, dass die Staaten nicht neutrale Mittler zwischen unterschiedlichen gesellschaftlichen Interessen sind, sondern die Anliegen des Kapitals und ganz besonders auch der fossilen Konzerne wahrnehmen. Auch der sogenannte Kohlekompromiss in Deutschland, der den Ausstieg aus der Braunkohle auf das Jahr 2038 verschiebt, ist Ausdruck dieser grundlegenden Rolle des Staates. Staaten decken und unterstützen tatkräftig die Interessen der Konzerne der fossilen Energieträger. In etlichen Ländern befinden sich diese Konzerne sogar zu weiten Teilen im Staatseigentum.

Die Erfahrungen der ArbeiterInnenbewegung und anderer sozialer Bewegungen lehren uns, dass eine ökosozialistische Gesellschaftsveränderung und ein umfassender gesellschaftlicher Emanzipationsprozess weder mit dem bestehenden Staat noch mit staatlicher Politik durchgesetzt werden können. Der bürgerlich-kapitalistische Staat ist weder neutral, noch verkörpert er ein Allgemeininteresse der Gesellschaft, sondern er ist Bestandteil des kapitalistischen Produktionsverhältnisses und damit Klassenstaat. Daher ist er kein Instrument, das dazu taugt, dieses Verhältnis grundlegend zu verändern. Diese Aussage verlangt allerdings eine Begründung.

In der ArbeiterInnenbewegung, in der kritischen politischen Ökonomie und unter marxistischen Intellektuellen entbrannten bisweilen heftige Debatten über den Staat, die recht unterschiedliche Staatstheorien hervorbrachten. Darauf kann ich hier nicht eingehen. Dennoch ist es sinnvoll, einige grundsätzliche Überlegungen über die Möglichkeiten gesellschaftlicher Veränderungen mit, durch oder gar gegen den Staat zu formulieren. Ich stütze mich hierbei auf unterschiedliche Staatsverständnisse, die sich bis zu einem gewissen Grad komplementär interpretieren lassen.

Funktionalistische Zugänge erklären den Staat vor dem Hintergrund struktureller Erfordernisse, um die Kapitalakkumulation aufrechtzuerhalten. Instrumentalistische Sichtweisen konzipieren den Staat handlungstheoretisch als Instrument der herrschenden Klassen. Eine dritte Perspektive verknüpft strukturelle und handlungstheoretische Aspekte und begreift den Staat als gesellschaftliches Verhältnis und zugleich als Ausdruck gesellschaftlicher Kräfteverhältnisse (Jäger und Springler 2012: S. 139–145). Diese Dreigliederung wird zwar der Vielfalt der Debatte nicht gerecht, doch sie hilft, einige grundlegende Überlegungen anzustellen.

Staat als Instrument zur Durchsetzung von Klasseninteressen

Im Anschluss an Lenins Werk *Staat und Revolution*, das dieser unmittelbar vor der Oktoberrevolution in Russland verfasst hatte, war in den kommunistischen Parteien die Sicht stark verbreitet, der Staat sei Instrument der herrschenden Klasse zur Absicherung dieser Herrschaft (Lenin 1918). An diese Vorstellung knüpfte die Theorie des staatsmonopolistischen Kapitalismus an (Boccara 1976), die den kapitalistischen Staat als Instrument der großen Monopole begriff. Sie wurde zunächst von osteuropäischen Autoren formuliert und anschließend von Theoretikern, die den kommunistischen Parteien nahestanden, weiterentwickelt.

Der belgisch-britische Staatswissenschaftler Ralph Miliband analysierte in seinem einflussreichen Buch *Der Staat in der kapitalistischen Gesellschaft* staatliches Handeln und die daraus resultierenden Staatsformen und Staatsfunktionen als Instrumente zur Durchsetzung von Klasseninteressen (Miliband 1975). Damit verstand er den Staat als Herrschaftsinstrument. Miliband wies mit viel empirischem Material die Existenz einer kapitalistischen Klasse nach und analysierte anschließend, wie sie politisch Einfluss nahm. Er differenzierte zwischen Staat und Regierung, da ja die Übernahme der Regierungsgeschäfte noch keineswegs gleichbedeutend mit dem Erwerb der Staatsmacht sei. Miliband zeigt anhand zahlreicher historischer und zeitgenössischer Beispiele, dass Angehörige der kapitalistischen Klasse auch weitgehend die Führungspositionen des Staates innehaben und damit den Staat in ihrem Sinne nutzen. Gemäß dieser Sichtweise nehmen jene Klassen, die eine dominante Stellung in der kapitalistischen Produktionsweise einnehmen, aufgrund ihrer ökonomischen Macht auch eine bestimmende Rolle im Staat ein. Sie gestalten weitgehend die staatlichen Politikmuster.

Ein derartiger Zugang wäre auch gegenwärtig hilfreich, um zu untersuchen, wie die großen Konzerne der fossilen Industrien das Handeln der Regierungen sowie der Staatsapparate und der EU in ihrem Sinne beeinflussen. Ein Verbund von vier NGOs (Corporate Europe Observatory, Food & Water Europe, Friends of the Earth Europe und Greenpeace EU) dokumentiert in einer Studie die massive Einflussnahme der fünf großen fossilen Konzerne auf die EU-Politik. Die Konzerne BP, Chevron, ExxonMobil, Shell und Total, die weltweit für 7,4 Prozent alle Treibhausgasemissionen zwischen 1988 und 2015 verantwortlich sind, beschäftigen rund 200 LobbyistInnen in Brüssel, um ihre Interessen in der EU durchzusetzen. Dafür haben sie von 2010 bis 2018 rund 251 Millionen Euro ausgegeben. Die genannten Erdölfirmen erzielten allein im Jahr 2018 Profite in der Höhe von 82 Milliarden US-Dollar (74 Milliarden Euro) (Fossil free Politics 2019). Das ist aber nur die Spitze des Eisbergs, schreiben die AutorInnen. Wie die Konzerne der fossilen Energieträger und aller mit ihnen verbundenen Sektoren (etwa der Automobilindustrie) systematisch die Regierungen, Staatsapparate und internationale Organisationen für ihre Zwecke instrumentalisieren, bleibt allerdings noch zu untersuchen.

Funktionen des Staates

Der kapitalistische Staat garantiert die allgemeinen *materiellen* Bedingungen der Kapitalakkumulation (Heinrich 2004: S. 201). Die KapitaleigentümerInnen benötigen eine materielle und gesellschaftliche Infrastruktur für die Produktion und die Realisierung des Profits. Deshalb muss der moderne Staat Verkehrs- und Kommunikationsinfrastrukturen bereitstellen und unterhalten, ein stabiles Geld garantieren, Minimalstandards für die Gesundheit der EinwohnerInnen und der Arbeitskräfte ermöglichen und überwachen sowie das Bildungs- und Wissenschaftssystem so gestalten, dass sich die allgemeinen Produktions- und Innovationsbedingungen verbessern (Deppe 2015: S. 41). Der Staat sorgt mit seiner Umweltschutz- und Gesundheitspolitik bis zu einem gewissen Grad auch für Umweltbedingungen. Diese sind Teil der Investitionsbedingungen der Unternehmen. Eine wesentliche Aufgabe des Staates besteht darin, den Unternehmen ansprechende Investitionsbedingungen zu garantieren. Dazu zählt auch, dass die Lohnabhängigen nicht durch Krankheiten arbeitsunfähig werden. Gerade die Ausbreitung des Coronavirus Anfang 2020 unterstreicht die Tragweite dieser Aufgabe. Der Staat erfüllt damit eine *Akkumulationsfunktion*. Er vertritt das Interesse der Unternehmen in ihrer Gesamtheit an möglichst profitablen Akkumulationsbedingungen auf seinem Gebiet.

Staaten sind bestrebt, Stabilität zu schaffen und die gesellschaftliche Ordnung zu reproduzieren. Hierzu bedarf es einer Legitimation, also Ideologien und Diskursen, »die den Staat als Repräsentanten des Gemeinwohls und der überindividuellen Vernunft« propagieren (Deppe 2015: S. 12–15). Darum erfüllen Staaten eine *Legitimationsfunktion* beziehungsweise eine ideologische Funktion. Diese umfasst zahlreiche Aktivitäten, um die soziale Ordnung als legitim und normal erscheinen zu lassen. Dazu gehören auch die Gesetzesordnung, das Bildungswesen und eine gewisse soziale Infrastruktur. Vom Ende des Zweiten Weltkriegs bis Mitte der 1970er-Jahre trug das Konzept des Wohlfahrtsstaates entscheidend dazu bei, die staatliche Ordnung in Westeuropa für breite Teile der Bevölkerung als legitim erscheinen zu lassen. Seit den 1980ern und verstärkt seit den 1990er-Jahren setzte sich das Konzept des Wettbewerbsstaates durch, das die staatlichen Aktivitäten auf den Erhalt und die Steigerung der Wettbewerbsfähigkeit der heimischen Konzerne ausrichtet.

Die ArbeiterInnnenbewegung und andere soziale Bewegungen vermochten in der Vergangenheit wichtige soziale Errungenschaften wie einen gesetzlichen Normalarbeitstag und ein System von Sozialversicherungen durchzusetzen. Diese Errungenschaften gewährleisten zugleich auch die Reproduktion der Arbeitskraft. Allerdings müssen die sozialstaatlichen Leistungen finanziert werden. Sie verringern damit die gesamte Mehrwertmasse. Die einzelnen KapitalistInnen müssen also einen Abzug ihres Mehrwerts akzeptieren, wobei sie zugleich in ihrer Gesamtheit von einer gewissen materiellen und gesellschaftlichen Infrastruktur profitieren (Heinrich 2004: S. 201). Sofern Maßnahmen und Investitionen für den Umweltschutz – etwa im Bereich der Luftreinhaltung und des Gewässerschutzes – der zwingend erforderlichen Aufrechterhaltung der Akkumulationsbedingungen dienen, akzeptieren die KapitalistInnen die mit diesen Aufwendungen einhergehende Minderung des Mehrwerts. Da die Klimaerwärmung allerdings eine globale Herausforderung darstellt und sich die Ausgaben eines einzelnen Staates nur in geringem Maße direkt auf das Klima auswirken, beeinflussen Klimaschutzmaßnahmen die Kostenstruktur und die Steuerlast der Unternehmen, ohne direkt die Akkumulationsbedingungen zu erhalten oder zu verbessern. Dieser grundsätzliche Sachverhalt ist eine der Ursachen, warum die Staaten – auch wegen des ungenügenden gesellschaftlichen Drucks – bislang kaum wirksame Maßnahmen zur Verringerung der Treibhausgasemissionen ergriffen haben.

Auf welche Weise und wie umfangreich die Aufgaben zur Sicherung der allgemeinen Akkumulationsbedingungen wahrgenommen und finanziert werden sollen, ist allerdings unter den einzelnen KapitalistInnen und Kapitalfraktionen umstritten. Zugleich haben sie als Klasse das gemeinsame Interesse, dass der Staat sie gegen Infragestellungen durch die ArbeiterInnenbewegung und andere soziale Bewegungen schützt. Der Staat braucht daher einen Sicherheitsapparat. In der Außenpolitik zeigen sich ebenfalls gemeinsame Interessen der verschiedenen Kapitalfraktionen. Der Staat soll ein vermeintlich allgemeines Interesse des gesamten Landes beziehungsweise der Nation wahrnehmen, sei es im Krieg, mit diplomatischen Beziehungen oder internationalen Verträgen (Deppe 2015: S. 41).

Das allgemeine Interesse, das der Staat repräsentiert, entspricht allerdings nicht der Summe der Einzelinteressen der KapitalistInnen. In diesem Sinne kann der Staat als *ideeller* Gesamtkapitalist bezeichnet werden (Engels 1878/94: S. 260). Die KapitalistInnen und Kapitalfraktionen stehen auf den Märkten im Wettbewerb und rivalisieren gegeneinander in der Politik. So verfolgen die Kohle-, Gas- und Ölkonzerne andere Interessen als junge Unternehmen im Bereich der erneuerbaren Energien, die sie jeweils über Verbände, LobbyistInnen und andere Kanäle in den politischen Instanzen wahrnehmen. Unterschiedliche Sektoren, Fraktionen, politische Strömungen, religiöse Anschauungen in der herrschenden Klasse kämpfen um Macht und wollen ihre Partikularinteressen durchsetzen. Diese unterschiedlichen Interessengruppen organisieren sich in Verbänden und Netzwerken sowie in politischen Parteien, die bei Wahlen um Stimmen, Einfluss und, wenn möglich, Mehrheiten ringen. Das allgemeine Interesse beziehungsweise das Durchschnittsinteresse der herrschenden Klasse im Staat kristallisiert sich gewissermaßen in der politischen Arena heraus. Daraus ergeben sich eine besondere Strukturierung des Staates aus der bürgerlichen Gesellschaft sowie eine relative Autonomie des Staates und der Politik gegenüber dem ökonomischen Geschehen (Hirsch 2005: S. 25–26). Das heißt, Politik lässt sich nicht einfach als Verlängerung wirtschaftlicher Interessen verstehen. In einer Demokratie haben rivalisierende Fraktionen die Möglichkeit, bei nachfolgenden Wahlen ihrerseits die Regierungsgeschäfte zu übernehmen (Deppe 2015: S. 42).

Der »Klassencharakter des kapitalistischen Staates« ergibt sich demnach nicht als Ausdruck eines allgemeinen Willens oder als Instrument einer Klasse, sondern aus strukturellen Gründen. Er hält den Kapitalverwertungsprozess aufrecht und ist damit gewissermaßen die Vergegenständlichung eines strukturellen Klassen- und Ausbeutungsverhältnisses (Hirsch 2005: S. 26). Markt und Staat sind in einer kapitalistischen Gesellschaft also untrennbar miteinander verbunden. Der Staat garantiert mit seinem Gewaltmonopol das Privateigentum und darauf beruhende Rechtsverhältnisse und ermöglicht damit erst die Existenz des Marktes.

Allerdings muss er ständig in den Markt eingreifen, um diesen funktionsfähig zu halten. Zugleich hängt der Staat davon ab, dass der marktregulierte Verwertungsprozess des Kapitals fortbesteht (Hirsch 2005: S. 28).

Die Apparate und Institutionen des Staates und die politischen Organisationen werden von Bürokratien und ihren spezifischen Mechanismen geprägt. Politische und gesellschaftliche Veränderungen und Verschiebungen der Kräfteverhältnisse wirken sich auf diese Strukturen innerhalb des Staates aus. Diese Apparate beeinflussen aber immer auch selbst die Kräfteverhältnisse und können ihre eigene Interessens- und Handlungslogik entwickeln. Der Staat organisiert Kompromisse zwischen den divergierenden Fraktionen, die sich an der Macht befinden. Die komplexen Kräfteverhältnisse zwischen den Fraktionen der herrschenden Klassen sowie zwischen Lohnarbeit und Kapital und anderen gesellschaftlichen Gruppen münden jeweils in die sich durchsetzende Politik (Hirsch 2005: S. 46). Der Staatsapparat soll dazu beitragen, die herrschenden Klassen zu organisieren, deren unterschiedlichen Interessen einen gemeinsamen Ausdruck zu verleihen. Zugleich ist er wichtig, um die beherrschten Klassen zu desorganisieren beziehungsweise »zu verhindern, dass sich die ausgebeuteten und beherrschten Klassen als Klassen politisch formieren« (Hirsch 2005: S. 47).

Ein zentrales Kennzeichen des modernen Staates ist die gesetzlich abgesicherte Ausübung von Zwangsmitteln und anderer Formen der Staatsmacht (Jessop 2016: S. 38). Zur einheitlichen Staatsgewalt gehören also auch Formen der physischen Gewaltanwendung (Deppe 2015: S. 31). Das beinhaltet das Monopol der legitimen Anwendung physischer Gewalt nach innen durch Justiz und Polizei sowie das Monopol der legitimen Anwendung physischer Gewalt nach außen. Dazu gehört auch das Recht, Kriege mit Streitkräften zu führen, die ausschließlich der Kontrolle der Staatsgewalt unterliegen.

Staat als Verdichtung gesellschaftlicher Kräfteverhältnisse

Das funktionale und das instrumentelle Staatsverständnis reichen allerdings allein nicht aus, um die Bedeutung des Staates angemessen zu verstehen. Denn der Staat ist nicht einfach nur ein Instrument der herrschenden Klasse, sondern er nimmt gegenüber den Klassen eine relativ autonome Position ein. In ihm verdichten sich soziale und Klassenbeziehungen materiell.

Nicos Poulantzas orientierte sich zunächst an einer funktionalistischen Auffassung und ging dann darüber hinaus. Er bestimmte den Staat ähnlich wie das Kapital als gesellschaftliches Verhältnis und argumentierte, im Staat drücke sich »die materielle Verdichtung eines Kräfteverhältnisses zwischen Klassen und Klassenfraktionen« aus (Poulantzas 1978: S. 119). Poulantzas' Ideen erlangten beträchtlichen Einfluss in den kommunistischen Parteien Italiens, Frankreichs, Spaniens und Griechenlands während der sogenannten eurokommunistischen Phase in den 1970er-Jahren, die sich einer graduellen Strategie der Machtübernahme verschrieben hatten. Sie gingen davon aus, mit einem Kampf innerhalb des Staates, durch Siege bei Parlamentswahlen, kombiniert mit Mobilisierungen sozialer Bewegungen, schließlich die Regierung und damit schrittweise die Macht übernehmen zu können.

Fast drei Jahrzehnte später greifen einige sich an Antonio Gramsci orientierende deutsche AutorInnen Poulantzas' Verständnis des Staates als gesellschaftliches Verhältnis auf. Sie interpretieren die umkämpfte politische Durchsetzung von Interessen als Prozess, der von den Kräfteverhältnissen abhängig ist (vgl. u. a. Hirsch et al. 2015; Hirsch 2005; Brand 2005: S. 45 ff.). Die AnhängerInnen dieses Ansatzes betonen, dass unterschiedliche Klasseninteressen in Zivilgesellschaft und Staat aufeinandertreffen und sich als Interessenkonstellationen verdichten. Der Staat hat eine gewisse Autonomie gegenüber den ökonomischen Prozessen inne. Der Staat und staatliche Instanzen sind nicht einfach als Erfüllungsgehilfen des Kapitals zu verstehen, sondern können auch ihre eigenen Interessen verfolgen und klassenübergreifende Politiken durchsetzen. Der Staat kann eine wichtige Rolle bei der Bearbeitung von Widersprüchen zwischen einzelnen Klassenfraktionen und zwischen Klassen einnehmen.

Die Politik der Regierungen und der Staatsapparate sind demnach Ausdruck des gesellschaftlichen Kräfteverhältnisses zugunsten der großen Konzerne, ganz besonders jener im gesamten fossilen Komplex von Energie- bis Auto-, Luftfahrt- und Rüstungskonzernen. Diese vermochten die Regierungen dazu zu bringen, sich jeder Maßnahme zu widersetzen, die ihre Wettbewerbsfähigkeit geschwächt hätte. Soziale Kämpfe spielen sich somit auch innerhalb des Staatsapparates ab. Die gesellschaftlichen Kräfteverhältnisse beeinflussen seine Struktur und Funktionsweise. Für die Kämpfe für einen sozialökologischen Umbau der Gesellschaft bedeutet das, dass sie sinnvollerweise in ihren Strategien die Einflussnahme im Staat mit einem Widerstand gegen den Staat kombinieren.

Staat und ökosozialistische Strategie

Diese grundsätzlichen Überlegungen zum Staat sind für die Beurteilung einer ökosozialistischen Übergangsstrategie durchaus sinnvoll. Sie helfen zu verstehen, warum die Staaten ihre selbstgesetzten und bei Weitem ungenügenden Klimaziele nicht erreichen. Sie bieten auch eine Grundlage, um besser einzuschätzen, inwiefern sich konsequente sozialökologische Strukturreformen mit dem Staat oder gegen ihn durchsetzen lassen.

Gelingt es, gestützt auf eine enorme Mobilisierung der Lohnabhängigen in Gewerkschaften und sozialen Bewegungen, eine sozialökologische Reformregierung zu wählen, kann diese auf der Basis eines vorteilhaften Kräfteverhältnisses radikale Strukturreformen einleiten. Doch ob sich eine derartige Regierung halten kann, hängt stark von der internationalen Konstellation ab. Denn ohne offene Konfrontation mit der EU ließe sich eine konsequente sozialökologische Reformpolitik nicht umsetzen. Bei Kapitalflucht und Erpressung durch die Banken blieben einer solchen Regierung kaum mehr Handlungsspielräume. Sie wäre gezwungen, den Konflikt mit dem Kapital und seinen VertreterInnen auszutragen. Das könnte aber schon bald dazu führen, dass sie vor der Alternative stünde, entweder eine Dynamik des Bruchs einzuleiten oder sich dem Druck des internationalen Kapitals unterzuordnen.

Ein Bruch ist aber nur möglich, wenn die Lohnabhängigen und sozialen Bewegungen ihre eigenen Strukturen der gesellschaftlichen Kontrolle, also eigene Räteorgane, so stark entwickelt haben, dass diese bereits eine größere gesellschaftliche Legitimität genießen als der Staatsapparat. Eine Lehre der bisherigen Ansätze von ArbeiterInnenkontrolle und Rätebewegungen ist, dass die neuen Strukturen der gesellschaftlichen Kontrolle schon bald mit den alten Staatsorganen um Anerkennung und Durchsetzungsmacht ringen. Die Repräsentanten der alten Ordnung haben bislang ihre Positionen nie freiwillig geräumt. Erlangen die neuen Räte-, Selbstverwaltungs- und Koordinationsorgane eine gesamtgesellschaftliche Durchsetzungsmacht, entsteht eine Situation der Doppelmacht. In einer solch instabilen Situation besteht die Möglichkeit, dass die Räteorgane einen Schritt weitergehen und schließlich die dringend erforderlichen sozialökologischen Strukturreformen durchsetzen, die mit der gesellschaftlichen Aneignung wichtiger Schlüsselindustrien, des Energiesektors und des Finanzsektors einhergehen. Derartige Konstellationen können kaum langfristig bestehen. Die neuen Organe stehen also vor der Herausforderung, ihre Macht zu behaupten, letztlich durchzusetzen und damit die alten staatlichen und nicht staatlichen Instanzen zu entmachten.

Die Erfahrungen vieler Bewegungen zeigen, dass die Herrschenden und der Staatsapparat versuchen, die Bewegungen und alternative Strukturen durch Einschüchterung und Repression zu schwächen oder mit offener Gewalt gar zu zerstören. Wie sich Bewegungen dagegen schützen können, ist nicht allgemein gültig zu beantworten und hängt stark von den konkreten Bedingungen und Kräfteverhältnissen ab. Die Gewalt lässt sich vermeiden oder minimieren, wenn es den demokratischen Rätestrukturen gelingt, sich entschlossen aufzubauen und eine umfassende gesellschaftliche Legitimität zu erlangen (vgl. Wallis 2018: S. 31).

Eine zentrale Frage bei diesen Überlegungen ist, ob sich eine solche Machtprobe überhaupt auf nationaler Ebene einleiten lässt. Aufgrund der engen wirtschaftlichen und gesellschaftlichen Verflechtungen in Europa mit räumlich und organisatorisch zergliederten Produktions- und Innovationssystemen und der ökologischen Dringlichkeit, den industriellen Umbau transnational voranzutreiben, ist dieses umfassende Kräftemessen vorwiegend auf transnationaler Ebene einzugehen. Das hieße aber, dass die Strukturen der ArbeiterInnenkontrolle, der breiteren gesellschaftlichen Kontrolle und die alternativen Räteorgane sich zwar lokal und regional formieren und national zusammenschließen, aber zugleich auf transnationaler Ebene koordinieren. Es geht darum, auf allen Maßstabsebenen zu handeln, um das Kräfteverhältnis substanziell zu verschieben. Offensichtlich ist, dass ein ökosozialistischer Umbruch in einem oder in mehreren Ländern sich bei einer Zuspitzung der gesellschaftlichen Auseinandersetzungen umgehend internationalisieren muss, um Erfolg zu haben. Deshalb vermitteln die Vorstellungen einer Rückkehr zum traditionellen bürokratischen Sozialstaat oder eines New Green Deals, unter der vermeintlich neutralen Vermittlung des bestehenden Staates keine Perspektive, die in der Lage wäre, eine gerechte und ökologische nachhaltige Transition einzuleiten.

Es bleibt herauszufinden, wie die gewählten Räte- und Selbstverwaltungsstrukturen durch bewusste und zentralisierte Aktionen die Macht übernehmen können und inwiefern damit die Voraussetzungen dafür geschaffen werden, die Macht des Kapitals zu brechen sowie den bürgerlichen Staat zurückzudrängen und durch neue Formen der Staatlichkeit und der in Räten organisierten gesellschaftlichen Selbstverwaltung zu ersetzen. Ökosozialistische Organisationen, die in der Lage sind, historische Erfahrungen zu verarbeiten, von den unterschiedlichen Bewegungen der Welt zu lernen und demokratisch funktionieren, können bei diesen Klärungsprozessen eine entscheidende Rolle einnehmen. Die demokratisch legitimierten und verallgemeinerten Selbstverwaltungsstrukturen organisieren schließlich den Umbau der ökologischen Produktion und treiben gleichzeitig die praktische Umwälzung der sozialen Verhältnisse, der Wertvorstellungen, der Produktionsweisen und Konsumstile sowie der Geschlechter- und Naturverhältnisse im Sinne eines umfassenden gesellschaftlichen Emanzipationsprozesses voran. Der dringend erforderliche ökologische Umbau der Produktion und Reproduktion sowie die Durchsetzung der ebenso dringend gebotenen Umverteilung des erarbeiteten Reichtums verlangen die Einleitung eines revolutionären Prozesses.

9.5 Sozialökologische Reformen und ökosozialistischer Umbruch

Seit einiger Zeit entwickelt sich ein Diskurs über eine sozialökologische Transformation. Die Vorstellungen darüber, wohin diese führen solle und was sie konkret beinhaltet, gehen weit auseinander. Die Diskussionsbeiträge zielen vage auf eine sozial und ökologisch nachhaltige Entwicklung, wobei wichtige Fragen wie die Veränderungen der Kräfteverhältnisse, die Subjekte und die konkreten Maßnahmen der Transformation und vor allem der Strategie, mit der die Macht der Kapitals gebrochen werden kann, kaum benannt werden (Brand und Wissen 2017: S. 31 ff.). Konsequentere Vorstellungen der sozialökologischen Transformation (Brand 2014; Brand und Wissen 2017: S. 37 ff., 177; Brand 2018; Brand und Schickert 2019: S. 171) schließen explizit an den »radikalen Reformismus« an (Hirsch 1990: S. 144 ff., 176 ff.; Esser et al. 1994: S. 226 ff.; Hirsch 2002: S. 190 ff.; Brand 2003: S. 221).

Darum greife ich an dieser Stelle eine Kritik auf, die ich bereits an anderer Stelle formuliert habe (Zeller 2004). Ich stütze mich auf meinen früheren Diskussionsbeitrag zum »radikalen Reformismus«, weil sich damit mehrere aktuelle Herausforderungen für eine ökosozialistische Strategie der gesellschaftlichen Aneignung klarstellen lassen. Sowohl der klassische sozialdemokratische Reformismus als auch »radikalere« Formen der Übernahme der Staatsgewalt sind mit ihrer Staatsfixierung historisch gescheitert. Selbstverständlich können »emanzipatorische gesellschaftliche Veränderungen weder herbeikommandiert noch mit staatlicher Gewalt durchgesetzt werden« (Hirsch 1990: S. 145; 2002: S. 202): Menschen können nicht mittels Zwang befreit werden.

Voraussetzung für gesellschaftliche Aneignungsprozesse sind die Selbstorganisation der Lohnabhängigen in all ihren Differenzierungen und eine demokratische gesellschaftliche Kontrolle, die sich über unterschiedliche Strukturen durchsetzen lässt. »Ein Rückfall in traditionelle staatsreformistische Politikformen, die sich in einer Politik der Massenmobilisierung erschöpfen, um Druck auf Staaten, Regierungen und internationale Organisationen auszuüben, ohne zugleich eine eigenständige gesellschaftsverändernde Praxis zu entwickeln«, wäre fatal (Hirsch 2002: S. 214). Dieser wichtige Befund von Joachim Hirsch gilt gegenwärtig auch für die Klimabewegung, die sich bislang weitgehend an die etablierte Politik wendet, in der Hoffnung, diese werde aufgrund des öffentlichen Drucks nun endlich handeln.

Ulrich Brand würdigte 2013 die sozialökologische Transformation in eine solidarische Moderne in einer Übereinkunft der damaligen Oppositionsparteien (SPD, Grüne und Die Linke) in der Enquete-Kommission des Deutschen Bundestages als eine jener Strategien, »die auf bewusste gesellschaftspolitische Gestaltung zur

Bearbeitung der multiplen Krise setzen und nicht zuvorderst auf den kapitalistischen (Welt-)Markt, der vermeintlich auf die ökologischen Probleme mittels Technologien und Knappheitssignalen reagiert« (Brand et al. 2013: S. 484). Dieser Gestaltungsansatz orientiere sich am demokratischen, gerechten und solidarischen Umbau hin zu einer nachhaltigen Produktions- und Lebensweise (Brand 2014: S. 12). Leider bleibt dabei unklar, welche wirtschaftlichen Prinzipien diese Produktions- und Lebensweise zugrunde liegen und was überhaupt die solidarische Moderne ist oder sein kann. Brand stellt zustimmend klar, dass Transformation nicht den einen und umfassenden Bruch meint und dennoch eine Art »halbe Revolution« bedeute. Denn eine Befreiung aus unterschiedlichen Herrschaftsverhältnissen sei ungleich komplexer (Brand 2017: S. 217). Brand und Schickert stellen fest, dass der Begriff der sozialökologischen Transformation längst im herrschaftsförmigen Diskurs seinen Platz gefunden hat. Darum versuchen sie ihm auch einen politisch-strategischen Gehalt in einer kapitalismuskritischen und emanzipatorischen Perspektive zuzuweisen. In diesem Sinne plädieren sie für eine ökosozialistische Strategie hin zu sozialökologischer Transition, ohne diese Strategie allerdings näher zu kennzeichnen oder gar die Notwendigkeit des Bruchs mit der kapitalistischen Produktionsweise oder der Entmachtung des Kapitals zu betonen (Brand und Schickert 2019).

In *fünf* wesentlichen Aspekten greifen sowohl der »radikale Reformismus« von Hirsch als auch die jüngeren Vorstellungen der sozialökologischen Transformation, wie sie etwa Ulrich Brand, Markus Wissen und Christine Schickert darlegen, zu kurz. Sie beruhen auf Fehlannahmen in Bezug auf die gegenwärtigen Spielräume der kapitalistischen Entwicklung und die Machtverhältnisse und führen damit strategisch in die Irre.

Mit der Klimaerhitzung und den mit ihr bereits einhergehenden Katastrophen stellt sich *zunächst* die Frage des zeitlichen Horizonts. Der FürsprecherInnen des radikalen Reformismus und der sozialökologischen Transformation vertreten die Position eines graduellen gesellschaftlichen Transformationsprozesses. Sie argumentieren, dass sich die gegenwärtige finanzdominierte und neoliberale Konfiguration der kapitalistischen Produktionsweise in eine sozialökologisch abgefederte Konfiguration transformieren lasse. Dieser Prozess vollziehe sich mit einer »Einhegung des kapitalistischen Marktes und der Dominanz des Profitprinzips über eine Ausweitung des Öffentlichen und – wo es sinnvoll ist – des Staates, über die Stärkung öffentlicher, genossenschaftlicher sowie solidarischer Ökonomie« (Brand et al. 2013: S. 484). Die FürsprecherInnen der sozialökologischen Transformation vermitteln die Vorstellung, dass sich die sozialökologische Transformation schrittweise realisieren lasse, ohne mit den Grundlagen der kapitalistischen Produktionsweise und mit ihrer staatlichen und herrschaftsförmigen Verdichtung zu brechen.

Die Klimakatastrophe verlangt *sofortiges* Handeln, und dieses Handeln bedarf eines Bruchs sowohl mit der kapitalistischen Akkumulationslogik als auch mit der kapitalistischen Herrschaftsweise. Die kapitalistische Produktionsweise ist von Beginn an untrennbar mit dem fossilen Energieregime verbunden gewesen. Ein Bruch mit den fossilen Energieträgern setzt unweigerlich eine gesellschaftliche Aneignung der großen fossilen Konzerne voraus. Hierfür ist mit der Politik der etablierten Parteien politisch zu brechen, also auch mit den sozialdemokratischen und grünen Parteien, die so tun, also, ob sich die Klimafrage mit einer sozialökologischen Wachstumspolitik oder grüner Modernisierung lösen ließe. Das kommt einer Ignoranz gegenüber der Erderwärmung und ihrer Ursachen gleich. Der erforderliche Bruch ist zunächst einmal diskursiv zu betonen und zuzuspitzen. Doch die FürsprecherInnen der sozialökologischen Transformation schlagen den entgegengesetzten Weg ein und suchen die Anschlussfähigkeit mit sozialliberalen und grün-modernistischen Kräften. Dagegen ist zu betonen, dass dieser Bruch sich durch breite Mobilisierungen gegen die konkrete Regierungspolitik, gegen die großen Konzerne und schließlich gegen die Herrschaftsverhältnisse manifestieren muss. Erst dieser diskursive und letztlich durch Bewegungen und Arbeitskämpfe demonstrierte Bruch erlaubt es, das Kräfteverhältnis in die Richtung des dringend und rasch erforderlichen ökologischen Umbaus der Industrie zu verschieben. Dies ist die Voraussetzung für einen praktischen Bruch mit der produktivistischen kapitalistischen Produktionsweise.

Zweitens verkennen auch die konsequenteren FürsprecherInnen einer sozialökologischen Transformation die Bedeutung der *Eigentumsverhältnisse*. Auch in dieser Hinsicht orientieren sie sich an Joachim Hirsch. Aus der Ablehnung einer herkömmlichen Verstaatlichung und Machtübernahme im Staat folgerte Hirsch, für eine längere Phase könne es nur noch darum gehen, die politischen Strukturen und gesellschaftlichen Kräfteverhältnisse so zu entwickeln, dass der Kapitalismus auf einen zivilisierteren, humaneren und demokratischeren Entwicklungspfad gezwungen wird (Hirsch 1990: S. 181). Er vertrat die These, dass der Kapitalismus nachhaltig verändert werden könne, wenn es gelinge, die Produktions-, Investitions- und Marktprozesse einer funktionierenden öffentlichen und demokratischen Kontrolle zu unterwerfen. Das sei weniger eine Frage der formalen Eigentumsverhältnisse als der sozialen und politischen Machtstrukturen. Mehr oder weniger implizit vertreten auch die gegenwärtigen FürsprecherInnen eines radikalen Reformismus, einer revolutionären Realpolitik und einer sozialökologischen Transformation die Vorstellung einer Veränderung der kapitalistischen Produktionsweise, nicht aber ihrer Ablösung. Brand und Wissen argumentieren, dass der bürgerlich-kapitalistischen Gesellschaft selbst eine Logik der Transformation inhärent sei (Brand und Wissen 2017: S. 37). Das ist zweifellos richtig. Zugleich widerspricht die Logik der

Akkumulation grundsätzlich der Sorge um die Arbeit und die Natur. Die der kapitalistischen Produktionsweise inhärente Logik der Transformation mündet derzeit allerdings in eine Situation, in der das physische Überleben eines Teils der Menschheit nicht mehr gewährleistet ist.

Um zu einer »solidarischen Moderne« zu gelangen, gilt es laut Ulrich Brand, »in die Art und Weise gesellschaftlicher Produktion einzugreifen«. »Doch bei der Eigentumsfrage geht es bekanntlich ums Eingemachte.« (Brand 2014: S. 15) Er argumentiert: »[J]enseits von Markt und Staat bedarf es einer Stärkung der Gemeinschaftsgüter.« (Brand 2014: S. 14) Die Wachstumskritik habe sich mit der Verfügung über Produktionsmittel und der Gestaltung von Investitionen zu beschäftigen. »Gemeinschaftliches Eigentum ist eine notwendige Bedingung, um die Abhängigkeit von kapitalistisch getriebenem Wachstum zu reduzieren.« (Brand 2019: S. 86) Doch damit lässt es Brand bewenden. Er formuliert keine Vorschläge, wie die Eigentumsmacht der großen Industrie- und Finanzkonzerne zu brechen sei. In einem anderen Beitrag suggeriert Brand, dass sich eine sozialökologische Transformation sogar im Rahmen einer Sozialpartnerschaft mit den Herrschenden und den EigentümerInnen der strategischen Produktionsmittel erreichen ließe (Brand 2018).

Diese beschränkte Perspektive einer sozialökologischen Transformation bietet keine Antwort auf das unmittelbar drängende Problem, was mit den großen fossilen Konzernen zu tun ist. Sie werden nicht freiwillig auf ihr Kapital in Form der Erdölreserven verzichten. Diese Konzerne lassen sich nur in öffentlichem Eigentum kontrolliert herunterfahren und in sinnvollere Produktionszweige konvertieren. Unter kapitalistischen Verhältnissen erlitten sie dabei einen massiven Einbruch ihrer Börsenkurse und eine Entwertung ihres Kapitals, worauf sie mit gigantischen Entlassungen reagieren würden. Das ist keine sinnvolle Perspektive. Zwar ist es richtig, dass eine administrative Verstaatlichung von Produktionsmitteln in die falsche Richtung zielen würde. Doch die Dringlichkeit wirksamer Maßnahmen gegen die Erderwärmung verleiht der Eigentumsfrage eine ganz besondere Brisanz. Die gesellschaftlich verträgliche Abkehr von den fossilen Energieträgern setzt zwingend die gesellschaftliche Aneignung und Kontrolle der Kohle-, Öl- und Gaskonzerne voraus. Bislang privatkapitalistische Investitionsentscheidungen und Technologiestrategien können eben nur durch eine gesellschaftliche Aneignung der Produktionsmittel öffentlich kontrolliert und beeinflusst werden.

Damit sind wir beim *dritten* Problem: der *Machtfrage*. Brand und Wissen erkennen, dass die »imperiale Lebensweise« wesentlich durch den kapitalistisch-patriarchalen Staat abgesichert wird. Diesen verstehen sie im Sinne von Poulantzas und Hirsch als »materielle Verdichtung« gesellschaftlicher Kräfteverhältnisse. Wie die subalternen Klassen eine gesellschaftliche Gegenmacht entwickeln können, um eine sozialökologische Transformation in Richtung einer solidarischen Lebensweise durchzusetzen, erläutern Brand und Wissen kaum. Die beiden Autoren meinen, dass »tendenziell gesellschaftliche Mitte-unten-Bündnisse« »ein hegemoniefähiges Projekt für eine solidarische Lebensweise« tragen könnten, und hoffen dabei auf »dissidente progressive Eliten«. Sie argumentieren für einen »institutionellen Umbau des Staates«, »allerdings mit der Perspektive einer Überwindung der herrschaftsförmigen Logiken, wie sie im kapitalistisch-patriarchalen Staat institutionalisiert sind« (Brand und Wissen 2017: S. 183, 185; Brand und Schickert 2019: S. 168). Sie sprechen sich also für eine schrittweise Reformierung des Staates aus und sehen keine Notwendigkeit für einen Bruch. Das ist kohärent, wenn sie einen Teil der Eliten für eine solidarische Gesellschaft gewinnen wollen.

Bereits Anfang der 1990er-Jahre begnügte sich Joachim Hirsch unter dem Eindruck des Desasters der staats- und parteibürokratischen Diktaturen mit der Perspektive einer breiten gesellschaftlichen Vetomacht. Er argumentierte, es könne auf mittlere Sicht zunächst nur darum gehen, das Kapital zu einem dauerhaften »sozial verträglichen« Arrangement mit demokratischen gesellschaftlichen Kräften und Bewegungen zu zwingen, und forderte die Schaffung von demokratischen Strukturen, die von Parteien und Staat unabhängig sind (Hirsch 1990: S. 189). Zur gesellschaftlichen Aneignung von Investitionsentscheidungen genügt die Mobilisierung der Zivilgesellschaft nicht. Die Ausweitung der Demokratie in die ökonomische Sphäre ist mit neuen Strukturen der Gegenmacht und Selbstverwaltung verbunden, die eine alternative ökonomische Orientierung konzipieren und auch durchsetzen (siehe Kapitel 9.2). Andere FürsprecherInnen des radikalen Reformismus wie André Brie und Mario Candeias beziehen sich auf ein strategisches Konzept von Rosa Luxemburg aus dem Jahre 1903, das sie »revolutionäre Realpolitik« nannte (Brie 2019; Candeias 2019). Doch im Unterschied zu diesen aktuellen Reformperspektiven verband Luxemburg die erforderlichen Strukturreformen immer mit der Notwendigkeit des revolutionären Bruchs mit dem Staat.

Die *vierte* Unklarheit betrifft die *Subjekte* der Veränderung. Brand und Wissen argumentieren, dass die Perspektive der sozialökologischen Transformation notwendigerweise impliziere, sich mit vielen herrschenden, wirtschaftlichen und politischen Akteuren anzulegen. Sie sehen in progressiven sozialen Bewegungen die zentralen Motoren einer gesellschaftlichen Veränderung. Zu Recht betonen sie, dass auch Wege zu finden sind, um die in die Alltagsroutinen der Menschen eingeschriebenen Verhaltensweisen, die letztlich den hegemonialen Herrschaftsprojekten entsprechen, substanziell zu verändern. Zugleich seien Dissense zwischen den Eliten wichtige Ansatzpunkte für eine Transformation. Explizit hoffen sie, dass »progressive Teile« der Eliten »bündnisfähig werden müssten«. Dieses Bestreben, auch Teile der Eliten (sind damit auch Ausbeutende und Herrschende gemeint?) einzubeziehen, zeigt letztlich, dass die beiden Autoren es den Ausgebeuteten und

Beherrschten nicht zutrauen, sich selbst als wirkungsvolle gesellschaftliche Subjekte zu konstituieren. Die transformativen Akteure seien keineswegs vorab bestimmt, sondern entstünden in Prozessen, Konflikten und Bewegungen. Diese stünden dann vor der Herausforderung, »im Konkreten die strukturellen Veränderungen und Brüche im Blick zu haben« (Brand und Wissen 2017: S. 40). Damit orientieren sich Brand und Wissen an Hirsch, der 1990 aus der Krise der traditionellen ArbeiterInnenbewegung und dem Aufstieg neuer sozialer Bewegungen richtigerweise schloss, dass kein gesellschaftsveränderndes Subjekt naturwüchsig entstehe (Hirsch 1990: S. 145 ff.; 2002: S. 199, 203). Tatsächlich bedarf es einer bewussten »politischen Selbstkonstitution« mit »einer eigenen politisch-sozialen Infrastruktur«, also neuer politischer und gesellschaftlicher Organisationen und Bewegungen, einschließlich neuer Parteien.

Dennoch ist festzuhalten, dass wir in einer Klassengesellschaft leben. Die Klimabewegung – auch im Zusammenschluss mit anderen Bewegungen – wird nicht in der Lage sein, das gesellschaftliche Kräfteverhältnis so zu verändern, dass radikal sozialökologische Strukturreformen durchgesetzt werden können. Nur die Lohnabhängigen in ihrer ganzen Unterschiedlichkeit sind als ProduzentInnen und KonsumentInnen, wenn sie sich als Gemeinschaften der arbeitenden Klasse organisieren, potenziell in der Position, die Investitionen, die Produktion, die Innovationsprozesse und die Transportinfrastruktur sowie die Finanzflüsse zu kontrollieren. An ihren Arbeitsplätzen wären sie kollektiv in der Lage, ihre Arbeitsbedingungen und Arbeitsinhalte zu bestimmen. Allerdings braucht es hierfür in der Tat neue Formen der betrieblichen und gesellschaftlichen Selbstorganisation.

Die in verschiedenen Ländern wie etwa in Frankreich, Italien, USA und Argentinien seit den 1990er-Jahren stattfindenden Prozesse der sozialen Neuzusammensetzung und politischen Neuformierung von Bewegungen der Lohnabhängigen mit neuen Basisgewerkschaften, die Platzbesetzungen der Indignados in Spanien 2011, die Fabrikbesetzungen in der Folge der Wirtschaftskrise 2009 und die Gelbwesten-Bewegung seit 2018 in Frankreich, die demokratische Autonomiebewegung in Katalonien sowie die großen Streiks US-amerikanischer LehrerInnen 2019 lassen hoffen, dass diese politische Selbstkonstitution durchaus in die Entstehung neuer Subjekte der gesellschaftlichen Transformation münden können. Die Selbstformierung eines kollektiven, gesellschaftstransformierenden Subjekts geht mit der Erkämpfung eines umfassenden Bürgerrechts (französisch: *citoyenneté*) einher, das die gleichen individuellen politischen, sozialen, kulturellen und religiösen Rechte für alle in einem bestimmten Territorium lebenden Menschen beinhaltet.

Fünftens sind dem »radikalen Reformismus« und der sozialökologischen Transformation die ökonomischen, politischen und ökologischen Voraussetzungen abhandengekommen. Der ökonomische Spielraum für ein »anderes Gesicht des Kapitalismus« (Hirsch 2002: S. 199) mit einer längeren Phase des sozialen Ausgleichs, der demokratischen Zurückdrängung des Staates und der sozialökologischen Reformen existiert nicht mehr. *Erstens* sind die Produktivitätsgewinne bereits seit mehreren Jahrzehnten nicht mehr so hoch, als dass sie Grundlage für einen sozialen Kompromiss mit steigenden Löhnen oder radikaler Arbeitszeitverkürzung bei gleichzeitigem Erhalt der Profitrate sein könnten. *Zweitens* unterscheidet sich das Kräfteverhältnis, das notwendig wäre, um eine derartige radikale Reformpolitik durchzusetzen, kaum von dem Kräfteverhältnis, das einen revolutionären Prozess der gesellschaftlichen Aneignung der Ressourcen, der Arbeit und ihrer Früchte im Zuge einer ökosozialistischen Umwälzung erlauben würde (Husson 2009; Chesnais 2016). Drittens reicht die ökologische Tragfähigkeit des Planeten nicht für einen sozialen Kompromiss. Die sofortige und drastische Reduktion der Treibhausgasemissionen erfordert einen vollständigen Bruch mit der bisherigen Akkumulationslogik des Kapitals. Die Durchsetzung dieses Bruchs würde die Profitraten komplett einbrechen lassen. Genau das wird das Kapital nicht akzeptieren.

Die Strukturreformen hingegen, die in der Perspektive der gesellschaftlichen Aneignung und einer ökosozialistischen Gesellschaftsveränderung zu erkämpfen sind, folgen einem Verständnis, das nichts mit dem traditionellen und staatsfixierten Reformismus und der klassischen Sozialdemokratie zu tun hat. Sie unterscheiden sich auch von einem radikalen Reformismus im Gewand der sozialökologischen Transformation. Es geht darum, den Bruch zu betonen. Den Bruch mit der Profitlogik, dem Akkumulationszwang, mit dem Patriarchat und mit der damit einhergehenden Ausbeutung der Arbeit und Plünderung der Natur sowie den Bruch mit der staatlichen Verdichtung dieser Produktions- und Herrschaftsweise. Auf dieser Grundlage öffnet die Methode, Strategie und Praxis der gesellschaftlichen Aneignung den politischen Raum, um gesellschaftliche Prozesse einzuleiten, die eine ökosozialistische Alternative ermöglichen. Entscheidend hierbei ist, kreativ und einfallsreich zu handeln, um die Hegemonie im Alltagsbewusstsein der Menschen, vor allem der Lohnabhängigen in ihrer ganzen Vielfalt und Unterschiedlichkeit, also der Klasse der Arbeitenden, zu erlangen. Dazu zählt auch der Einfluss unter Intellektuellen und in der »politischen Öffentlichkeit«. Darauf verwies der italienische Kommunist Antonio Gramsci in seinen Gefängnisheften.

9.6 Die Herausforderung der Planung

Der Rückbau und die Konversion von Industrien erfordern Planung. Nur mit gesellschaftlicher Planung lässt sich dieser umfangreiche Prozess so gestalten, dass er nicht mit großer Arbeitslosigkeit, mit der Marginalisierung großer Teile der Bevölkerung und umfassenden gesellschaftlichen Verwerfungen einhergeht. Auch die Perspektive der gesellschaftlichen Aneignung beziehungsweise der Sozialisierung der strategischen Wirtschaftssektoren macht nur in Verbindung mit demokratischer Planung wirklich Sinn. Denn wenn die sozialisierten Betriebe nicht wie private Unternehmen in Konkurrenz zueinander gestellt werden, muss es einen Allokationsmechanismus geben, der über den Markt hinausweist.

Unter gesellschaftlicher Planung verstehe ich einen offenen Prozess und eine öffentliche Auseinandersetzung über mögliche erwünschte Zustände und die Maßnahmen, die zu treffen sind, um diese Zustände beziehungsweise Ziele zu erreichen. Dieser Prozess erfordert, dass die Beschäftigten und BürgerInnen in demokratisch legitimierten Strukturen alternative Szenarios und Optionen ausarbeiten und in gesellschaftlichen Debatten einander gegenüberstellen. Sie müssen die Prozesse selbst aktiv gestalten und beschließen. Diese alternativen Optionen sind in demokratischen Entscheidungsprozessen zu bestimmen. Hierfür braucht es allerdings auch die geeigneten Institutionen und Spielregeln.

Kapitalistische Unternehmen tätigen keine umfangreichen Investitionen, wenn diese nicht gewinnbringend sind. In vielen Fällen übernimmt der Staat langfristig ausgerichtete Investitionen, die für die gesamte Gesellschaft sinnvoll sind und zugleich die Akkumulationsbedingungen der Unternehmen erhalten oder verbessern. Investitionen, die dies nicht leisten, werden kaum getätigt – es sei denn, soziale Bewegungen können den hierfür erforderlichen Druck erzeugen. Das ist besonders offensichtlich bei den dringend erforderlichen Umbaumaßnahmen zur Begrenzung der Klimaerwärmung, betrifft allerdings auch andere Bereiche: von der Bildung über die Gesundheitsvorsorge, gesunde Ernährung, Wohnumfeldverbesserungen bis hin zu großen ökologischen Reparaturmaßnahmen.

Die kapitalistische Konkurrenz und das unternehmerische Streben nach überdurchschnittlichem Profit machen es unmöglich, den Einsatz von Ressourcen gesamtgesellschaftlich so zu planen, dass sie auch künftigen Generation zur Verfügung stehen. Auch langfristige Investitionen in Materialien und Techniken, die zwar nützlich sind, aber auf keine kaufkräftige Nachfrage stoßen, werden höchst beschränkt getätigt. Das zeigt sich beispielsweise bei den mangelnden Forschungsausgaben für Medikamente gegen Krankheiten, die in armen Regionen verbreitet sind. Die Reduktion oder gar der Stopp der Extraktion fossiler Energieträger liegt nicht im Interesse des Kapitals. Eine gesamtgesellschaftlich geplante Reduktion des Energieverbrauchs liegt fast außerhalb des Vorstellungsvermögens, was nicht ausschließt, dass einzelne Unternehmen durchaus den Energieverbrauch senken wollen, wenn sie damit Kosten einsparen.

Demokratie und Planung

Zumindest auf der Unternehmens- und Konzernebene zeigen große Firmen durchaus Elemente einer sinnvollen Planung. Die großen Konzerne wenden Planungsmethoden an, um angesichts des beschleunigten technologischen Wandels die Amortisation des fixen Kapitals und die Akkumulation neuen fixen Kapitals im Voraus planen zu können (Mandel 1971b). Im Zuge der zugespitzten oligopolistischen Rivalität versuchen transnationale Konzerne, Zentralisierung und Dezentralisierung von Entscheidungsabläufen, Mittelbeschaffung, Ressourcenzuteilung und Outputplanung in einem transnationalen Kontext zu vereinen. Transnationale Projektteams, die sich regelmäßig treffen, organisieren Forschungs- und Innovationsprozesse auf transnationaler Ebene (Zeller 2002).

Transnationale Konzerne planen und steuern mit ausgefeilten Methoden und Programmen internationale Wertschöpfungsketten. Die Umsätze der größten Konzerne der Welt übertreffen das Bruttoinlandsprodukt auch mittelgroßer Länder. Doch die Reichweite der Planung geht über die Firmengrenzen hinaus und umfasst die Zulieferfirmen und wiederum deren Zulieferer, also ganze Pyramiden hierarchisch organisierter Produktionssysteme mit vielen beteiligten Unternehmen. Diese Planungssysteme können Hunderttausende von Beschäftigten und Hunderte von Millionen NachfragerInnen umfassen. Planung wird also auch bei sehr großen Einheiten erfolgreich praktiziert.

Die Unternehmenssteuerung erfolgt mithilfe von *Enterprise-Resource-Planning-*(ERP-)Softwarepaketen. Die umfangreichen, detaillierten und verknüpften Teilprogramme umfassen die Materialbedarfsplanung, Materialbeschaffung und Materialwirtschaft (einschließlich der fixen Betriebsmittel), den eigentlichen Produktionsprozess (samt Personalüberwachung), die Steuerung der Lieferanten (bis zu deren Produktionsplanung), die Finanzplanung sowie Forschung und Entwicklung. Bereits in den 1970er-Jahren begannen Unternehmen, Produktionsplanungs- und Steuerungssysteme (PPS-Programme) anzuwenden, um die für die Herstellung ihrer Erzeugnisse und Komponenten erforderlichen Materialien zur richtigen Zeit am richtigen Ort und in der richtigen Menge zu planen. Derartige Programme sind nun Bestandteile der umfassenderen ERP-Systeme, die auch das Personal und finanzielle Ressourcen integrieren. Die heutigen *Supply-Chain-Management-*Systeme umfassen auch die Produktionsplanung der Zulieferfirmen. Das *Customer Relationship Management* (CRM) ist eine Methode, um die Interaktion eines

Unternehmens mit den gegenwärtigen und potenziellen Kunden zu verwalten und planen (vgl. Schäfer 2010, 2019).

Unter Einsatz moderner Informations- und Kommunikationstechnologien wäre es zweifellos auch möglich, ganze Industriesektoren und Volkswirtschaften auf transnationaler Ebene zu planen. Warum sollte es also nicht möglich sein, dass demokratisch legitimierte Planungskommissionen unterschiedliche Optionen ausarbeiten und die Bevölkerung demokratisch per Abstimmungen unter diesen Optionen auswählen kann? Die Hindernisse sind nicht technischer, sondern politischer Natur. Denn um das zu ermöglichen, gilt es, zuvor die herrschende Klasse der KapitaleignerInnen zu entmachten und die Produktionsmittel in das Eigentum der Gesellschaft zu überführen. Allerdings besteht die Herausforderung, demokratische Erarbeitungs- und Entscheidungsprozesse in Unternehmen, Produktions- und Innovationssystemen über die heutigen Staatsgrenzen hinweg auf ganz unterschiedlichen Maßstabsebenen zu entwickeln.

Ganz im Gegensatz zur ideologischen Propaganda ist Planung also auch in kapitalistischen Gesellschaften ein wichtiges Instrument zur Allokation von Ressourcen. Allerdings pervertieren die Konzerne diese Planungsprozesse und unterwerfen sie ihrem Streben nach Profitmaximierung. Dazu gehört auch, dass die Einbeziehung der Beschäftigten in solche Planungsprozesse vor allem dazu dient, sich ihrer Erfahrungen, ihres Wissens und ihrer Kreativität zu bemächtigen. Angeblich partizipative Managementkonzepte betreiben letztlich auf einer ausgeklügelteren Ebene die Entfremdung der Beschäftigten von ihren Produkten, Arbeitsgeräten und Verfahren. Die Lohnabhängigen können weder ihren Platz im Arbeitsprozess noch die Organisation und Zielsetzung dieses Prozesses in irgendeiner Form bestimmen.

Die Herrschaft des Kapitals hat zudem zahlreiche Planungs- und Steuerungsmechanismen auf der Makroebene etabliert – vor allem im Rahmen von Kriegswirtschaft, von keynesianischen Instrumenten der Makrosteuerung sowie von Industrie- und Technologiepolitik (Devine 1988: S. 29–54). So richtete sich die deutsche Automobilindustrie vor Beginn des Zweiten Weltkriegs 1939 in kurzer Zeit auf Rüstungsproduktion (einschließlich Flugzeugmotoren, Panzern und Militärlastwagen) aus. Die beiden Konzerne Daimler-Benz und BMW bestritten während des Krieges zwei Drittel der Flugzeugmotorenproduktion Deutschlands (Wolf 2007: S. 146). Auch die bereits wesentlich stärkere und produktivere Automobilindustrie in den USA richtete sich 1942 in kürzester Zeit auf Militärflugzeuge, Panzer und Militärfahrzeuge aus und stoppte die Auslieferung ziviler Fahrzeuge von Februar 1942 bis Oktober 1945 komplett (Flink 1988: S. 275 f.; Heitmann 2018: S. 122 ff.). Erinnern wir uns daran, dass die US-Regierung zwischen 1940 und 1944 einen Notfallplan durchsetzte. Sie ließ die militärische Produktion von 4 Prozent auf 40 Prozent des BIP ansteigen und führte alle Arten von

Beschränkungen ein. So erhöhte sie den Spitzensteuersatz auf über 94 Prozent.[16] Sie tat dies, um das deutsche Nazireich und Japan zu besiegen und die globale Vorherrschaft der multinationalen US-Unternehmen zu sichern. Sogar kapitalistische Regierung sind also zu konsequenten Maßnahmen fähig, wenn sie das nur wollen beziehungsweise wenn der Druck auf sie genügend groß ist.

Diese Beispiele zeigen, dass betriebswirtschaftliche Kommandoplanung auch in kapitalistischen Unternehmen normal ist und sogar volkswirtschaftliche autoritäre Planung unter spezifischen Bedingungen und Kräfteverhältnissen möglich ist. Allerdings kann diese Planung auch perversen Zwecken dienen. Die kreative Herausforderung besteht nun darin herauszufinden, wie Praktiken neuer Formen der ArbeiterInnenkontrolle und der gesellschaftlichen Aneignung Hinweise für demokratische und sozialisierte Formen der Planung bei den gegenwärtig im Kapitalismus angewandten Planungsmethoden finden und diese im Sinne der Gesellschaft weiterentwickeln können. Mithilfe demokratischer Planung wäre es möglich, in den uns verbleibenden zwei Jahrzehnten die erforderliche Dekarbonisierung der Gesellschaft auf gerechte Weise durchzuführen.

In der kapitalistischen Produktionsweise unter den Bedingungen der Konkurrenz erfolgt die Allokation der Ressourcen *ex post* über den Markt. Erst auf dem Markt zeigt sich, ob der Kapitaleigner das vorgeschossene Kapital für Arbeit und Produktionsmittel mit dem Verkauf der Ware wieder einfahren und den zuvor durch die Lohnabhängigen erarbeiteten Mehrwert realisieren kann. Ist das nur teilweise oder nicht der Fall, erfolgt nachträglich über den Markt eine Korrektur. Im Gegensatz dazu allokiert der Plan die Ressourcen *ex ante* gemäß zuvor definierten Kriterien und Zielen. Allerdings steht die Planung vor der Herausforderung, eine enorme Fülle unterschiedlichster Informationen und Wissensbestände zu koordinieren.

Die Erfahrungen der bürokratischen Kommandowirtschaften, die 1989/90 zusammenbrachen, haben die zentrale volkswirtschaftliche Planung grundlegend diskreditiert. Auch die dezentralen Formen der betriebswirtschaftlichen Selbstverwaltung mit einer relativen Autonomie der Unternehmen in Jugoslawien boten keine emanzipatorische Perspektive, denn sie ließen es zu, dass die Unternehmen gegeneinander konkurrierten und eine privilegierte Unternehmensbürokratie das Kommando an sich reißen konnte. Droht jede Form volkswirtschaftlicher Planung

---

16 Die US-Regierung erhöhte »als Reaktion auf die Weltwirtschaftskrise« den »Satz 1932 erst auf 63 Prozent und dann im Zuge des Zweiten Weltkrieges kontinuierlich auf seinen Höchstsatz von 94 Prozent für Einkommen über 200.000 US-Dollar«. »Der Spitzensteuersatz blieb bis 1964 über 90 Prozent, wurde dann aber auf 70 Prozent gesenkt.« Das sind aus heutiger Sicht erstaunliche Steuersätze im wichtigsten kapitalistischen Zentrumsland; Wikipedia: https://de.wikipedia.org/wiki/Einkommensteuer_(Vereinigte_Staaten).

und Koordination jenseits des Marktes unweigerlich einen gigantischen, bürokratischen Apparat zu verursachen? Die kapitalistischen Konzerne einerseits und die Geschichte der sozialen Bewegungen andererseits liefern Anhaltspunkte dafür, dass auch demokratische und ressourcensparende Formen der Planung entwickelt werden können.

Als Antwort auf das Scheitern der diktatorischen Staatskommandowirtschaften und auf die Widersprüche der Modelle des Marktsozialismus schlägt Pat Devine ein Modell partizipatorischer Planung durch ausgehandelte Koordination vor (Devine 1992). Er entwirft eine institutionelle Architektur, die eine sich selbst regierende Gesellschaft ermöglichen soll. Das ist eine Gesellschaft, in der die frei assoziierten BürgerInnen – nicht nur die ProduzentInnen – über die Verwendung des produktiven Potenzials der Gesellschaft entscheiden (Devine 2002: S. 72 f.).

In einer sich selbst regierenden Gesellschaft beteiligen sich alle von einer Aktivität betroffenen BürgerInnen an dem Entscheidungsprozess, der im Zusammenhang mit dieser Aktivität steht, und zwar im Verhältnis zu ihrer Betroffenheit. Die Menschen partizipieren durch eine Vielzahl von sich selbst verwaltenden und repräsentierenden Körperschaften und möglichst dezentralen Entscheidungsprozessen. Lokale, regionale, nationale sowie trans- und internationale Räte, die in einem Kontext von Parteienpluralismus gewählt werden, üben die politische Macht aus. Politische Parteien, Gewerkschaften und Verbände bringen auf ihre jeweils spezifische Weise unterschiedliche gesellschaftliche Kräfte und politische Richtungen in den demokratischen Rätestrukturen zum Ausdruck. Die wirtschaftlichen Aktivitäten werden von Produktionseinheiten durchgeführt, deren Aufsichtsräte sich wiederum aus VertreterInnen all derjenigen zusammensetzen, die durch die Aktivität betroffen sind. Die Betriebe selbst funktionieren als von den Beschäftigten selbst verwaltete Produktionseinheiten (Devine 1988: S. 189 ff.).

Devine argumentiert, dass sich jede Diskussion über eine sozialistische Organisation der Wirtschaft mit der Beschaffenheit von Wissen auseinandersetzen muss. Es geht nicht nur darum, dass Wissen je nach Raum und Zeit spezifisch verfügbar ist, wie das Hayek (1945) bereits gegen die Planung angeführt hatte, sondern darum, dass es sich dabei zu einem beträchtlichen Teil um stilles Wissen *(tacit knowledge)* handelt, das nicht kodifiziert ist und kaum transferiert werden kann. Dieses Wissen ist an spezifische Arbeitskontexte und ihre TeilnehmerInnen gebunden und wird auch nur von diesen weiterentwickelt. Aber genau dieser Sachverhalt unterstützt das Argument für gesellschaftliches Eigentum (Devine 2002: S. 74 f.).

Die Zusammensetzung der gesellschaftlichen Eigentümer verändert sich je nach Bereich und Reichweite der Aktivität oder involvierten Entscheidung. Im Sinne des Subsidiaritätsprinzips sollen gesellschaftliches Eigentum und Entscheidungen, wenn sinnvoll, auf lokaler und dezentraler Ebene definiert werden. Es geht darum, die Menschen auf jener Ebene einzubeziehen, die von einer bestimmten wirtschaftlichen Aktivität oder Produktionsstätte am stärksten betroffen sind. Demnach würden Prozesse der ausgehandelten Koordination und Planung auf allen Maßstabsebenen von der lokalen bis zur globalen, je nach Eigenschaften und Erfordernissen einer bestimmten Aktivität, stattfinden (Devine 2002: S. 75).

Die partizipative Planung ist eingewoben in ein politisches und ökonomisches System, das direkte und repräsentative Demokratie miteinander kombiniert. Im Rahmen der politischen Auseinandersetzungen entscheiden die BürgerInnen, gestützt auf alternative Makropläne, über die Prioritäten für die nächste Planungsperiode. Diese umfassen das Verhältnis zwischen gesellschaftlichen und wirtschaftlichen Investitionen sowie zwischen gesellschaftlichem und individuellem Konsum, wichtige strukturelle Entwicklungen in der kulturellen, städtischen, Verkehrs- und Umweltinfrastruktur, die geografische Verteilung wirtschaftlicher Aktivitäten und die Prioritäten in Forschung und Entwicklung.

Die Betriebe sind im gesellschaftlichen Eigentum jener, die von ihren Aktivitäten betroffen sind. Zu den Eigentümern würden also die Beschäftigten des Betriebs, andere Betriebe in derselben Produktionslinie, wichtige Zulieferer und Nutzer, die lokalen Gemeinden und Regionen, in denen sich das Unternehmen befindet, sowie weitere Interessengruppen zählen. Diese gesellschaftlichen Eigentümer wären in der Leitung des Unternehmens vertreten, würden über die strategische Orientierung des Unternehmens entscheiden und die Aktivitäten der sich selbst verwaltenden Beschäftigten überwachen. Verglichen mit Unternehmen, die allein in der Hand der Beschäftigten sind, besteht der Vorteil dieser Form gesellschaftlichen Eigentums darin, dass das stille Wissen aller betroffenen Gruppen in den Verlauf der Verhandlungen integriert werden kann (Devine 2002: S. 77 f.).

Devines Modell ist eine interessante Antwort auf die Beschränktheit und mangelnde Flexibilität bisheriger zentraler Kommandowirtschaften. Die koordinierte Aushandlung und partizipative Planung weist zugleich auch weit über die Modelle des Marktsozialismus hinaus. Denn nicht über den Markt und ein chaotisches *ex post* sollen die Entscheidungen über Produktionsmittel koordiniert werden, sondern über partizipative Aushandlungsprozesse, die eine bewusste planmäßige Zuweisung der Ressourcen *ex ante* erlauben.

Das Modell erlaubt die Durchführung solcher Planungsprozesse auch in vertikal desintegrierten Industrien mit räumlich sehr spezifisch lokalisierten Produktions- und Innovationssystemen. Das Modell ist also durchaus sensibel für räumlich komplex organisierte Wertschöpfungsketten und ein interessanter Beitrag zur gesellschaftlichen Planung in unterschiedlichen maßstäblichen Konfigurationen. Allerdings könnte die Fragmentierung öffentlichen Eigentums zu Koordinationsproblemen führen.

Partizipative Planung und Institutionen

Was heißt Sozialisierung der Produktionsmittel? Wer sollen die kollektiven Eigentümer sein? Der Staat (national, regional) oder Kommunen (lokal)? Die Lohnabhängigen eines Betriebs ähnlich wie bei einer Genossenschaft? Welche neuen Formen kollektiven Eigentums könnten ins Auge gefasst und durchgesetzt werden? In welchem Verhältnis stehen Eigentum und Entscheidungsbefugnisse zueinander?

Je nach Sachlage, konkreten Bedingungen und sozialen Kräften sind die Erstellung von Dienstleistungen und die Produktion von Gütern öffentlichen Interesses auf regionaler, nationaler, übernationaler, kontinentaler oder gar globaler Ebene zu organisieren. Die Organisation des öffentlichen Verkehrs und der Eisenbahn liefert ein Beispiel für einige Schlüsselfragen, die sich auch in vielen anderen Industrie- und Dienstleistungssektoren stellen: Der öffentliche Personennahverkehr ist in den meisten Fällen regional abzustützen und zu organisieren. Der Verkehr zwischen den urbanen Zentren Europas muss jedoch national und europäisch organisiert werden. Infrastruktur und Transportmittel können den Staaten, Regionen, Städten oder einer Vereinigung derselben gehören. Die Organisation des Angebots wird von Selbstverwaltungsstrukturen der Beschäftigten, Fahrgastverbänden und gewählten politischen Instanzen angeleitet und beaufsichtigt. Im Zuge einer demokratischen Diskussion wird ermittelt, welche Bedürfnisse vorliegen, welche prioritär bedient und welche Ressourcen zur Leistungserstellung eingesetzt werden.

Das Beispiel zeigt, dass das öffentliche Eigentum in anderen Maßstäben organisiert werden kann als die unmittelbare Organisation der Angebote und Dienste (vgl. Cumbers 2012: S. 145 ff.). Es ist auch denkbar, gesellschaftliches Eigentum von Delegierten betroffener Bevölkerungsteile verwalten zu lassen, die sich allerdings an öffentlich und demokratisch beschlossene Konzessionen halten müssen (vergleiche auch Kapitel 5.3). Öffentliches Eigentum muss keineswegs gleichbedeutend mit Nationalisierung sein, vielmehr sind alle Formen zwischen Kooperativen, Munizipaleigentum und einer neuen öffentlichen Eigentumsform auf europäischer Ebene denkbar. Ein Zurück zur nationalen Perspektive ist ausgeschlossen. Eine europäische oder gar globale Perspektive ist nicht die Addition der nationalen Projekte, sondern eine eigentliche transnationale Synthese eines emanzipatorischen Projekts.

Das Konzept einer rein betrieblichen Selbstverwaltung ist zu beschränkt, denn die gesellschaftliche Kontrolle der Produktion, auch der Dienstleitungsproduktion, kann nicht nur durch die Beschäftigten eines Unternehmens erfolgen. Jenseits der betrieblichen Interessen, die die Beschäftigten eines Unternehmens in der Regel primär verfolgen, ist eine ganze Reihe weiterer Erwägungen und Kompetenzen zu berücksichtigen. So sind die KonsumentInnen und EinwohnerInnen eines Territoriums in die Aufgaben der gesellschaftlichen Kontrolle einzubeziehen. Strategische

Orientierungen eines großen Betriebs oder einer ganzen Industrie sind durch politische Instanzen zu diskutieren und zu bestimmen. Dabei muss insbesondere der Gefahr der Persistenz alter oder der Entstehung neuer Technokratien und Bürokratien vorgebeugt werden. Das zentrale Problem ist zweifellos die Zugänglichkeit zu Informationen, Kompetenzen und zu stillem Wissen *(tacit knowledge)*. Wie kann die bestmögliche Information der beteiligten sozialen Kräfte, Organisationen und Individuen gewährleistet werden? Wie können Lernprozesse begünstigt sowie der Umgang mit Unsicherheit und sich rasch verändernden Entscheidungsbedingungen verbessert werden?

Planung ist zunächst politisch. Die Ausarbeitung von Plänen auf unterschiedlichen Maßstabsebenen entspringt einem doppelten Prozess: *erstens* der Debatte der BürgerInnen über die grundsätzlichen ökonomischen Orientierungen und Ressourcenzuteilungen; *zweitens* der Debatte der ProduzentInnen, die darüber befinden, wie die großen Entscheidungen umzusetzen sind. Die betrieblichen und territorialen Strukturen der demokratischen Selbstverwaltung sind zu verknüpfen mit den bestehenden Formen parlamentarischer Demokratie sowie mit Abstimmungen auf unterschiedlichen Maßstabsebenen. In diesem Sinne ist auch darüber nachzudenken, wie die Bevölkerung Europas demokratisch über Schlüsselfragen der Ressourcenverwendung entscheiden kann.

Ungelöst ist die Frage, wie sich die Erfordernisse und Logiken der zentralen nationalen und transnationalen Planung mit den Planungen in kleineren oder sogar größeren Räumen und in einzelnen Industriesektoren verknüpfen und harmonisieren lassen, ohne einen überdimensionierten bürokratischen Apparat zu schaffen. Die Einrichtung einer gewählten öffentlichen Instanz für Wirtschaftsregulierung und ökologischen Umbau könnte dazu dienen, einerseits die Bedürfnisermittlung zu leiten und andererseits die Grundzüge der Ressourcenzuteilung unter Berücksichtigung der ökologischen Beschränkungen zu beschließen. Diese Versammlung für Wirtschaftsregulierung könnte während einer Übergangszeit beispielsweise auch die Grundzüge des in Kapitel 5.3 erwähnten Konzessionswesens gestalten und dieses den jeweiligen Bedingungen anpassen.

Freiheit, Demokratie und Planung sind in einer revolutionären ökosozialistischen Perspektive keine Antithese, sondern bedingen sich gegenseitig. Eine demokratische Planung, getragen und praktiziert von den Mitgliedern der arbeitenden Gemeinschaften, bedeutet »Freiheit, sich von dem äußeren Zwang der ökonomischen Gesetze der Warenproduktion zu befreien« (Mandel 1970: S. 2). Die planenden AkteurInnen verknüpfen die persönliche Freiheit der Selbstbestimmung und Selbstverwirklichung mit der Orientierung des kollektiven Wirtschaftslebens, um bestimmte Ziele zu erreichen. Diese Ziele orientieren sich an einem vernünftigen, nachhaltigen und gerechten Stoffwechsel mit der Natur.

10 Kluft überwinden — erfinden, herausfordern und organisieren

Gegenwärtig besteht eine riesige Kluft zwischen dem, was getan werden müsste, um die Treibhausgasemissionen sofort massiv zu reduzieren, und dem Bewusstsein großer Teile der Bevölkerung. Da die erforderlichen Maßnahmen in Widerspruch zur kapitalistischen Logik der Konkurrenz und des Profits geraten, lässt sich diese Kluft nur überwinden, wenn es gelingt, die Einsicht in die Notwendigkeit eines Bruchs mit ebendiesen Fundamenten der kapitalistischen Gesellschaft in der breiten Bevölkerung zu verankern. Dies ist das zentrale strategische Problem, das es zu lösen gilt. Wer die kapitalistische Produktionsweise mit ihrem Raubbau an Mensch und Natur überwinden will, steht täglich vor einem gewichtigen Einwand: »Du hast wahrscheinlich recht, aber was du vorschlägst, ist nicht machbar, ist unrealistisch, wir brauchen konkrete und machbare Lösungen.« Sollen wir uns also besser auf kleine machbare Schritte konzentrieren?

10.1 Eine neue Phase einleiten!

Der IPCC setzt auf eine »voll funktionsfähige Marktwirtschaft« und die »wettbewerbsfähigen Marktmechanismen« (IPCC 2014: S. 422). Mit dieser ideologischen Verengung beraubt er sich selbst jeder Möglichkeit, den Herausforderungen der Klimaerwärmung auf den Grund zu gehen. Die zentrale Herausforderung ist nicht technischer, sondern gesellschaftlicher und damit politischer Art. Die Positionen, welche die Illusion wecken, dass die durchschnittliche Erwärmung auf 1,5 Grad Celsius begrenzt werden könne (Szenario P1 im IPCC-Bericht vom Oktober 2018), indem man die Herrschenden überzeugt, sind unrealistisch. Ein Blick auf die Entwicklung der Emissionen und die politischen Maßnahmen in den letzten Jahren zeigt, dass keine Regierung wirklich verantwortungsvoll gehandelt hat. Nichts deutet darauf hin, dass sich das bald ändern wird.

Die sogenannte Realpolitik, die kleine »realistische« Schritte vorschlägt, ist eine komplette Illusion. Auch das Vertrauen in eine ferne technische Lösung ist nicht mehr als eine Selbsttäuschung. Die Staaten sind strukturell mit den Kapitalinteressen verwoben, und die Regierungen vertreten weitgehend die Interessen der großen Konzerne in ihren Ländern. Die Herrschenden sehen keine Möglichkeit, sich den Zwängen der Kapitalakkumulation zu entziehen. Sie widersetzen sich konsequent jeder Politik, die ihre Wettbewerbsposition schmälern könnte. Das demonstrierte gerade die Europäische Kommission mit dem von ihr vorgestellten europäischen Grünen Deal (European Commission 2019).

Die notwendige Alternative kann nicht von oben verordnet werden. Sie erfordert eine starke gesellschaftliche Mobilisierung der lohnabhängigen Bevölkerung für einen Umbau der industriellen Produktion und – damit direkt verbunden – für sinnvolle Arbeit, für den Ersatz des Automobilverkehrs durch nicht motorisierten und öffentlichen Verkehr und für den Ausbau der gesellschaftlichen Infrastruktur. Ökosozialistische Politik heißt Verantwortung übernehmen im persönlichen Umfeld und in der Gesellschaft. Wir brauchen eine globale Revolution für Selbstverwaltung, um die Gesellschafts- und Umweltkrisen demokratisch gemeinsam auf allen Ebenen zu lösen. Nur die Ausgebeuteten, Unterdrückten und Jungen können die notwendigen Maßnahmen durchsetzen.

ÖkosozialistInnen sprechen sich selbstverständlich für Reformen aus. Kleine Schritte sind positiv, wenn sie die sozialen Bewegungen stärken, und sie ermutigen voranzuschreiten. Allerdings ist es illusorisch, die kapitalistische Produktionsweise mit einer Strategie der kleinen Schritte zu überwinden. Dafür gibt es mehrere Gründe. Eine Strategie des schrittweisen sozialökologischen Übergangs steht in krassem Widerspruch zur Dringlichkeit radikaler Maßnahmen zum Umbau der Produktion, des Transports und der gesellschaftlichen Infrastruktur. Die Versprechungen neuer, noch unausgereifter Technologien stehen im Widerspruch zur Tragweite der Herausforderung. Was sollen wir also tun, welche Perspektive sollen wir einnehmen, welche Strategie sollen wir vorschlagen, um die große Lücke zwischen lächerlichem Minimalismus und abstraktem und letztlich ohnmächtigem Maximalismus zu schließen?

Wir können die Erderwärmung entscheidend bremsen, um den Planeten für alle Menschen lebenswert zu halten. Dafür müssen wir soziale Gerechtigkeit durchsetzen. Hierfür braucht es nur politischen Willen und das entsprechende Kräfteverhältnis, um ein radikales sozialökologisches Reformprogramm einzuleiten. Die Klimaerwärmung zwingt die Gesellschaften dazu, die Produktion, Zirkulation und Reproduktion und damit den gesellschaftlichen Stoffwechsel mit der Natur in kurzer Zeit komplett neu zu organisieren. Dieser Umbau ist sofort zu beginnen. Viele kleine lokale und sektorale Schritte sind sinnvoll. Zugleich sind diese Schritte mit einem Programm umfassender sozialökologischer Strukturreformen zu verbinden. Diese lassen sich jedoch nur durchsetzen, wenn wir mit dem Zwang zu Kapitalakkumulation und profitabler Verwertung von Kapital brechen. Dieser Bruch eröffnet die Chance und ist zugleich die Voraussetzung, um einen ökosozialistischen Umbruch der Gesellschaft einzuleiten. Der Einstieg in eine grundlegende ökosozialistische Veränderung der Gesellschaft ist zwingend, um die gigantische Herausforderung der Erderhitzung weltweit in den Griff zu kriegen. Wir stehen vor der weltumspannenden Wahl: Setzen wir eine ökosozialistische Veränderung der Gesellschaft durch, oder akzeptieren wir die Vervielfachung von barbarischen Gesellschaftszuständen, die mit den heranziehenden Klimakatastrophen bereits verbunden sind und sich ausweiten werden? Die von Rosa Luxemburg (1916) unter dem Eindruck des Ersten Weltkriegs formulierte Alternative »Sozialismus oder Barbarei« hat eine neue Qualität und globale Dringlichkeit erlangt.

10.2 Sich in sozialen Bewegungen organisieren und eine plurale Bewegung der Lohnabhängigen entwickeln

Die in diesem Buch zur Diskussion gestellten Vorschläge für eine ökosozialistische Strategie der gesellschaftlichen Aneignung stoßen auf ein entscheidendes Problem. Wer setzt diese alternative Perspektive um?

In der Tat lehrt uns die Entwicklung der kapitalistischen Gesellschaft, dass sich Kräfteverhältnisse dann verändern, wenn sich gesellschaftliche Kräfte in Bewegung setzen. Nun stellt sich die Frage, ob erstarkende und konvergierende soziale Bewegungen bereits in der Lage sind, die erforderlichen Maßnahmen durchzusetzen, um die Erderwärmung substanziell abzubremsen. Soziale Bewegungen vermochten wiederholt wichtige gesellschaftliche Veränderungen durchzusetzen und die Haltung breiter Teile der Gesellschaften zu bestimmten Fragen wirksam und nachhaltig zu verändern. Die markantesten Beispiele sind die Frauenbewegung in den 1970er- und 1980er-Jahren und die gegenwärtige neue Welle der Frauenbewegung, die ihren Forderungen in breit abgestützten Frauenstreiks Nachdruck verleiht. Die Anti-AKW-Bewegung bewirkte in zahlreichen Ländern den Stopp der Ausbauprogramme und in Deutschland mittelfristig sogar den Ausstieg aus der Atomenergie. Die ArbeiterInnenbewegung hat viele Errungenschaften durchgesetzt: Wahlrecht für Frauen, Achtstundentag, gewerkschaftliche Rechte, Kollektivverträge, Lohnsteigerungen, bessere Arbeitsbedingungen usw. Die Bewegungen mussten oftmals sogar mit juristisch illegalen, gesellschaftlich aber komplett legitimen Mitteln ihre Forderungen erkämpfen.

Die Herausforderungen des erforderlichen Gesellschaftsumbaus sind aber so groß, dass auch ein Zusammenschluss der Klimabewegung mit anderen sozialen Bewegungen zwar auf die breite Meinungsbildung in der Gesellschaft einwirken kann, aber noch immer nicht die Konzerne, vor allem jene der fossilen Energieträger, zu einer grundlegend ökologischen Ausrichtung zwingen kann. Das wird erst möglich, wenn die Klimabewegung direkt die Produktion blockieren und beeinflussen kann. Hierfür braucht es die kollektive Aktion der Beschäftigten in den Betrieben. Die Beschäftigten der umzubauenden Industrien können durch die gemeinsame Bestreikung der Produktion einen entscheidenden Beitrag leisten, die Konzernleitungen zum Einlenken zu bewegen. Eigentlich ist jeder Streik eine grundlegende politische Aktion und baut bereits eine Gegenmacht zur Macht des Managements, der Unternehmensverbände und unter Umständen sogar des Staates auf. Jeder Streik unterminiert auch die Ideologie von der Unumstößlichkeit der Kapitalmacht.

Nun sind in Europa die ArbeiterInnenbewegung und die Gewerkschaften seit Jahrzehnten geschwächt. In einigen Ländern mussten sie seit den 1980er-Jahren umfassende Niederlagen einstecken. Fast überall haben sie sich der Sozialpartnerschaft untergeordnet und auf eine eigenständige und widerständige Organisierung der Beschäftigten verzichtet. Die Gewerkschaftsführungen und -apparate haben sich zu Bürokratien verfestigt, die primär ihre eigenen Interessen verfolgen. Sie beziehen ihre Mitgliederbasis nur so weit in das Organisationsleben ein, wie sie damit ihre eigene Position an der Spitze der Gewerkschaften und ihre materiellen Grundlagen festigen können.

Die Integration der Sozialdemokratie und die historische Degenerierung der kommunistischen Parteien haben wesentlich dazu beigetragen, dass es kaum mehr Ansätze einer eigenständigen politischen Organisierung von Lohnabhängigen gibt, um als unabhängige Akteure für ihre Interessen als soziale Klasse einzustehen. Erschwerend kommt dazu, dass die ökologischen Herausforderungen von der traditionellen ArbeiterInnenbewegung systematisch negiert wurden. Sie wollte nicht erkennen, dass der Mensch Teil der Natur ist. Damit war sie auch nicht in der Lage, die Ausbeutung des Menschen und die Plünderung der Natur als eng miteinander verschlungenen Prozess der kapitalistischen Produktionsweise zu erfassen.

Zugleich haben sich mehr als 30 Jahre neoliberale Hegemonie längst tief im Bewusstsein der Menschen eingegraben. Der Neoliberalismus wurde gewissermaßen eine objektive Gegebenheit, die weiter reicht als die gerade dominierende Tagespolitik, also unser aller Handeln (teilweise) strukturiert. Das bereits lange diskutierte Phänomen der Individualisierung erschwert gemeinschaftliche Erfahrungen, beispielsweise bei der Organisierung von Aktivitäten am Wohnungs- oder Arbeitsort, und damit auch die Entwicklung solidarischer Verbindungen. Nur mit beständigen kollektiven Lernprozessen durch gemeinsames Handeln werden die Menschen sich wieder als gesellschaftliche Subjekte mit ihren Klasseninteressen verstehen.

Das historische Scheitern der klassischen ArbeiterInnenbewegung und die Wirkungen der neoliberalen Umgestaltung der Gesellschaft haben diese Individualisierung begünstigt. Viele Menschen sehen in individuellen Schritten wie etwa dem Abschluss von Versicherungen oder dem Konsum biologischer Lebensmittel ein wirksames Mittel, um die eigene Lage oder gar die gesellschaftliche Situation zu verbessern. Das sind Phänomene, die darauf hindeuten, dass die Lohnabhängigen sich nicht als Angehörige einer sozialen Klasse empfinden – einerseits aufgrund ihrer als vielfältig unterschiedlich wahrgenommenen Lebensbedingungen und andererseits aufgrund des Mangels an jeglichen Erfahrungen kollektiver Aktivität

Der Kampf für sozialökologische Strukturreformen und die Dekarbonisierung der Gesellschaft ist mit der Konstituierung einer neuen, pluralen Bewegung der Lohnabhängigen zu verbinden. Dieser Prozess der Neuzusammensetzung und Neuformierung einer Bewegung als organisierte Gemeinschaft der arbeitenden Klassen kann nur gelingen, wenn sich gewerkschaftliche Neuansätze und Impulse aus der Frauenbewegung, der Umweltbewegung und anderen sozialen Bewegungen gegenseitig befruchten. Das setzt voraus, dass die Gewerkschaften sich ebenfalls als soziale Bewegungen verstehen und den Lohnabhängigen in sämtlichen Belangen – von den Arbeitsbedingungen über die Sozialversicherungen, die Gesundheit bis hin zu den Wohnbedingungen und der Qualität der Betreuungseinrichtung für die Kinder – unterstützend beistehen.

Die Neuformierung einer pluralen und vielgesichtigen Bewegung der lohnabhängigen Bevölkerung gegen die Plünderung der Natur und Ausbeutung der Arbeit vollzieht sich auf unterschiedlichen Maßstabsebenen. Der Kampf eines lokalen Bündnisses für einen lebenswerten autofreien Stadtteil und für kostenlose Kinderbetreuungseinrichtungen gehört ebenso dazu wie gewerkschaftlicher Widerstand gegen Arbeitshetze und aufgezwungene »Flexibilisierung« der Arbeitszeit. Eine landesweite Streikbewegung für ein gutes umlagefinanziertes Rentensystem ist gleichermaßen wichtig wie der europaweite und internationale Widerstand gegen Freihandelsabkommen. Die erforderlichen ökologischen Umbaumaßnahmen der Produktion, des Transports und der für die Reproduktion erforderlichen gesellschaftlichen Infrastruktur müssen auf allen Maßstabsebenen ein integrierter Bestandteil der gesellschaftlichen Auseinandersetzungen werden. Mit diesem Buch will ich auch zu einer Diskussion darüber anregen, wie sich die Antworten auf europäischer und transnationaler Ebene zusammenführen lassen und schrittweise ein europäisches Programm einer pluralen Bewegung der Lohnabhängigen für gesellschaftliche Aneignung entwickelt werden kann.

10.3 Die Klimabewegung stark machen

Die hier skizzierte ökosozialistische Alternative ist ein Vorschlag zur Debatte. Soziale Bewegungen und betriebliche Kämpfe werden ihre Forderungen selbst entwickeln. Die Herausforderung besteht darin, eine Gesellschaft wünschenswert zu machen, die weniger produziert, mehr teilt und gemeinsam entscheidet, und zwar mit Respekt vor Mensch und Natur.

Das strategische Problem der Kluft zwischen objektiver Notwendigkeit und subjektiven Möglichkeiten lässt sich nicht überwinden, indem wir scheinbar machbare Pseudoalternativen vorschlagen. Diese Herausforderung können wir nur durch gesellschaftliche Mobilisierung bewältigen. Darin liegt der Hebel, um das Bewusstsein der Menschen in breiten Teilen der Gesellschaft voranzubringen. Der wirksamste Weg hierfür lässt sich in wenigen Achsen zusammenfassen:

- **Nicht aufgeben!** Die Klimabewegung hat eine kurz- und langfristige Aufgabe. Sie besitzt nur eine Chance, eine katastrophale Klimaentwicklung zu begrenzen, wenn sie sich einer Perspektive der ständigen Mobilisierung und des permanenten Kampfes verschreibt. Dabei braucht es einen umfassenden Blick. Wir müssen die Klimakrise, die Gesundheitskrise und die Wirtschaftskrise gemeinsam denken und radikal anpacken.

- **Verbreitern!** Die neue Klimabewegung hat in vielen Ländern Europas die politischen Agenden verändert. Das ist ein wichtiger Anfang. Nun gilt es allerdings, das Kräfteverhältnis so zu verändern, dass sich der Umbau der wesentlichen Industriesektoren nach ökologischen Kriterien und nach den Bedürfnissen der Beschäftigten und der gesamten Gesellschaft durchsetzen lässt. Die kommenden Streiks und Aktionen sind breit abzustützen. Es gilt, viele Menschen, vor allem die Beschäftigten in den großen Industrien und öffentlichen Betrieben, einzubeziehen. Es gilt, politisch den Weg für eine globale Klimaerhebung zu ebnen, der sich Hunderte von Millionen Menschen anschließen. Dieses ehrgeizige Ziel ist der Herausforderung durchaus angemessen.

- **Solidarisieren!** Eine Perspektive der Klimagerechtigkeit zu verfolgen heißt konkret auch, die demokratischen Bewegungen für soziale und Umweltgerechtigkeit überall auf der Welt, ganz besonders jedoch in den abhängigen und peripheren Ländern, zu unterstützen. Dazu gehört die Solidarisierung mit dem Widerstand der Unterdrückten gegen Hunger, Krankheiten, Elend und die zunehmenden ökologischen Zerstörungen. Allein in der Zeit, während ich dieses Buch verfasste, erhoben sich Millionen von Menschen in Algerien, Ägypten,

Bolivien, Brasilien, Chile, Ecuador, Frankreich, Irak, Kolumbien, Libanon, Sudan und Venezuela gegen soziale Missstände und Verarmung. Auch wenn diese Bewegungen nicht explizit ökologische Anliegen verfolgen, sind sie sehr wohl relevant für die Entwicklung einer weltweiten sozialen und ökologischen Front gegen die Ausbeutung des Menschen und die Plünderung der Natur.

- **Zusammenwachsen!** Es geht nicht nur darum, neue Teile der Jugend und Menschen in weiteren Regionen und Ländern für die Bewegung zu gewinnen. Es geht auch darum, geduldig daran zu arbeiten, gewerkschaftliche, feministische, bäuerliche, antirassistische, antikoloniale und indigene Kämpfe an der Basis und über die Grenzen hinweg zusammenzubringen. Der Beitrag der Feministinnen ist wichtig. Sie betonen die Bedeutung der Sorge und Pflege. Das gilt für Mensch und Natur. Der Beitrag der indigenen Gemeinschaften ist inspirierend, weil sie die Möglichkeit einer anderen Vision der Beziehung zwischen den Menschen und allen anderen Arten der Natur als gemeinsame Bestandteile der Natur aufzeigen. Die Bäuerinnen und Bauern von Via Campesina stehen mit ihrem agroökologischen Programm und ihren Praktiken der direkten Aktion bereits an vorderster Front. Die wichtigste strategische Herausforderung besteht darin, die Gewerkschaften von ihrer Unterordnung unter den kapitalistischen Wachstumszwang zu lösen. Ein wichtiger Schritt hierfür ist die Wiederaneignung der Forderung nach einer umfassenden Arbeitszeitverkürzung, die zur zentralen ökosozialistischen Forderung werden muss. Wenn Gewerkschaften nicht selbst den ökologischen Umbau der Wirtschaft einfordern, ist es sinnvoll, dass aktive Lohnabhängige sich unabhängig von Gewerkschaften in ihren Betrieben organisieren und konkrete Vorschläge für den sozialökologischen Umbau ihres Wirtschaftssektors ausarbeiten.

- **Demokratisieren!** Diese drei Ziele gehen Hand in Hand. Nur mit einer offenen Bewegungskultur, die in offenen und demokratischen Basisstrukturen verankert ist, lässt sich ein langer Atem entwickeln. Dies ist erforderlich, um langfristige Konvergenzen innerhalb der Klimabewegung und mit anderen Bewegungen zu entwickeln. Die Bewegungen brauchen offene Vollversammlungen, die ihre Koordinationsstrukturen und Delegierten wählen, welche jederzeit durch Mehrheitsentscheid abberufen werden können. Diese Koordinationsgruppen organisieren die Bewegungsaktivitäten auf lokaler, regionaler, nationaler und auf internationaler Ebene. Das ist der beste Weg, um das Bewusstsein zu entwickeln, gemeinsam zu lernen sowie die großen politischen und gesellschaftlichen Fragen anzusprechen.

- **Herausfordern!** Noch hoffen viele Menschen in der Klimabewegung, dass die etablierten PolitikerInnen irgendwann die Dringlichkeit verstehen werden. Das ist eine Illusion. Kapitalistisches Wachstum, Gewinne und Klimaschutz lassen sich nicht versöhnen. Es gilt, unabhängig von der etablierten Politik zu agieren. Die PolitikerInnen verdienen kein Vertrauen. Unterminieren wir systematisch und fantasievoll die Legitimität der Vermögenden, Besitzenden, Mächtigen, ihrer politischen VertreterInnen und all jener, die sich weigern, den wachstumsorientierten kapitalistischen Rahmen zu verlassen. Zwingen wir die EntscheidungsträgerInnen, unverzüglich konkrete Maßnahmen zu ergreifen: Die Verpflichtung zur Emissionsminderung ist rechtlich zu verankern, alle öffentlichen und halböffentlichen Gebäude sind zu isolieren, der öffentliche Personennahverkehr muss kostenlos sein, auf Großprojekte ist zu verzichten, nutzlose und schädliche Produktionsbereiche sind einzustellen usw. Die Liste der Möglichkeiten, wo wir den Hebel ansetzen können, ist lang (siehe Kapitel 4 bis 8).

- **Radikalisieren!** Ohne die Klimabewegung hätte sich die COP 21-Konferenz im November 2015 nicht das Ziel gesetzt, die globale Erwärmung unter 1,5 Grad Celsius zu halten. Nun gilt es konkrete Maßnahmen durchzusetzen und sicherzustellen, dass sie der Herausforderung entsprechen und sozial gerecht sind. Das ist die Aufgabe der aktuellen Klimabewegung. Die Besitzenden und ihre politischen VertreterInnen stehen unter Druck, weil sie wissen, dass die durch den Klimawandel hervorgerufenen Herausforderungen potenziell revolutionär sind. Die Konfliktlinien beginnen sich zu verschieben. Anstatt uns also in das Minenfeld der Strategie der kleinen Schritte hineinziehen zu lassen, sollten wir eine breite Bresche schlagen. Dazu müssen wir jeden neuen Vorschlag mit den wissenschaftlichen Befunden absichern, was getan werden sollte, um unter einer Erwärmung von 1,5 Grad Celsius zu bleiben. Hierbei ist auf gefährliche Technologien zu verzichten, sind die Verpflichtungen gegenüber den Menschen in den peripheren und sich industrialisierenden Ländern zu respektieren und müssen alle Maßnahmen zugleich die soziale Gerechtigkeit stärken. Zusammen mit anderen Bewegungen ist eine antikapitalistische Perspektive zu entwickeln.

- **Erfinden!** Wir sind in eine neue historische Periode eingetreten, in der die ökologische Herausforderung alle gesellschaftlichen Fragen immer stärker überformen und artikulieren wird. Die sozialen und ökologischen Perspektiven sind komplett miteinander verwoben. Darum ist es nötig, die Bewegungen und Kämpfe in einer intersektionalen Perspektive zu verschmelzen. Es braucht politische Organisationen, um den Kampf gegen die Erderhitzung mit einer Methode, Strategie und Praxis der demokratischen gesellschaftlichen Aneignung aller Schlüsselindustrien, des städtischen Lebens und gesellschaftlichen Infrastruktur sowie des Finanzsektors voranzutreiben und schließlich eine ökosozialistische Alternative zu verwirklichen.

- **Organisieren!** Im Zuge einer Neuformierung politischer Kräfte sind auch pluralistische ökosozialistische Organisationen aufzubauen. Es braucht solche Organisationen, um kollektiv bisherige Erfahrungen zu verarbeiten, von Bewegungen auf der ganzen Welt zu lernen, wissenschaftliche Erkenntnisse bei der Ausarbeitung von politischen und gesellschaftlichen Alternativen zu berücksichtigen und in den alltäglichen politischen Auseinandersetzungen taktisch und strategisch angemessen einzugreifen. Gelingt es solchen Organisationen, sich gesellschaftlich breit unter den Lohnabhängigen und den verschiedenen sozialen Bewegungen zu verankern, können sie eine vorwärtstreibende Rolle im gesellschaftlichen Umbauprozess einnehmen.

- **Ermutigen!** Schließlich geht es darum, eine Mehrheit der Gesellschaft für einen radikalen gesellschaftlichen und ökologischen Umbau zu gewinnen. Auf dieser Grundlage können die mobilisierten Lohnabhängigen, gestützt auf starke und miteinander verwobene soziale Bewegungen, in einzelnen Ländern Regierungen mit einem Programm für sozialökologische Strukturreformen wählen. Das wäre nur ein Schritt in die Richtung einer noch stärkeren Bewegung, die schließlich, gestützt auf ihre eigenen Organe und Institutionen, ein antikapitalistisches und ökosozialistisches Programm durchsetzt.

Die Menschheit befindet sich in einem beängstigenden Rennen gegen die Zeit. Wie weit müssen die Klimakatastrophen und die gesellschaftlichen Krisen voranschreiten, bevor sich die Menschen gegen die kapitalistische Produktions-, Lebens- und Herrschaftsweise wenden? Kann sich ein revolutionärer Prozess – das Auftauchen der Massen auf der Bühne der Geschichte – durchsetzen? Vom Wettlauf zwischen der Geschwindigkeit der Klimakatastrophen, der Bedrohungen für die Gesundheit, der gesellschaftlichen Notlagen und der Wirtschaftskrisen auf der einen Seite sowie der Entwicklung des Bewusstseins über die Ursachen dieser Herausforderungen für die menschliche Gesellschaft auf der anderen Seite hängt es ab, ob ein gesellschaftlich breit abgestütztes emanzipatorisches Projekt entsteht, das den schrecklichen Bedrohungen angemessen ist, die der kapitalistische und produktivistische Wahnsinn für die Menschheit darstellt. Das ist ein ökosozialistisches Projekt.

Literatur

Aamaas, Borgar; Borken-Kleefeld, Jens, und Peters, Glen P. (2013): The Climate Impact of Travel Behavior: A German Case Study with Illustrative Mitigation Options. Environmental Science & Policy 33, S. 273–282.

AG links-netz (2012): Sozialpolitik als Bereitstellung einer sozialen Infrastruktur, Februar: Frankfurt a. M. http://wp.links-netz.de/?p=23, http://www.links-netz.de/pdf/T_links-netz_sozpol.pdf.

AG links-netz; Hirsch, Joachim; Brüchert, Oliver; Krampe, Eva-Maria, u. a. (Hrsg.) (2013): Sozialpolitik anders gedacht: Soziale Infrastruktur. Hamburg: VSA Verlag, 216 S.

Albrecht, Ulrich (1979): Alternative Produktion. Das Beispiel Lucas Aerospace, Kritisches Gewerkschaftsjahrbuch 1978/79: Arbeiterinteressen gegen Sozialpartnerschaft. Berlin/W.: Rotbuch Verlag.

Altvater, Elmar (1997): Die Zukunft des Marktes. Ein Essay über die Regulation von Geld und Natur nach dem Scheitern des »real existierenden Sozialismus«. 3. Auflage. Münster: Verlag Westfälisches Dampfboot, 386 S.

Altvater, Elmar (2006): Das Ende des Kapitalismus, wie wir ihn kennen. Blätter für deutsche und internationale Politik (2), S. 171–182.

Altvater, Elmar (2010): Der große Krach oder die Jahrhundertkrise von Wirtschaft und Finanzen von Politik und Natur. Münster: Verlag Westfälisches Dampfboot, 262 S.

Altvater, Elmar (2011): Mit Green New Deal aus dem Wachstumsdilemma? Widerspruch (60), S. 119–132.

Andréani, Tony; Baron, Alain; Clair, Laetitia; Le Pors, Anicet; Rovère, Michel, und Salesse, Yves (2002): L'appropriation sociale. Les Notes de la Fondation Copernic. Paris: Éditions Syllepse, 126 S.

Artous, Antoine (2003): Démocratie et émancipation sociale. In: Les Cahiers de Critique Communiste (Hrsg.): Marxisme et démocratie. Paris: Éditions Syllepse. S. 9–59.

Azzellini, Dario (2010): Partizipation, Arbeiterkontrolle und die Commune. Bewegungen und soziale Transformation am Beispiel Venezuelas. Hamburg: VSA Verlag, 406 S.

Azzellini, Dario, und Ness, Immanuel (Hrsg.) (2012): »Die endlich entdeckte politische Form.« Fabrikräte und Selbstverwaltung von der Russischen Revolution bis heute. Köln: ISP Verlag, 540 S.

Bagarolo, Tiziano (1992): Encore sur marxisme et écologie. Quatrième Internationale (44) Mai–juillet. S. 7–31.

Bernier, Aurélien (2008): Le climat, otage de la finance. Ou comment le marché boursicote avec les »droit à polluer«. Paris: Mille et une nuits, 164 S.

Bhattacharya, Tithi (2013): What is Social Reproduction Theory? Socialist Worker, 10. September 2013. www.socialistworker.org/2013/09/10/what-is-social-reproduction-theory; Zugriff: 6. Januar 2020.

Bhattacharya, Tithi (2017): Introduction: Mapping Social Reproduction Theory. In: T. Bhattacharya (Hrsg.): Social Reproduction Theory Remapping Class, Recentering Oppression. London: Pluto Press. S. 1–20.

Bihr, Alain, und Chesnais, François (2003): S'attaquer au tabou des tabous: A bas la propriété privée! Le Monde Diplomatique, 50 (10), Octobre, S. 4.

BMU (Bundesministerium für Umwelt, Naturschutz und nukleare Sicherheit) (2017): Kyoto-Mechanismen. 26. Mai 2017. https://www.bmu.de/themen/klima-energie/klimaschutz/internationale-klimapolitik/kyoto-protokoll/kyoto-mechanismen/; Zugriff: 29. Juli 2019.

Boccara, Paul (1976): Studien über den staatsmonopolistischen Kapitalismus, seine Krise und seine Überwindung. Frankfurt am Main: Verlag Marxistische Blätter, 344 S. Originalpublikation: Etudes sur le capitalisme monopoliste d'Etat, sa crise et son issue (Paris 1973).

Brand, Ulrich (2003): Regulation und Politik. Theoretische Probleme der Internationalisierung und die »Empire-These«. In: U. Brand und W. Raza (Hrsg.): Fit für den Postfordismus? Theoretisch-politische Perspektiven des Regulationsansatzes. Münster: Westfälisches Dampfboot. S. 304–325.

Brand, Ulrich (2005): Gegen-Hegemonie. Perspektiven globalisierungskritischer Strategien. Hamburg: VSA-Verlag, 224 S.

Brand, Ulrich (2014): Sozial-ökologische Transformation als gesellschaftspolitisches Projekt. Kurswechsel (2/2014), S. 7–18.

Brand, Ulrich (2017): Sozial-ökologische Transformation als »halbe Revolution«. Perspektiven eines kritisch-emanzipatorischen Verständnisses. Kritik und Aktualität der Revolution. Wien: Mandelbaum kritik & utopie.

Brand, Ulrich (2018): Der sozial-ökologische Umbau kann nur mit einer starken Sozialpartnerschaft funktionieren. Arbeit&Wirtschaft Blog, 17. Januar 2018. https://awblog.at/der-sozial-oekologische-umbau-kann-nur-mit-einer-starken-sozialpartnerschaft-funktionieren/; Zugriff: 2. November 2019.

Brand, Ulrich (2019): In der Wachstumsfalle. Die Gewerkschaften und der Klimawandel. Blätter für deutsche und internationale Politik (7), S. 78–88. https://www.blaetter.de/archiv/jahrgaenge/2019/juli/in-der-wachstumsfalle.

Brand, Ulrich, und Görg, Christoph (Hrsg.) (2003): Postfordistische Naturverhältnisse. Konflikte um genetische Ressourcen und die Internationalisierung des Staates Münster: Westfälisches Dampfboot, 262 S.

Brand, Ulrich; Hexel, Dietmar; Müller, Michael; Schneidewind, Uwe, und Fraktionen SPD, DIE LINKE, Bündnis 90/DIE GRÜNEN (2013): Sozialökologische Transformation. Schlussbericht der Enquete-Kommission »Wachstum, Wohlstand, Lebensqualität – Wege zu nachhaltigem Wirtschaften und gesellschaftlichem Fortschritt in der Sozialen Marktwirtschaft«. Berlin: Deutscher Bundestag. S. 483–485. http://dip21.bundestag.de/dip21/btd/17/133/1713300.pdf; Zugriff: 26. März 2020.

Brand, Ulrich, und Schickert, Christine (2019): Ökosozialistische Strategien für eine sozial-ökologische Transformation. Postkapitalismus als wachstumskritische Praxis. In: K. Dörre und C. Schickert (Hrsg.): Neosozialismus. Solidarität, Demokratie und Ökologie vs. Kapitalismus. München: oekom verlag. S. 165–183.

Brand, Ulrich, und Wissen, Markus (2017): Imperiale Lebensweise. Zur Ausbeutung von Mensch und Natur im globalen Kapitalismus. München: oekom verlag, 224 S.

Brie, Michael (2019): Revolutionäre Realpolitik I. Luxemburg. Gesellschaftsanalyse und linke Praxis. Januar 2019. https://www.zeitschrift-luxemburg.de/abc-revolutionaere-realpolitik/. Zugriff: 2. November 2019.

Bundesamt für Statistik (2019): Mobilität und Verkehr. Taschenstatistik 2019, 8. August 2019, Bundesamt für Statistik: Bern, 10 S. https://www.bfs.admin.ch/bfs/de/home/statistiken/mobilitaet-verkehr.assetdetail.9146811.html; Zugriff: 6. Februar 2020.

Bündnis Marxismus und Tierbefreiung (2017): Marxismus und Tierbefreiung. Thesenpapier, Januar 2017, Bündnis Marxismus und Tierbefreiung: Berlin, 46 S. http://www.assoziation-daemmerung.de/wp-content/uploads/2017/01/MuTb-TP_Broschuere_HP.pdf; Zugriff: 25. August 2019.

Burg van der, Laurie; Trilling, Markus, und Gencsu, Ipek (2019): Fossil fuel subsidies in draft EU National Energy and Climate Plans. Working and discussion papers (562), September 2019, Overseas Development Institute (ODI): London, 44 S. https://www.odi.org/publications/11430-fossil-fuel-subsidies-draft-eu-national-energy-and-climate-plans; Zugriff: 16. September 2019.

Burkett, Paul (1999): Marx and nature. A red and green perspective. New York: St. Martin's Press, 312 S.

Cahiers de Mai (1971): Volksmacht in Nantes. In: E. Mandel (Hrsg.): Arbeiterkontrolle, Arbeiterräte, Arbeiterselbstverwaltung. Eine Anthologie. Frankfurt am Main: Europäische Verlagsanstalt. S. 454–461. Originalpublikation: Cahiers de Mai, No. 1, 15. Juni 1968, S. 9–11.

Cames, Martin; Graichen, Jakob; Siemons, Anne, und Cook, Vanessa (2015): Emission Reduction Targets for International Aviation and Shipping, November 2015, Policy Department A: Economic and Scientific Policy, European Parliament: Brussels, 48 S. https://www.europarl.europa.eu/RegData/etudes/STUD/2015/569964/IPOL_STU(2015)569964_EN.pdf; Zugriff: 6. Februar 2020.

Candeias, Mario (2019): Revolutionäre Realpolitik II. Luxemburg. Gesellschaftsanalyse und linke Praxis. Januar 2019. https://www.zeitschrift-luxemburg.de/abc-revolutionaere-realpolitik/; Zugriff: 2. November 2019.

Ceballos, Gerardo; Ehrlich, Paul R.; Barnosky, Anthony D.; García, Andrés; Pringle, Robert M., und Palmer, Todd M. (2015): Accelerated modern human-induced species losses: Entering the sixth mass extinction. Science Advances 1 (5), S. e1400253. https://advances.sciencemag.org/content/advances/1/5/e1400253.full.pdf; Zugriff: 26. März 2020.

Chesnais, François (2011): Les dettes illégitimes. Quand les banques font main basse sur les politiques publiques. Paris: Éditions Raisons d'Agir, 160 S.

Chesnais, François (2016): Finance Capital Today. Corporations and Banks in the Lasting Global Slump. Historical Materialism 131. Leiden, Boston: Brill, 310 S.

Chesnais, François, und Serfati, Claude (2004): Die physischen Bedingungen der gesellschaftlichen Reproduktion. In: C. Zeller (Hrsg.): Die globale Enteignungsökonomie. Münster: Westfälisches Dampfboot. S. 217–254.

Coady, David; Parry, Ian; Le, Nghia-Piot, und Baoping, Shangm (2019): Global Fossil Fuel Subsidies Remain Large: An Update Based on Country-Level Estimates; IMF Working Papers (19/89), 2 May 2019, International Monetary Fund, 39 S. https://www.imf.org/en/Publications/WP/Issues/2019/05/02/Global-Fossil-Fuel-Subsidies-Remain-Large-An-Update-Based-on-Country-Level-Estimates-46509; Zugriff: 26. März 2020.

Coe, Neil; Kelly, Philip, und Wai-chung Yeung, Henry (2007): Economic Geography. A Contemporary Introduction. Oxford, UK: Blackwell Publishing, 456 S.

Coffey, Clare; Espinoza Revollo, Patricia; Harvey, Rowan; Lawson, Max; Parvez Butt, Anam; Piaget, Kim; Sarosi, Diana, und Thekkudan, Julie (2020): Time to care. Unpaid and underpaid care work and the global inequality crisis, January, Oxfam International: Oxford, UK, 62 S. https://oxfamilibrary.openrepository.com/bitstream/handle/10546/620928/bp-time-to-care-inequality-200120-en.pdf; Zugriff: 4. Februar 2020.

Commoner, Barry (1976): Energieeinsatz und Wirtschaftskrise. Hamburg: Rowohlt, 249 S.

Coutrot, Thomas (2002): Appropriation sociale: les impasses de la Fondation Copernic. ContreTemps (5), S. 129–135.

Crawford, Neta C. (2019): Pentagon Fuel Use, Climate Change, and the Costs of War, June 12, 2019, Watson Institute International & Public Affairs, Brown University, 36 S. https://watson.brown.edu/costsofwar/files/cow/imce/papers/2019/Pentagon%20Fuel%20Use,%20Climate%20Change%20and%20the%20Costs%20of%20War%20Final.pdf; Zugriff: 20. August 2019.

Cumbers, Andrew (2012): Reclaiming Public Ownership. Making Space for Economic Democracy. London: Zed Books.

Daum, Timo (2019): Das Auto im digitalen Kapitalismus. Wenn Algorithmen und Daten den Verkehr bestimmen. München: oekom verlag, 192 S.

Debunne, Georges (2006): Der Europäische Gewerkschaftsbund und der Kampf für europäische Tarifverträge. In: A. Klein und P. B. Kleiser (Hrsg.): Die EU in neoliberaler Verfassung. Karlsruhe: Neuer ISP Verlag. S. 43–53.

Demirović, Alex (2009): Rätedemokratie und das Ende der Politik. PROKLA, Zeitschrift für kritische Sozialwissenschaft 39 (155/2), S. 181–206.

Deppe, Frank (2015): Der Staat. Köln: PapyRossa Verlag, 118 S.

DESA (2012): World Economic and Social Survey 2012. In Search of New Development Finance, Department of Economic and Social Affairs of the United Nations Secretariat (DESA): New York, 144 S. https://www.un.org/en/development/desa/policy/wess/wess_current/2012wess.pdf; Zugriff: 16. September 2019.

Devine, Pat (1988): Democracy and Economic Planning. The Political Economy of a Self-governing Society. Boulder, Colorado: Westview Press, 306 S.

Devine, Pat (1992): Market Socialism or Participatory Planning? Review of Radical Political Economics 24 (3 & 4), S. 67–89.

Devine, Pat (2002): Participatory Planning Through Negotiated Coordination. Science & Society 66 (1), S. 72–85.

Dörre, Klaus (2019): Neosozialismus – oder: Acht Thesen zu einer überfälligen Diskussion. In: K. Dörre und C. Schickert (Hrsg.): Neosozialismus. Solidarität, Demokratie und Ökologie vs. Kapitalismus. München: oekom verlag. S. 17–32.

Dörre, Klaus, und Schickert, Christine (Hrsg.) (2019): Neosozialismus. Solidarität, Demokratie und Ökologie vs. Kapitalismus. München: oekom verlag, 215 S.

Ebermann, Thomas, und Trampert, Rainer (1984): Die Zukunft der Grünen. Ein realistisches Konzept für eine radikale Partei. Hamburg: Konkret Literatur Verlag, 288 S.

EC (2015): EU ETS Handbook, European Commission, European Union: Bruxelles, 138 S. https://ec.europa.eu/clima/sites/clima/files/docs/ets_handbook_en.pdf; Zugriff: 26. März 2020.

EC (2016): Factsheet: The EU Emissions Trading System (EU ETS), European Commission,, European Union, 6 S. https://ec.europa.eu/clima/sites/clima/files/factsheet_ets_en.pdf; Zugriff: 26. März 2020.

Ederer, Stefan (Hrsg.) (2018): Geldpolitik. Warum die EZB eine mächtige und undemokratische Institution ist. Wien: mandelbaum kritik & utopie, S. 56–61.

Eggertsson, Gauti B.; Mehrotra, Neil R., und Summers, Lawrence H. (2016): Secular Stagnation in the Open Economy. American Economic Review 106 (5), S. 503–507.

Engels, Friedrich (1878/94): Herrn Eugen Dühring's Umwälzung der Wissenschaft. Marx-Engels-Werke (MEW) Band 20. 1962. Berlin: Dietz Verlag, S. 1–303.

Esser, Joseph; Görg, Christoph, und Hirsch, Joachim (1994): Von den »Krisen der Regulation« zum »radikalen Reformismus«. In: J. Esser; C. Görg und J. Hirsch (Hrsg.): Politik, Institutionen und Staat. Hamburg: VSA-Verlag. S. 213–228.

Europäische Kommission (2019a): Use of international credits. https://ec.europa.eu/clima/policies/ets/credits_en; Zugriff: 5. Mai 2019.

Europäische Kommission (2019b): Zentrale Elemente des Handelsabkommens EU-Mercosur: European Commission. 28. Juni 2019. https://europa.eu/rapid/press-release_QANDA-19-3375 de.htm; Zugriff: 9. September 2019.

Europäisches Parlament (2011): Innovative Finanzierung auf globaler und europäischer Ebene Entschließung des Europäischen Parlaments zur innovativen Finanzierung auf globaler und europäischer Ebene (2010/2105 [INI]) 8. März 2011: Brussels. https://publications.europa.eu/en/publication-detail/-/publication/b53f9efd-c767-11e1-b84a-01aa75ed71a1/language-de; Zugriff: 16. September 2019.

European Commission (2019): Communication from the Commission to the European Parliament, the European Council, the Council, the European Economic and Social Committee and the Committee of the Regions. The European Green Deal, 11 December 2019, European Commission: Brussels, 24 S. https://ec.europa.eu/info/sites/info/files/european-green-deal-communication_en.pdf; Zugriff: 10. Januar 2020.

ExxonMobil (2018): 2018 Outlook for Energy: A View to 2040: Irving, Texas, 62 S. https://www.aop.es/wp-content/uploads/2019/05/2018-Outlook-for-Energy-Exxon.pdf, Zugriff: 26. März 2020.

FAO (2019a): The State of Food Security and Nutrition in the World 2019 . Safeguarding against economic slowdowns and downturns, 15. Juli 2019, FAO, IFAD, UNICEF, WFP and WHO, Food and Agriculture Organization of the United Nations: Rome, 214 S. http://www.fao.org/3/ca5162en/ca5162en.pdf; Zugriff: 4. September 2019.

FAO (2019b): Food Outlook. Biannual Report on Global Food Markets, May 2019, T. a. M. D. Food and Agriculture Organization of the United Nations (FAO): Rome, 156 S. http://www.fao.org/3/ca4526en/ca4526en.pdf; Zugriff: 4. September 2019.

Ferrant, Gaelle, und Thim, Annelise (2019): Measuring Women's Economic Empowerment: Time Use Data and Gender Inequality. OECD Development Policy Papers (16) February 2019, S. 22. http://www.oecd.org/dev/development-gender/MEASURING-WOMENS-ECONOMIC-EMPOWERMENT-Gender-Policy-Paper-No-16.pdf; Zugriff: 6. Januar 2020.

Flechtheim, Ossip K. (1980): Der Ökosozialismus und die Hoffnung auf den neuen Menschen. Frankfurter Rundschau, 20. September 1980.

Flink, James J. (1988): The Automobile Age. Cambridge: MIT Press.

Fossil free Politics (2019): Big Oil and gas buying influence in Brussels. With money and meetings, subsidies and sponsorships, the oil and gas lobby is fuelling the climate disaster, 24. November 2019, Corporate Europe Observatory, Food & Water Europe, Friends of the Earth Europe and Greenpeace EU: Brussels 20 S. https://corporateeurope.org/sites/default/files/2019-10/FFP%20Briefing%20-%20Big%20Oil%20and%20Gas%20buying%20influence%20in%20Brussels%20-%20Oct%202019.pdf; Zugriff: 27. November 2019.

Foster, John Bellamy (2000): Marx's Ecology: Materialism and Nature. New York: Monthly Review Press, 288 S.

Foster, John Bellamy (2009): The Ecological Revolution. Making Peace with the Planet. New York: Monthly Review Press, 288 S.

Foster, John Bellamy, und Burkett, Paul (2016): Marx and the Earth. An Anti-Critique. Chicago: Haymarket Books, 316 S.

Fourth International (2003): Ecology and Socialism. International Viewpoint, 10 August 2003. http://www.internationalviewpoint.org/spip.php?article178; Zugriff: 24. Januar 2020.

Frey, Patrick (2019): The Ecological Limits of Work:on carbon emissions, carbon budgets and working time, April 2019, Autonomy: Hampshire, UK, 10 S. http://autonomy.work/wp-content/uploads/2019/05/The-Ecological-Limits-of-Work-final.pdf; Zugriff: 26. Dezember 2019.

Garnreiter, Franz (2012): Elemente einer echten Energiewende; ISW Report (91), Dezember, Institut für sozial-ökologische Wirtschaftsforschung e.V.: München, S. 13–23.

Garnreiter, Franz (2019): Die CO_2-Steuer – ein unzureichendes Lenkungsinstrument für den Klimaschutz: isw – sozial-ökologische Wirtschaftsforschung e.V. 25. Mai 2019. https://www.isw-muenchen.de/2019/05/die-co2-steuer-ein-unzureichendes-lenkungsinstrument-fuer-den-klimaschutz/; Zugriff 3. November 2019.

Gauche Anticapitaliste (2019): On ne lâche rien: La révolution climatique sera écosocialiste ou ne sera pas. 1. April 2019. https://www.gaucheanticapitaliste.org/on-ne-lache-rien-la-revolution-climatique-sera-ecosocialiste-ou-ne-sera-pas/; Zugriff 2. Juni 2019.

Gindin, Sam (2013): Gewerkschaften neu denken – Sozialismus ins Auge fassen. Emanzipation 3 (2), S. 24–49.

Görg, Christoph (1999): Gesellschaftliche Naturverhältnisse. Einstiege Band 7. Münster: Verlag Westfälisches Dampfboot, 198 S.

Görg, Christoph (2003): Regulation der Naturverhältnisse. Zu einer kritischen Theorie der ökologischen Krise. Münster: Verlag Westfälisches Dampfboot, 344 S.

Grain (2011): Food and climate change: the forgotten link. 22 Sep. 2011. https://www.grain.org/e/4357; Zugriff: 26. Juni 2019.

Grebenjak, Manuel und Torner, Michael (Hrsg.) (2018): Umwelt- und Klimapolitik. Wien: mandelbaum kritik & utopie, S. 98–103.

Griffin, Paul (2017): The Carbon Majors Database. CDP Carbon Majors Report 2017, Carbon Disclosure Project CDP: London, 16 S.

Harribey, Jean-Marie (2011): Décroissance – Anatomie einer Bewegung. Emanzipation 1 (1), S. 22–32.

Harvey, David (2012): Rebel Cities. From the Right to the City to the Urban Revolution. London, New York: Verso, 188 S.

Harvey, David (2014): Seventeen contradictions and the End of Capitalism. London: Profile Books, 338 S.

Hasse, Kai (2017): Übergangsprogramm gegen die kapitalistische Umweltzerstörung (Interview mit K. Hasse). Die Internationale (4 [2017]). https://inprekorr.de/internat548.pdf; Zugriff: 26. März 2020.

Hasse, Kai (2018): Autogesellschaft. Die Krise des Individualverkehrs. Die Internationale (1 (2018)), S. 14–19. https://www.inprekorr.de/554-auto.htm; Zugriff: 26. März 2020.

Heede, Richard (2019): Carbon Majors: Update of Top Twenty companies 1965–2017 (3), 9. Oktober 2019, Climate Accountability Institute: Snowmass, Colorado. http://climateaccountability.org/pdf/CAI%20PressRelease%20Top20%20Oct19.pdf; Zugriff: 10. Oktober 2019.

Heeg, Susanne (2013): Wohnen als Anlageform: vom Gebrauchsgut zur Ware. Emanzipation 3 (2), S. 5–20.

Heinrich, Michael (2004): Kritik der politischen Ökonomie. Eine Einführung. Stuttgart: Schmetterling Verlag, 234 S.

Heitmann, John (2018): The automobile and American life. 2nd edition. Jefferson, North Carolina: McFarland & Company.

Herrero, Yayo (2015): Apuntes introductorios sobre el Ecofeminismo. Boletín del Centro de Documentación Hegoa (43). http://boletin.hegoa.efaber.net/mail/37/12552; Zugriff: 15. Januar 2020.

Hirsch, Joachim (1990): Kapitalismus ohne Alternative? Hamburg: VSA, 200 S.

Hirsch, Joachim (2002): Herrschaft, Hegemonie und politische Alternative. Hamburg: VSA-Verlag, 224 S.

Hirsch, Joachim (2005): Materialistische Staatstheorie. Transformationsprozesse des kapitalistischen Staatensystems. Hamburg: VSA Verlag, 254 S.

Hirsch, Joachim; Kannankulam, John, und Wissel, Jens (2015): Marx, Marxismus und die Frage des Staates. In: J. Hirsch; J. Kannankulam und J. Wissel (Hrsg.): Der Staat in der Bürgerlichen Gesellschaft. Ausgabe 2. aktualisierte und erweiterte Auflage. Baden-Baden: Nomos. S. 9–22.

Hoffmann, Reinhard (1975): Formen, Bereiche und Grenzen einer Demokratisierung industrieller Entscheidungsprozesse in der Privatwirtschaft. In: F. Vilmar (Hrsg.): Industrielle Demokratie in Westeuropa. Reinbek bei Hamburg: Rowohlt, S. 78–88.

Holm, Andrej, und Gebhardt, Dirk (Hrsg.) (2011): Initiativen für ein Recht auf Stadt. Theorie und Praxis städtischer Aneignungen. Hamburg: VSA Verlag, 288 S.

Husson, Michel (2009): Kapitalismus pur. Deregulierung, Finanzkrise und weltweite Rezession. Eine marxistische Analyse. Karlsruhe: Neuer ISP-Verlag, 200 S.

IATP (2018): Emissions impossible. How big meat and dairy are heating up the planet, July 2018, GRAIN and the Institute for Agriculture and Trade Policy (IATP): Minneapolis, Washington, 28 S. https://www.iatp.org/sites/default/files/2018-08/Emissions%20impossible%20EN%2012.pdf; Zugriff: 26. März 2020.

IEA (2019): World Energy Outlook 2019. Zusammenfassung. German Translation, 13 November 2019, International Energy Agency, 12 S. https://webstore.iea.org/download/summary/190?fileName=German-WEO-2018-ES.pdf; Zugriff: 26. März 2020.

IPCC (2014): Climate Change 2014. Mitigation of Climate Change. Working Group III Contribution to the Fifth Assessment Report of the Intergovernmental Panel on Climate Change, Intergovernmental Panel on Climate Change (IPCC), Cambridge University Press: New York; Cambridge, UK, 1435 S. https://archive.ipcc.ch/pdf/assessment-report/ar5/wg3/ipcc_wg3_ar5_full.pdf; Zugriff: 26. März 2020.

IPCC (2015): Climate Change 2014. Synthesis Report, Intergovernmental Panel on Climate Change (IPCC): Geneva, 152 S. https://archive.ipcc.ch/pdf/assessment-report/ar5/wg3/ipcc_wg3_ar5_full.pdf; Zugriff: 26. März 2020.

IPCC (2018): 1,5 °C globale Erwärmung. Zusammenfassung für politische Entscheidungsträger. Deutsche IPCC-Koordinierungsstelle (Hrsg.), Intergovernmental Panel on Climate Change, World Meteorological Organization: Geneva, 32 S. https://www.de-ipcc.de/media/content/SR1.5-SPM_de_barrierefrei.pdf; Zugriff: 26. März 2020.

Jäger, Johannes, und Springler, Elisabeth (2012): Ökonomie der internationalen Entwicklung. Eine kritische Einführung in die Volkswirtschaftslehre. Wien: Mandelbaum Verlag, 384 S.

Jamet, Stéphanie (2011): Enhancing the Cost Effectiveness of Climate Change Mitigation Policies in Sweden; OECD Economics Department Working Papers (841), 9 February 2011, OECD, 39 S. https://www.oecd-ilibrary.org/economics/enhancing-the-cost-effectiveness-of-climate-change-mitigation-policies-in-sweden_5kghxkjv0j5k-en; Zugriff: 26. März 2020.

Jessop, Bob (2016): The State. Past, Present, Future. Cambridge, UK: Polity Press, 304 S.

Kern, Bruno (2019): Das Märchen vom grünen Wachstum. Plädoyer für eine solidarische und nachhaltige Gesellschaft. Zürich: Rotpunkt Verlag, 240 S.

Kettner, Claudia (2015): The EU emission trading scheme: first evidence on Phase 3. In: L. Kreiser; M. S. Andersen; B. E. Olsen; S. Speck; J. E. Milne und H. Ashiabor (Hrsg.): Carbon Pricing. Design, Experiences and Issues. Cheltenham, UK: Edward Elgar. S. 63–75.

Klein, Naomi (2015): Die Entscheidung: Kapitalismus vs. Klima. Frankfurt am Main: Fischer Verlag, 704 S.

Klein, Naomi (2019): Warum nur ein Green New Deal unseren Planeten retten kann. Hamburg: Hoffmann und Campe, 349 S.

Knierim, Bernhard, und Wolf, Winfried (2019): Abgefahren. Warum wir eine neue Bahnpolitik brauchen. Köln: PapyRossa Verlag, 290 S.

Kovel, Joel, und Löwy, Michael (2002): Manifeste écosocialiste international. http://www.europe-solidaire.org/spip.php?article7891; Zugriff: 26. März 2020.

Kraemer, Klaus (2008): Die soziale Konstitution der Umwelt. Wiesbaden: VS Verlag, 292 S.

Labban, Mazen (2010): Oil in parallax: Scarcity, markets, and the financialization of accumulation. Geoforum 41 (4), S. 541–552.

Lamontagne, J. R.; Reed, P. M.; Marangoni, G.; Keller, K., und Garner, G. G. (2019): Robust abatement pathways to tolerable climate futures require immediate global action. Nature Climate Change 9 (4) 2019/04/01, S. 290–294. https://doi.org/10.1038/s41558-019-0426-8; Zugriff: 26. März 2020.

Latouche, Serge (2006): Le pari de la décroissance. Paris: Fayard, 302 S.

Latouche, Serge (2007): Petit traité de la décroissance sereine. Paris: Mille et une nuits, 171 S.

Leahy, Stephen (2019): Das Zeitfenster für eine erträgliche Klimazukunft schließt sich: National Geographic. 18. März 2019. https://www.nationalgeographic.de/umwelt/2019/03/das-zeitfenster-fuer-eine-ertraegliche-klimazukunft-schliesst-sich; Zugriff 1. April 2019.

Lefebvre, Henri (1968): Le droit à la ville. Paris: Anthropos, 164 S.

Lefebvre, Henri (2016): Das Recht auf Stadt. 2° édition. Hamburg: Nautilus, 224 S.

Legg, Wilfrid, und Huang, Hsin (2010): Climate change and agriculture. OECD Observer (278), March 2010. http://oecdobserver.org/news/archivestory.php/aid/3213/Climate_change_and_agriculture.html; Zugriff: 26. März 2020.

Lenin, Wladimir Ilitsch (1917): Eine der Kernfragen der Revolution. Werke, Band 25. 1972. Berlin: Dietz Verlag, S. 378–386. Originalpublikation: Nach dem Text des »Rabotschi Put« Nr. 10; 27. (14.) September 1917.

Lenin, Wladimir Ilitsch (1918): Staat und Revolution. Die Lehre des Marxismus vom Staat und die Aufgaben des Proletariats in der Revolution. Werke, Band 25, 1972. Berlin: Dietz Verlag, S. 393–507.

Lipow, Gar W. (2012): Solving the Climate Crisis through Social Change: Public Investment in Social Prosperity to Cool a Fevered Planet. Santa Barbara, CA.: Praeger, 297 S.

Lordon, Frédéric (2003): »Aktionärsdemokratie« als soziale Utopie? Raison d'Agir. Hamburg: VSA-Verlag, 128 S. Originalpublikation: Lordon, F. 2000: Fonds de pension, piège à cons? Mirage de la démocratie actionnariale. Paris: Raison d'Agir, 124 S.

Löwy, Michael (2016): Ökosozialismus. Die radikale Alternative zur ökologischen und kapitalistischen Katastrophe. Hamburg: Laika Verlag, 192 S.

Löwy, Michael (2020): A brief history of the first attempt at an international ecosocialist network (2001–2013). 27. Januar 2020. http://www.globalecosocialistnetwork.net/2020/01/27/a-brief-history-of-the-first-attempt-at-an-international-ecosocialist-network-2001-2013/; Zugriff: 3. Februar 2020.

Lucas Aerospace Combine Shop Steward Committee (1976): Lucas Aerospace Combine Shop Steward Committee Corporate Plan: A contingency strategy as a positive alternative to recession and redundancies workerscontrol net. https://www.workerscontrol.net/authors/lucas-aerospace-combine-shop-steward-committee-corporate-plan-contingency-strategy-positive-; Zugriff: 26. August 2019.

Luxemburg, Rosa (1916): Die Krise der Sozialdemokratie. Gesammelte Werke (Band 4). Berlin: Dietz Verlag (1979). Originalpublikation: verfasst 1915 im Gefängnis, ursprünglich publiziert durch Verlagsdruckerei Union, Zürich.

Luzerner Zeitung (2018): Verlegung von SBB-Industriewerk aufgegleist. Luzerner Zeitung, 7. Juli 2018. https://www.luzernerzeitung.ch/wirtschaft/verlegung-von-sbb-industriewerk-aufgegleist-ld.1035322; Zugriff: 29. August 2019.

Mahnkopf, Birgit (2014): »Peak Capitalism«? Wachstumsgrenzen als Grenzen des Kapitalismus. WSI Mitteilungen (7), S. 505–512.

Maler, Henri (2003): Les figures de l'appropriation sociale chez Marx. In: Les Cahiers de Critique Communiste (Hrsg.): Marx et l'appropriation sociale. Paris: Éditions Syllepse. S. 11–54.

Malerba, Franco (2002): Sectoral systems of innovation and production. Research Policy 31 (2) 2002/2, S. 247–264.

Malm, Andreas (2016): Fossil Capital. The Rise of Steam Power and the Roots of Global Warming. London: Verso, 496 S.

Mandel, Ernest (1970): Freiheit und Planung im Kapitalismus und Sozialismus. Zürich: Revolutionäre Marxistische Liga (etwa 1970), 16 S.

Mandel, Ernest (Hrsg.) (1971a): Arbeiterkontrolle, Arbeiterräte, Arbeiterselbstverwaltung. Eine Anthologie. Frankfurt am Main: Europäische Verlagsanstalt, 467 S.

Mandel, Ernest (1971b): Einleitung von Ernest Mandel. In: E. Mandel (Hrsg.): Arbeiterkontrolle, Arbeiterräte, Arbeiterselbstverwaltung. Eine Anthologie. Frankfurt am Main: Europäische Verlagsanstalt. S. 9–55.

Mandel, Ernest (1979): Die Strategie der Übergangsforderungen. In. Mandel. Ernest: Revolutionäre Strategien im 20. Jahrhundert. Wien: Europaverlag, S. 283–321.

Mandel, Ernest (1979): Einführung in den Marxismus. Frankfurt a. M.: ISP Verlag, 240 S.

Marx, Karl (1847): Das Elend der Philosophie. Karl Marx-Friedrich Engels-Werke (MEW) Band 4. 1972. Berlin: Dietz Verlag.

Marx, Karl (1859): Zur Kritik der politischen Ökonomie. Karl Marx-Friedrich Engels-Werke (MEW) Band 13. Ausgabe 1975. Berlin: Dietz Verlag. S. 3–160.

Marx, Karl (1867): Das Kapital, Erster Band. Karl Marx-Friedrich Engels-Werke (MEW) Band 23. 1988. Berlin: Dietz Verlag, 955 S.

Marx, Karl (1871): Der Bürgerkrieg in Frankreich. Karl Marx-Friedrich Engels-Werke (MEW) Band 17. 1973 (5. Auflage). Berlin: Dietz Verlag, S. 313–365.

Marx, Karl (1894): Das Kapital, Dritter Band. Karl Marx-Friedrich Engels-Werke (MEW) Band 25. 1988. Berlin: Dietz Verlag, 1007 S.

Miliband, Ralph (1975): Der Staat in der kapitalistischen Gesellschaft. Frankfurt am Main: Suhrkamp, 376 S.

Millet, Damien, und Toussaint, Éric (2012): AAA Audit, Annulation, Autre Politique. Paris: Édition du Seuil, 180 S.

Moody, Kim (1997): Workers in a Lean World. London, New York: Verso, 342 S.

Morozov, Evgeny, und Bria, Francesca (2017): Die smarte Stadt neu denken. Berlin: Rosa Luxemburg Stiftung, 106 S.

Nässén, Jonas, und Larsson, Jörgen (2015): Would shorter working time reduce greenhouse gas emissions? An analysis of time use and consumption in Swedish households. Environment and Planning C: Government and Policy 33, S. 726–745.

Obertreis, Julia (2012): Von der Naturbeherrschung zum Ökozid? Zeithistorische Forschungen 9 (1), S. 115–122.

OECD (2019): Enabling Women's Economic Empowerment. New Approaches to Unpaid Care Work in Developing Countries 3. Juni 2020, OECD: Paris, 85 S.

OECD.stat (2020): Employment. Time spent in paid and unpaid work, by sex. OECD: Paris. https://stats.oecd.org/; Zugriff: 6. Januar 2020.

Ongeweso, Edward (2020): General Electric Workers Walk Off the Job, Demand to Make Ventilators. VICE, 30. März 2020. https://www.vice.com/en_ca/article/y3mjxg/general-electric-workers-walk-off-the-job-demand-to-make-ventilators; Zugriff: 30. März 2020.

Oxfam (2015): Extreme Carbon Inequality, 2 December 2015, Oxford O. GB: Oxford, 12 S. https://www-cdn.oxfam.org/s3fs-public/file_attachments/mb-extreme-carbon-inequality-021215-en.pdf; Zugriff: 26. März 2020.

Oxfam (2019): Forced from home: climate-fuelled displacement, 2 December 2019, Oxford International: Oxford, UK, 14 S. https://oxfamilibrary.openrepository.com/bitstream/handle/10546/620914/mb-climate-displacement-cop25-021219-en.pdf; Zugriff: 4. Februar 2020.

Perez, Carlotta (2002): Technological Revolutions and Financial Capital: The Dynamics of Bubbles and Golden Ages. Cheltenham, UK: Edward Elgar, 198 S.

Peters, G. P.; Andrew, R. M.; Canadell, J. G.; Friedlingstein, P.; Jackson, R. B.; Korsbakken, J. I.; Le Quéré, C., und Peregon, A. (2019): Carbon dioxide emissions continue to grow amidst slowly emerging climate policies. Nature Climate Change 2019/12/04. https://doi.org/10.1038/s41558-019-0659-6; Zugriff: 26. März 2020.

Pettengell, Catherine (2015): Africa's Smallholders Adapting to Climate Change. The need for national governments and international climate finance to support women producers, 14 October 2015, Oxfam: Oxford, 22 S. https://oi-files-d8-prod.s3.eu-west-2.amazonaws.com/s3fs-public/file_attachments/bn-african-smallholders-climate-change-141015-en.pdf, 26. März 2020.

Piaget, Charles (2008): LIP oder die Macht der Fantasie. Ein Lehrbeispiel für Kommunikation und Demokratie. Sozialistische Zeitung, Mai, S. 8.

Poulantzas, Nicos (1978): Staatstheorie – Politischer Überbau, Ideologie, Sozialistische Demokratie. Hamburg: VSA Verlag.

ReCommonsEurope (2019): Manifesto for a new popular internationalism in Europe, 21. März 2019, CADTM und ERENSEP, 98 S. http://www.cadtm.org/IMG/pdf/recommonseurope_manifesto_en_versionpdf.pdf; Zugriff: 16. September 2019, oder https://erensep.org/2019/04/07/manifesto-for-a-new-popular-internationalism-in-europe-recommonseurope/; Zugriff: 16. September 2019.

Robles, Pablo Suárez (2010): Gender Disparities in Africa's Labor Market. In: J. S. Arbache; A. Kolev und E. Filipiak (Hrsg.): Gender Disparities in Time Allocation, Time Poverty, and Labor Allocation Across Employment Sectors in Ethiopia. Washington: The World Bank. S. 299–332. https://elibrary.worldbank.org/doi/abs/10.1596/978-0-8213-8066-6; Zugriff: 26. März 2020.

Rockström, Johan, et al. (2009): Planetary Boundaries: Exploring the Safe Operating Space for Humanity. Ecology and Society 14 (2). https://www.ecologyandsociety.org/vol14/iss2/art32/; Zugriff: 26. März 2020.

Röttger, Bernd (2010): Konversion!? Luxemburg. Gesellschaftsanalyse und linke Praxis (3), S. 70–79. https://www.zeitschrift-luxemburg.de/konversion/; Zugriff: 26. März 2020.

Röttger, Bernd (2011): Demokratisierung regionaler Wirtschafts- und Strukturpolitik als Krisenantwort? Gewerkschaftliche Initiativen seit den 1970er-Jahren auf dem Prüfstand. Österreichische Zeitschrift für Politikwissenschaft 40 (2), S. 155–168.

Röttger, Bernd (2017): Rüstungskonversion und alternative Produktion. Modelle für einen demokratisch-ökologischen Umbau der Automobilindustrie? Paper presented at Impulsvortrag im Gesprächskreis Zukunft der Automobilindustrie der Rosa Luxemburg Stiftung Niedersachsen, 10. Februar 2017, Wolfsburg, 5 S.

Saito, Kohei (2016): Natur gegen Kapital. Marx' Ökologie in einer unvollendeten Kritik des Kapitalismus. Frankfurt am Main: Campus, 328 S.

Sakar, Saral (2001): Die nachhaltige Gesellschaft. Eine kritische Analyse der Systemalternativen. Rotpunkt Verlag: Zürich.

Salesse, Yves (2001): Réformes & Révolution. Proposition pour une gauche de gauche. Marseille: Agone, 208 S.

Salleh, Ariel (2017): Für eine Demokratisierung der Klassentheorie. Warum das Subjekt der Geschichte nicht (mehr) am Fließband steht. Luxemburg. Gesellschaftsanalyse und linke Praxis (2/3), S. 150–153.

Salleh, Ariel (2019): Ecofeminist Sociology as a New Class Analysis. Global Dialogue 9 (1). http://globaldialogue.isa-sociology.org/ecofeminist-sociology-as-a-new-class-analysis/; Zugriff: 15. Januar 2020.

Sayer, Andrew, und Walker, Richard (1992): The New Social Economy. Reworking the Division of Labor. Cambridge, MA; Oxford, UK: Blackwell Publishers, 306 S.

Schäfer, Jakob (2010): Plädoyer für eine demokratisch geplante Wirtschaft: Internationale Sozialistische Organisation. 1. August 2010. https://intersoz.org/plaedoyer-fuer-eine-demokratisch-geplante-wirtschaft/; Zugriff 2. November 2019.

Schäfer, Jakob (2019): Rätedemokratie? Was sonst!: Internationale Sozialistische Organisation. 29. März 2019. https://intersoz.org/raetedemokratie-was-sonst/; Zugriff: 2. November 2019.

Schatz, Holger (2016): Ökosozialismus. Diskurs (Denknetz) (23), März 2016, S. 1–12. http://www.denknetz.ch/wp-content/uploads/2017/08/Diskurs_23.pdf; Zugriff: 10. Oktober 2020.

Scherer, Klaus-Jürgen, und Vilmar, Fritz (Hrsg.) (1983): Ein alternatives Sozialismuskonzept. Perspektiven des Ökosozialismus. Berlin: Fachbereich Politikwissenschaft der FU Berlin, Quorum Verlag, 666 S.

Scherer, Klaus-Jürgen, und Vilmar, Fritz (1986): Ökosozialismus? Rot-grüne Bündnispolitik. 2., ergänzte Aufl. Berlin: Verlage Europäische Perspektiven, 202 S.

Schipper, Sebastian (2013): Von der unternehmerischen Stadt zum Recht auf Stadt. Emanzipation 3 (3), S. 21–34.

Schrader, Christopher (2018): Umstrittene Tricks, um den Klimawandel aufzuhalten. Spektrum der Wissenschaft. https://www.spektrum.de/news/koennen-wir-den-klimawandel-mittels-neuer-technologie-aufhalten-die-co2-aus-der-luft-nehmen/1609658; Zugriff: 26. März 2020.

SEV-Zeitung (2018): Officine Bellinzona: zehn Jahre nach dem historischen Streik, der die Schweiz erschütterte. Officine: zurück in die Zukunft. SEV-Zeitung, 4. April 2018. https://sev-online.ch/de/aktuell/kontakt.sev/2018/officine-zurueck-in-die-zukunft-201804040I-I/; Zugriff: 26. März 2020.

Shiva, Vandana; Mies, Maria, und Salleh, Ariel (2014): Ecofeminism. London: Zed Books, 344 S.

SIPRI (2019): SIPRI Yearbook 2019. Armaments, Disarmament and International Security. Summary. Stockholm: Stockholm International Peace Research Institute (SIPRI).

Smith, Neil (1984): Uneven development: Nature, Capital and the Production of Space. 1990. Oxford, Cambridge: Basil Blackwell, 219 S.

SSES (2019): Medieninformation PlusEnergieBau (PEB) – Gebäudestudie 2019 SSES Schweizerische Vereinigung für Sonnenenergie. 13. August 2019. https://www.sses.ch/de/medieninformation-plusenergiebau-peb-gebaeudestudie-2019/; Zugriff: 22. August 2019.

Stache, Christian (2019a): US-amerikanischer Ökosozialismus. Theorien, Widersprüche und Ideen für den Übergang zu einer nachhaltigen Gesellschaft (Teil 1). Z – Zeitschrift Marxistische Erneuerung 113 (30), S. 78–93.

Stache, Christian (2019b): US-amerikanischer Ökosozialismus. Theorien, Widersprüche und Ideen für den Übergang zu einer nachhaltigen Gesellschaft (Teil 2). Z – Zeitschrift Marxistische Erneuerung 30 (120), S. 127–142.

Steffen, Will, et al. (2015): Planetary boundaries: Guiding human development on a changing planet. Science 347 (6223), S. 1259855. https://science.sciencemag.org/content/sci/347/6223/1259855.full.pdf; Zugriff: 26. März 2020.

Strickner, Alexandra (Hrsg.) (2018): Handelspolitik. Wie die EU die Globalisierung für die Konzerne gestaltet. Wien: mandelbaum kritik & utopie, S. 68–73.

Swift, Anthony, und Schmidt, Jake (2012): Governments Should Phase Out Fossil Fuel Subsidies or Risk Lower Economic Growth, Delayed Investment in Clean Energy and Unnecessary Climate Change Pollution, 15. Juni 2012, Natural Resources Defense Council (NRDC): New York, 4 S. https://www.nrdc.org/sites/default/files/fossilfuel4.pdf; Zugriff: 16. September 2019.

Tanuro, Daniel (2011): Energie und Umbau der Produktion. Herausforderungen für eine ökosozialistische Alternative. Emanzipation 1 (1), S. 66–83.

Tanuro, Daniel (2015a): Klimakrise und Kapitalismus. Köln, Karlsruhe: Neuer ISP Verlag, 181 S.

Tanuro, Daniel (2015b): Was ist Ökosozialismus? Sozialistische Zeitung (Juli). https://www.sozonline.de/2015/07/was-ist-oekosozialismus/; Zugriff: 26. März 2020.

Tanuro, Daniel (2020): Trop tard pour être pessimistes! La catastrophe grandissante et les moyens de l'arrêter. Paris: La Découverte.

Tax Justice Network (2012): Global super-rich has at least $21 trillion hidden in secret tax havens (Press Release), 22. Juli 2012, Tax Justice Network: Ely, Cambridgeshire. http://www.taxresearch.org.uk/Blog/2012/07/22/global-super-rich-has-at-least-21-trillion-hidden-in-secret-tax-havens/; Zugriff: 16. September 2019.

Thomann, Rainer (2012): Officina Bellinzona: Hintergründe eines erfolgreichen Arbeitskampfs. Emanzipation 2 (2), S. 87–93.

Tian, Nan; Fleurant, Aude; Kuimova, Alexandra; Wezeman, Pieter D., und Wezeman, Siemon T. (2019): Trends in World Military Expenditure, 2018, April, Stockholm International Peace Research Institute (SIPRI): Stockholm, 12 S. https://www.sipri.org/sites/default/files/2019-04/fs_1904_milex_2018.pdf; Zugriff: 16. September 2019.

Toussaint, Eric, et al. (2016): What is to be Done with the Banks? Radical Proposals for Radical Changes CADTM (Committee for the Abolition of Illegitimate Debt). 13. April 2016. http://www.cadtm.org/What-is-to-be-Done-with-the-Banks,13315; Zugriff: 18. September 2019.

Trainer, Ted (2007): Renewable Energy Cannot Sustain a Consumer Society. Dordrecht: Springer Netherlands, 198 S.

Trainer, Ted (2010): Can renewables etc. solve the greenhouse problem? The negative case. Energy Policy 38 (8) 2010/08/01/, S. 4107–4114.

Trainer, Ted (2013): Can Europe run on renewable energy? A negative case. Energy Policy 63 2013/12/01/, S. 845–850.

Trainer, Ted (2019): Entering the era of limits and scarcity: The radical implications for social theory. Journal of Political Ecology 26 01/04, S. 1.

Trotzki, Leo (1923): Die Russische Revolution 1905. Berlin: Vereinigung Internationaler Verlagsanstalten (Mandel, Ernest (Hrsg.) (1971): Arbeiterkontrolle, Arbeiterräte, Arbeiterselbstverwaltung. Eine Anthologie. Frankfurt am Main: Europäische Verlagsanstalt, S. 75–90), 334 S.

Trotzki, Leo (1924): Literatur und Revolution. Wien: Verlag für Literatur und Politik (Mehring Verlag GmbH, 1994, 517 S.). Originalpublikation: 1923.

Trotzki, Leo (1936): Verratene Revolution. Was ist die Sowjetunion und wohin treibt sie? Schriften 1, Sowjetgesellschaft und stalinistische Diktatur Band 1.2. Hamburg: Rasch & Röhring (1988), S. 687–1011. Originalpublikation: Lee, Antwerpen-Zürich-Prag 1936.

UBA (2019): Treibhausgas-Bilanz 2017: Daten, Trends & Ausblick, 29. Januar 2019, Umweltbundesamt Österreich: Wien, 14 S. http://www.umweltbundesamt.at/fileadmin/site/presse/news_2019/Treibhausgas-Bilanz_2017.pdf; Zugriff: 10. Februar 2019.

Umweltbundesamt (2019): Umweltbelastungen durch Verkehr: Umweltbundesamt. 24. Mai 2019. https://www.umweltbundesamt.de/daten/verkehr/umweltbelastungen-durch-verkehr; Zugriff: 6. Februar 2020.

UN (2011): World Economic and Social Survey 2011. The Great Green Technological Transformation, Department of Economic and Social Affairs of the United Nations Secretariat, U. Nations: New York, 212 S.

UN Women (2018): Turning Promises into Action: Gender Equality in the Agenda 2030 for Sustainable Development, UN Women, 337 S. https://www.unwomen.org/-/media/headquarters/attachments/sections/library/publications/2018/sdg-report-gender-equality-in-the-2030-agenda-for-sustainable-development-2018-en.pdf?la=en&vs=4332; Zugriff: 26. März 2020.

UNCTAD (2019): Trade and Development Report 2019. Financing a Global Green New Deal, United Nations Conference on Trade and Development (UNCTAD), United Nations Publications: New York, 173 S.

UNFCCC (1997): Kyoto Protocol to the United Nations Framework Convention on Climate Change, United Nations Framework Convention on Climate Change: Bonn. English: http://unfccc.int/resource/docs/convkp/kpeng.pdf; German: http://unfccc.int/resource/docs/convkp/kpger.pdf; Zugriff: 26. März 2020.

Vierte Internationale (2001): Ökologie und Sozialismus. Entwurf zur Vorlage an den Weltkongress der IV. Internationale 2001. Inprekorr (354 [April]), 26. März 2018. https://inprekorr.de/oeko.htm; Zugriff: 26. März 2020.

Vierte Internationale (2003): Ökologie und Sozialismus. Resolution des XV. Weltkongresses der IV. Internationale: Inprekorr. Februar 2003. https://www.inprekorr.de/wk03/oekologie.htm; Zugriff: 26. Januar 2020.

Vierte Internationale (2010): Kapitalistische Klimaveränderung und unsere Aufgaben. Beschlossen vom 16. Weltkongress der IV. Internationale im Februar 2010. https://www.inprekorr.de/wk10/klima.htm; Zugriff: 26. Januar 2020.

Vierte Internationale (2019): Die kapitalistische Zerstörung der Umwelt und die ökosozialistische Alternative, Resolution des 17. Weltkongresses der Vierten Internationale. Köln: Internationale Sozialistische Organisation (ISO), Sozialistische Alternative (SOAL), 40 S.

Vila, Sol Trumbo, und Peters, Matthijs (2017): The Bail Out Business. Who profits from bank rescues in the EU?, 22. Februar 2017, Transnational Institute: Amsterdam, 36 S. https://www.tni.org/files/publication-downloads/tni_bail_out_eng_online0317.pdf; Zugriff: 18. September 2019.

Wainwright, Hillary, und Bowman, Andrew (2010): Lucas Combine. Erfahrungen mit betrieblicher Konversion. Luxemburg. Gesellschaftsanalyse und linke Praxis (3), S. 80–85.

Walker, Richard (2004): The Conquest of Bread: 150 Years of California Agribusiness. New York: The New Press.

Wallis, Victor (2018): Red-Green Revolution. The Politics and Technology of Ecosocialism. Toronto, Chicago: Political Animal Press, 212 S.

Wildcat (2003): Eine Fabrik in Patagonien. Zanon gehört den Arbeitern. Beilage zu Wildcat Nr. 64, November, S. 30.

Wirth, Harry (2019): Aktuelle Fakten zur Photovoltaik in Deutschland 31. Juli 2019, Fraunhofer ISE: Freiburg, 96 S. https://www.ise.fraunhofer.de/de/veroeffentlichungen/studien/aktuelle-fakten-zur-photovoltaik-in-deutschland.html; Zugriff: 26. März 2020.

Wolf, Frieder Otto (2009): Die neue Aktualität des »Ökosozialismus«. Einige Klarstellungen. Analyse & Kritik (536), 20. 2. 2009. https://www.akweb.de/ak_s/ak536/19.htm; Zugriff: 24. Januar 2020.

Wolf, Frieder Otto (2012): Rückkehr in die Zukunft. Krisen und Alternativen. Münster: Westfälisches Dampfboot, 534 S.

Wolf, Frieder Otto, und Juquin, Pierre (1989): Die Perestrojka im Westen ist überfällig! Thesen für eine grüne Alternative in Europa. Das Argument 179, S. 65–72.

Wolf, Winfried (1991): Eisenbahn und Autowahn. Personen- und Gütertransport auf Schiene und Straße. Geschichte, Bilanz, Perspektiven. Erw. Neuauflage der Ausgabe von 1986. Hamburg: Rasch & Röhring, 840 S.

Wolf, Winfried (2007): Verkehr. Umwelt. Klima. Die Globalisierung des Tempowahns. Wien: Promedia, 496 S.

Wolf, Winfried (2019): Mit dem Elektroauto in die Sackgasse. Warum E-Mobilität den Klimawandel beschleunigt. Wien: Promedia Verlag.

World Bank, et al. (2011): Mobilizing Climate Finance. A Paper prepared at the request of G20 Finance Ministers, 6. Oktober 2011, World Bank Group, in close partnership with the IMF, the OECD and the Regional Development Banks: Washington, 56 S. https://www.worldbank.org/content/dam/Worldbank/document/SDN/G20-Mobilizing-Climate-Finance-report.pdf; Zugriff: 16. September 2019.

WRI (2013): World Greenhouse Gas Emissions: 2000: World Resources Instiute. Oct 09, 2013. https://www.wri.org/resources/charts-graphs/world-greenhouse-gas-emissions-2000; Zugriff: 26. Juni 2019.

Zeller, Christian (1992): Mobilität für alle! Umrisse einer Verkehrswende zu einem autofreien Basel. Basel, Boston, Berlin: Birkhäuser, 406 S.

Zeller, Christian (2002): Project Teams as Means for Restructuring Research and Development in the Pharmaceutical Industry. Regional Studies 36 (3), S. 283–297.

Zeller, Christian (2004): Zur gesellschaftlichen Aneignung. In: C. Zeller (Hrsg.): Die globale Enteignungsökonomie. Münster: Verlag Westfälisches Dampfboot. S. 295–313.

Zeller, Christian (2010a): Die Natur als Anlagefeld des konzentrierten Finanzkapitals. In: F. Schmieder (Hrsg.): Die Krise der Nachhaltigkeit. Zur Kritik der politischen Ökologie. Bern, Berlin: Peter Lang Verlag, S. 103–135.

Zeller, Christian (2010b): Wirtschaftsdemokratie und gesellschaftliche Aneignung. Demokratisierung durch gesellschaftliches Eigentum und partizipative Planung. Theorie und Praxis sozialer Emanzipation (SoZ+) 2 (September), S. 12–25.

Zeller, Christian (2011): Warum die SBB und ÖBB unterschiedlich auf den politisch produzierten Wettbewerbsdruck reagieren; Bahn der Zukunft – Zukunft der Bahn (5 [Winter 2011/12]), 16. Dezember 2011, DIE LINKE im Bundestag: Berlin, S. 38–56.

Zeller, Christian (2020): Kampf ums Klima. Warum grüner Kapitalismus unmöglich ist. Buch in Vorbereitung.

Wie Vertrauen Zusammenhalt stärkt

Henning von Vieregge beleuchtet bürgerschaftliches Engagement aus verschiedenen Blickwinkeln und untersucht, wie dieses zu einer lebendigen, vielfältigen und vertrauensvollen Demokratie beiträgt. Sein Buch ist ein kurzweiliger Mix aus Erzählung, Erfahrungsbericht und wissenschaftlicher Reflexion.

H. v. Vieregge

Wo Vertrauen ist, ist Heimat
Auf dem Weg in eine engagierte Bürgergesellschaft
240 Seiten, broschiert,
16 Euro, ISBN 978-3-96238-089-2

Neue Wege jenseits des Kapitalismus?

In Zeiten der »Großen Transformation« müssen wir uns fragen: Kann, soll und darf sich eine sozialökologische Transformation noch innerhalb kapitalistischer Bahnen bewegen? Oder sollten neue Wege jenseits des Kapitalismus – etwa in Richtung einer neosozialistischen Entwicklung – beschritten werden? In der Kontroverse vereint, setzen sich die Autorinnen und Autoren dieses Bandes kritisch mit Vorschlägen dazu auseinander.

K. Dörre, C. Schickert (Hrsg.)

Neosozialismus
Solidarität, Demokratie und Ökologie vs. Kapitalismus
216 Seiten, broschiert,
22 Euro, ISBN 978-3-96238-119-6

oekom.de   DIE GUTEN SEITEN DER ZUKUNFT

Der Wandel beginnt vor Ort

Vielerorts formieren sich heute bürgerschaftliche Initiativen. Davide Brocchi untersucht sechs Quartiersinitiativen, die zum Beispiel den Bau von Einkaufszentren durch Investoren verhindern oder eine Mobilitätswende von unten befördern möchten. Es zeigt sich: Besonders städtische Quartiere können geeignete Reallabore sein und gesellschaftlichen Wandel anstoßen. Zivilgesellschaftlichen Akteuren bietet dieses Buch konkrete Handlungsempfehlungen.

D. Brocchi

Große Transformation im Quartier
Wie aus gelebter Demokratie Nachhaltigkeit wird
216 Seiten, broschiert,
28 Euro, ISBN 978-3-96238-148-6

Von der Geschichte lernen

In Vergangenheit wie Gegenwart analysiert Jörg Schmidt die Phänomene Haushalten, Ernährung, Landbewirtschaftung, Geräteherstellung, Bauen sowie die Nutzung mineralischer Ressourcen. Neben den gewaltigen Effizienzfortschritten treten die Irrwege der Moderne deutlich zutage. So gelingt ein neuer und tief gehender Blick auf die heutige Krise der Industriegesellschaften und mögliche Alternativen.

J. Schmidt

Zwischen Notwendigkeit und Selbstverwirklichung
Arbeit und Umwelt in der Geschichte des Menschen
400 Seiten, broschiert,
36 Euro, ISBN 978-3-96238-115-8

oekom.de DIE GUTEN SEITEN DER ZUKUNFT

Eine andere Digitalisierung ist möglich

Die Konferenz »Bits & Bäume« in Berlin bot das bis dato größte Debattenforum für Digitalisierung und Nachhaltigkeit. Über 50 Autor*innen aus Tech-Szene, Nachhaltigkeitsbewegung und Entwicklungszusammenarbeit zeigen in diesem Buch zur Konferenz, wie die Digitalisierung den sozial-ökologischen Wandel voranbringen kann. Das Autorenteam macht dabei deutlich: Eine zukunftsfähige Digitalisierung muss sich weniger an Interessen einzelner Wirtschaftsakteure, sondern am Gemeinwohl orientieren.

A. Höfner, V. Frick (Hrsg.)
Was Bits und Bäume verbindet
Digitalisierung nachhaltig gestalten
144 Seiten, broschiert, komplett vierfarbig mit zahlreichen Illustrationen,
20 Euro, ISBN 978-3-96238-149-3

Das Ende des Extraktivismus

Die wirtschaftliche Dynamik Lateinamerikas und die Umverteilungspolitik der dortigen Mitte-links-Regierungen zu Beginn des 21. Jahrhunderts basierten vor allem auf der Ausbeutung natürlicher Ressourcen. Dieser Extraktivismus steckt heute in der Krise. Der Band beleuchtet seine ökologischen, politischen und sozialen Folgen.

Martín Ramírez, Stefan Schmalz (Hrsg.)
Extraktivismus
Lateinamerika nach dem Ende des Rohstoffbooms
216 Seiten, Broschur,
22 Euro, ISBN 978-3-96238-151-6

Raus aus der Krise!

Klar, übersichtlich und verständlich informiert das Buch auf dem aktuellen Stand der Wissenschaft über alle wichtigen ökologischen Fragen, sei es Ernährung, Bevölkerungswachstum, Klima, Plastik oder Biodiversität – und ermutigt zum Handeln.

C. Niemitz
Die Menschheit retten? Packen wir's an!
248 Seiten, Broschur,
22 Euro, ISBN 978-3-96238-165-3

Weniger arbeiten, ökologischer wirtschaften

Jede Erwerbsarbeit bedeutet Energieaufwand und Materialverbrauch. Nachhaltiger zu wirtschaften bedeutet deshalb vor allem: weniger zu arbeiten. Michael Wenzel plädiert für eine »Teilzeitwelt«, in der mehr Raum ist für uns, für die anderen und für die Natur.

M. Wenzel
Teilzeitwelt
Wie wir durch weniger Arbeit uns und den Planeten entlasten
104 Seiten, Broschur,
15 Euro, ISBN 978-3-96238-192-9

oekom.de DIE GUTEN SEITEN DER ZUKUNFT

Nachhaltigkeit bei oekom: Wir unternehmen was!

Die Publikationen des oekom verlags ermutigen zu nachhaltigerem Handeln – glaubwürdig und konsequent. Auch als Unternehmen sind wir Vorreiter: Ein umweltbewusster Büroalltag sowie umweltschonende Geschäftsreisen sind für uns ebenso selbstverständlich wie eine nachhaltige Ausstattung und Produktion unserer Publikationen.

Für den Druck unserer Bücher und Zeitschriften verwenden wir fast ausschließlich Recyclingpapiere, überwiegend mit dem Blauen Engel zertifiziert, und drucken wann immer möglich mineralölfrei und lösungsmittelreduziert. Unsere Druckereien und Dienstleister wählen wir im Hinblick auf ihr Umweltmanagement und möglichst kurze Transportwege aus. Dadurch liegen unsere CO_2-Emissionen um 25 Prozent unter denn vergleichbar großer Verlage. Unvermeidbare Emissionen kompensieren wir zudem durch Investitionen in ein Gold-Standard-Projekt zum Schutz des Klimas und zur Förderung der Artenvielfalt.

Als Ideengeber beteiligt sich oekom an zahlreichen Projekten, um in der Branche und darüber hinaus einen hohen ökologischen Standard zu verankern. Über unser Nachhaltigkeitsengagement berichten wir ausführlich im Deutschen Nachhaltigkeitskodex (www.deutscher-nachhaltigkeitskodex.de).

Schritt für Schritt folgen wir so den Ideen unserer Publikationen – für eine nachhaltigere Zukunft.

Jacob Radloff
Verleger

Dr. Christoph Hirsch
Leitung Buch